데이터 분석 플랫폼 구축과 활용

Fluentd, Elasticsearch, Kibana를 사용한 로그 수집과 시각화

IT's my turning point.

터닝
포인트

DATA BUNSEKI KIBAN KOCHIKU NYUMON
by Kenta Suzuki, Kentaro Yoshida, Jun Ohtani, Shunsuke Michii
Copyright © 2017 Kenta Suzuki, Kentaro Yoshida, Jun Ohtani, Shunsuke Michii
All rights reserved.
Original Japanese edition published by Gijyutsu-Hyoron Co., Ltd., Tokyo
This Korean language edition is published by arrangement with Gijyutsu-Hyoron Co., Ltd., Tokyo
in care of Tuttle-Mori Agency, Inc., Tokyo through Danny Hong Agency, Seoul.

데이터 분석 플랫폼 구축과 활용

2018년 10월 8일 초판 1쇄 인쇄
2018년 10월 15일 초판 1쇄 발행

지은이 스즈키 켄타, 요시다 켄타로, 오타니 준, 미치이 슌스케
옮긴이 하진일
감　수 조인석

펴낸이 정상석
책임 편집 엄진영
마케팅 이병진
본문편집 이경숙
표지디자인 김보라
펴낸 곳 터닝포인트(www.diytp.com)
등록번호 제2005-000285호

주소 (03991) 서울시 마포구 동교로27길 53 지남빌딩 308호
대표 전화 (02)332-7646
팩스 (02)3142-7646
ISBN 979-11-6134-030-2 (13000)

정가 28,000원

내용 및 집필 문의 diamat@naver.com
터닝포인트는 삶에 긍정적 변화를 가져오는 좋은 원고를 환영합니다.

이 도서의 국립중앙도서관 출판예정도서목록(CIP)은 서지정보유통지원시스템 홈페이지(http://seoji.nl.go.kr)와
국가자료공동목록시스템(http://www.nl.go.kr/kolisnet)에서 이용하실 수 있습니다.
(CIP제어번호: CIP2018028965)

이 책에 대하여

이 책은 2014년 9월에 출간된 "서버/인프라엔지니어 양성교본 로그수집 – 시각화편"을 개정한 것으로 추가 수정한 내용이 많습니다. 주로 다음과 같은 내용이 변경되었고 "Embulk&Digdag입문", "Embulk 플러그인 사전", "Kibana의 유용한 기능과 Elastic Stack의 소개" 부분이 추가되었습니다.

- Fluentd의 버전을 0.12.39로 변경
- Elasticsearch의 버전을 v5.4.3으로 변경
- Kibana의 버전을 v5.4.3으로 변경

이 책에 기재된 내용은 정보의 제공만을 목적으로 하고 있습니다. 이 책을 사용한 운영은 반드시 자기자신의 책임과 판단으로 해주십시요. 이 정보를 사용한 운용의 결과에 대해서 기술평론사와 터닝포인트 그리고 저자와 번역자는 어떤한 책임도 지지 않습니다.

이 책에 별도의 설명이 없다면 2017년 8월 현재의 정보로, 사용시에 변경되었을 가능성이 있습니다.

이상의 주의사항을 주지하고 이 책을 이용해 주기 바랍니다.

책에 등장하는 제품명은 일반적으로 각 회사의 등록상표 또는 상표입니다. 또한 본문 중에 TM, ® 등의 마크가 생략된 경우도 있습니다.

시작하며

이 책을 펼쳐든 여러분은 어떤 과제를 가지고 있습니까?

- 로그가 대량으로 남고 있고, 일단 이용하고 싶다.
- 로그를 해석한 결과를 어디에 활용할 수 있는지 찾고 싶다.
- Fluentd, Elasticsearch, Kibana를 일단 도입하려고 한다.
- Elasitcsearch 클러스터의 관리방법에 대해서 알고 싶다.
- Kibana를 도입했지만, 어떻게 활용해야할 지 모르겠다.
- Fluentd, Elasticsearch, Kibana를 활용한 사례를 알고 싶다.

이 책은 이런 테마에 대해 답할 수 있도록 구성했습니다. 먼저 로그 분석이란 무엇인가부터 해서, 어떤 전제로 활용할 수 있는가.

그리고 실제로 분석기반을 만들어서 어떻게 구축하면 좋을까? 각 미들웨어는 어떻게 설정하고, 어떻게 운용하면 좋을까? 그리고 어떻게 활용하면 좋을까?

각각에 대해서 답할 수 있도록 했습니다.

책의 설명 범위

서비스는 일반적으로 개선 작업을 필요로 합니다. 서비스를 개선하기 위해서는 현재의 데이터를 분석하고, 활용해야만 합니다. 데이터분석은 이런 면에서 다음과 같이 각 단계로 나뉩니다.

1. 수집 : 수집할 데이터를 정의하고, 정확한 데이터를 수집 및 관리
2. 변환 : 데이터의 전처리 및 변환
3. 보존 : 데이터와 메타데이터(데이터를 설명하는 데이터)의 보존
4. 분석 : 데이터의 분석
5. 표시 : 데이터의 시각화 및 가공
6. 운용 : 보안, 에러검출 및 처리, 프라이버시보호 등

"분석력을 무기로하는 기업" 8장에서 인용

데이터를 수집하는 방법부터 보존, 데이터의 시각화를 대상으로 설명할 것입니다.

책의 구성

1 파트(1장 ~ 4장)에서는 로그를 분석하는 배경과 실제로 로그를 활용해서 시각화 및 분석까지의 흐름을 설명하겠습니다. 로그를 어떻게 활용할 것인지 고민중인 독자에게 참고가 될 것입니다.

2 파트(5장 ~ 8장)에서는 로그를 활용하기 위한 미들웨어 Fluentd에 대해서 설명하겠습니다. Fluentd를 활용하기 위한 팁도 다수 포함될 것입니다.

3 파트(9장 ~ 14장)에서는 Elasticsearch에 대해서 설명하겠습니다. Elasticsearch는 검색엔진이지만, 최근에는 로그를 저장하는 미들웨어로 활용되곤 합니다.

4 파트(제15장 ~ 제20장)에서는 Kibana라는 로그시각화 도구에 대해서 설명할 것입니다.

Kibana는 Elasticsearch의 프론트엔드 애플리케이션으로 구축된 도구로 로그를 시각화하기 위해 유용한 기능을 제공합니다.

부록에서는 Fluentd 플러그인 사전, Embulk&Digdag 입문, Embulk 플러그인 사전, Kibana의 편리한 기능 등을 수록하였습니다.

로그해석에 대한 일반적인 지식을 원하는 독자와 처음으로 로그활용에 대해서 검토중인 독자는 1파트부터 읽는 것이 좋습니다. 미들웨어에 대해서 알고 싶은 독자는 2파트, 3파트, 4파트를 참고 하면 됩니다.

대상 독자

이 책은 다음의 엔지니어를 대상으로 합니다.

- 서버 엔지니어
- 인프라엔지니어(Web 계열, IT 인프라 계열)
- 데이터 엔지니어

실제로 로그를 시각화하는 시스템을 구축할 것이므로 직접 구축할수 있다고 전제하고 있습니다. 이제부터 로그의 분석기반을 구축하려는 분은 전체적으로 응용가능한 부분이 있을 것입니다. 또 한 로그를 분석하는 기반을 구축하고 운영하려는 엔지니어를 대상으로 운영하기 좋은 구조를 만 드는 방법도 포함하고 있습니다.

배경 지식

일반적인 Linux 서버의 이용 경험이 있다면 충분합니다.

구축 환경

- Docker 1.30
- Fluentd 0.12.35 (td-agent2 v2.3.5)
- Elasticsearch 5.4.3
- Kibana 5.4.3
- Go 1.8.3

목차

chapter 4 데이터 분석 기반 운영

part 2　로그 수집 입문

chapter 5 로그 수집 미들웨어 소개

chapter 6 처음으로 만나는 Fluentd

chapter 7 Fluentd 설계 요령

chapter 8 Fluentd 운영 Tips

part 3 Elasticsearch 입문

chapter 9 데이터 저장소 입문

chapter 10 Elasticsearch 기초

chapter 11 Elasticsearch 시작

chapter 12 Elasticsearch의 운용 팁

chapter 13 Curator

chapter 14 elasticsearch-hadoop

part 4 Kibana 입문

chapter 15 Kibana 특징

chapter 16 Kibana 설치와 설정

chapter 17 Kibana 분석 워크플로우

chapter 18 Discover 탭 검색

chapter 19 차트 작성

chapter 20 대시보드

부록

데이터 분석 기반 입문

## chapter 1

데이터 분석 개요

서비스를 운영하거나 사업을 지속하는데 있어서 시스템과 제품의
역할은 중요합니다. 제품이 정상적으로 동작하는 것도 중요하지만,
고객의 흥미나 시스템의 동작 등에 관한 데이터를 분석하는 것도
중요합니다. 본 장에서는 제품에 있어서 데이터 분석과, 분석을 위해
필요한 기술에 대해서 설명하겠습니다.

1-1 데이터 분석 환경을 구성하는 요소

이제부터 데이터 분석 기반을 만들려고 하는 사람은 "데이터를 분리해서 질의할 수 있고, 시각화하기만 하면 분석이 가능할 것이다"라고 기대하고 있을지도 모르겠습니다. 이미 Elasticsearch 환경에 로그를 넣어 두고, Kibana로 열람가능하도록 한 사람은 "어떻게 활용할 수 있을까?", "어떻게 하면 더욱 로그데이터를 활용할 수 있을까?"라고 생각하고 있겠지요.

분석 기반을 만든다는 것은 분석에 의한 결과를 지속적으로 만들어 내기 위한 구조를 만드는 것입니다. 따라서 다음과 같은 것을 생각해야 합니다.

장기적인 결과를 내기 위해서 분석 기반에는 무엇이 필요한가

사업은 지속적으로 하는 것을 전제하기 때문에 지속적으로 결과를 내는 구조여야 합니다. 분석이라는 것은 현황을 확인하고, 비즈니스적인 의사결정을 하는 것입니다. 의사결정을 위해서 분석을 하는 것입니다. 데이터 분석 기반은 그 의사결정을 장기적으로 지원하기 위해 설계해야 합니다. 데이터 분석 기반을 만들 때 생각할 요소로서 다음과 같은 것들이 있습니다.

- [수집] : 어떤 데이터를 모을 것인가. 어떤 데이터를 보관할 것인가
- [변환] : 데이터를 어떻게 전처리해서 분석하기 쉬운 형태로 바꿀 것인가
- [보존] : 데이터를 어디에 저장할 것인가
- [분석] : 어떤 기반에 넣어서 데이터를 분석하고 활용할 것인가. 데이터를 넣는 것 뿐만 아니라 분석을 위한 좋은 환경을 만들기 위해서 어떻게 해야할까
- [표시] : 어떻게 데이터를 시각화하고, 결과를 전달할까
- [운영] : 데이터를 분석하기위한 기반을 장기적으로 운영하기 위해서는 어떻게 해야할까. 엔지니어가 아니라도 활용할 수 있는 환경을 만들기 위해서는 어떻게 해야할까

제품의 조직구성에 따라서 각 요소에 관계하는 멤버는 바뀌게 마련입니다. 관리자가 데이터를 보고 의사결정을 하는 경우가 많다면 분석이나 표시는 관리자가 이용자가 됩니다. 만약 데이터 전문가가 팀에 있다면 데이터 소스에 접근하기 쉬운 환경을 만들어서 그들이 분석이나 표시 등의 작업을 수월하게 할 수 있습니다. 또는 작은 팀이라면 직접 데이터 분석 기반을 구축하고 데이터를 분석해서 지속적인 보고까지 담당할 수도 있습니다. 팀의 규모

그리고 제품의 상태에 따라 데이터 분석 기반의 개요도 변하게 됩니다. 데이터의 양, 매트릭스의 다양함, 데이터의 보고서뿐만 아니라 예측이나 이상 탐지의 이용, 활용 방법 등 데이터 분석 기반을 구축할 때는 다양한 사항을 고려할 필요가 있습니다. 이번 장에서는 데이터 분석 기반의 개요를 정리해 보겠습니다.

1-2 데이터 분석 기반의 대상

대상이 되는 데이터

데이터 분석 기반 구축을 고려할 때 대상이 되는 데이터는 무엇이 있을까요? 로그 데이터도 있고, 데이터베이스 안에 저장된 데이터도 있겠지요. 또는 엑셀과 같은 소프트웨어에 저장된 데이터도 분석을 위해서 필요할 수 있습니다. 데이터는 다음과 같이 구별할 수 있습니다.

- 마스터 데이터 : 시간이 지나도 바뀌지 않는 데이터. 예를 들어 상품명과 같은 것은 시간이 지나도 바뀌지 않음.
- 시계열 데이터 : 어떤 시간에 발생하는 사건을 기록하는 데이터. 로그 데이터와 같은 경우.
- 설정 데이터 : 상황에 따라 애플리케이션의 동작을 변경하기 위해서 보존하는 데이터.

각각의 데이터에 대해서 순서대로 설명하겠습니다.

마스터 데이터

마스터 데이터는 어떤 것에 대한 기본 정보입니다. 애플리케이션에서 마스터 데이터는 RDB에 저장할 경우가 많습니다. 또는 운영상의 이유로 엑셀 등에서 관리할 경우도 있습니다. 어떤 경우든 데이터 분석을 하는 입장에서 생각할 것은 시계열 데이터를 어떻게 하면 마스터 데이터와 결합할 수 있을 것인가 하는 점입니다. 예를 들어 EC사이트에서 상품별로 매출경향 리포트를 작성하는 경우를 생각해 봅시다. 매출의 로그에는 상품명을 넣지 않고 상품ID만 남기도록 합니다. 매출의 로그만을 사용해서 집계하면 상품ID별로 매출은 집계할 수 있지만, 각각의 상품ID가 어떤 상품인지 알 수가 없게 됩니다. 상품의 기본 정보인 마스터 데이터와 매출의 로그 데이터를 조합함으로써 알기 쉬운 리포트를 만들 수 있습니

다. 상품 카테고리를 상품의 마스터 데이터에 보존해두면 상품 카테고리별로 매출 경향을 내는 것도 가능합니다.

시계열 데이터

시계열 데이터는 보관 방법과 질의 방법를 고려할 필요가 있습니다. 로그의 양이 적다면 SQL의 window 함수를 사용해서 "1주일사이의 변화를 비교하라"와 같은 작업을 간단하게 작성할 수 있습니다. 하지만, 로그가 많아지면 단일 데이터베이스에 넣어서 집계쿼리를 실행하는 것이 어렵게 됩니다. 로그가 많은 경우는 분산 데이터베이스나 시계열 데이터 전용의 데이터베이스에 넣는 편이 좋습니다. 이런 시스템의 분류에 대해서는 "4장 데이터 분석 기반 운영"에서 설명합니다.

설정 데이터

설정 데이터는 마스터 데이터와는 구별되는 프로그램이나 사람의 조작으로 설정값을 변경할 수 있습니다. 또는 설정의 이력을 보존하는 것으로 과거 시점의 설정 데이터와 시계열 데이터를 조합해서 과거의 어느 시점에서의 분석을 가능하게 합니다. 데이터 분석 기반을 구축하여 최신의 값 뿐만 아니라, 설정의 이력 데이터도 남길 필요가 있습니다. 애플리케이션에서는 최근의 설정값만 있으면 충분하지만 "어떤 시점에서의 설정 정보"가 없다면 왜 이런 동작을 하는지 알 수 없기 때문입니다. 설정에 따라서는 시계열 데이터에 그 설정값을 포함하는 방법도 생각할 수 있습니다. 애플리케이션에 따라 유연하게 설계하는 것이 좋습니다.

| Column | System of Record와 System of Engagement |

SoR(System of Record)과 SoE(System of Engagement)라고 하는 사고방식이 있습니다.

- SoR : 기록(Record)[1]을 위한 시스템. 입출력의 내용을 문제없이 바르게 처리하기를 기대하는 시스템. 예를 들어 신용카드에 의한 결제나 항공권의 예약시스템 등의 경우입니다.
- SoE : 관계강화(Engagement)를 위한 시스템. 고객의 이용을 촉진하기위한 시스템. 예를 들어 상품을 추천하는 시스템이나 고객에게 검색결과를 보여주는 시스템의 경우입니다.

SoR과 SoE는 개념적인 것으로 완전히 구별할 수 있는 것은 아닙니다. SoR과 SoE의 양쪽 특성을 모두 가지는 시스템도 있습니다. 어느쪽이든 시스템에 요구되는 것이 무엇인가를 생각하는 것이 분석 시스템을 구성할 때 중요합니다. 예를 들어 SNS에서 고객의 지인이 있는 것을 내세우고 추천 친구를 보여주는 시스템은 SoE에 축을 두는 시스템입니다. 추천 고객을 보여줌으로써 고객의 사이트 이용을 촉진하려는 목적이 있기 때문입니다. 그로 인해 고객이 많은 상품을 클릭해서 사이트의 가치를 올릴 수 있습니다. 데이터 분석 기반과 애플리케이션 자체의 경계는 애매합니다. 데이터 분석 기반은 애플리케이션의 출력 데이터를 입력받아서, 어떤 의사결정을 하거나다시 애플리케이션 자체에서 이용하기 위한 데이터를 출력하는 시스템입니다. 데이터 분석자체가 관계를 강화(Engagement)해서 비즈니스의 경쟁우위를 높이는 것이라면, 그건 분명히 애플리케이션 그 자체에 가까운 데이터 분석 기반입니다. 또는 데이터 분석 기반 자체가 애플리케이션이 될 수 있겠지요. 이번 장에서는 SoE보다 서비스 또는 애플리케이션을 개선하기 위해서 어떻게 데이터 분석 기반을 설계하고 구축하여야 하는 가를 다룹니다.

---

[1] 역자주_ 여기서 기록은 Transaction을 의미합니다.

1-3 데이터 분석 사례 소개

지금까지는 데이터 분석 기반의 개요와 시스템에 보관되는 데이터에 대해서 살펴보았습니다. 이번 절에서는 커피숍을 소재로 해서 데이터 분석의 흐름을 설명하고 용어를 정리하겠습니다.

▌여러분이 만약 커피숍의 엔지니어라면

여러분은 엔지니어 대상의 커피전문 인기 EC 사이트 "A 커피"의 신입 엔지니어입니다. A 커피에서는 여러 산지의 커피콩을 판매하고 있습니다. 브라질산의 촉촉한 감촉의 커피콩부터 과테말라산의 과일향의 커피콩도 있습니다. 콩을 볶는 방식도 다크로스트부터 시나몬로스트까지 갖추고 있고, 가격도 상품별로 다릅니다. 사이트에서는 커피콩별로 상품페이지가 있고, "카트에 넣기" 버튼을 클릭하면 카트에 들어가고, 그 다음에 "구입" 버튼을 누르면 커피콩을 구입할 수 있습니다. 또는 콩이 아니라 크기별로 있는 그라인더나 사이트 로고가 들어간 몇 종류의 텀블러, OSS(Open Source Software)의 로고가 있는 머그컵도 다수 구비되어 있습니다. 데이터 분석을 시작하기 전에 일단은 이 사이트의 기능, 상품, 고객을 정리합시다.

▌사이트 기능

사이트 안에서 다음과 같은 페이지와 기능이 있다고 합시다.

- 탑 페이지
  - 그 날의 특집 커피콩과 여러가지 상품의 링크가 있다.
- 상품 페이지
  - 각각의 상품 설명이 적혀있다.
- 사이트 내 상품 검색
  - 검색 박스에 상품명과 산지를 넣고 검색할 수 있다.

사이트 상품

다음과 같은 상품이 있다고 합시다.

- 커피콩
  - 100g과 500g의 2종류가 있음. 산지별, 로스트별로 구비되어 있다.
- 그라인더
  - 입자를 굵게 또는 가늘게 가는 방식이 있음. 사이즈별로 대, 중, 소 3종류가 있음.
- 텀블러
  - 1인용 텀블러. 여러가지 디자인이 있음
- 머그컵
  - OSS의 로고가 프린트된 머그컵이 다수 있음

사이트 방문자

A 커피에는 여러가지 경로로 고객이 들어올 수 있다.

- A 커피가 발행한 메일 매거진의 링크
  - 매주, 특집 상품을 소개하는 메일을 등록된 고객에게 보내고 있음.
- 페이스북의 포스트
  - 최근에는 손님도 점점 더 늘어나서 페이스북에서 A 커피의 상품 페이지를 공유하는 경우도 늘고 있다. 그 페이지를 경유해서 새로운 손님이 들어오는 경우도 있음.
- 트위터
  - 기술계 스터디 등에서 A 커피의 콩을 선물하면 엔지니어들이 트윗해 주고 있음. 그 중에 링크도 있어서 그 링크를 타고 손님이 오는 경우가 있음.
- 검색 사이트
  - "A 커피 Hive 머그컵" 등의 키워드로 상품 페이지에 들어오는 사람이 가끔 있음.

A 커피의 행동 로그를 어떤 식으로 분석해야 좋을까요? 또는 어떤 식으로 데이터 분석을 위한 기반을 만들어야 좋을까요? 같이 살펴봅시다. 그리고 EC 사이트를 지속하기 위해서 필요한 매출에 대해서 봅시다.

1-4 개요 파악

A 커피에서는 어떤 상품이 잘 팔릴까요? 여기서는 웹사이트의 개요를 파악하기 위해서 수익을 계산합니다. 일단은 웹사이트를 지속하기 위한 수익을 계산하기 위해서 다음과 같은 값이 필요합니다.

- 상품별 구입량, 매출
  - 커피콩 별 매출
- 손님 1명당 평균 구입단가
  - 손님 1명이 어느 정도 커피콩을 샀는가

웹사이트의 매출을 나타내는 기본적인 지표로서 일단 사이트 내에서 어느 정도 상품이 팔렸는지 보고합니다. 이 값을 KPI(Key Performance Indicators : 핵심성과지표)라고 합니다. 어떤 변화나 정책을 실행했을 때, 일반적으로 KPI가 붙어있기 마련입니다. 이 수치를 항상 확인하면서 사이트를 개선해 나가게 됩니다.

▌구매 고객 스토리

여기서 A 커피의 주인이 어떤 수치에 주목했습니다. 고객 1명당 구입 단가의 평균에 큰 격차가 있습니다. 어째서인지 커피콩을 대량 주문하는 고객이 있는 것 같습니다. 구입한 고객에게는 어떤 스토리가 있는 것일까요?

- Google 검색
  - Google에서 "브라질 커피 추천"이라고 검색해서 A 커피의 상품 페이지에 들어오게 되었다. 브랜드 커피콩의 리스트를 본 뒤에 브라질산 100g짜리 세트를 보고 있다. 그 페이지의 관련 상품으로 표시된 블루마운틴 브랜드의 100g짜리 세트를 카트에 넣고 커피 필터를 몇 개 본 뒤에 구입했다.
- 팬
  - A 커피의 향이 풍부한 커피콩의 팬으로 매달 구입하고 있다. 이번 달은 가끔 특집으로 다루는 에티오피아산의 싱글오리진 커피가 좋아보여 바로 상품 페이지로 가는 배너를 클릭했다. 한정 상품이므로 500g 팩을 구입했다.
- 대량 구매 (일괄 구매)
  - 어느 스타트업 기업의 총무 부서에서 대량 구매를 하고 있다. 엔지니어가 10명 있는 스타트업 기업으로 복지 차원에서 사무실에 무료 커피 스탠드를 제공하고 있다. 엔지니어는 집중하면 보

통 커피를 마시고 싶어하기 때문에 매달 2kg정도 구입하고 있다. 최근 Hadoop을 좋아하는 사원이 입사했기 때문에 Apache Hive의 로고가 들어간 머그컵도 선물용으로 추가 구입했다.

고객에게 크게 3가지의 스토리가 있는 듯 합니다. 각각의 고객에 대한 정책을 똑같게 생각할 수 없다는 것을 알 수 있습니다. 실제로 사이트를 분석할 때는 이처럼 어떤 고객들이 있는지 보고 판단해서 여러가지 지표를 만듭니다. 서비스의 개요를 파악한다는 것은 곧 어떤 서비스에서 매출이 발생하는지를 차분히 들여다보는 것입니다. 고객들 중에는 여러가지 이유로 서비스를 사용하고 있고, 구매까지 이어지게 마련입니다. 그럼 A 커피에는 어떤 수익이 발생하고 있을까요? 좀 더 구조화 해 봅시다.

1-5 수익 구조 파악

A 커피의 수익 구조는 다음과 같이 생각할 수 있습니다. 일단은 매출을 계산합니다.

A 커피의 매출 = 구입한 고객수 x 고객 1명당 구매 단가

고객당 구매 단가와 구입하는 고객의 수를 가지고 A 커피의 상품에 대한 총매출을 계산할 수 있습니다. 이 식에서 구입한 고객의 수를 좀 더 분석해보면 다음과 같습니다.

구입한 고객수 = A 커피에 등록한 고객수 x 구입한 고객의 비율

A 커피에 등록한 고객에는 아직 상품을 구입한 적이 없는 사람도 있습니다. 상품을 한 번이라도 구입한 적 있는 고객의 비율이 늘어나면 늘어날수록 A 커피에는 상품을 구입한 적 있는 고객이 늘어나는 것입니다.

▌액티브 고객

최근에 사이트를 방문한 적이 있는 고객을 액티브 고객이라고 합니다. 다음과 같이 생각할 수 있습니다.

방문DAU(Daily Active Users) = 어떤 날에 A 커피를 방문한 고객의 수 / 전 회원수

방문MAU(Monthly Active Users) = 어떤 달에 A 커피를 방문한 고객의 수 / 전 회원수

사이트에 등록한 고객 중에서도 좀처럼 사이트에 들어오지 않는 고객도 있을 것입니다. A 커피가 처음 생겼을 때 등록한 고객 중에는 3년 동안 접속하지 않은 고객도 있습니다. 등록은 되어 있지만, 오랫동안 들어오지 않는 고객을 다시 사이트에 들어오도록 하면 A 커피의 매출이 늘어날 수도 있을 것입니다.

매출 계산

A 커피에 고객이 가져다 준 매출은 다음과 같이 계산할 수 있습니다.

> **고객 1인당 A 커피의 총매출**
> **= 어떤 고객이 지금까지 구입한 상품의 총금액**
> **= 전체 기간의 고객의 상품 구매 단가 x 전체 기간의 구입한 상품 수**

이것을 일반적으로 LTV(Life Time Value)라고 합니다. 예를 들어 3년 전에 등록한 고객이 매월 빠짐없이 10,000원씩 커피콩을 사고 있다면 다음 매출을 A 커피에 가져다 주고 있습니다.

> **10,000 원 x 12개월 x 3년 = 360,000 원**

또한 A 커피의 매출은 다음 식으로 변환될 수 있습니다.

> **A 커피의 매출 = 구입한 상품의 단가 x 상품의 구매수**

이것은 고객이 아니라, 상품의 관점에서 A 커피의 매출을 본 것입니다. 상품의 단가와 각각의 상품이 얼마나 팔렸는 지에 따라 매출이 달라질 것입니다.

고객 모집

지금까지는 A 커피의 KPI에 관해서 정리했습니다. 그럼 고객을 불러들여 매출에 기여할 방안을 생각해 보겠습니다.

고객이 A 커피 사이트를 찾아오는 경로가 어떤 것이 있을까요? 상품명으로 검색하는 고객도 있고, 외부사이트에 노출한 광고를 통해 들어오는 고객도 있겠지요. 예를 들어 광고를 내는 경우에는 비용이 들기 때문에 고객을 모집하기 위한 비용이 발생합니다. 광고와 같이 프로모션으로 불러들인 고객의 수는 다음과 같이 계산할 수 있습니다.

고객의 모집 단가 = 프로모션 비용 / 모집 고객수

행동 플로우

그림 1.1 A 커피의 유저 행동 플로우

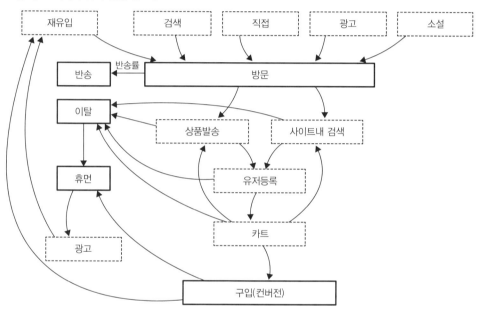

이상 정리하면 A 커피를 방문한 고객의 행동 플로우는 그림 1.1과 같습니다.

그림에서 굵은 선으로 그린 사각형은 고객의 상태를 점선으로 그린 사각형은 고객이 접속하는 요소나 기능을 나타냅니다. 이것을 감안해서 사이트 상에서 정책을 시행하게 됩니다.

매트릭스(지표)

지금까지 설명한 지표는 모든 상품, 모든 고객에 대해서 전체를 아우르는 수치를 의미했는데, 상품의 계열이나 특징, 고객별 성격에 따라서도 수익성과 효과가 다르겠지요.

예를 들어 다음과 같은 관점이 있습니다.

- 커피원두의 맛, 향, 산지별로 얼마나 매출이 나오는가
- 커피원두의 가격대별로 매출에 차이가 있는가
- 고객별로 구입한 원두의 종류는 다른가

이런 관점들을 각각 설정하면, 그 축별로 수익공식과 DAU를 산출하는 것이 가능합니다. 이것이 매트릭스입니다. 그럼 매출이나 이익을 올리려면 어떻게 하면 좋을까요? 매출에 대해서 분석해 봅시다. 다음 식은 위에서 이야기한 A 커피의 매출입니다.

A 커피의 매출 = 구매한 고객의 수 x 고객 1인당 구매 단가

"구매한 고객의 수"나 "고객 1인당 구매 단가"의 어느쪽이든 올리면 매출을 올릴 수 있을 것입니다. 보기에 따라서는 다음 식이 될 수 있습니다.

브라질산 커피의 A 커피 매출 = 브라질산 커피를 구매한 고객의 수 x 브라질산 커피를 구매한 고객의 1인당 구매 단가

이런 식으로 매트릭스를 설정하는 것으로 어떤 정책을 시행할 것인가 결정할 수 있습니다. 다음은 매트릭스를 가지고 정책을 만드는 법을 설명하겠습니다.

1-6 가설과 검증

▌가설 유도

매트릭스를 설정하는 것으로 결과를 가지고 다음과 같은 가설을 만들 수 있습니다.

- 지금 판매하고 있는 커피의 종류에 고객이 싫증을 내고 있지는 않은가. 커피콩의 종류를 더 늘리는 것이 매출에 영향을 끼칠 것인가.
- 커피콩 판매 단위(100g, 500g)를 늘려서 판매 단가를 올리는 것이 상대적으로 매출이 증가하지 않을까
- 고객마다 기호가 다르므로 각 고객에게 맞는 커피를 추천해 주면 좋지 않을까.

이런 가설을 세우기 위해서는 커피숍의 비즈니스에 대해서 이해하고, 수익 구조를 파악할 필요가 있습니다. 이것이 가능한 팀원이 지표를 공유하고 분석함으로써 가설을 증명할 수 있습니다.

▌가설의 검증

고객을 불러들이기 위한 정책에는 비용이 드는 것과 실행하기 어려운 것도 있습니다. 한편 바로 시행해 볼 수 있는 정책도 있습니다. 예를 들면 다음과 같은 것이 있습니다.

- 브라질산 커피의 매출이 좋으므로 탑페이지에서 가장 잘 보이는 최상단에 500 x 350px의 특집 배너를 배치하자
- 향이 좋은 커피의 매출의 모양새가 별로 좋지 않다. 이것은 웹페이지에서 향이 좋다는 것을 전달하는 것이 어렵기 때문이다. 실제 매장을 만들어서 향이 좋은 커피가 팔리는 지, 아닌 지 검증해보자.

웹에서 시행되는 정책은 별로 비용을 들이지 않고 실행할 수 있습니다. 하지만, 실제 매장을 만들게 되면 당연히 비용이 많이 들기 때문에 간단히 실행해 보기는 힘듭니다.

정책을 실행하는 것만으로는 검증할 수 없습니다. 검증은 실행해보는 것으로 끝나는 것이 아니라, 결과를 회수해야 처음으로 가설을 검증하는 것이 됩니다. 배너를 크게 해서 설치해보고, 브라질산 커피의 매출이 이전과 비교해서 어떻게 변화했는가를 알아보는 것까지가 검증입니다. 이 예시에서는 단순하게 증가하면 요구사항이 성공하고, 브라질산 커피의 페이지에 방문자 수가 늘고, 그 결과로서 브라질산 커피콩을 구입하는 고객이 증가했다고 할 수 있습니다.

> 브라질산 커피콩의 구입 자수
> = 브라질산 커피콩 페이지의 방문자 수 x 브라질산 커피콩의 페이지를 보고 구입한 고객의 비율
> = (탑페이지의 방문자 수 x 브라질산 커피콩의 배너를 클릭한 비율) x 브라질산 커피콩의
>   페이지를 보고 구입한 고객의 비율

이번 예시에서는 "브라질산 커피콩의 배너를 클릭한 비율"을 올릴 수 있었습니다. 그 외의 수치는 변동하지 않았기 때문에 커피콩을 구입한 고객수를 늘릴 수 있었다고 할 수 있습니다.

복수의 정책

정책을 여러개 동시에 시행하는 경우도 많습니다. 또는 이번 정책으로 인해 매출이 떨어지는 영역은 없을까요? 브라질산 커피는 잘 팔리게 되었지만 텀블러와 태즈메니아산 커피의 매출은 떨어지고 있을 지도 모릅니다. 정말 다른 어떤 이유로 떨어지고 있는 것인지 아니면 이번 정책의 영향인지, 검증할 필요가 있습니다.

A 커피의 매출 = 각 상품의 매출의 합

이기 때문에 브라질산 커피콩의 매출이 올라도 이번 정책으로 인해 다른 부분이 크게 마이너스의 영향을 받는다면 그 정책은 실패일 수 있습니다. 정책 전까지는 태즈메니아산 커피는 탑페이지에서 특집으로 다루고 있어서 팬이 많은 것도 생각해 볼 수 있습니다. 그 고객들이 브라질산 커피쪽으로 이동해서 총 매출은 떨어져 버렸을 가능성도 있습니다. 이와 같이 서비스의 수익이나 매출은 단순한 요소가 아니라, 여러 개의 요소로 구성되어 있습니다. 가설의 검증이라고 하는 것은 보통 어디에 무엇이 영향을 끼치고 있는지 확인하는 프로세스라고도 할 수 있습니다.

1-7 의사결정을 위한 데이터 분석

보다 좋은 결정을 하고 싶으면 데이터를 기반으로 분석해야 합니다. 데이터를 사용하지 않고 의사결정을 하는 것은 개인의 직감을 가지고 판단을 하는 것입니다. 물론, 직감으로 판단하는 경우가 성공하는 경우도 있습니다. 직감은 경험에 기반한 것입니다.

팀으로 무엇인가 비즈니스적인 판단을 하는 경우에는 합리적인 결론을 도출하고 싶겠지요. 따라서 합리적인 결론을 도출하기 위해서 데이터에 기반하지 않고서는 잘못된 결론을 내리게 됩니다.

데이터에 근거한 의사결정

먼저 데이터에 근거한 의사결정에 대해서 정의해보도록 하겠습니다. 「전략적인 데이터 매니지먼트[2]」에서 Thomas C. Redman은 의사결정에 대해서 다음과 같이 말하고 있습니다.

데이터와 정보의 관점에서 보면 의사결정이란 것은 불확실성 그리고 그에 관련한 불이익과 이익을 관리하는 것이다.

불확실성은 확률에 따라서 정량적일 때도 있고 숫자로 표현하지 못하는 경우도 있습니다. 의사결정이 잘되면 이익을 낼 수 있고, 반대로 실패하면 손실이 나게 됩니다. 리스크라는 것은 의사결정에 따라서 발생하는 불이익과 그것이 발생할 확률의 곱으로 정의할 수 있습니다. 예를 들어 다음 케이스에서 여러분은 어떤 결정을 할 수 있을까요?

"전월과 비교해서 광고를 통한 커피콩의 판매량이 떨어졌다."

다른 정보가 없고 이 정보만으로 파악해야 한다면 광고비는 낮추고 다른 경로의 유입을 늘리는 정책으로 전환하는 것을 생각해 보겠지요. 다음달도 광고를 통한 판매량은 계속해서 떨어질 것이고, 광고에 의한 비용대비 효과는 안 좋을 것으로 예상할 것이기 때문입니다.

▌데이터 분석의 단계와 엔지니어링

서비스를 개선하기 위해서는 현재 상황을 파악할 필요가 있습니다. 현황을 파악하지 못하면 그 상황에서의 정책도, 분석도 소용이 없습니다. 변화를 탐지하고, 가설을 세우고, 접근해서, 검증하고, 요인을 분석해 가는 것이 서비스 개선을 하기 위한 기초가 됩니다. 현황을 파악하는 것은 매우 중요합니다. 실제로 서버에 들어가서 awk나 sed를 사용하면 간단한 집계는 가능합니다. 하지만 엔지니어로서 해야할 것은 팀원 누구라도 현황을 볼 수 있도록 하는 것입니다.

분석의 목적은 수치를 해석하는 것이 아니라 의사결정을 하는 것에 있습니다. 그리고, 그 결과로 사업에 공헌하거나 서비스를 개선할 수 있습니다. 시각화도 마찬가지로 결과를 내는 수단이며, 사고의 도구입니다.

실제로 분석을 진행하는 동안에는 데이터가 왜 이렇게 된 것인지 데이터의 상태를 정리해 갈 필요가 있습니다. 엔지니어인 우리가 해야할 일은 그 분석 단계를 더욱 빠르게 해 주는 것입니다. 데이터를 시각화하는 수단을 제공하는 것은 당연하며, 데이터를 정리해서 이용

---

2 Data Driven: Profiting from Your Most Important Business Asset

하기 쉬운 형태로 만드는 것도 엔지니어링입니다. 통계 해석을 하기 위한 소프트웨어는 많이 있지만, 그것을 로그 데이터와 연계하기 위해서는 어떤 데이터를 취득하고 어떻게 이용할 것인가를 결정해야 합니다.

데이터 분석 환경의 역할은 데이터를 취득하는 것 뿐만 아니라, 데이터 추출이나 클린징 등 데이터를 분석하기 위한 전처리를 빠르게 하여 "분석"과 "가설의 구축"을 빠르게 하는 것입니다. 데이터를 분석할 때는 검증해야하는 가설이 있습니다. 가설에 대해서 어떤 정책을 실행하고 검증합니다. 정책을 실행할 때는 어떤 데이터를 모으고, 모은 데이터의 매트릭스를 어떤 식으로 조립할 것인지 고안합니다. 검증을 위해서는 데이터를 수집하고 분석 가능한 상태로 만들어야 합니다. 검증해서 얻게 된 데이터에서 다음에는 어떻게 개선해야 하는지를 판단할 필요가 있습니다. 이와 같이 해서 분석에서부터 검증 결과를 다음 정책에 이어지게 할 수 있습니다.

▌웹상의 시각화

이번에는 데이터 분석을 위한 시각화의 한 예로 웹상의 시각화를 들어보겠습니다. 웹상의 시각화에서는 다음과 같은 특징이 있습니다.

- 인터랙티브한 데이터의 취급이 가능하므로 드릴다운(Drill down), 드릴업(Drill up)이 가능하다.
- 임의의 데이터 또는 분석 상태에 대한 URI를 발행할 수 있다.
- URI를 공유하는 것으로 간단히 여러 사람이 같이 분석할 수 있다.

각각 간단히 설명해 보겠습니다.

인터랙티브한 데이터의 취급

인터랙티브한 데이터의 취급이란 포인팅 디바이스[3]에 의한 조작이나 조건 검색에 의해서 현재 표시된 데이터를 가공하고 양방향으로 데이터를 취급하는 것을 말합니다. 드릴다운(Drill down)과 드릴업(Drill up)이라는 것은 탐색형 데이터 분석을 가능하게 하는 방법의 하나입니다. 드릴다운은 특정 상태의 데이터에서 조건을 더 지정하여 범위를 좁히는 것을 말합니다. 예를 들어 일본에서 접근한 고객을 히스토그램으로 표시하고 있을 때 조건을 추가하여 홋카이도에서 접속한 고객을 대상으로 하는 것이 드릴다운의 예입니다. 드릴업은

---

3 역자주_ 대체적으로 마우스를 말한다.

반대로 조건검색을 뺌으로써 좀더 넓은 범위의 데이터를 보는 것을 의미합니다.

임의의 상태의 URI를 발행

시각화하는 애플리케이션에서 분석하는 상태나 데이터를 나타내는 URI를 발행할 수 있는 것을 뜻합니다. A 커피의 예로 돌아와서,

> **2017년 5월 25일에서 5월 30일까지 Hive 머그컵 페이지에 액세스한 고객을 5분간격으로 나타낸 히스토그램**

에 대해서 http://visualization.example.com/tmp/hive-mug-cup-between-20170525-20170530 라는 식으로 URI를 발행하는 것을 뜻합니다.

URI의 공유로 여러명이 같이 분석

이렇게 발행한 URI에 접근하는 것으로 앞서 설명한 조건으로 검색한 결과의 히스토그램을 볼 수 있습니다. 분석한 상태의 URI를 이용해서 팀원에게 공유하기 쉬운 것도 웹상의 시각화의 이점이라고 할 수 있습니다.

 Kibana를 사용하면 이런 특징을 바로 이용할 수 있습니다. A 커피의 사례에서 다음과 같은 스토리로 이용할 수 있습니다.

> *[데이터의 시각화를 조합한 분석 스토리]*
>
> *태즈메니아산 커피콩의 매출이 전월보다 늘었다. Kibana를 사용해서 태즈메니아산 커피를 구입한 고객의 행동을 조건검색해서 1개월분의 로그를 히스토그램으로 표시해본 다. 어째서인지 5월 첫째주에 피크가 있는 듯 하다. 이 고객들을 검색한 키워드를 facet 분석해 보면, 웬일인지 상품명으로 직접 액세스한 고객의 비율이 훨씬 늘었다. 예전에 TV에 방영된 영향때문인 듯싶다. 이 분석화면의 URI를 발행해서, 멤버의 채팅방에 공유했다. 이것으로 더욱 토론해 볼 수 있을듯….*

Kibana에서도 임의의 대시보드를 공유하는 것이 가능합니다. Kibana의 임시 URI의 발행 방법에 대해서는 18장의 "18-4 검색 팁"을 참고하기 바랍니다.

1-8 정리

장기적으로 결과를 남긴다.

로그를 해석하는 환경을 구축할 때는 장기적으로 결과를 내는 것을 대전제로 생각하자. 그러기 위해서는 수집, 변환, 저장, 분석, 표시, 운영의 각 단계에서 필요한 사항을 정리할 필요가 있습니다.

행동패턴

A 커피라는 가공의 커피전문 쇼핑몰을 예로 어떤 데이터 분석이 가능한가를 소개했습니다. 로그를 주시하는 것으로 고객의 행동 패턴을 알 수 있습니다.

매트릭스(지표)

매출과 이익에 관한 식을 예로 funnel 분석(깔대기 분석)에 대해서 소개했습니다. 그리고, 어떤 매트릭스를 계산할 수 있도록 할 것인가를 설명했습니다.

분석을 지원하는 기술

매트릭스를 받아서 어떤 로그 데이터를 시각화하고, 분석으로 이어지게 할 것인가를 소개했습니다. 분석을 지원하는 기술에 따라 서비스의 개선도 이루어질 것입니다.

## chapter 2

로그 데이터의 기초

앞 장에서 데이터 분석 개요에 대해서 설명했습니다. 이번 장에서는
애플리케이션에서 로그를 어떤 식으로 설계하는가에 대해서
설명합니다.

2-1 로그란

그림 2.1는 nginx에서 출력한 로그의 예시입니다. 실제로 여러분들이 다루게 될 로그에는 어떤 것들이 있을까요? 필자는 웹광고 관련 서비스를 운영하고 있으므로 서버에는 광고 표시 로그가 있고, 광고를 클릭한 로그도 출력됩니다. 이번 장의 활용 범위는 온갖 로그를 테마로 합니다.

그림 2.1 로그 예

```
172. 18. 0. 1 - - [24/ Jan/ 2017: 13: 00: 55 + 0000] "GET /search? q = test HTTP/ 1. 1" 200 2151 ⊒
"http:// localhost/ article/ 16" "Mozilla/ 5. 0 (Macintosh; Intel Mac OS X 10. 11; rv: 50. 0) ⊒
Gecko/ 20100101 Firefox/ 50. 0"
172. 18. 0. 1 - - [24/ Jan/ 2017: 13: 01: 19 + 0000] "GET /article/ 16 HTTP/ 1. 1" 200 3283 ⊒
"http:// localhost/ search? q = test" "Mozilla/ 5. 0 (Macintosh; Intel Mac OS X 10. 11; rv:
50. 0) ⊒Gecko/ 20100101 Firefox/ 50. 0"
172. 18. 0. 1 - - [24/ Jan/ 2017: 13: 01: 22 + 0000] "GET /search? q = aaa HTTP/ 1. 1" 200 1994 ⊒
"http:// localhost/ article/ 16" "Mozilla/ 5. 0 (Macintosh; Intel Mac OS X 10. 11; rv: 50. 0) ⊒
Gecko/ 20100101 Firefox/ 50. 0"
172. 18. 0. 1 - - [24/ Jan/ 2017: 13: 01: 24 + 0000] "GET / HTTP/ 1. 1" 200 4156 ⊒
"http:// localhost/ search? q = aaa" "Mozilla/ 5. 0 (Macintosh; Intel Mac OS X 10. 11; rv: 50. 0) ⊒
Gecko/ 20100101 Firefox/ 50. 0"
```

로그는 어떤 시점의 사실을 남기는 것입니다. 다음과 같은 것을 로그라고 할 수 있습니다.

- 고객이 상품을 구입했을 때의 로그
  - 어떤 상품을 언제 얼마에 구입했는 가의 이력
- 실온/습도의 로그
  - 실내에 있는 온도센서에서 기록한 어떤 시간의 온도와 습도의 로그
- 음향측정 데이터
  - 계측용 마이크로폰을 사용해서 수집한 어떤 시점의 음압 레벨

2-2 서비스 개선을 위한 로그

로그를 활용하기 위해서는 어떻게 해야 좋을까요? 데이터를 취급할 때는 데이터의 신선도에 따라서 2개의 분류가 있습니다.

- hot data
  - 발생한 직후의 데이터. 발생하고 바로 이용된다. 또는 고빈도로 조회되는 데이터를 말한다.
- cold data
  - 작성되고 난 뒤 이용될 때까지 일정 시간이 걸리는 데이터

분석함에 있어서 이런 데이터의 성질의 차는 활용 방법을 좌우합니다.

hot data와 cold data

hot data는 준 실시간의 분석을 가능케 합니다. 예를 들어

- 지금 이 순간에 트래픽에 어떤 변화가 있는가
- 특정 캠페인을 실시한 타이밍에 어떤 상품의 주문이 증가 했는가
- 특정 콘텐츠에 갑자기 request가 집중되고 있는데, 어떤 경로에서 들어오고 있는 것인가

이런 변화를 감지하고 싶은 경우에는 hot data를 사용할 필요가 있습니다. 한편 cold data는 일단 데이터를 스토리지에 저장한 뒤에 이용될 때까지 일정기간 조회되지 않습니다.

사실 이 2가지를 구분하는 기준은 모호할 수 있습니다. DB에 넣는 데이터가 모두 cold data인가 하면 항상 그렇지는 않습니다. 액세스가 빈번하게 일어나는 데이터를 hot data라고 할 수 있습니다. cold data라고 하면 장기적으로 백업을 위한 데이터라고 볼 수도 있습니다. hot data와 cold data의 사이에는 warm data[4]라고 하는 것도 있습니다.

hot data와 cold data는 각각 다루는 방법이 다릅니다. 로그데이터를 다룰 때는 바로 결과를 알고 싶은 경우와 장기적으로 이용하고 싶은 경우로 나뉩니다. 다음 절에서는 어떤 데이터를 가지고 hot data와 cold data의 취급법을 모두 가질 것인가 보도록 하겠습니다.

---

4 http://www.ibmbigdatahub.com/blog/your-big-data-hot-warm-or-cold

2-3 로그 구성

로그 정리

앞 장에서는 A 커피라는 가상의 웹사이트를 예로 들었습니다. 로그라는 것은 어떤 시간에 일어난 사실에 대한 데이터라는 것도 이야기했습니다. A 커피와 같은 웹사이트에서는 고객이 페이지를 보거나, 상품을 구입하면 시시각각 고객의 행동이 일어납니다. 생각할 수 있는 로그를 열거하면 다음과 같습니다.

- 고객의 페이지 열람
- 상품의 클릭
- 카트의 열람
- 고객의 상품구입

로그를 출력할 때는 나중에 어떤 분석을 할 것인지 생각할 것입니다. 로그를 남기기 시작할 때는 "어떤 로그가 있는가"를 정리하고, 일단 전체 전체 데이터를 나중에 사용할 수 있도록 cold data로 저장해두는 편이 좋습니다.

- 일단은 전체 로그를 남긴다.
- 얻을 수 있는 매트릭스를 정리한다.

전체 로그는 다음 장에서 설명하는 Fluentd에서 다룰 수 있도록 해두면 hot data로 사용하기 쉽습니다. 2파트에서 Fluentd에 대해서 구체적으로 다루게 됩니다. 한 번만 Fluentd에 입력하면 그 다음은 필터를 사용해서 임의의 로그만을 추출하는 것이 가능하고, 가공한 뒤에 외부로 보내는 것도 쉽습니다.

분석단계 복수의 면에서 활용을 관찰

Fluentd를 사용해서 로그 데이터의 형태를 결정함으로써 분석단계로 들어갈 수 있습니다. 분석단계에서는 고객의 여러가지 활동을 여러 면에서 관찰하기 위한 지표를 사용합니다. 1장에서 이야기한 것처럼 이것을 매트릭스라고 합니다. 여러 면에서 활동을 관찰한다는 것은 어떤 의미일까요?

예를 들어 설명하겠습니다.

A 커피의 경우, 고객의 행동데이터 외에도 다음과 같은 메타데이터가 있습니다.

- 고객별 속성
  - 연령, 주소, 성별, 구입회수, 총 구입금액, 고객 등록일, 등록 경로
- 상품별 속성
  - 상품이름, 상품종류, 색, 가격, 판매 시작 시기, 재고 수

여기서는 고객과 상품의 속성을 열거해 보았습니다. 이것은 행동 로그와는 별개로 데이터 베이스에 저장됩니다. 이런 것들을 마스터 데이터라고 부릅니다. 분석할 때는 일단 이런 속성 데이터와 행동 로그를 조합해야 합니다. 매트릭스를 만들면 다음과 같이 됩니다.

- 성별 또는 상품별의 액세스 경향
  - 1시간 단위로 남성 고객이 상품1에 액세스한 회수
  - 1시간 단위로 여성 고객이 상품1에 액세스한 회수
  - 1시간 단위로 남성 고객이 상품2에 액세스한 회수
  - 1시간 단위로 여성 고객이 상품2에 액세스한 회수
  - 생략 ...

이것은 분석에 있어서 중요한 지표이므로 펀더멘탈 매트릭스(기초 지표)라고 합니다. 조금 더 범용적인 조건을 적으면 다음과 같습니다.

(행동의 종류) x (고객의 속성) x (상품의 속성) x (시간단위) x (기본 통계량)

매트릭스는 이 조합의 수 만큼 있습니다. 여기에 들어맞는 여러가지 매트릭스를 만드는 것이 가능합니다.

(상품의 구매) x (2012년 3월에 등록한 고객) x (브라질산 커피콩) x (5분 단위) x (평균)

비즈니스의 요건에 따라 나오는 매트릭스도 다릅니다. LEAN ANALYTICS[5]에는 이런 매트릭스의 디자인에 관한 이야기를 많은 사례를 들어 소개하고 있습니다.

hot data와 cold data의 시점으로 봐도 로그 데이터의 구성이 다릅니다. 예를 들어 5초 간격으로 실시간으로 보고 싶은 경우는 로그 데이터에 고객과 상품의 속성을 넣는 방법

....

5 http://leananalyticsbook.com/

이 있습니다. 그렇지 않은 경우에는 데이터베이스에 저장한 고객의 마스터 데이터를 JOIN 해서 매트릭스를 계산할 수 있도록 할 필요가 있습니다. 다른 데이터소스를 참조하는 처리가 제때 이루어지지 못할 경우도 있으므로 QPS(Queries Per Second)를 고려해서 로그 데이터의 구성을 생각해야 합니다.

2-4 로그를 살리는 디플로이(배포)

로그 데이터를 가공하기 위한 프로그램이나 플러그인을 Fluentd용으로 설치합니다. 실제 로그 데이터 대부분은 테스트용 데이터와 성질이 다릅니다. 단일 데이터에서 로그 패턴을 모방하려고 해도, 실제 로그의 그것과 다른 경우가 많습니다. 처음부터 모든 패턴을 망라해서 테스트하는 것은 어렵습니다.

개발할 때는 실제 환경의 로그의 스트림을 일부분만 받아들일 수 있도록 노드를 만드는 것이 좋습니다. 그렇게 함으로써 실제 환경의 트래픽에 가까운 성질의 로그를 처리하는 프로그램의 테스트를 할 수 있습니다. Fluentd라면 copy 플러그인과 sampling filter 플러그인을 사용하는 것으로 간단히 실현할 수 있습니다.

로그를 해석하는 프로그램 대부분은 긴 시간 동안 로그를 실시간에 가깝게 처리합니다. 그러므로 이런 테스트용 서버에서 어느 정도의 시간을 들여서 테스트하는 것도 유용합니다. 특히 Fluentd 플러그인의 경우 메모리 릭(Memory leak)이 발생하면 운영에 직접적인 영향을 끼치게 되므로 실제 환경에 적용하기 전에 테스트 환경에서 시험해보는 것이 중요합니다.

이런 플러그인에 대한 설명은 6장의 "6-4 플러그인의 활용"을 참고해 주세요.

2-5 정리

hot data와 cold data
데이터의 신선도에 따라서 hot data와 cold data로 나눌 수 있다. 각각 사용하는 기술이 다르다.

hot data와 cold data의 조합과 매트릭스
분석을 할 때 hot data와 cold data를 어떻게 조합할 수 있는지 소개했습니다. 또한 서비스에서 매트릭스를 만들고 몇 개의 예시를 들었습니다.

매트릭스의 아키텍처
매트릭스의 형태로 집계할 수 있는 아키텍처에 대해서 필요한 조건을 설명했습니다.

디플로이
로그의 수집에 관한 디플로이에 대해서 설명했습니다. 실제 환경과 비슷한 스트림을 개발 환경이나 테스트/검증 환경에서 다룰 수 있도록 하면 스트림 처리의 테스트를 할 수 있습니다.

데이터 분석 기반 구축

앞 장에서는 로그 데이터의 설계에 대해서 소개했습니다. 이번
장에서는 실제로 Fluentd, Elasticsearch 그리고 Kibana를 이용해서
환경을 구축하는 방법을 설명하겠습니다.

3-1 이번 장에서 준비하는 환경

이번에 구축하는 환경은 다음 그림 3.1과 같은 구성을 가집니다.

그림 3-1 구성도

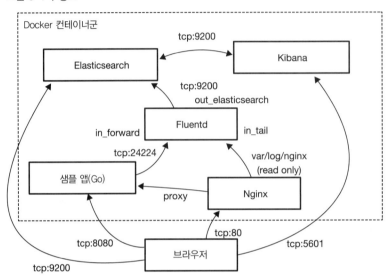

다음의 Docker컨테이너를 준비하고 각각의 link를 사용해서 연계합니다. Docker는 분리된 가상환경을 만듭니다. 여기에서는 Docker에 대해서는 구체적으로 설명하지 않습니다. Docker에 대해서는 공식문서[6]를 참고해 주세요.

- Fluentd 컨테이너
- Elasticsearch 컨테이너
- Kibana 컨테이너
- Nginx 컨테이너
- 애플리케이션 컨테이너

샘플 애플리케이션은 Go로 만든 간단한 블로그 웹애플리케이션입니다. 블로그에는 고객 등록과 로그인 기능은 물론이고, 글을 작성할 수도 있습니다. 애플리케이션은 Nginx 경유로 액세스할 수 있고, 액세스 로그를 Fluentd에서 수집합니다. Nginx의 액세스 로그는

---

6 https://www.docker.com/what-docker

Fluentd의 tail인 풋플러그인을 사용해서 로그 파일로부터 읽습니다.

또한, 애플리케이션에서는 Elasticsearch를 이용해서 글의 검색기능을 구현하고, 그 검색의 로그도 Fluentd를 경유해서 Elasticsearch에 저장합니다. 검색 로그의 Fluentd 전송은 fluent/fluent-logger-golang[7]을 사용합니다. 글을 등록하는 타이밍에 Elasticsearch에서도 글을 인덱싱하기 때문에 즉시 검색 가능합니다. 실제 운영하는 애플리케이션의 경우 Elasticsearch를 넣은 워커나 잡을 만들고 큐를 넣는 경우가 많지만, 이번에는 데모용으로 만드는 것이므로 간단하게 만들겠습니다. 큐에 대해서는 나중에 설명하겠습니다.

Elasticsearch 컨테이너에는 X-Pack[8]도 설치되어 있습니다. X-Pack에 대해서는 "부록 D Kibana의 그 외 편리한 기능"을 참고해 주세요. 또한, 샘플 애플리케이션의 환경에서는 X-Pack Security를 Off로 하고 있습니다. 그리고 이번의 Docker 환경에서는 30일간 유효한 X-Pack의 트라이얼 라이센스가 포함되어 있습니다.

이번에 구축하는 환경에 대해서

efkbook/blog-sample이라는 애플리케이션을 준비했습니다. 코드는 Github에 올려두었습니다. 실제의 애플리케이션과 같이 Fluentd, Elasticsearch, Kibana를 사용할 수 있도록 되어 있습니다.

https://github.com/efkbook/blog-sample

구축은 다음과 같은 환경에서 했습니다.

- Docker 1.30
- Fluentd 0.12.35 (td-agent2 v2.3.5)
- Elasticsearch 5.4.3
- Kibana 5.4.3
- Go 1.8.3

그럼 환경을 만들어봅시다.

샘플 애플리케이션을 띄우기 위해서는 Docker(https://www.docker.com/) 또는

---

7 https://github.com/fluent/fluent-logger-golang
8 https://www.elastic.co/kr/products/Stack

docker-compose(https://docs.docker.com/compose/overview/)가 필요합니다.
Install Docker[9]에서 자신에게 맞는 Docker Engine을 설치합니다.

Docker를 이용한 환경의 구축

그림 3.2와 같이 리포지토리를 자신의 환경에 clone하세요. 그 다음에는 docker-compose
up -d(docker-compose가 설정 파일(docker-compose.yml)을 읽어서 그대로 빌드하고
실행하는 명령이다.)로 환경을 만들 수 있습니다.

그림 3.2 샘플 애플리케이션의 clone과 환경의 구축

```
$ git clone https://github.com/efkbook/blog-sample
...
$ cd blog-sample
$ docker-compose up -d
...
Creating blog-sample_go_1              ... done
Creating blog-sample_fluentd_1         ... done
Creating blog-sample_elasticsearch_1 ... done
Creating blog-sample_kibana_1          ... done
Creating blog-sample_nginx_1           ... done
$ docker-compose ps
Name                         Command              State   Ports
--------------------------------------------------------------------------------
blog-sample_elasticsearch_1 /bin/bash bin/es-docker       Up      0.0.0.0:9200->9200/tcp, ⤴
9300/tcp
blog-sample_fluentd_1        /bin/sh -c exec td-agent...  Up      0.0.0.0:24224->24224/tcp
blog-sample_go_1             make app/run                 Up      0.0.0.0:8080->8080/tcp
blog-sample_kibana_1         /bin/sh -c /usr/local/bin/ ... Up     0.0.0.0:5601->5601/tcp
blog-sample_nginx_1          nginx -g daemon off;         Up      443/tcp, 0.0.0.0:80-> ⤴
80/tcp
```

동작을 확인해보자.

---

9 https://docs.docker.com/install/
https://store.docker.com/search?type=edition&offering=community

샘플 애플리케이션 : 간단한 블로그

샘플 애플리케이션을 소개하겠습니다. 블로그와 비슷한 웹애플리케이션입니다. 실행을 위해서는 Go런타임이 필요합니다. efkbook/blog-sample의 Docker 환경설정을 이용하면 실행할 수 있습니다. 만약 Docker가 아니라 로컬 환경에서 애플리케이션을 동작시키기 위해서는 Go 런타임과 SQLite를 인스톨해야 합니다.

블로그 애플리케이션의 URL은 http://localhost입니다. 브라우저에서 열어주세요.

nginx 컨테이너는 포트80을 listen하고 있기 때문에 http://localhost라고 요청하면 nginx가 reverse proxy로서 동작하고, Go 애플리케이션에 요청을 보냅니다. 또한 http://localhost:8080으로도 같은 식으로 애플리케이션에 엑세스할 수 있습니다. 이 경우에는 nginx를 경유하지 않고, 직접 Go 애플리케이션에 요청합니다.

심플한 웹 애플리케이션이지만, 실제로 웹 애플리케이션에 로그 해석 기능을 추가하기에는 참고가 될 수 있을 것이라 생각합니다. 블로그 애플리케이션은 고객등록, 로그인, 블로그 글의 작성, 블로그 글의 검색 기능이 있습니다. 메일보내기 기능 등은 없지만, 임의의 고객을 만들고 블로그에 글을 작성해 보세요. 블로그에 글을 작성하면 SQLite에 본문과 제목 등의 정보를 저장하게 됩니다. 또한 글을 작성할 때 Elasticsearch에도 글 데이터를 저장하도록 하고 있습니다.

글의 검색에 대해서는 Elasticsearch에 저장된 데이터를 이용하고 있습니다. 이것은 article 인덱스로 보존되어 있습니다.

이 애플리케이션에는 2개의 로그를 Elasticsearch에 저장합니다.

- 페이지 등의 액세스 로그
- 글의 검색 로그

9200 포트는 호스트쪽에 노출되어 있기 때문에 http://localhost:9200으로 Elasticsearch에 요청할 수 있습니다. 시험삼아 curl로 Elasticsearch가 동작하고 있는 것을 확인합니다 (그림 3.3).

그림 3.3 Elasticsearch의 동작 확인

```
$ curl localhost:9200
{
  "name" : "BhcNlPo",
  "cluster_name" : "docker-cluster",
  "cluster_uuid" : "kvNUh_-FSxKVdAH2Zkfu9w",
  "version" : {
    "number" : "5.4.3",
    "build_hash" : "eed30a8",
    "build_date" : "2017-06-22T00:34:03.743Z",
    "build_snapshot" : false,
    "lucene_version" : "6.5.1"
  },
  "tagline" : "You Know, for Search"
}
```

정상적으로 Elasticsearch가 동작하고 있는 것을 확인할 수 있습니다. 만약 응답이 없다면, 그림 3.4와 같이 docker-compose logs elasticsearch로 동작 로그를 확인합니다. Elasticsearch daemon이 출력하는 로그를 볼 수 있습니다.

그림 3-4 동작 로그의 확인

```
$ docker-compose logs elasticsearch
Attaching to blogsample_elasticsearch_1
elasticsearch_1  | [2018-03-24T14:57:19,798][INFO ][o.e.n.Node               ] [] ⏎
initializing ...
elasticsearch_1  | [2018-03-24T14:57:20,076][INFO ][o.e.e.NodeEnvironment     ] [BhcNlPo]
using [1] data paths, mounts [[/usr/share/elasticsearch/data (/dev/sda1)]], net usable_space
[54.6gb], net total_space [62.7gb], spins? [possibly], types [ext4]
elasticsearch_1  | [2018-03-24T14:57:20,077][INFO ][o.e.e.NodeEnvironment     ] [BhcNlPo] heap
size [495.3mb], compressed ordinary object pointers [true]
elasticsearch_1  | [2018-03-24T14:57:20,082][INFO ][o.e.n.Node               ] node name
[BhcNlPo] derived from node ID [BhcNlPoUSjGkcTgRLDsKjw]; set [node.name] to override
elasticsearch_1  | [2018-03-24T14:57:20,082][INFO ][o.e.n.Node               ] version[5.4.3],
pid[1], build[eed30a8/2017-06-22T00:34:03.743Z], OS[Linux/4.9.60-linuxkit-aufs/amd64],
JVM[Oracle Corporation/OpenJDK 64-Bit Server VM/1.8.0_131/25.131-b12]
(생략)
```

다음으로 로그의 전송에 대해서 알아봅시다.

Fluentd 설정 내용

이번 구성에서 Fluentd가 할 일은 2가지가 있습니다.

- 열람 로그로써 .nginx 엑세스 로그를 파일에서 읽어서 Elasticsearch에 보내기
- 검색 로그를 웹 애플리케이션의 Go 클라이언트에서 받아서 Elasticsearch에 보내기

순서대로 설명하면 이번 샘플 애플리케이션의 리포지토리에서는 _fluentd/etc/fluentd.conf가 컨테이너 내의 Fluentd 설정이 됩니다. 설정 파일의 내용을 변경하면 동작을 변경할 수 있으므로 자신의 환경에서 여러가지로 변경해 보기 바랍니다.

in_tail: Nginx 로그 파일을 Fluentd에서 읽기

이 리포지토리에서 nginx의 설정을 _nginx/etc/nginx.conf에 작성해 두었습니다. nginx 컨테이너에서는 이 nginx.conf 파일을 읽고, nginx daemon을 실행합니다. 설정 내용은 리스트 3.1입니다.

리스트 3.1 nginx의 설정

```
user  nginx;
worker_processes  1;

events {
    worker_connections  1024;
}

http {
    include       /etc/nginx/mime.types;
    default_type  application/octet-stream;
    server {
        listen 80;
        access_log /var/log/nginx/docker.access.log;
        proxy_pass_header Server;

        location / {
            proxy_set_header Host $host;
            proxy_set_header X-Real-IP $remote_addr;
            proxy_pass http://go:8080;
        }
    }
}
```

위의 설정은 /var/log/nginx/docker.access.log에 액세스 로그를 출력하도록 합니다. 실제로는 Docker 컨테이너 안의 Nginx의 로그 파일을 확인해 보겠습니다(그림 3.5).

그림 3.5 Nginx 로그 파일의 확인

```
$ docker-compose exec nginx bash
root@92bbc12f916b:/# tail /var/log/nginx/docker.access.log
172.18.0.1 - - [01/Apr/2018:13:29:39 +0000] "GET / HTTP/1.1" 500 23 "-" "Mozilla/5.0
(Macintosh; Intel Mac OS X 10_12_6) AppleWebKit/537.36 (KHTML, like Gecko)
Chrome/65.0.3325.181 Safari/537.36"
172.18.0.1 - - [01/Apr/2018:13:29:39 +0000] "GET /favicon.ico HTTP/1.1" 404 18 "http://
localhost/" "Mozilla/5.0 (Macintosh; Intel Mac OS X 10_12_6) AppleWebKit/537.36 (KHTML, like
Gecko) Chrome/65.0.3325.181 Safari/537.36"
```

액세스 로그의 내용을 확인할 수 있습니다. 다음은 fluentd 컨테이너에서 위에 있는 액세스 로그를 읽어보겠습니다. 리스트 3.2는 docker-compose.yml에서 fluentd와 nginx의 설정을 발췌한 것입니다. /var/log/nginx 디렉토리를 nginxlog로서 볼륨으로 설정하고 있습니다. Nginx컨테이너에서는 /var/log/nginx 디렉토리 이하에 액세스 로그를 저장합니다. fluentd 컨테이너에서는 /var/log/nginx 디렉토리를 ro 즉 read only 볼륨으로 읽도록 했습니다.

리스트 3.2 docker-compose.yml (발췌)

```
services:
  fluentd:
    build:
      context: .
      dockerfile: Dockerfile-fluentd
    volumes:
      - ./_fluentd/etc:/fluentd/etc
      - nginxlog:/var/log/nginx:ro
    environment:
      - FLUENTD_CONF=fluent.conf
    ports:
      - 24224:24224
  nginx:
    image: nginx:1.11
    volumes:
      - ./_nginx/etc/nginx.conf:/etc/nginx/nginx.conf:ro
      - nginxlog:/var/log/nginx
    ports:
```

```
    - 80:80

volumes:
  nginxlog:
    driver: local
```

시험삼아 fluentd 컨테이너에서 읽기가능으로 되어 있는 nginx 로그를 읽어 봅시다(그림 3.6). tail 커멘드를 실행하면 nginx의 액세스 로그를 확인할 수 있습니다.

그림 3.6 nginx로그 읽기

```
$ docker-compose exec -T fluentd tail /var/log/nginx/docker.access.log
172.18.0.1 - - [01/Apr/2018:13:29:39 +0000] "GET / HTTP/1.1" 500 23 "-" "Mozilla/5.0
(Macintosh; Intel Mac OS X 10_12_6) AppleWebKit/537.36 (KHTML, like Gecko)
Chrome/65.0.3325.181 Safari/537.36"
172.18.0.1 - - [01/Apr/2018:13:29:39 +0000] "GET /favicon.ico HTTP/1.1" 404 18 "http://
localhost/" "Mozilla/5.0 (Macintosh; Intel Mac OS X 10_12_6) AppleWebKit/537.36 (KHTML, like
Gecko) Chrome/65.0.3325.181 Safari/537.36"
```

이것으로 fluentd 컨테이너에서도 정상적으로 nginx의 액세스 로그 파일을 읽을 수 있는 것을 확인하였습니다. Docker를 사용하지 않는 구성의 경우는 nginx daemon이 있는 서버에서 fluentd를 실행하는 경우가 많을 것이라 생각합니다. 여기에서는 Docker의 Volume을 사용하기 때문에 처음에는 복잡하게 생각될 수도 있습니다.

이번에는 fluend의 설정을 확인해 봅시다. 파일에서 fluentd에 데이터를 읽기 위해서는 in_tail 플러그인을 이용합니다. 샘플 애플리케이션의 리포지토리에서는 _fluentd/etc/fluent.conf가 fluentd 컨테이너에서 읽는 설정입니다. 리스트 3.3이 fluent.conf에서 Nginx 액세스 로그를 읽는 부분에 관한 〈source〉 디렉티브의 설정을 발췌한 것입니다.

리스트 3.3 fluent.conf 의 〈source〉 디렉티브 (발췌)

```
<source>
  @type tail
  path /var/log/nginx/docker.access.log
  pos_file /tmp/access.log.pos
  format nginx
  tag nginx.access
</source>
```

source 디렉티브에는 Fluentd에 어떤 데이터를 읽을 것인가를 기술합니다. 여기에서는 다음과 같이 설정합니다.

- /var/log/nginx/docker.access.log의 로그를 in_tail 플러그인으로 읽는다.
- 로그의 형식은 nginx이다.
- 이 로그를 식별하기 위한 태그는 nginx.access이다.

Fluentd의 in_tail 플러그인은 표준으로 몇 가지 로그형식을 지원하고 있습니다. 지원하는 로그 형식은 Fluentd의 공식 tail Input Plugin 설명 페이지(https://docs.fluentd.org/v0.12/articles/in_tail#format-(required))에 있습니다. Nginx 로그 형식은 표준을 사용하고 있고 Fluentd가 로그에 포함된 필드와 값을 해석합니다. 예를 들어 리모트 IP 주소, 호스트, HTTP 상태 코드와 같은 액세스 로그에 포함된 정보를 파싱해서 추출하는 수고를 하지 않더라도 처리를 해 줍니다.

표준으로 대응하지않는 로그 형식이더라도 정규 표현을 사용해서 파싱하는 방법을 설정하면 Fluentd는 각 필드를 해석할 수 있습니다.

tag는 Fluentd 내부에서 "어떤 로그인지"를 판별하기 위해서 이용합니다. 나중에 설명할 〈match〉 디렉티브에서는 이 tag를 사용해서 전송 설정을 하게 됩니다.

pos_file의 설정은 "어떤 로그 파일을 Fluentd가 어디까지 읽었는지를 기록하는 파일 위치의 패스를 결정합니다. 예를 들어 Fluentd 데몬을 재기동하더라도 /var/log/nginx/docker.access.log 파일의 가장 앞부분부터 읽는 것이 아니라 pos 파일에 보존된 위치부터 읽을 수 있도록 해 줍니다. in_tail 플러그인을 사용할 경우에는 pos_file의 설정을 하는 것을 강력 추천합니다.

이것으로 Fluentd가 Nginx의 엑세스 로그 파일을 읽을 수 있게 되었습니다.

▌out_elasticsearch : Nginx 액세스 로그를 Elasticsearch로 보내기

다음으로 읽은 Nginx 액세스 로그를 Elasticsearch로 전송하기 위한 설정을 합니다. Fluentd에서 전송하기 위한 설정은 〈match〉 디렉티브에서 설정합니다. 〈match〉 디렉티브는 처리 대상이 되는 로그의 tag를 지정하고 어떻게 그 로그를 처리할 것인가를 기술합니다. 여기에서 처리의 대상이라는 것은 앞에서 설정한 nginx.access 태그가 붙어 있는 로그입니다.

설정은 그림 3.7과 같습니다.

그림 3.7 Fluentd에서 Elasticsearch에 전송할 때의 설정 예

```
<match nginx.access>
  @type elasticsearch
  host elasticsearch
  port 9200
  logstash_format true
  logstash_prefix nginx
  type_name accesslogs
</match>
```

Fluentd에서 Elasticsearch로 전송하는 부분은 fluent-plugin-elasticsearch를 사용하고 있다. fluent-plugin-elasticsearch의 특유의 설정은 host, logstash_format, logstach_prefix, type_name입니다. Fluentd의 운영과 각 파라미터의 설명은 "6-3 Fluentd의 설정 커스터마이즈"를 참조하세요.

앞에서 서술한 in_tail의 Nginx 액세스 로그의 읽기 설정과 out_elasticsearch의 설정을 하면 Fluentd에서 Nginx 액세스 로그의 전송 설정은 완료한 것입니다.

샘플 애플리케이션에서는 위에서 말하는 설정이 이미 되어 있기 때문에 Docker Compose를 사용해서 컨테이너를 띄움으로써 이미 설정이 되어 있습니다. 브라우저에서 http://localhost를 열고 샘플 애플리케이션에 액세스하면 이미 Fluentd를 경유해서 Elasticsearch에 Nginx 액세스 로그가 전송되어 있을 것입니다.

3-2 Elasticsearch 설정

여기에서는 Elasticsearch의 설정을 설명하겠습니다.

Elasticsearch에서 도큐멘트를 저장하는 단위를 인덱스라고 합니다. 인덱스에 쿼리를 실행하는 것으로 검색 결과를 얻을 수 있습니다. 데이터를 투입할 때는 인덱스의 각 데이터 항목의 형식을 지정할 수 있습니다. 데이터 투입 전에 인덱스의 데이터형을 지정해 두면 필드의 데이터형에 해당하는 검색을 하기 편합니다.

Mapping Template 설정

Elasticsearch에는 Mapping이라고 하는 기능이 있습니다. Mapping이라는 것은 어떤 인덱스에 대해서 각 필드의 형과 인덱싱의 방법을 지정하는 기능입니다. 예를 들어 unix timestamp의 필드를 date형에, 수치가 들어있는 필드를 integer형으로 지정할 수 있습니다. 또한 어떤 식으로 각 필드를 tokenize할 것인가를 제어할 수도 있습니다. 구체적인 것은 3파트에서 설명하겠습니다.

어떤 패턴의 인덱스를 Mapping하는 기능이 Mapping Template입니다. Mapping Template을 사용해서 Mapping을 적용할 인덱스명의 패턴을 지정하면 새로운 인덱스를 만들더라도 Mapping이 자동으로 적용됩니다. 예를 들어 test-*이라는 패턴을 지정해두면 test-1과 test-2에 대해서도 같은 Mapping을 적용할 수 있습니다.

시계열 데이터를 Elasticsearch에 저장하는 경우에는 날짜별이나 월별로 인덱스를 나누는 것이 일반적입니다. 이번 Nginx 액세스 로그의 예시에서는 날짜별로 인덱스를 나누도록 Mapping Template을 설정하였습니다. Nginx 액세스 로그의 인덱스명은 다음과 같습니다.

nginx-2017.01.24

이것은 2017년 1월 24일분의 Nginx 액세스 로그를 뜻합니다. 다음날에는 nginx-2017.01.25라는 이름의 인덱스가 생성됩니다. 이런 식으로 Mapping이 날짜별로 변하는 케이스에서는 Mapping Template을 사용하는 것으로 각 날짜의 인덱스를 적정하게 Mapping할 수 있습니다.

Mapping Template의 예시를 봅시다. 리스트 3.4는 Nginx의 액세스 로그를 투입하는 인덱스의 Mapping Template입니다.

리스트 3.4 Mapping Template

```
{
    "template": "nginx*",
    "mappings": {
        "_default_": {
            "properties" : {
                "remote" : { "type": "ip" },
                "code"  : { "type":"integer" },
```

```
                    "size" : { "type":"integer" },
                    "@timestamp" : { "type" : "date", "index" : "not_analyzed" }
            }
        }
    }
}
```

예를 들어 code에는 HTTP 응답상태코드가 들어갑니다. 형은 integer로 지정해두면 다음부터는 정수로 참조할 수 있습니다. 이렇게 하면, 예를 들어 "200이상 300미만의 상태코드인 액세스 로그"를 검색하는 쿼리를 간단하게 작성할 수 있습니다.

위에서 설명했듯이 이번 환경에서는 localhost:9200의 호스트머신에서 Docker 컨테이너 안의 Elasticsearch에 요청을 보낼 수 있는 구성입니다. 위의 Mapping Template을 Elasticsearch에 설정하는 것은 그림 3.8과 같습니다.

그림 3.8 Mapping Template을 Elasticsearch에 설정

```
$ curl -XPUT localhost:9200/_template/nginx_logs_template -d @_elasticsearch/ ↵
nginx.mapping.template.json
    {"acknowledged":true}
```

Mapping Template이 정상적으로 설정되었는 지를 확인하려면 그림 3.9와 같이 합니다.

그림 3.9 Mapping Template의 동작 확인

```
$ curl localhost:9200/_cat/templates/nginx_logs_template
nginx_logs_template nginx* 0
```

Elasticsearch를 실제로 운영하는 경우에는 다중 노드로 구성하는 것을 권장합니다. 여러대의 노드로 클러스터를 구성할 경우에도 인덱스의 맵핑 설정은 다르지 않습니다. 클러스터 구성의 경우 노드에 관한 설정에 대해서는 "3파트 Elasticsearch 입문"을 참고하기 바랍니다.

▌ cat API를 사용한 인덱스 확인

필자는 주로 cat API를 이용해서 Elasticsearch의 상태를 확인합니다. Elasticsearch의 API는 기본적으로 JSON으로 응답이 오지만 cat API를 사용하면 ssh 터미널상에서도 사람

이 확인하기 편한 형식으로 결과가 나옵니다. cat API는 /_cat으로 시작하는 URL입니다.

여기에서는 cat API를 이용해서 문제없이 인덱스가 작성되었는지를 확인하겠습니다. 인덱스의 리스트를 확인하는 것은 그림 3.10과 같습니다.

그림 3.10 cat API를 사용해서 인덱스를 확인

```
$ curl localhost:9200/_cat/indices/
yellow open article    J1jG5aW3RYyhYs6Hl__vlg 1 1  2075      0   1.6mb   1.6mb
yellow open .monitoring-es-2-2018.03.28      v7dMlQ3FSYq9iajeMtnkGQ 1 1 64138    200  33.7mb
33.7mb
yellow open .monitoring-kibana-2-2018.03.30 TF4DaFuiTmmOk5ywXj2p-g 1 1     5      0  14.9kb
14.9kb
...
yellow open nginx-2018.04.01                nbuheL9fQKWOiU46fj5xAA 5 1     2      0  17.5kb
17.5kb
...
yellow open .kibana                         Hy1hhRH2QmyC23_QXCdImw 1 1     1      0   3.1kb
3.1kb
...
```

글의 본문을 저장하고 있는 것이 article 인덱스입니다. 이 인덱스는 샘플 애플리케이션에서 글을 작성하면 자동적으로 작성됩니다. nginx-2018.04.01과 같은 패턴 인덱스가 Nginx 액세스 로그의 인덱스입니다. 위에서 in_tail 경유로 전송 설정을 한 Nginx 액세스 로그의 인덱스가 만들어진 것입니다.

그 외의 인덱스는 관리용으로 만들어진 것입니다. .kibana 인덱스는 Kibana의 관리용 정보가 들어있습니다. .monitoring으로 시작하는 인덱스는 X-Pack의 모니터링 기능에서 이용합니다. Kibana에서 Elasticsearch 클라스터 자체의 각종 매트릭스, 예를 들면 검색 레이턴시나 인덱싱에 관한 통계 정보 등을 시계열로 확인할 수 있게 해 주는 기능입니다.

3-3 Kibana 작동

구축한 환경을 이용해서 Kibana를 실제로 조작해보도록 합시다. 구체적인 이용방법은 4부에서 다룰 예정으로 여기에서는 간단한 개요만을 소개하겠습니다. 집필 시점의 최신 버전

인 Kibana 5.4.3을 사용했습니다.

일단은 그림 3.11과 같이 Docker를 이용해서 Kibana를 구동합니다. 이미 구동된 상태라면 다시 실행할 필요는 없습니다.

그림 3.11 Docker Compose를 이용한 Kibana 구동

```
$ docker-compose up -d kibana
Starting blogsample_kibana_1 ... done
```

Kibana의 URL은 http://localhost:5601입니다. 브라우저에서 들어가보면 그림 3.12와 같이 초기 화면을 볼 수 있습니다.

그림 3.12 Kibana의 초기 화면

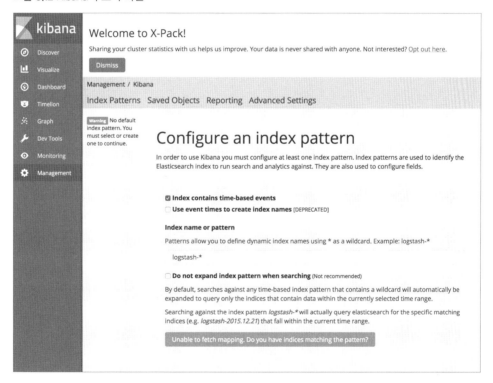

Kibana에서는 일단 인덱스의 패턴을 지정할 필요가 있습니다. 이것은 Elasticsearch에 어떤 인덱스를 저장되어 있는지 가르쳐 주기 위해서입니다. 일단, Nginx 프로세스 로그의 인

덱스를 보기 위해서 [Index name or pattern]에 nginx-* 를 입력합니다.

체크박스는 [Index contains time-based events]에 체크를 한 상태로 두십시오. 인덱스 패턴을 넣으면 [Create] 버튼이 활성화됩니다.

[Time-field name]은 @timestamp 그대로 두어도 됩니다(그림 3.13). 여기에서는 시간을 표시하는 필드의 이름을 지정할 수 있습니다. Fluentd의 out_elasticsearch는 디폴트로 @timestamp에 타임스탬프를 넣도록 설정하고 있습니다.

그림 3.13 Kibana Create

[Create] 버튼을 누르면 Nginx 액세스 로그에 대한 Kibana의 설정이 끝납니다(그림 3.14). 다음과 같은 인덱스 설정의 화면으로 넘어갑니다.

그림 3.14 Kibana Nginx

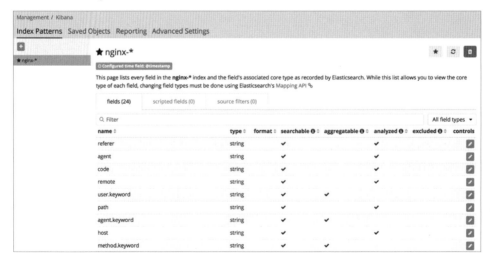

Kibana의 인덱스 설정이 끝나면 Kibana에서 인덱스를 사용하는 기능을 이용할 수 있게 됩니다(그림 3.15). [Discover] 탭을 눌러보세요. 방금 전에 설정한 Nginx 액세스 로그의 인덱스인 nginx-*의 로그를 시계열로 액세스 추이를 볼 수 있습니다.

그림 3.15 Kibana Discover

Discover에서는 Apache Lucene의 쿼리를 사용한 로그 필터와 각 필드에서의 간이 집계 등을 할 수 있습니다. 예를 들어 응답코드가 200인 로그만을 필터링해서 액세스 수를 보고 싶으면 code:200으로 쿼리해서 시각화할 수 있습니다.

Kibana에 관해서는 4파트에서 구체적으로 설명하도록 하겠습니다. 일단은 입력한 데이터를 사용해서 Kibana의 UI를 경험해 보세요.

in_forward를 이용해서 fluentd로 로그 전송

샘플 애플리케이션에는 검색 기능이 있습니다. 브라우저에서 http://localhost/search?q=test를 열어보면 test 문자열이 들어간 글을 검색할 수 있습니다.

검색 기능을 이용하면 애플리케이션에서 Fluentd에 검색 로그를 전송합니다. 이것은 액세스 로그와는 별도로 검색 행위에 대해서 알기 쉽도록 집약하는 것을 목적으로 하는 로그입니다. 나중에 인기 단어의 분석이나 고객별 흥미를 분석하기 위해서 검색 행위를 로그로 남겨둡시다.

검색 로그는 파일에 출력하는 것이 아니라, Go 애플리케이션에서 직접 Fluentd에 HTTP 요청을 보냅니다. 이것은 Fluentd의 in_forward 플러그인을 이용합니다. in_forward의

설정은 리스트 3.5입니다.

리스트 3.5 in_forward의 설정

```
$ cat _fluentd/etc/fluent.conf
...
<source>
  @type forward
  port 24224
</source>
...
```

Fluentd의 in_forward에서는 in_tail과는 다르게 tag는 지정하지 않습니다. 이것은 로그를 Fluentd에 송신할 때 태그를 붙여서 사용하기 위해서 입니다. Go에서 로그를 보내기 위해서는 리스트 3.6과 같이 설정합니다. 일단, 로그를 위한 struct를 만듭니다. 여기서는 SearchLog에서 struct를 선언하고 있습니다.

리스트 3.6 article.go (발췌)

```
$ cat controller/article.go
...
 type SearchLog struct {
   Query  string `msg:"query"`
   UserID int64  `msg:"user_id"`
}
...
```

다음으로 리스트 3.7에서처럼 이 SearchLog의 필드를 설정합니다. 먼저 고객의 검색쿼리 문자열을 Query 필드에 넣습니다. 그리고나서 세션에서 고객 ID를 읽어서 같은 방식으로 SearchLog의 UserID 필드에 설정합니다. 그리고 마지막으로 fluentd/fluent-logger-golang의 Fluent 클라이언트를 이용해서 Fluentd에 송신합니다. 이렇게 함으로써 Fluentd쪽에서는 in_forward로 검색로그를 받습니다.

리스트 3.7 controller/article.go (발췌)

```
$ cat controller/article.go
...
  sess := sessions.Default(c)
  searchLog := SearchLog{Query: queryString}
```

```
if uid, ok := sess.Get("uid").(int64); ok {
    searchLog.UserID = uid
}
if err := t.Fluent.Post("blog.search", searchLog); err != nil {
    // NOTE: if posting search log to fluentd failed, not panic.
    log.Printf("post to fluentd failed.: %s", err)
}
...
```

blog.search 태그의 match는 리스트 3.8과 같이 설정합니다. 호스트명은 elasticsearch, 포트는 9200인 Elasticsearch, 즉 처음에 소개했던 Elasticsearch 컨테이너에 로그를 전송하는 설정입니다. 이것으로 Nginx의 액세스 로그와 같은 방식으로 검색 로그도 out_elasticsearch 플러그인를 이용해서 Elasticsearch에 전송합니다.

리스트 3.8 blog.search 태그의 match 설정

```
$ cat _fluentd/etc/fluent.conf
...
<match blog.search>
  @type elasticsearch
  host elasticsearch
  port 9200
  logstash_format true
  logstash_prefix search
  type_name searchlogs
</match>
```

▎검색 로그 인덱스 확인

여기에서 애플리케이션에서 정상적으로 인덱스가 만들어졌는지를 확인해봅시다. 아래는 작성되어야 하는 인덱스입니다.

- search-2018.xx.xx 패턴의 검색로그 인덱스

cat API를 사용해서 확인합니다(그림 3.16).

그림 3.16 cat API 를 사용해서 인덱스를 확인

```
$ curl localhost:9200/_cat/indices/
...

yellow open search-2018.04.18              H7IAosdFRi6j-YJnDqaLzA 5 1     1     0    4.6kb
4.6kb
...
```

search-2018.04.18이라는 인덱스가 만들어진 것을 확인할 수 있습니다. Kibana도 Nginx 액세스 로그와 같은 방법으로 인덱스의 초기 설정을 하면 검색 로그에 대해서도 대시보드에서 볼 수 있습니다. 꼭 직접 시험해 보세요.

3-4 정리

로그수집으로 시각화

Nginx 로그를 사용해서 Fluentd, Elasticsearch, Kibana를 사용하는 예를 들었습니다.

로그의 전송

in_tail 플러그인, in_forward 플러그인을 이용해서 Fluentd로 로그 전송하는 방법에 대해서 설명했습니다.

로그 데이터의 투입

Fluentd에서 Elasticsearch에 로그 데이터를 투입하기까지의 흐름에 대해서 설명했습니다.

## chapter 4

데이터 분석 기반 운영

지금까지 로그 분석에 대해서 그리고 Fluentd, Elastic, Kibana를
이용한 환경 구축에 대해서 설명했습니다. 이번 장에서는 각 툴의
해설을 더하고, 데이터를 마주하기 위해서 어떤 환경을 준비할
것인가에 대해서 소개하겠습니다.

4-1 ETL

ETL이라는 것은 데이터를 추출, 변환하고 저장소에서 읽게 하는 스텝을 뜻합니다. 데이터 분석 시스템의 운영에서 가장 중요한 것은 ETL(추출 : Extract, 변환 : Transform, 읽기 : Load) 각각이 정상적으로 동작하는 것입니다. Fluetnd도 스트림처리에 있어서 ETL을 담당하는 툴인 것입니다.

여기에서는 Fluentd가 아니라 ETL에 대해서 설명하겠습니다. Fluent가 어떤 면에서 운영을 도와주고 있는지 다시 한 번 느낄 수 있을 것입니다.

Extract

Extract는 데이터 추출의 스텝입니다. Fluentd에서는 Input계의 플러그인에 해당합니다. 예를 들어 파일이나 HTTP 요청을 소스로 해서 추출할 수 있습니다. 로그 파일의 경우 파일을 받은 뒤에 각 행이 어떤 데이터를 가지고 있는지를 파악하는게 이 스텝의 역할입니다. Nginx의 액세스 로그를 받는 예시에서는 각 필드의 값을 Fluentd가 식별해서 읽습니다.

Transform

Transform은 데이터의 변환을 위한 스텝입니다. 추출된 데이터를 저장소에 저장하기 전에 변환합니다. 샘플 애플리케이션의 경우 Transform은 Extreact의 단계에서 같이 처리하고 있습니다. Transform에서는 예를 들어 특정의 HTTP 응답의 상태별로 요청을 1분 단위로 카운트해서 저장소에 읽어들이는 케이스도 가능합니다. 또한, 로그의 필드에 형태를 부여하거나 특정 조건에서 로그를 필터링하는 등의 처리도 생각해 볼 수 있습니다.

 Fluentd에서는 filter 플러그인을 이용함으로써 이 Transform의 사양을 처리하는 것이 가능합니다.

Load

Load는 데이터를 저장소에 적재하는 스텝입니다. Fluentd에서는 out_elasticsearch 플러그인이 이것을 담당하고 있습니다. Load 스텝에서는 각종 데이터 저장소의 API를 이용해서 데이터를 적재합니다. API가 없는 경우에는 독자적으로 구현해야 할 수도 있습니다. 스토어에 데이터를 읽어들이게 할 때 네트워크나 디스크의 용량에 문제가 있어 쓰기가 실패할 때도 있습니다. 적절히 재시도(retry)할 필요가 있습니다. 또한, 재시도할 경우에 같은 데이터가 두 번 써져서 데이터의 중복이 발생하는 경우도 있습니다. 언뜻 보면 단순해 보일 수도 있는 스텝이지만 주의해야하는 점이 여럿 있습니다.

Fluentd는 많은 일을 대신해 주는 것을 알 수 있습니다. 데이터 분석을 지탱해주는 기반을 만들기 위해서는 ETL을 적절히 처리할 수 있어야 합니다. Fluentd에서는 Extract는 물론이거니와 풍부한 플러그인으로 Load까지 도와줍니다.

Fluentd 프로세스자체의 감시와 이중화에 대해서는 2파트의 "8장 Fluentd의 운영 팁"을 참고하기 바랍니다.

▌ 배치 처리(일괄 처리)

그럼 ETL 처리는 Fluentd만으로 충분할까요? Fluentd는 1초당 수만레코드를 넘는 로그라도 문제없이 전송할 수 있습니다. 다만, 그것은 Load된 저장소가 막히지 않고 쓸 수 있을 때의 이야기입니다. Fluentd에서는 전송 버퍼가 있고, 전송할 곳을 모르는 상태라고 하더라도 Fluentd의 버퍼에 일시적으로 데이터를 보존했다가 나중에 다시 전송하는 것이 가능합니다. 하지만, Fluentd에서 보존할 수 있는 버퍼의 양에는 한계가 있습니다.

데이터를 한 번에 Load하고 싶은 경우에는 Fluentd가 아니라, 배치처리를 검토하는 편이 좋습니다. 배치처리에서는 큰 데이터를 한꺼번에 쓰는 데 집중할 수 있습니다. 배치처리를 하는 경우에도 ETL에 주의하며 해야하는 것은 변함없습니다. 배치형 벌크 데이터 로더의 Embulk에 대해서는 "부록 B Embulk & Digdag 입문"을 참고하기 바랍니다.

4-2 데이터 분석 시스템 가용성

데이터 분석 시스템의 기초가 되는 ETL에 대해서 살펴 봅시다. 여기에서는 데이터 분석 시스템을 계속해서 가동하기 위해서는 어떤식으로 구상을 해야 좋은가에 대해서 설명하겠습니다.

데이터 멱등성

Fluentd 공식의 고가용성 설정의 문서[10]에서도 설명하고 있지만 일반적으로 메시지 송신에는 3가지의 의미가 있습니다.

- At most once

  메시지는 바로 송신할 것. 만약 메시지의 송신이 성공했다면 다시는 송신하지 말 것. 다만, 저장소가 꽉 차거나 해서 메시지를 잃어버릴 수가 있음
- At least once

  각각의 메시지는 적어도 한 번은 송신된다. 실패한 경우에는 메시지는 중복될 수도 있다.
- Exactly once

  각각의 메시지를 정확하게 한 번만 전송한다.

서비스에 따라 다를 수 있지만 많은 케이스에서 Exactly once가 요구되는 기능입니다. 반드시 메시지가 전송되어야 하고, 중복없이 저장되어야 하기 때문입니다. 하지만 Exactly once를 실제로 실현하기 위해서는 많은 비용이 듭니다. 만약 하나라도 메시지를 잃어버리면 안된다면 동기식 전송을 검토해야합니다. 즉, 예를 들어 로그가 한 줄을 파일에 저장된 것을 확인하면 다음의 메시지의 처리를 시작하고 에러가 발생하면 로그의 입력을 멈추게 하는 등의 처리가 필요합니다. 하지만 이렇게 하면 throughput(작업시간 당 처리량)이 좋을 리가 없습니다.

그렇기 때문에 Fluentd에서는 At most once와 At least once를 지원하고 있습니다. 비동기로 데이터를 전송하는 것으로 높은 throughput를 실현할 수 있기 때문입니다.

Exactly once의 실현은 어렵다

데이터 분석 기반에 있어서 Exactly once가 필요한 케이스도 있습니다. 그럴 경우에는 Fluentd이 아니라, 다른 툴을 사용하는 편이 좋은 경우가 있습니다.

- 정합성 테스트

  반드시 저장한 결과의 정합성 테스트를 할 수 있도록 한다. 저장한 레코드 수는 물론이고, 저장한 뒤의 각 레코드가 정확한 형식으로 저장되었는 지를 확인한다. 저장이 실패한 것을 알았을 때는 실패한 레코드 또는 레코드 집합을 삭제하고 다시 저장한다.

---

10 http://docs.fluentd.org/v0.12/articles/high-availability

- 레코드의 삭제
  - 레코드의 삭제는 레코드별로 ID를 기준으로 실현한다. 다만 삭제조작이 실패한 경우에는. 실패 현황에 따라 다음 조작을 변경하여야 한다.
  - 혹은 동기로 저장하기. 각각의 하나의 메시지가 저장된 것을 확인한다.

비동기이면서 분산시스템에서 Exactly once를 실현하는 것은 매우어려운 과제로 알려져 있습니다. 애플리케이션에서 Exactly once가 필요한 경우에는 어떻게든 여러 방법을 동원해서 대응할 필요가 있지만, 데이터 분석 기반으로 어디까지 정확한 데이터를 필요로 하는가는 시스템의 설계에 따라 다릅니다. 1억행 중에 하나의 행에 틀린 데이터가 존재한다고 치명적인 에러가 되는 가 아닌가에 따라 시스템의 설계도 크게 달라지는 것입니다.

retry(재시도)

ETL의 각 단계에 따라 처리가 실패할 수 있다는 것을 반드시 대비해야 합니다. 예를 들어 Load의 처리는 다음과 같은 몇 가지의 요인으로 실패할 가능성이 있습니다.

- 쓰기를 할 곳의 데이터 저장소 용량이 꽉 차버렸다.
- 쓰기를 할 곳에 네트워크가 끊어졌다.
- Fluentd가 동작하고 있는 머신의 전원이 갑자기 끊어졌다.

이런 경우에는 다시 처리를 실행하고 복구할 필요가 있습니다. Fluentd의 경우는 프로세스가 떠 있으면 재시도를 하지만 사전에 배치처리를 하는 경우에는 재시도하는 구조를 만들던가, 다시 한 번 실행할 필요가 있습니다.

더욱 가용성을 높히기 위해서 : 큐를 사용한다.

Fluentd에서도 멱등성과 재시도에 대해서 시도하고 있지만 Fluentd 노드 자체에 장애가 발생하거나, 데이터를 전부 잃어버렸을 때는 Fluentd의 가용성을 높이는 것이 어렵습니다. 여기에서 그 대응책을 소개하겠습니다.

예를 들어 AWS의 경우, 스트림 처리용의 메시징 기반으로 Amazon Kinesis[11]가 있습니다. 이것은 분산 메시시큐라고 하는 시스템입니다. 분산 메시지큐를 이용하면 메시지의 다

---

11 https://aws.amazon.com/ko/kinesis/

중화가 가능하기 때문에 하나의 노드에서 데이터를 가지는 것보다 데이터의 안전성을 향상할 수 있습니다. 분산 메시지큐에 넣은 데이터는 거기에서 데이터를 꺼내는 워커가 정기적으로 추출하고 재이용합니다. ETL에서 말하는 Transform과 Load는 워커의 일이 되는 것입니다.

워커의 작업이 실패한 경우라도 분산 메시지큐에 데이터가 저장되어 있다면 재시도할 수가 있습니다. 만약 워커노드가 다운되었더라도 재시도하는 것은 간단합니다. 다만, 어디까지 메시지를 처리했는 지는 워커노드와는 다른 장소에 보관해 두어야 합니다. 분산 큐 시스템은 데이터 복구가 편리한 반면, 관리를 위한 구조가 늘어납니다.

필자도 업무에서 Kinesis를 사용하고 있습니다. 여기에서는 Fluentd에서가 아니라, Go프로그램에서 직접 Kinesis Stream의 API를 이용해서 메시지를 송신합니다. 1MB정도 크기의 메시지를 보내는 용도로 사용합니다. 시스템이 필요로하는 처리량(throughput)과 데이터 크기에 따라서 자신에게 맞는 전송기반을 선택해야 합니다.

4-3 데이터 저장소 비교

Elasticsearch를 사용하면 시계열 데이터의 저장은 간단합니다. 또한 검색엔진으로 이용하기에도 Elasticsearch에는 전문 검색(Full text search) 엔진으로서 편리한 기능을 가지고 있습니다. 이번에는 용도별로 데이터 저장소를 소개하도록 하겠습니다.

Elasticsearch는 클러스터를 구성한다고 해도 쓰기 속도와 스토리지에 드는 비용을 같이 생각해보면 비용이 많이 드는 경우가 있습니다. 이런 경우에는 데이터 저장소를 조합하는 것으로 요건을 만족시킬 수 있습니다.

▌ 관리형 데이터 웨어하우스

매일 생성되는 데이터를 저장하면서, 매일 분석태스크를 처리하는 데이터 저장소의 운영은 부담이 큽니다. 데이터를 분석해서 결과를 내어 놓는 것이 비즈니스라고 한다면 운영과 보수에 비용이 드는 것은 주객전도이겠지요. 만약 운영에 할당할 리소스와 각 데이터 저장소의 튜닝에 시간을 절약하면서 이 데이터 저장소와 미들웨어를 활용하고 싶을 경우에는 호스팅 서비스를 이용하는 것도 검토해 볼 수 있습니다.

Fluentd를 이용하는 경우라면 Treasure Data(참고 – https://docs.fluentd.org/v1.0/articles/http-to-td)를 자연스럽게 사용할 수 있습니다.

Google Cloud Platform이 제공하는 완전관리형 서비스인 BigQuery는 Dremel이 베이스가 되는 대규모 컬럼지향형 데이터구조에 대해서 쿼리가 가능합니다.

필자는 업무상 원래 AWS상에서 Elastic MapReduce를 사용하고 있었지만 지금은 BigQuery로 이행해서 분석용 작업과 레포팅은 전부 BigQuery를 사용해서 출력하고 있습니다.

스트림처리

데이터 저장소에도 여러가지 선택지가 있지만 스트림처리에 따라 유연성을 가지도록 해서 해결할 수 있는 문제도 있습니다.

예를 들어 Esper[12]는 스트림처리에 쿼리언어 같은 인터페이스를 제공하고 있습니다. Esper 는 CEP(Complex Event Processing : 복합이벤트처리) 엔진이라고 하며, 스트림에 대해서 EPL(Event Processing Language)을 작성하는 것으로 메시지를 처리할 수 있는 소프트웨어입니다. CEP 엔진을 Fluentd와 조합해서 사용할 때는 Norika[13]를 사용하는 것이 좋습니다. 또한 분산 컴퓨팅환경에서의 스트림처리기반으로는 LinkedIn에서 개발한 Apache Kafka를 메시징 기반으로 이용하는 선택지가 있습니다.

AWS를 이용하고 있다면 Apache Kafka 대신에 Amazon Kinesis를 이용할 수도 있습니다. 또한 스트림처리 중에 이미 가지고 있는 데이터와 조합해서 사용하고 싶은 경우에는 각 노드상의 메모리에서 처리할 수 있게 하던가, 그것도 용도에 맞지 않는다면 Redis[14]나 DynamoDB와 같은 레이턴시가 작은 KVS(Key Value Store)에 처리대상인 데이터를 올리는 것을 검토할 수 있습니다.

---

12 http://www.espertech.com/esper/

13 http://norikra.github.io/

14 http://redis.io/

스토어, 서비스의 검토 항목

데이터 저장소, 서비스, 스트림처리를 나누어 사용하는 것은 다음과 같은 이유에서입니다.

- 코스트
- 정보의 신선도
- 확장성(scalability)
- 스키마의 유연성
- 중간데이터의 유지

코스트

첫째는 코스트, 즉 비용입니다. TCO(Total Cost of Ownership ; 총보유비용)와 분석에 드는 비용을 모두 말합니다. TCO는 데이터의 저장해서부터 파기할 때까지 필요한 시간과 지출을 의미합니다. 데이터가 늘어나면 늘어날수록 일반적으로 데이터의 보유 비용은 늘어납니다. 데이터를 유지하기 위한 비용과는 별도로 분석태스크를 위해서 비용이 드는 경우가 있다면, 그것도 비용에 포함됩니다.

정보의 신선도

두 번째는 정보의 신선도입니다. 분석 대상이 되는 데이터에서 준실시간으로 결과를 알고 싶은지, 어느 정도 시차를 두어도 되는지에 따라 분석방법이 달라집니다. 스트림에서의 처리가 필요한 경우도 있겠지요. 또는 배치로 처리해도 좋을 지, 아니면 배치가 아니면 처리하지 못할 경우도 있습니다. 어느 정도로 정보의 신선도가 필요한지에 따라 결정할 수 있습니다.

직전 10초간의 각 IP주소별 요청 수 등을 뽑고 싶을 경우에는 스트림처리가 필요합니다. 하지만, 직전 1년간의 고객의 상품구매 데이터를 가지고 상품별 관련성을 도출하려는 경우에는 바로 결과를 얻는 것이 어렵습니다. 분석 방법에 따라 이용되는 데이터를 직전에 이용하기위해서 준비할 것인가, 아니면 배치처리를 위해서 저장해둘 것인가로 구별하는 것이 여기서는 중요합니다. 이 논점은 TCO의 관점에서도 유효합니다.

확장성(Scalability)

세 번째는 확장성입니다. 이것은 각각의 스토어에 관한 확장성과 스트림처리의 아키텍처의 확장성 양쪽을 의미합니다.

스키마의 유연성

네 번째는 스키마의 유연성입니다. 이것은 "어떤 타이밍에 데이터의 스키마를 결정할 것인가"라는 점을 다루고 있습니다.

예를 들어 데이터의 스키마가 처음부터 결정되어 있다면, 쓰기를 할 때 데이터의 스키마가 고정되어 있어도 문제가 없습니다. 이것은 Schema on write라고 합니다. 즉 쓰기를 할 때 스키마가 결정되는 방식입니다. 관계형 데이터베이스에 데이터를 넣을 때는 테이블이 필요하기 때문에 최초에 테이블을 만들고 데이터를 넣는 것을 말합니다.

또 다른 방법은 데이터를 읽을 때 스키마를 결정하는 방법입니다. 이것을 Schema on read라고 합니다. Schema on read 방법에서는 데이터를 저장할 때에 스키마를 결정할 필요가 없습니다. 데이터의 스키마가 자주 변할 때는 이 방법이 다루기 좋습니다. 고객의 행동을 나타내는 로그에 새로운 파라미터가 추가되는 경우는 날마다 기능이 추가되는 제품에서는 자주 있는 일이겠지요. 이런 경우, 로그데이터의 형식을 변경하기 위해 테이블의 형식을 변경하지 않으면 안된다고 한다면 유연하게 로그데이터에 파라미터를 추가하는 것이 불가능하게 됩니다. 데이터를 읽을 때 데이터의 스키마를 정의할 수 있다면 유연하게 대응할 수 있습니다.

Schema on write에서는 스키마를 변경하기 위해 시간이 걸리지만, 인터렉티브한 쿼리에 대해서 고속으로 답할 수 있는 이점이 있습니다. 어느쪽의 스키마방식을 선택할 것인가는 데이터의 용도에 따라서 결정하면 좋습니다.

중간데이터의 유지

다섯번째는 중간데이터의 유지에 대해서입니다. 데이터를 분석하는 과정에서 한 번의 데이터 처리로 최종적으로 필요한 분석 결과를 내는 경우는 거의 없습니다. 그 전에 분석하기 편하도록 전처리된 데이터를 집계하는 등의 처리를 하는 경우가 많습니다.

예를 들면 어떤 고객 클러스터에 대한 행동의 사전분포를 구축하려는 경우 일단 각각의 행동 로그 데이터를 고객 클러스터별로 어떤 행동을 하는지 뭉쳐서 집계하고 분포구축을 위한 힌트를 얻습니다. 행동 로그의 경우에는 시계열 데이터이기 때문에 어떤 span(기간)으로 데이터를 다룰 것이가에 따라서도 생성되는 중간 데이터가 달라지게 됩니다. 1분 단위로

데이터가 필요한 경우도 있고, 1일 단위로 집계한 데이터를 다루어야 하는 경우도 있습니다. 그리고, 최종적으로는 행동모델을 도출하기 전에 전단계에서 필요한 데이터를 산출하거나 집계하는 것으로도 데이터는 생겨납니다. 이 데이터를 중간 데이터라고 합니다. 데이터의 분석처리에서 이 중간 데이터를 어디에 배치하는 가에 따라 처리시간을 단축하고 효율적으로 분석할 수 있습니다.

█ 저장소 검토의 포인트

저장소를 검토할 때는 이런 관점들을 조합해서 판단해야 합니다. 만약 장기간 데이터를 유지해야할 필요가 있고, 10테라바이트 정도의 데이터를 매시간 분석대상으로 할 필요가 있다면 현 시점에서는 Hadoop이나 BigQuery 또는 몇 가지의 MPP(Massively Parallel Processing) 데이터베이스가 선택지가 됩니다. 만약 다음과 같은 요건이 있다면 Elasticsearch가 유효한 선택지입니다.

- 데이터를 어느 정도 기간만 유지해도 된다.
- 스트림에서 데이터를 처리하면서, 직전1시간의 1분단위 데이터를 집계할 필요가 있다.
- 어느 정도의 확장성을 필요로한다.

스트림 처리를 한 뒤에 집계 데이터만 유지할 필요가 있고, 매초의 집계가 필요한 경우라면 CEP(Complex Event Processing) 엔진과 같은 스트림처리를 하는 아키텍처가 맞습니다.

실제로는 복수의 데이터베이스와 미들웨어를 조합해서 분석 기반을 구축하는 것이 코스트 효율이 좋고 효과적으로 분석할 수 있는 기반을 만드는 방법입니다. 이런 배치처리와 스트림처리를 병용하는 아키텍처, 그 중에서도 분산컴퓨팅 환경에서의 제안은 람다(lambda) 아키텍처라고 합니다.

거대한 데이터를 하나의 데이타베이스에 저장하고 거기에서 모든 분석쿼리를 실행하는 것도 가능하지만, 이런 방법에서는 많은 비용이 들게 됩니다. 데이터를 저장하고 처리하기 위한 애플리케이션에는 각각의 특징이 있습니다. 모든 처리를 하나의 미들웨어에서 하면 비용은 비약적으로 높아집니다. 한번에 모든 처리를 하자고 할 것이 아니라, 현재 가지고 있는 데이터에서 비즈니스에 필요한 정보자산의 우선순위가 높은 데이터를 선별할 것. 그리고 어떤 분석수단을 이용할 것인가를 나열한 뒤에 필요한 아키텍처를 하나하나 생각해 보는 것이 데이터 분석 기반을 만드는 첫걸음이 됩니다.

4-4 무엇을 가치로 제공할 것인가

데이터는 최종적으로 의사결정에 이용되어야 가치를 가집니다. 앞으로도 데이터 저장소와 시각화의 방법은 다양화되고 더욱 더 좋은 성능의 소프트웨어가 나올 것입니다.

- 데이터 저장소의 변화. 시계열 데이터 전용 DB의 진화. 분석DB의 고성능화, MPP의 일용품화
- 데이터오더의 변화. 기가바이트 → 테라바이트 → 페타바이트. 사내 데이터만이 아니라 퍼블릭데이터를 시작으로 하는 데이터를 조합한 횡단분석
- 데이터타입의 변화. 비즈니스상 취급하는 로그의 종류가 늘어나고 어떤 로그를 해석할 것인가 판단해야한다.

이런 경우에도 변함없이 무엇을 가치로 제공할 것인가가 과제가 됩니다. 나중에 로그 분석이라는 문맥에 대해서도 방법이 다양하게 됩니다.

데이터의 양이 늘어나고 다양화되며 데이터를 다루는 수단도 더욱 큰 데이터를 다루기 쉽도록 진화할 것입니다. 이런 경우에도 로그를 다루는 엔지니어링의 기본은 변하지 않습니다. 지금 가지고 있는 데이터를 다룰 수 있도록 해서 현황을 파악하고 변화를 읽으며 분석할 수 있도록 환경을 만드는 것이 중요합니다.

4-5 엔지니어로부터 데이터의 활용 방법을 공유하자

▌데이터를 활용하는 문화

필자는 툴을 사용해서 분석을 가속화시킬 수 있다고 이야기했었습니다. 실제로 툴에 따라서 소프트웨어를 조합하여 간단한 과정을 거치는 것만으로도 로그데이터를 전체적으로 둘러보고, 드릴다운할 수 있는 환경을 만들수 있다는 것을 보였습니다. 여기까지도 서비스에는 관리화면에 매일의 액세스 수나 고객의 상품구입 실적을 보여주도록 하는 경우도 있습니다. 비즈니스 관계자는 포팅한 데이터를 관리화면에서 다운로드하거나 복사&붙여넣기해서 자신의 스트레드시트에서 경향을 분석할 지도 모릅니다.

데이터를 활용해서 무엇인가 판단을 하는 것은 지금까지의 관습으로 잘 돌아가고 있는

환경에서는 팀원으로부터 반발이 있을 수도 있습니다. 예를 들어 여러분의 서비스가 지금 순조롭게 성장하고 있고 지금까지 시행한 정책도 대부분 성공해 왔다면 더욱 더 데이터 분석을 위해서 엔지니어링에 시간을 들이는 것을 반대할 지도 모릅니다. 데이터를 분석하기 위해서는 기반을 만드는 시간도 들고, 바로 효과가 나오는 것도 아니기 때문입니다. 데이터를 정리하는 시간이 있다면 애플리케이션에 기능을 추가하는 것이 회사를 위하는 것이라는 의견도 있을 것입니다.

데이터를 활용하는 문화가 없는 팀에게는 좀처럼 데이터를 활용하기 위한 시간을 만들 수가 없습니다.

▌ 행동을 일으키다.

- 데이터 분석에 적극적인 팀
  - 데이터를 활용하는 것이 비즈니스에 있어서 중요하다고 팀원 전원이 이해하고, 의식하고 있다. 모든 데이터는 분석가능한 형태로 존재하고 매일의 의사결정에 데이터 분석을 활용하고 있다.
- 데이터 분석에 소극적인 팀
  - 리더부터가 데이터를 활용하는 것의 중요성을 이해하지 못하고 있다. 일부 멤버는 데이터를 보는 것이 중요하다고 느끼고 있지만, 어떻게 데이터를 활용해야 좋을 지 잘 설명할 수가 없다.

혹시 여러분이 후자의 팀에 있는 엔지니어라면 지금 당장 행동을 시작해야 합니다. 최소한에서부터 시작합시다. 이번 장에 쓰여있는 환경을 참고로 하면 바로 로그를 시각화할 수 있습니다.

Elasticsearch에 로그를 쌓아서 Kibana의 화면을 팀원에게 보여줍시다. 거기에 있는 데이터의 가치를 알 수 있도록 도웁시다. 그렇게 함으로써 여러분의 서비스의 데이터를 활용하는 첫걸음이 될 것입니다. 팀을 끌어당겨 데이터 분석에 적극적인 팀으로 바꿉시다. 데이터를 활용하는 것의 중요성을 전달하는 것은 데이터를 활용하기 위한 엔지니어링 중에서 무엇보다 먼저 해야하는 것입니다.

각각의 팀원이 각각의 수익을 예측하고 기획하거나 분석하는 경우도 있을 것입니다. 하지만, 그들은 2차정보 밖에 다룰 수 없습니다. 즉, 집계된 뒤의 수치를 이용해서 비즈니스 상의 판단을 하게 됩니다. 엔지니어들은 가공되기 전의 로그를 제공할 수 있음에도 불구하고 그 데이터를 잘 활용할 수 있도록 제공하는 것이 무척 어렵습니다. 만약 그 로그데이터를 활용할 수 있는 데이터로서 제공할 수 있다면 더욱 더 효과있는 캠페인을 만든다거나 서비스의 향후 운영을 개선하기 위한 판단도 쉽게 할 수 있게 됩니다. 팀단위로 흩어져있던 의견을 모으고, 어떻게 가지고 있는 데이터를 활용할 수 있는지 전달합시다. 그리고 여기에 있는 데이터를 활용함으로써 더욱 더 그들이 활용을 가속시킬 것입니다. 모든 데이터를 파악하고 정리해서 활용할 수 있는 형태로 바꿀 수 있는 것은 데이터를 다룰 수 있는 기술이 있기 때문입니다.

4-6 1 파트 정리

- 서비스을 위한 데이터해석

  서비스를 개선하기 위한 데이터 분석이라는 것은 어떤 것을 디자인해야 하는지에 대해서 이야기 했습니다.

- 수집해야 하는 로그

  A 커피를 사례로 수집해야하는 로그에 대해서 생각해 보았습니다. 그리고 Docker상에서 Fluentd, Elasticsearch, Kibana 환경을 구축하고 샘플 애플리케이션을 알아 보았습니다.

- 시각화

  로그 해석뿐만 아니라 데이터의 활용면에서도 시각화는 유효한 수단입니다.

- Elasticsearch x Kibana

  Elasticsearch는 로그 분석만을 위한 저장소가 아닙니다. Kibana와 조합해서 인덱스의 구조를 잘 이용하면 TCO를 낮추면서 hot data에 관해서 유효한 접근을 할 수 있습니다.

- 저장소 선택

  Elasticsearch가 유일한 로그용 저장소는 아닙니다. 목적에 따라서 데이터 저장소를 조합할 필요도 있습니다. 데이터의 규모, 해석하려는 내용에 적합한 저장소를 선택합시다.

- 로그의 디자인

  장래의 해석을 위해서 전체 데이터를 남길 수 있는 아키텍처와 로깅 디자인을 합시다.

- 분석을 시작하기

  일단 지금 남기는 로그데이터를 "시각화 해보기"만으로 알아낼 수 있는 것이 많이 있습니다. 큰 분석 작업을 하기 전에 일단 가지고 있는 데이터를 가지고 다루어 봅시다. 그 뒤에 점점 접근하는 방법을 바꾸어보는 것이 좋습니다.

일단은 Fluentd, Elasticsearch, Kibana를 이용해서 로그데이터를 가지고 놀아볼까요?

█ 참고문헌

- "엔지니어링을 위한 데이터시각화 [실적] 입문 D3.js를 이용한 Web 시각화
- "회사를 바꾸는 분석의 힘"
- "분석력을 무기로 하는 기업"
- "LEAN ANALYTICSUse Data to Build a Better Startup Faster"
- "10년간 써먹을 수 있는 데이터 분석 입문"

로그 수집 입문

## chapter 5

로그 수집 미들웨어 소개

이번 장에서는 먼저 로그 수집의 목적을 이해하고, 인터넷 비즈니스를
성공할 수 있도록 로그 수집, 로그 관리의 개요, 기존의 로그
수집 구성의 문제점에 대해서 알아보고, 현대적인 로그 수집이란
무엇인가에 대해서 이야기합니다.

5-1 서비스 개선에 없어서는 안될 로그 수집

비즈니스가 한 층 더 성공하기 위해서는 생생한 로그의 수집과 그 데이터의 분석이 중요한 요소가 됩니다. 관측한 수치를 가지고, 그 "추이", "경향", "변화"를 복합적, 종합적으로 평가하고, 현황분석과 다음 정책에 대한 지침을 만들 수 있도록 해야 진가를 발휘하는 것입니다. 그러기 위해서는 앞으로의 서비스 개선으로 이어지는 요소로서 로그를 버리지 않고 가능한 한 장기적으로 저장해 둘 필요가 있습니다.

또한, 분석이 필요하게 되었을 때 각 서버에서 로그를 모으거나, 로그 파일을 파싱처리하기 시작하면 활용하기까지 장애물이 많습니다. 그 분석 대상의 데이터가 구조화되어, 복잡한 프로그램을 작성하지 않고, SQL 등으로 바로 분석할 수 있을 상태가 이상적입니다. 최근에는 비엔지니어라도 SQL 정도는 다룰 수 있게 해서 업무를 효율화하는 사례로 조금씩 늘어나고 있습니다.

▌AARRR 모델

"서비스 개선으로 이어지는 요소로서의 로그"를 검토할 때는 참고할 수 있는 사고방식으로, "AARRR"(그림 5.1)이 있습니다. AARRR 모델은 서비스 이용에서 유저 행동의 단계를 5개로의 요소로 나누어서 단계(phase)별로 기표를 만들고 개선 정책을 세우기 쉽도록하는 프레임워크입니다. 분석결과를 보고 다음 행동을 선택하는, 데이터주도(data driven) 경영을 지향하는 기업 또는 팀에게는 꼭 필요한 사고방식입니다. 이 AARRR 각각의 요소에 드는 비용과 성과 그리고 필요한 컨버전율, 컨버전 비용의 분석이라는 프레임워크는 유용합니다. 2007년 쯤에 제창되어 2014년부터 일본에서 KPI를 생각할 때의 축[1]으로 사용되기 시작했습니다.

AARRR의 요소와 계측방법은 다음과 같습니다.

---

1 AARRR 모델을 소개 데이터주도의 경영을 위한 스타트업용 매트릭
https://www.slideshare.net/plucky_staff/aarrr-15781340

그림 5.1 AARRR 모델

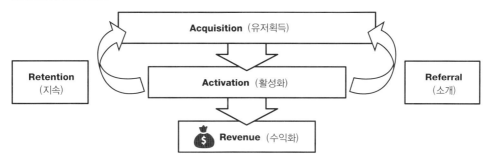

Acquisition : 유저획득

SEO(검색엔진 최적화. 검색엔진에서 검색결과의 상위에 나올 수 있도록 하는 작업을 말한다.)나 성과보수형 광고(affiliate), 소셜이나 TV, 웹 등에서 광고를 목적으로 하는 정책에서 얼마나 첫방문이 늘었는지를 측정한 지표입니다. 이것은 투입한 코스트를 방문 유저로 나누어서 비율로 측정합니다.

Activation : 활성화

처음으로 이용한 유저가 어느 정도 활성화하였는가를 측정하는지표입니다. 예를 들어 일정 시간 이상을 이용하거나 주요 기능의 이용 실적 외에 마케팅 메일이나 블로그 방문, 회원등록 등, 간단한 방문 이상의 행동에 대해서 각각의 서비스 성질을 감안해서 독자적으로 활성화의 정의를 정하는 게 좋습니다. 이것은 활성화한 유저(액티브 유저) 수를 방문 유저 수로 나누어서 비율을 측정합니다.

Retention : 지속

반복 이용을 독촉하는 메일이나 스마트폰 알림통지, 리타게팅 광고 등에서 어느 정도의 활서화 유저를 획득했는지를 계측하는지표입니다. 그 외에도 질문사이트의 베스트 답변상이나 SNS의 "좋아요" 등 지속적인 이용에 대해서 동기를 부여하기 위한 정책의 지표도 포함합니다. 이것은 정책별로 비활성화 유저가 재방문해서 재활성화 유저가 되기까지의 전환율로 측정합니다.

Referral : 소개

기존 유저가 다른 누군가에게 서비스를 소개해서 얼마나 신규 유저를 얻을 수 있는지 측정하는지표입니다. 예를 들어 서비스 안에 있는 친구를 소개하는 기능을 사용해서 소개나 SNS에 확산하거나 블로그에 글을 쓰거나 하는 것이 해당됩니다. 이것은 소개 기능의 이용율과 그로부터 실제로 얻게 되는 신규 유저의 전환율로 측정합니다.

Revenue : 수익화

유저가 서비스 안에서 어느 정도 수익에 공헌했는지 어느 정도 과금을 했는지를 측정하는 지표입니다. 예를 들어 프리미엄(freemium) 모델로 서비스를 제공하고, 유저끼리의 대화에 사용하는 스탬프에 임의로 과금을 하는 경우가 있습니다. 이것은 금액에 상관없이 수익에 이른 비율과 ARPU(Average revenue per user : 유저당 평균매출. 한 사람의 유저가 특정기간 동안 발생시키는 평균 매출액)라고 하는 유저당 평균 금액으로 측정합니다.

AARRR 모델을 사용함으로써 서비스의 어떤 부분에 어떤 숙제가 있는지 명확해지고, 현재 상황에서 개선점과 마케팅의 전략을 세우기 쉽게 됩니다.

이런 계측을 하는 데 있어서 꼭 필요한 기술이 로그 수집입니다. 하지만, 데이터양이 무제한으로 증가하는 로그를 수집하고 분석에 이용할 수 있는 형태로 정리하는 구조를 처음부터 만들려고 하면 매우 힘든 작업이 될 것입니다. 여기에서는 현대적으로 효율적인 로그 수집을 실현하기 위한 미들웨어를 소개하겠습니다.

5-2 현대적인 로그 수집이란

현대적인 로그 수집에서 당연히 있어야 하는 것은 다음과 같은 것이라고 생각합니다.

- 빈번하게 변화하는 데이터 구조에도 유연하게 대응할 수 있다.
- 단시간에 집계할 수 있고, PDCA(Plan-Do-Check-Act, 계획, 실행, 평가, 개선의 4단계를 반복하는 사이클을 의미한다.) 사이클을 빠르게 돌릴 수 있다.
- 액세스 증가에 따라 데이터 양이 급증하더라도 서버 수와 처리양을 늘려서 스케일링이 가능하다.

지금까지의 로그 수집 방법은 1일 1회 ~ 수회의 정기 배치 또는 rsync나 scp 커맨드로 다수의 애플리케이션 서버에서 로그 해석 서버로 비구조화된 형태의 다양한 포맷의 로그와 메시지 데이터를 전송해 왔습니다. 이 방법으로는 위와 같은 요구사항을 만족할 수가 없고, 여러 가지 문제점를 가지게 됩니다.

로그 수집과 중계 처리를 해 본 적이 있다면 다음의 사례 중에 몇 가지 또는 모든 문제점을 경험해본 적이 있을 것입니다. 로그 수집은 어찌보면 간단한 처리로 생각될 수 있지만 실제로 할 때는 중노동이 될 수도 있습니다.

로그의 추출과 집계

앱별로 접속하는 독자 유형을 분석하기 위해 남기는 로그에서 필요한 정보를 뽑아내기 위해서 awk 커맨드 등으로 정규표현(https://ko.wikipedia.org/wiki/정규_표현식)이나 문자열 처리로 대응하는 경우가 있습니다. 정규표현 등으로 파싱하거나 추출이 필요한 비구조화 형식으로 로그를 출력하면 구조를 변경할 때 관계가 있는 모든 곳을 동시에 변경하기가 어렵기 때문에 의도치 않게 문제가 발생하기 쉽습니다. 게다가 데이터 포맷 중에는 CSV, TSV, XML보다도 사람의 눈으로 가시성과 후처리의 범용성에 뛰어난 JSON 형식이 일반적입니다. 여기에서 의미하는 한 행에 하나의 JSON 오브젝트를 저장하는 로그 형식을 JSON Lines(JSONL) 형식이라고 합니다.

콘솔작업시에 tail 커맨드에서 JSONL 형식의 로그를 감시하는 경우에는 jq 커맨드를 사용하면 편리합니다(그림 5.2). 이것은 표시를 색깔로 구분해 줄뿐만 아니라 표시 조건의 지정도 가능하기 때문에 매우 시인성이 높고, 임의의 라벨이나 값으로 필터링도 할 수 있습니다. 또한 jq 커맨드에서 문자열 중에 에스케이프 문자열(개행 등)도 실제의 개행으로 변환해서 출력하고 싶을 때는 -r 옵션을 사용하면 됩니다.

그림 5.2 jq 커맨드

```
$ tail -f my_app_20180423.json | jq -r
{
  "member_ id": "58050215",
  "url": "http://example.com/search",
  "status": 200
}

$ tail -1 my_app_20180423.json
{"member_ id": "58050215","url": "http://example.com/search","status": 200}
```

Apache와 Nginx 등 플레이스홀더를 사용해서 로그 출력포맷을 설정하는 미들웨어는 LabeledTSV 형식이 적용되어 있습니다. 이것은 LTSV 형식이라고도 하며, 값의 이름인 라벨과 값을 하나의 콜론으로 구분하고, 각각의 요소들은 탭으로 구분하는 데이터 포맷입니다. LTSV 형식은 JSON 형식에 비해서 자유도가 떨어지지만, 단순한 형식이기 때문에 복잡한 정규표현식은 사용하지 않아도 됩니다.

이와 같이 범용성과 유연성이 높은 형식으로 로그를 남기는 것으로 로그를 활용할 준비가 됩니다.

로그 출력의 동기처리

애플리케이션에서 직접 로그 파일을 남길 때는 배타처리와 동기처리가 필요합니다. 배타처리라는 것은 같은 파일에 동시에 쓰기를 하면 깨진 문자열이 남는 것을 방지하기 위해서 파일락(file lock)을 FLOCK 등으로 락을 점유하여 중복쓰기를 방지하는 것을 말합니다. 멀티스레드나 멀티프로세스 프로그램에서 하나의 파일에 로그를 출력하는 경우에는 쓰기 순서가 바뀌지 않도록 동기처리도 필요합니다. 사용하는 언어나 방법에 따라서 파일에 쓰기를 할 때 파일시스템의 락을 취득하기 위해, 락해제를 기다리는 시간이 자주 발생해서 그 애플리케이션 자체의 응답속도에 악영향을 끼치는 경우도 있습니다.

로그의 로테이트(rotate) 처리

앞에서 이야기한 애플리케이션에서 파일패스에 날짜 등을 넣지 않는 고정 파일패스에 로그를 남기는 경우, 로그 용량이 계속 늘어가게 됩니다. 이런 로그를 옮기거나 압축하기 위해서 로그 로테이트 처리(log rotate)가 필요합니다. 일반적인 미들웨어에서 로그 로테이트를 하기 위해서 보통 HUP(Hang Up) 시그널[2]을 사용합니다. 이것은 로그 파일에 쓰기를 일단 중지하고, 새로운 파일에 쓰기를 시작하도록 하는 처리입니다. 이런 사소한 처리를 애플리케이션에서 하는 것은 로그를 남기는 것만으로 상당한 구현이 필요하게 됩니다. 간단하게 구현하려면 적절한 배타처리가 된다는 보증도 없고, 락기능을 담보하는 테스트코드도 작성하기 힘듭니다. 따라서 로그출력 부분은 애플리케이션보다는 미들웨어에 맡기는 편이 좋습니다.

---

2 열고 있는 로그 파일을 닫고 새로운 로그 파일의 inode에 로그를 남깁니다. 이 때 기본적으로 프로세스는 종료하지 않기 때문에 프로세스ID도 바뀌지 않습니다.

비실시간 로그 처리

일괄작업으로 로그의 수집 처리를 할 경우에는 갱신을 추적할 필요없이 갱신이 끝난 로그만을 처리대상으로 하면 간단합니다. 로그 로테이트는 보통 하루에 한 번 하게 되는데, 그게 끝난 다음 로그의 수집 처리를 시작하면 활용할 수 있을 때까지 하루 이상의 시간이 걸리는 문제가 있습니다. 그것을 단축하기 위해서 빈번히 로그 로테이트 처리를 하면 미들웨어의 성능이 나빠질 수 있습니다. 로그 로테이트 처리를 하는 스크립트에 따라 애플리케이션의 재기동에 가까운 리로드나 HUP 시그널이 보내질 수도 됩니다. 미들웨어에 따라서는 CPU 처리 비용이 높은 프로세스의 재생성과 명령코드 캐시와 바이트코드의 재생성에 의한 응답 성능저하 등, 응답이 늦어지는 악영향이 나올 수도 있습니다. 이런 장애를 막기 위해서 특히 초당 처리량이 많은 고부하 서비스에서는 액세스가 비교적 적은 아침 4시쯤에 Crontab으로 로그 로테이트 처리를 하는 편이 좋습니다. 로그 로테이트의 간격을 짧게 하는 요구는 결국 나중에는 실시간으로 로그 수집을 하는 미들웨어의 도입으로 이어지게 됩니다.

로그 전송 시의 네트워크 부하

어느 정도 쌓인 로그를 전송하는 타이밍에 네트워크의 부하가 발생하여 사이트의 응답이 느려지거나 하는 장애가 발생할 수 있습니다. 이것을 해결하기 위해서 다음과 같은 트래픽 흐름의 평준화 작업을 할 수 있긴 하지만, 유지관리면에서 좋은 방법이라고 하긴 어렵습니다.

- 미세하게 sleep 처리를 넣어서 네트워크 점유시간을 짧게 유지한다.
- 네트워크 통신 속도에 제한하는 커맨드를 같이 사용한다.
- 실행 스케줄을 장비별로 미묘하게 다르게 한다.

인프라 쪽에서 대응하려면 네트워크 스위치에서 QoS(Quality of Service) 제어, 버스트[3]될 때의 통신량에 맞춰서 서버 네트워크의 인터페이스를 증설하거나 링크 속도를 10Gbps로 올리거나 하는 작업 등 여러 가지 해결 방법이 있습니다. 그래도 이것은 확실히 로그 수집 미들웨어를 사용해서 소프트웨어적으로 해결해야하는 문제입니다.

위에서 이야기한 경우와 같은 여러 가지 문제 상황을 해결하기 위해 주로 표 5.1과 같은 구조화 로그 수집, 메시지 수집 미들웨어가 개발, 공개되어 있습니다. 효율적으로 운용하기 위해서도 다음과 같은 미들웨어를 활용하는 것이 일반적인 시대가 되었습니다.

---

3 역자주 : 사용량이 허용치를 초과해서 문제가 생기는 상황

표 5.1 로그 수집 미들웨어

제품명	사용언어	개발시작	개발사
Scribe	C++	2008년	Facebook
Flume	Java	2010년	Apache Project
Fluentd	C + Ruby	2011년	TreasureData Inc.
Logstash	JRuby	2011년	elasticsearch Inc.

로그 수집 미들웨어 특징

이들 로그 수집 미들웨어에는 공통적으로 다음과 같은 특징이 있습니다.

1. 해석 가능할 정도의 짧은 소요시간
2. 우수한 리소스사용
3. 비동기화 처리에 의한 빠른 처리
4. 통신의 예외 처리 / 재시도 처리

해석가능할 정도의 짧은 소요시간

지금까지 큰 사이즈의 로그 데이터를 배치처리로 해석서버로 전송하는 구조에서는 데이터 양이 늘어나면 늘어날수록 전송에 걸리는 시간이 점점 늘어나 성능이 나빠지게 됩니다. 예를 들어 하루치의 로그 데이터가 100GB인 경우 200Mbps의 속도로 전송한다고 하더라도, 대략 68분. 게다가 하루에 한 번 로그 로테이션하고, 전날의 로그를 처리하는 설정이라면 반영될 때까지 적어도 약 25시간의 지연이 발생하게 됩니다. 하지만, 로그 수집 제품의 특징인 비동기통신을 활용하면 시계열 데이터 처리에 어울려 거의 실시간으로 로그를 수집해서 활용할 수 있게 됩니다.

실시간으로 신선한 데이터를 다루는 것은 장점이 많습니다. 스트리밍 데이터 처리와 시계열 데이터 처리를 조합하면 다음과 같은 용도로 강력한 도구가 됩니다.

- 데이터 스트림 처리의 데이터 수집 대기 시간을 줄임으로써 신선하고, 정밀한 집계
- 유저의 신선하고 상세한 행동 로그를 가지고 높은 정밀도의 추천과 매칭
- 마케팅 정책의 압도적으로 빠른 효과 측정(TV 광고나 광고메일, 웹 광고 등)
- 시스템 리소스의 실시간 트러블 모니터링으로 문제의 빠른 해결

- 센서 데이터를 활용한 스트림 컴퓨팅(에너지 최적화, 재난방지 등)
- 차량의 위치 정보와 사람의 행동, 도로별 정체 상황을 분석한 교통제어
- 신용카드 등의 웹사이트에서의 부정이용의 검출
- 소셜데이터의 수집 등을 통한 주식 알고리즘 트레이딩[4]
- 행동 로그를 가지고 관객의 위약 예측을 해서 위약 예방 마케팅의 실시

우수한 리소스 사용

로그 수집 미들웨어의 특징인 비동기통신, 즉 데이터스트림에 의한 순차송신방식은 쇼트패킷이 아니라 롱패킷방식으로 우수한 네트워크 전송방식입니다. 만약 하루의 로그데이터를 앞에서와 같은 방식으로 100GB라고 가정하면 전송은 평균 9.4Mbps의 대역사용으로 처리할 수 있습니다.

 또한 1건의 레코드를 하나의 파일로 버퍼링하면 잦은 파일액세스가 발생하므로, 복수의 레코드를 묶어서 chunk라는 묶음으로 버퍼링해서 비동기로 상위서버에 전송합니다. 그러면, 로그전송량이 급증하더라도 랜덤액세스가 잘 일어나지 않고 비교적 큰 블럭액세스가 되기 때문에 디스크I/O 처리를 점유함으로 인한 응답속도저하를 방지할 수 있습니다. 이런 장점에서 부하가 줄어들고, 시스템의 응답성능을 어느 정도 확보할 수 있습니다.

비동기화 처리에 의한 빠른 처리

웹애플리케이션 뿐만 아니라, 직렬 동기 처리가 늘어나면 그만큼 응답에 걸리는 처리 시간이 늘어나게 됩니다. 만약 RDBMS(Relational DataBase Management System)와 로컬파일에 배타락(Exclusive Lock)을 걸고 트랜잭션 처리를 하면 확실성[5]은 늘어나지만, 쓰기에 대한 성능이 점점 한계가 옵니다.

그러므로, 이런 로그 수집 미들웨어를 이용해서 TV나 메일링리스트, 시기적 요인 등에 의해 액세스 집중으로 초당 레코드 건수가 급증하더라도 큐잉[6]으로 대응할 수 있고, 유저의 응답시간에 거의 영향을 주지 않고 로그 수집을 할 수 있게 됩니다. 다만, 여기에는 스피드와 정합성의 트레이드오프가 있어서, 로그의 누락 없이 확실히 한 번에 전송하는 트랜잭션을 엄밀하게 처리하지는 않는다는 전제 하에 구현되어 있습니다. 이것은 "8-2 로그 누락을

---

4 역자주 : 시스템 매매, 시스템 트레이딩, 알고리즘에 의한 차익거래를 말한다.
5 역자주 : 데이터 전송을 보장하는 성질
6 실시간으로 처리할 필요가 없는 작업을 백그라운드에서 비동기 처리를 하기위한 구조

방지하는 forward 플러그인의 설정"에서 좀더 구체적으로 설명합니다.

통신의 예외 처리 / 재시도 처리

다른 서버와 통신할 때 네트워크 상에서 발생하는 문제를 피하기는 어렵습니다. 로그 수집 미들웨어를 이용하는 것으로 다음과 같은 직접 구현하기 매우 까다로운 예외처리와 재시도 처리를 맡길 수 있습니다.

- 통신중에 네트워크가 순단[7]하는 경우
- TCP(Transmission Control Protocol)층에서는 서버에 도달해서 소켓 버퍼에 들어와 ACK 응답이 오지만 애플리케이션층에서 문제가 발생해서 소실하는 경우
- TCP층에서는 문제가 없었지만, 애플리케이션층에서 도착한 ACK 응답이 소실되었을 때
- 폭주에 의해서 응답이 없고, 상대 서버에 바로 보낼 수 없는 경우

5-3 정리

여기까지 설명한 것과 같이 신선한 데이터를 비동기로 효율적으로 수집할 수 있는 로그 수집 미들웨어를 사용하면 여러 가지 로그 데이터의 흐름을 일원화하고 운영의 수고를 줄이면서 이용 효율, 개발 효율의 향상에 기여할 수 있습니다. 하지만, 로그 수집은 수단이지 목적이 아닙니다. 수집한 데이터를 활용해서 어떤 가치가 있는지 제품의 제작자에게 보이거나 이용자에게 어떤 가치를 제공할 수 있는지 개발자 뿐만 아니라 팀 전체에 도입후의 비전을 공유하고, 매일 그 비전을 향해 나아가는 것이 중요합니다.

다음 장에서는 일본에서 만든 가장 범용성이 좋은 로그 수집 미들웨어인 Fluentd(플루언트디)에 대해서 소개하겠습니다.

---

7 네트워크가 간헐적으로 끊기는 현상

처음으로 만나는 Fluentd

이번 장에서는 Fluentd에 대해서 설명하겠습니다. Fluentd의 개요와 특징, 장점을 소개하면서 셋업 방법과 설정 파일의 작성법에 대해서도 중점을 두고 설명하겠습니다.

6-1 Fluentd는 어떤 미들웨어인가

Fluentd(그림 6.1)는 로그 수집 미들웨어입니다. 저장 장소가 분산되어 있는 데이터와 로그의 수집을 간단하고 스마트하게 해결해 줌으로써 데이터로부터 가치를 창출하기 위한 비용을 최소화할 수 있습니다. 기존의 구조로는 커버할 수 없었던 가려운 곳을 긁어주는 기능이 Fluentd에는 많습니다. 데이터의 필터가공, 각종 미들웨어나 API호출, 다양한 파일로 출력을 가능하게 해주는 플러그인으로 실현하는 생태계가 갖추어져 있습니다. 로그/메시지 수집 미들웨어인 Fluentd와 다른 미들웨어와의 큰 차이는 플러그인 방식 덕분에 이용 방법의 제한이 없는 범용성입니다.

그림 6.1 Fluentd의 웹사이트

iPhone/Android 단말의 앱로그를 수집하고 싶다거나 웹애플리케이션에서 로그를 수집하고 싶다거나 라인공장 기계의 센서데이터를 모으고 싶을 때, 이런 여러 가지 요구에도 Fluentd는 대응할 수 있습니다. 그 외에도 로그 수집의 목적인 "데이터에서 가치를 창조한다"라는 점에서도 각종 비용을 아낄 수 있는 특징을 많이 가지고 있습니다. 소셜게임이나 광고기술 등의 웹서비스 관련기업과 클라우드 기반의 백엔드 등을 중심으로 수천 개 이상의 회사에서 도입을 하고 있고, 선진적인 제조업계의 공장에서 센서 데이터 수집[8]을 하는 장비에 활용하는 등 활용처는 다양합니다.

데이터 구조

Fluentd에서 하나의 메시지는 [tag, time, record]라는 3개의 요소로 구성되어 있습니다. tag는 레코드의 라우팅에 사용하는 문자열, time은 UNIX 타임스탬프로 저장하고, record는 객체형으로 Key-Value 형식의 연관 배열을 저장합니다. record는 중첩 구조도 다루긴 합니다만 최종적으로 데이터를 저장하는 곳이 지원하지 않는 경우는 플랫 Key-Value형식으로 메시지를 구성하든지 필터처리로 변환할 필요가 있습니다. 또한, 본문 중에는 편의상 각각의 메시지와 그것을 여러 개 가지는 청크를 구분해야하는 경우를 제외하고는 레코드라고 표현하겠습니다.

Fluentd의 데이터 구조 샘플은 그림 6.2와 같습니다.

그림 6.2 Fluentd의 데이터 구조 예시

```
[
  "apache.access",
  1402903141,
  {
    "host" : "64.233.160.120",
    "user" : "-",
    "method" : "GET",
    "path" : "/article/2000",
    ...이하 생략
  }
]
```

....
8 농장의 온습도 데이터에서부터 난방 생산량이나 전력최적화, 라인공장의 진동량의 변화로 기계고장의 예측 등의 사례가 있습니다.

▌아키텍처

Fluentd는 그림 6.3과 같이, 로그/메시지에 임의의 태그를 붙여서 순차수집을 하면서 필터/버퍼/태그 또는 라벨을 사용한 라우팅을 거쳐서 각종 데이터 출력 장소에 보존하는 것을 안정적으로 비동기 처리할 수 있는 아키텍처로 되어 있습니다.

그림 6.3 Fluentd의 아키텍처

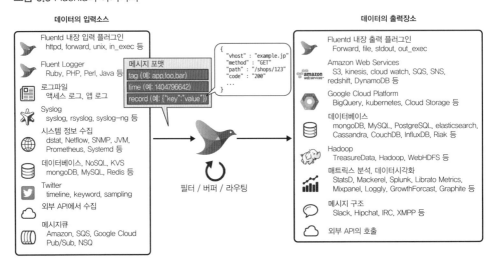

다음은 기본적인 데이터의 흐름입니다.

- 각종 데이터 소스에서 로그/메시지에 태그를 붙여서 수집한다(Input 플러그인).
- 필터라고 하는 데이터 가공과 집계 처리를 필요에 따라 실행한다(Filter 플러그인, Filter계 Output 플러그인)
- 각종 데이터 저장소로 출력한다(Output 플러그인).

전형적인 데이터 흐름으로는 Input 플러그인으로 schemaless한[9] 구조화 메시지를 받습니다(또는 데이터를 추출합니다). 필요에 따라 Filter 플러그인과 Filter계 Output 플러그인[10]을 여러개 조합해서 데이터의 가공 처리를 합니다. 여기까지 무엇인가 에러가 발생하면 적절한 재시도 처리를 하면서 Output 플러그인을 사용해서 최종적인 데이터 저장소에 보냄

....
9 역자주 : 별도의 스키마가 정의되지 않은 것을 의미한다.
10 초기의 Fluentd에서는 Filter 플러그인이 없었기 때문에 tag를 변환해서 메시지의 내용을 편집하거나 집계하기 위해서 tag의 변환을 같이 하는 Output 플러그인이 만들어졌습니다.

니다. 이 재시도관련의 예외처리 기능은 훌륭합니다. 예를 들어 파일버퍼 기능을 사용하면 데이터의 저장소에 통신 에러가 발생하더라도 버퍼에 쌓고 재시도하는 구조로 되어 있기 때문에 디스크 용량이나 예외처리 관련 기능을 생략할 수 있습니다. 또한 높은 성능을 내기 위해서 Fluentd의 코어부분에는 C언어 네이티브로 작성된 cool.io(이벤트 루프 라이브러리)와 MessagePack(직렬화 라이브러리)을 사용하고 있습니다.

이렇게 함으로써 Fluentd는 다양한 로그/메시지를 통합적으로 수집하고 그것을 사용하기 편한 형태로 원하는 장소에 저장하는 기능을 간단하고 스마트하게 구현하고 있습니다.

▌배치처리와 다른 점

배치를 이용한 데이터 처리가 Fluentd의 스트리밍 데이터 처리와 크게 다른 점은 수집한 데이터를 활용할 수 있을 때까지 시간이 오래 걸린다는 점입니다. 그림 6.4는 각각의 데이터 플로우를 보여줍니다.

그림 6.4 배치 처리와 스트리밍 데이터 처리의 데이터플로우의 비교

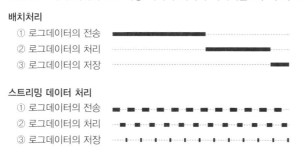

배치처리
① 로그데이터의 전송
② 로그데이터의 처리
③ 로그데이터의 저장

스트리밍 데이터 처리
① 로그데이터의 전송
② 로그데이터의 처리
③ 로그데이터의 저장

짧은 시간 단위로 실행하고 싶어도 로그 로테이트 등의 타이밍이 아니면 구현이 까다로워지기 때문에 부득이하게 하루 한 번 내지는 몇 번 정도로 Crontab에서 실행하기도 합니다. 배치 처리 중에 큰 단위시간의 데이터를 한 개 이상의 서버에서 수집하기 위해서 로그를 이용할 수 있을때 까지 큰 폭의 지연이 있었습니다. 뿐만 아니라, 취급하는 데이터양이 점점 늘어날수록 네트워크 대역도 부족하게 되고, 때에 따라서는 폭주하기도 합니다. 이런 배치 처리에 Fluentd를 도입함으로써 위의 두 가지 문제점을 해결하고 데이터의 실시간 이용이 가능하게 됩니다.

범용성이 높은 Fluentd이지만, CPU 처리 성능이 필요한 비교적 큰 단위의 데이터 처리에

는 별로 추천하기 어렵습니다. 예를 들어 FTP에 연결된 대용량 CSV를 마이크로배치화하는 경우에는 Fluentd의 배치 처리만 특화한 embulk[11]라든가 스케줄 관리와 네트워크 플로우 툴인 digdag[12]를 추천합니다. Fluentd와 embulk 양쪽 다 입력, 필터 처리, 출력이라는 데이터의 파이프라인 처리는 설정 파일로 실현할 수 있기 때문에 개념이 비슷하고 범용적으로 채택하는 경우가 들어나고 있습니다.

▌ 도입의 간편함

Fluentd는 도입하기 위한 장매물이 낮은 점이 특징입니다. Ruby 바이너리와 안정판 Fluentd, 데몬화를 위한 기동스크립트관련 설정 파일을 포함하는 올인원 패키지가 있습니다. 그것은 td-agent라는 패키지로 개발사인 TreasureData Inc[13]에서 CentOS/AmazonLinux(.rpm), Debian/Ubuntu(.deb), MaxOSX(.dmg), Windows Server(.msi)용으로 배포하고 있으며, 하나의 커맨드로 설치할 수 있습니다.

이 td-agent 패키지를 사용하는 장점은 기존의 시스템에 영향이 적은 것입니다. Fluentd는 Ruby 위에서 움직이는 미들웨어이지만 td-agent 전용 디렉토리 /opt/td-agent/에 Ruby의 바이너리들을 포함하고 있기 때문에 이미 운용중인 시스템에 설치된 Ruby버전과 기동 중인 rails 등 gem을 포함해서 영향을 주지 않습니다. 또한 기존의 rsyslog 등의 구조를 변경해서 운용하는 것이 아니라, 병행 운용이 가능하도록 설계하였기 때문에 기존 시스템에 추가하는 것이 간편합니다.

만약 파일에 출력한 로그를 정기적으로 모아서 처리하는 배치 처리가 이미 동작하고 있더라도 그 배치 처리를 건드리지 않고 Fluentd의 병행으로 가동할 수 있는 것은 강력한 장점입니다. Fluentd를 적용하는 것으로 데이터 수집의 귀찮음을 최소화하고 순차 수집을 가능하게 하는 것이 신선도가 높은 데이터로 비즈니스의 개선에 집중할 수 있도록 해 줍니다. 또한 로그의 데이터 처리와 집계 이전 단계에서 로그를 모아서 안전한 장소에 준 실시간으로 파일을 저장하기 위한 간단한 용도로 간단하게 Fluentd를 사용할 수 있습니다.

11 http://www.embulk.org/docs/index.html
12 http://docs.digdag.io/getting_started.html
13 https://www.treasuredata.com/

오픈소스

Fluentd는 로그 수집에 관한 다양한 문제 해결을 하는 미들웨어로 2011년 만들어졌습니다. TreasureData Inc.의 Fluentd 커미터를 중심으로 B2C기업의 개발자도 참가하고, 오픈소스로서의 커뮤니티 기반의 개발을 하고 있습니다.

Git을 사용한 Pull-Request 방식으로 나날이 발전하고 있는 개선은 Fluentd 리포지토리[14]에서 확인할 수 있습니다. 또한 비교적 제약이 적은 Apache License Version 2.0을 라이센스로 채용하고 있기 때문에 자사의 제품에 사용하는 것도 가능합니다.

2016년말에는 Google의 Kubernates 산하 CNCF(Cloud Native Computing Foundation)로 Fluentd 프로젝트를 이관하여 단일기업에 의한 관리에서 벗어나, 커뮤니티에서 관리하게 되었습니다. 따라서 법률적으로 도입하기 힘들었던 기업에서도 도입할 수 있게 되었습니다.

플러그인의 에코시스템

Fluentd 자체의 기능과 역할은 매우 단순하지만 그 확장성과 플러그인의 에코시스템은 매우 강력합니다. 플러그인에는 다음과 같은 세 종류가 있습니다.

- 각종 소스로부터 데이터를 입력하는 Input 플러그인
- 데이터를 가공하는 Filter 플러그인
- 데이터를 출력하는 Output 플러그인

이런 플러그인들을 조합하면 여러 가지 요구 조건을 충족시킬 수 있습니다.

공개된 플러그인은 벌써 750개를 넘었으며, RubyGems.org에서 gem 패키지로 배포하고 있습니다. 이렇게 일찍이 많은 사람들이 개발한 플러그인을 조합해서 사용하는 것으로 여러 가지 로그 수집, 데이터가공, 데이터 출력의 설정을 간단하고 안정적으로 구현할 수 있습니다. 이런 생태계가 구축된 이유 중 하나는 Fluentd와 이 플러그인이 Ruby 언어로 작성되어졌기 때문입니다. 그것은 Rubygems로 공개된 많은 라이브러리를 활용할 수 있다는 것을 의미합니다. 필요한 플러그인이 있다면 이런 자산을 이용해서 손쉽게 플러그인을 만들 수 있고, 또한 그로 인해 서드파티에서 다수의 플러그인을 오픈소스로 공개하고 있습

---

14 https://github.com/fluent/fluentd

니다. 이용자가 많은 플러그인에 대해서는 Fluentd의 공식사이트 https://www.fluentd.org/plugins에서 카테고리별로 정리하고 있고, https://rubygems.org/에서 fluent-plugin이라는 키워드로 검색하면 모든 플러그인을 확인할 수 있습니다.

고참 엔지니어라면 위 설명을 보고 Perl로 작성된 "Plagger"를 연상하는 독자도 있을 것입니다. 이미지는 비슷하지만 데이터 입력이 있고 필터와 가공 그리고 무엇인가 Output하는 Perl로 만들어진 Plagger를 엔터프라이즈급의 로그, 이벤트 수집 미들웨어로 강화한 제품이라고 상상하면 이해가 쉬울 것입니다.

▌높은 확장성

Fluentd가 높은 확장성을 갖는 것은 Pluggable 설계에 있습니다. 코어부분에는 최소한의 인터페이스를 가지게 하고, 많은 기능을 플러그인에게 위임합니다. 서드파티의 플러그인 개발이 활발한 것도 있고, RubyGems.org에 공개된 수를 그래프로 보면, 그림 6.5와 같이 2013년말에 225개, 2016년말에는 683개, 2017년말에는 800개를 넘을 것으로 예상되는 페이스로 커뮤니티가 확산되고 있습니다.[15]

그림 6.5 Fluentd의 공개 플러그인 개수

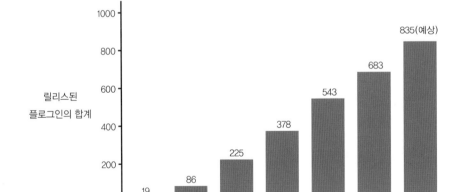

---

15 역자주 : 책이 작성된 것은 2017년으로, 2018년 5월 현재 870개를 넘고 있습니다.

6-2 Fluentd 셋업

Fluentd는 RubyGems.org에 공개된 gem이므로 거기에서 직접 시스템에 설치하는 것도 가능지만 공식적으로 배포된 td-agent라는 올인원 패키지를 사용해서 설치하는 것을 추천합니다.

td-agent는 Fluentd와 전용의 Ruby 실행 환경을 세트로 설치하기 때문에 OS에 포함된 패키지 시스템을 사용해서 도입가능합니다. 이 책에서는 2017년 3월 현재 최신판인 Fluentd v0.12를 번들로 포함한 td-agent2와 RHEL(Red Hat Enterprise Linux) 클론인 CentOS를 주로 타겟으로 하여 설명하겠습니다.

▌사전 준비

시스템의 타임존을 이용 중인 국가에 맞추도록 설정합니다. 클라우드 환경에서는 UTC(세계표준시)나 미국 시간으로 설정된 경우가 있기 때문에 주의할 필요가 있습니다. 또한, NTP(Network Time Protocol)의 설정이 필요합니다. 특히 NTP에 대해서는 로그에 부정확한 타임스탬프가 찍히는 것을 방지하기 위해 모든 Fluentd 노드에서 똑같게 정확한 시각으로 설정할 필요가 있습니다.

▌td-agent 설치

Linux계 배포판에서는 그림 6.6의 설치스크립트에서 treasuredata의 레파지토리를 시스템에 추가합니다. 이것을 이용해서 td-agent가 설치(https://docs.fluentd.org/v0.12/categories/installation)됩니다. 맥OS인 경우, 설치 프로그램이 확인된 개발자가 등록한 응용 프로그램이 아니기 때문에 열 수 없도록 차단합니다. '보안 및 개인 정보 보호'에서 예외 설정을 해야 설치가 가능합니다. 이 Ruby 바이너리를 포함하는 Fluentd 실행 환경은 Linux계 배포판이라면 /opt/td-agent/ 디렉토리에, Windows는 C:\opt\td-agent에 설치됩니다.

그림 6.6 설치 스크립트

```
# CentOS (RHEL) 5.x / 6.x/ 7.x
$ curl -L https://toolbelt.treasuredata.com/sh/install-redhat-td-agent2.sh | sh

# Amazon Linux
$ curl -L https://toolbelt.treasuredata.com/sh/install-redhat-td-agent2.sh | sh

# Ubuntu 16.04 Xenial (64 bit 버전만)
$ curl -L https://toolbelt.treasuredata.com/sh/install-ubuntu-xenial-td-agent2.sh | sh

# Ubuntu 14.04 Trusty
$ curl -L https://toolbelt.treasuredata.com/sh/install-ubuntu-trusty-td-agent2.sh | sh

# Ubuntu 12.04 Precise
$ curl -L https://toolbelt.treasuredata.com/sh/install-ubuntu-precise-td-agent2.sh | sh

# Debian Jessie (64-bit 버전만)
$ curl -L https://toolbelt.treasuredata.com/sh/install-debian-jessie-td-agent2.sh | sh

# Debian Squeeze (64-bit 버전만)
$ curl -L https://toolbelt.treasuredata.com/sh/install-debian-squeeze-td-agent2.sh | sh

# MacOS X 10.11 이상은 다음 장소에서 최신 버전의 다운로드가 가능함
https://td-agent-package-browser.herokuapp.com/2/macosx

# Windows는 다음 장소에서 최신 버전의 다운로드가 가능함
https://td-agent-package-browser.herokuapp.com/3/windows
```

CentOS 7의 디렉토리 구성은 다음 표 6.1과 같습니다.

표 6.1 CentOS 7의 디렉토리 구성

종류	디렉토리	설명
설정 디렉토리	/etc/td-agent/	
설정 파일	/etc/td-agent/td-agent.conf	기동 스크립트가 이 설정을 로드한다.
기동 스크립트	/etc/init.d/td-agent	
로그 디렉토리	/var/log/td-agent/	
플러그인 디렉토리	/etc/td-agent/plugin/	독자적인 플러그인은 in_abc.rb, filter_abc.rb, out_abc.rb와 같은 형태로 설치한다.
Ruby 바이너리	/opt/td-agent/embedded/bin/ruby	Ruby 2.1이 번들로 포함되어 있다.
Gem 커맨드	/usr/sbin/td-agent-gem	td-agent-gem 커맨드를 gem 커맨드처럼 이용한다.

Gem 설치장소	/opt/td-agent/embedded/lib/ruby/gems/2.1.0/gems/	미리 설치된 Fluentd 플러그인과 추가 플러그인이 설치되는 장소
jemalloc	/opt/td-agent/embedded/lib/libjemalloc.so	메모리의 파편화를 막기 위한 jemalloc은 Fluentd 서비스가 실행될 때 로드한다.

td-agent 데몬 실행

td-agent를 사용하면 init.d script도 인스톨되므로 이를 사용하며 자동 실행되도록 관리하면 됩니다. CentOS 7에서는 systemd가 표준이 되었습니다만, init.d script도 같이 사용할 수 있습니다. 그림 6.7에서 td-agent 데몬을 실행합니다.

그림 6.7 td-agent 데몬의 실행

```
# td-agent를 기동
$ sudo service td-agent start
Starting td-agent(via systemctl): [ OK ]

# 서브커맨드 리스트
$ sudo service td-agent
Usage: /etc/init.d/td-agent {start|stop|reload|restart|condrestart|status|configtest}
```

실행 유저 등을 변경해서 실행하려는 경우에는 /etc/sysconfig/td-agent 파일(없다면 만들어서)에 설정을 추가합니다. 상세한 내용은 "8장 Fluentd 운용 팁"을 참고해 주십시요.

- 맥OS 가이드 : https://docs.fluentd.org/v0.12/articles/install-by-dmg#step2:-launch-td-agent

아래 명령어로 시작, 종료할 수 있습니다.
- 시작 : $ sudo launchctl load /Library/LaunchDaemons/td-agent.plist
- 종료 : $ sudo launchctl unload /Library/LaunchDaemons/td-agent.plist

동작 프로세스 확인

Fluentd는 Supervisor 프로세스에서 Worker를 기동하기 때문에 부모와 자식 프로세스, 즉 2개의 Ruby 프로세스로 구성되어 있다. 2개의 프로세스가 움직이고 있는지 ps 커맨드로 확인해 봅시다. 초기 설정으로는 ps 커맨드에 f 옵션이 없으면 부모자식 관계를 알기 어

러운 문제가 있습니다. 프로세스 이름 자체를 변경하는 설정에 대해서는 나중에 설명하는 〈system〉 디렉티브에서 설명하겠습니다. 그 외에 프로세스 감시에 대해서는 "8장 Fluentd 운용 팁"에서 설명하겠습니다. 그림 6.8은 프로세스리스트에서 td-agent가 부모자식 관계로 2개 존재하는 것을 확인한 것입니다.

그림 6.8 td-agent 데몬 프로세스 확인

```
$ ps wf -C ruby -C td-agent
 PID TTY STAT TIME COMMAND
 24135 ? Sl 0:00 /opt/td-agent/embedded/bin/ruby/usr/sbin/td-agent --log /var/log/td-agent/
td-a...
 24139 ? Sl 0:00 \ _/opt/td-agent/embedded/bin/ruby/usr/sbin/td-agent --log /var/log/td-
agent.c...
```

참고 위 명령어가 실행이 안되는 경우 아래 명령어를 시도해보기 바랍니다.

```
$ ps -ef | grep td-agent | grep -v grep
```

td-agent 데몬 자동실행 설정

시스템 작동시에 자동으로 시작하기 위해서 sudo chkconfig td-agent on 커맨드를 실행합니다. 그림 6.9는 td-agent의 자동실행 상태를 확인합니다. 런레벨3에서 실행되도록 설정되어 있습니다.

그림 6.9 td-agent 데몬의 자동실행 설정

```
$ chkconfig --list | grep td-agent
td-agent 0:off 1:off 2:on 3:on 4:on 5:on 6:off
```

td-agent 설정 편집

임의의 편집기에서 설정 파일(/etc/td-agent/td-agent.conf)을 열어서 편집합니다. 이 튜토리얼에서는 그림 6.10의 내용을 설정 파일로 합니다. 설정 변경 후에는 설정에 에러가 없는지 /etc/init.d/td-agent configtest 커맨드로 구문체크를 합니다. 문제가 없다면 /etc/init.d/td-agent restart 커맨드로 재시작합니다. 만약 에러가 발생한 경우에는 tail /var/log/td-agent/td-agent.log 커맨드로 로그 내용을 확인하고 수정합니다.

그림 6.10 td-agent의 설정

```
# 설정을 편집한다.
$ sudo vim /etc/td-agent/td-agent.conf
<source>
 @id in_forward
 @type forward
 port 24224
</source>

<match test.**>
 @type stdout
</match>
```

이것은 Fluentd의 Input 플러그인 "Forward"에서 메시지를 받아서 패턴 test.** 에 해당하는 test.foo나 test.foo.bar 등의 태그를 Output 플러그인 "stdout"이 td-agent의 표준 출력 로그에 남기도록 하는 설정입니다.

샘플 로그 송신과 로그 확인

그림 6.11에서는 td-agent에 포함된 fluent-cat 커맨드를 이용해서 샘플 로그의 송신을 합니다. JSON 형식의 문자열 {"message":"Hello World."}를 태그 "debug.test"로서 보냅니다.

그림 6.11 샘플 로그의 송신

```
# fluent-cat의 사용법
 Usage: fluent-cat [options] <tag>
  -p, --port PORT fluent tcp port (default: 24224)
  -h, --host HOST fluent host (default: 127.0.0.1)
  -u, --unix use unix socket instead of tcp
  -s, --socket PATH unix socket path (default: /var/run/fluent/fluent.sock)
  -f, --format FORMAT input format (default: json)
    --json same as: -fjson
    --msgpack same as: -fmsgpack
    --none same as: -fnone
    --message-key KEY key field for none format (default: message)
```

```
# 메시지를 송신한다.
$ echo '{"user":"1","message":"Hello World."}' ¦ /opt/td-agent/embedded/bin/fluent-cat ↵
debug.test

# 로그 파일을 확인한다.
$ tail /var/log/td-agent/td-agent.log
2017-02-01 17:45:48 +0900 debug.test:{"user":"1","message":"Hello World."}
```

이것으로 최소한의 애플리케이션 로그를 수집할 준비가 되었습니다.

6-3 Fluentd 설정 커스터마이즈

유연하게 기술(記述)할 수 있는 설정을 활용해서 데이터 파이프라인을 만드는 방법을 설명하겠습니다. Fluentd의 설정 파일은 〈system〉, @include, 〈source〉, 〈label〉, 〈filter〉, 〈match〉의 6가지의 디렉티브를 조합하여 기술할 수 있습니다. 다음이 기본적인 데이터 흐름입니다.

1. 〈system〉 디렉티브가 있으면 거기서 지정된 설정으로 코어 부분의 동작이 바뀐다.
2. @include 디렉티브가 있으면 로컬 파일이나 HTTP로 받은 설정을 가지고 Fluentd 프로세스를 작동한다.
3. 〈source〉 디렉티브에서 지정한 플러그인을 경유해서 로그 수집을 시작한다.
4. 지정한 태그 패턴의 〈label〉 디렉티브 안에 있는 〈filter〉나 〈match〉의 내용을 처리한다.
5. 필요에 따라 중복해서 기술된 〈filter〉 디렉티브의 대상인 태그의 레코드를 가공한다.
6. 정한 태그 패턴의 〈match〉 디렉티브에서 태그의 변환과 외부로의 데이터 출력을 처리한다.

이 데이터 흐름의 제어에는 dot(.)으로 구별된 태그와 라벨을 사용하고, 더해서 플러그인을 연결해서 다양한 필터 가공을 할 수 있습니다. 그 장점을 충분히 활용하고 안정적으로 운영하기 위해서는 태그와 라벨 설계의 최적화, 설정 파일의 간소화, 역할별로 서버의 분리를 해야합니다. 여기에서는 각각의 디렉티브의 역할에 대해서 설명하겠습니다.

〈system〉 디렉티브

Fluentd 코어 부분의 동작을 결정하는 디렉티브로 Fluentd 자체의 동작 및 로그 출력 부분의 상세 설정을 커스터마이즈할 수 있습니다. 이 설정들은 실행될 때 커맨드라인의 파라미터로 /etc/sysconfig/td-agent를 커스터마이즈하는 것과 같은 효과를 낼 수 있는 부분도 많습니다. 예를 들어 로그레벨(log_level)을 trace로 하려면 -vv로 하고, warn으로 하려면 -q를 넘겨주면 됩니다.

〈system〉 디렉티브를 사용하면 커맨드라인 인수를 사용하는 것보다 간단하게 다음과 같이 코어 부분의 동작을 변경할 수 있습니다. 또한 〈system〉 디렉티브는 실행 시의 커맨드라인 인수보다 우선적으로 설정됩니다.

표 6.2 〈system〉 디렉티브를 사용한 코어 부분의 동작 변경

설정	동작	초기값
log_level	로그 출력 레벨을 설정	info
suppress_repeated_stacktrace	연속으로 같은 에러가 발생했을 때 출력을 제한한다.	제한없음
emit_error_log_interval	지정 시간 내의 동일 에러 출력을 제한한다.	제한없음
suppress_config_dump	실행시에 표준 로그로 설정 파일을 덤프하지 않는다.	제한없음
rpc_endpoint	HTTP RPC 경유로 시스템 시그널 (SIGINT/SIGTERM/SIGUSR1/SIGHUP)을 받는다.	비활성화
without_source	Input 플러그인을 무효화해서 작동할 경우에 사용한다.	비활성화
process_name	그림 6.8에서 ps 커맨드로 프로세스 리스트를 확인할 때 worker프로세스와 supervisor 프로세스를 구분하게 해준다.	비활성화

log_level에서는 표준 로그 레벨이 info로 설정되어 있기 때문에 그 이상의 warn, error, fatal이 출력됩니다. warn으로 하면 그 이상의 error, fatal이 출력 대상이 됩니다.

suppress_repeated_stacktrace와 emit_error_log_interval은 에러 발생에 따른 retry(재시도) 처리가 발생했을 경우 등에 연속해서 중복된 스택 트레이스의 에러 출력으로 급격히 로그가 커지는 것을 막기 위한 설정입니다.

suppress_config_dump는 설정 파일을 작동 시에 로그로 출력하지 않도록 하고 싶을 때 설정합니다.

rpc_endpoint는 그림 6.12와 같이 HTTP 경유로 Fluentd의 프로세스를 제어할 수 있기 때문에 bind하는 IP와 보안에 충분히 주의해야합니다.

> **참고** Fluentd 기본 설정에 RPC 기능이 활성화되어 있지 않기 때문에, 아래 설정을 미리 추가해줘야 합니다.

```
<system>
  rpc_endpoint 127.0.0.1:24444
</system>
```

그리고 Flentd 프로세스 재기동해야 합니다(https://docs.fluentd.org/v1.0/articles/rpc#configuration).

그림 6.12 RPC 기능의 엔드포인트와 그 실행 예시

```
# SIGINT 시그널을 보내서 Fluentd 프로세스의 처리중인 작업을 멈추고 종료한다.
# 종료와 함께 'buffer_type memory'의 데이터를 잃는다.
$ curl http://127.0.0.1:24444/api/processes.interruptWorkers
{"ok":true}

# SIGTERM 시그널을 보내서 Fluentd 프로세스를 안전하게 종료한다.
# 종료와 함께 'buffer_type memory'의 데이터를 잃는다.
$ curl http://127.0.0.1:24444/api/processes.killWorkers
{"ok":true}

# SIGUSR1 시그널을 보내서 Fluentd의 버퍼를 즉시 송신한다.
$ curl http://127.0.0.1:24444/api/plugins.flushBuffers
{"ok":true}

# SIGHUP 시그널을 보내서 Fluentd 프로세스의 설정을 리로드한다.
$ curl http://127.0.0.1:24444/api/config.reload
{"ok":true}

# 가동 중인 Fluentd의 설정 내용을 로그에 출력한다.
$ curl http://127.0.0.1:24444/api/config.dump
{"ok":true}

# 가동 중인 Fluentd의 설정 파일의 내용을 HTTP로 취득한다.
# '<system>' 디렉티브에 enable_get_dump true라는 설정이 필요하다.
# 대부분 주요 플러그인은 API 토큰 등을 mask 처리한다.
$ curl http://127.0.0.1:24444/api/config.getDump
{"conf":"<ROOT>\n<system >\nrpc_endpoint...
```

without_source는 주로 커맨드라인에서 사용하는 것을 가정하고 있습니다. 로컬에 쌓여있

는 버퍼의 재전송만 하고 싶을 때는 Input 플러그인을 동작하지 않도록 해서 작동하는 옵션입니다. 이 때 커맨드라인의 인수는 --without-source입니다.

process_name은 반드시 설정하는 편이 좋은 커맨드라인 인수입니다. 프로세스 감시를 할 때 ps auxf와 같이 td-agent 프로세스의 부모자식 관계를 명시적으로 하는 \ _ 기호가 없을 경우에는 2개의 프로세스를 구분하기 힘들어 집니다. 그림 6.13과 같이 process_name을 설정하면 worker 프로세스의 pid를 얻기가 쉬워지고, worker 프로세스의 CPU점유율의 모니터링이나 감시가 간단해집니다.

그림 6.13 〈system〉 디렉티브에서 process_name의 지정유무의 차이

```
# 디폴트의 설정으로는 supervisor와 worker의 구별이 어렵다.
$ ps auxf | grep td-agent | grep -v grep
td-agent 13693 0.0 0.0 260732 41548 ? Sl Jun 02 0:34 /opt/td-agent/embedded/bin/ruby/usr/
sbin/td-agent --log /var/log/td-agent/td-agent.log --use-v1-config --group td-agent --daemon
/var/run/td-agent/td-agent.pid
td-agent 13698 0.2 0.3 441360 173764 ? Sl Jun 02 4:39 \_ /opt/td-agent/embedded/bin/ruby
-Eascii-8bit:ascii-8bit /usr/sbin/td-agent --log /var/log/td-agent/td-agent.log --use-v1-
config --group td-agent --daemon /var/run/td-agent/td-agent.pid --under-supervisor

# process_name을 fluentd에 설정했을 경우의 동작
$ ps aux | grep fluentd | grep -v grep
td-agent 28391 0.0 2.6 220772 26460 ? Sl 17:47 0:00 supervisor:fluentd
td-agent 28394 0.1 4.7 253040 47116 ? Sl 17:47 0:00 worker:fluentd
```

이 옵션들을 지정한 예시는 그림 6.14와 같습니다.

그림 6.14 〈system〉 디렉티브에서 제어할 수 있는 코어 설정

```
<system>
  # 로그의 출력 레벨을 지정(trace, debug, info, warn, error, fatal)
  log_level info

  # 연속된 같은 에러를 생략한다.
  suppress_repeated_stacktrace true

  # 지정 시간 내의 같은 에러를 생략한다.
  emit_error_log_interval 60s

  # 실행될 때 설정 파일의 표준 로그 출력을 생략한다.
  suppress_config_dump true
```

```
# 그림 6.12와 같이 이용하는 HTTP RPC API의 bind IP와 포트를 지정한다.
rpc_endpoint 127.0.0.1:24444

# '<source>' 디렉티브의 지정을 모두 무효로 한다(보통은 사용하지 않음).
without_source true

# 그림 6.13과 같이 ps 커맨드에서 프로세스의 이름을 지정한다.
process_name fluentd
</system>
```

@include 디렉티브

설정을 외부로부터 읽어들이기 위한 디렉티브입니다. 로컬 파일 뿐 아니라 설정 배포 서버에서 http 프로토콜로 받는 것도 가능합니다(그림 6.15).

그림 6.15 include 디렉티브의 설정 포맷

```
@include [URL 또는 파일 경로로 외부로부터 읽을 설정을 지정]
```

분할되어 있는 설정 파일을 읽고 싶을 경우에는 include 디렉티브를 이용합니다(그림 6.16).

그림 6.16 include 디렉티브의 설정 파일

```
# 절대 경로로 입력
@include /path/to/config.conf

# 상대 경로로 입력할 경우에는 호출하는 쪽의 설정 파일이 있는 디렉토리를 출발점으로 해서
# 파일을 로드한다.
@include extra.conf

# 여러 개의 파일을 읽을 경우에는 와일드카드로 지정할 수 있다.
@include config.d/*.conf

# HTTP 통신으로 설정을 읽을 수도 있다.
@include http://127.0.0.1/fluentd.conf
```

HTTP 통신으로 설정을 읽을 경우의 활용 예시로는 그림 6.17과 같이 역할을 인수로 지정하여 실행할 때 프로비저닝 서버에서 동적으로 설정을 다운로드하는 방법도 생각할 수 있습니다.

그림 6.17 include 디렉티브를 사용하여 동적으로 설정을 다운로드한다

```
$ cat /etd/td-agent/td-agent.conf
@include http://my-provisioning-server/fluentd/td-agent.php?role=dev_aggregator
```

프로비저닝 서버에 설치하는 프로그램에 role 인수의 값에 해당하는 설정을 돌려주도록 구현해야합니다.

다만, Fluentd가 실행되는 타이밍에 매번 호출을 하기 때문에 로딩이 실패하면 실행이 실패하게 됩니다. 설정의 캐쉬 파일은 만들어지지 않기 때문에 어떤 설정을 읽었는 지 실행 시에 td-agent.log에 남긴 내용을 확인하거나, Fluentd의 RPC 엔드포인트를 설정해서 config.dump API를 호출해서 수동으로 td-agent.log에 남겨서 확인할 수도 있습니다.

〈source〉 디렉티브

〈source〉 디렉티브는 메시지의 입력 부분이 되는 Inpu 플러그인을 지정하고, Input 플러그인에게 전달할 설정을 하는 디렉티브입니다. 포트를 열고 메시지를 기다리거나 로그 파일의 내용이 추가되는 것을 감시하거나 프로그램을 일정 간격으로 실행해서 메시지를 읽거나 하는 플러그인 설정을 하고 싶을 때 사용합니다. 이 Input 플러그인에서는 tag, time, record의 3개의 요소로 구성된 메시지가 Fluentd로 보내져, 태그와 라벨을 사용해서 라우팅합니다. 기본적인 설정 포맷은 그림 6.18과 같습니다.

그림 6.18 〈source〉 디렉티브의 설정 포맷

```
<source>
 @id [plugin_id를 정의]
 @type [플러그인 이름]
 tag [출력 태그]
 @label @[라벨] #임의
 [플러그인의 옵션]
</source>
```

@type과 tag는 필수 항목입니다. 각각 호출하는 플러그인과 출력할 때 분배하기 위한 태그를 지정합니다. @id는 Fluentd 자체의 로그 출력과 감시할 때 plugin_id로 이용할 별명으로 중복이 되지 않도록 〈source〉와 〈match〉 디렉티브에 각각 정의하도록 합시다. 또한 @label을 활용하면 설정파일의 내용을 간소하게 할 수 있습니다. 자세한 내용은 〈match〉 디렉티브를 설명할 때 같이 하겠습니다.

Input 플러그인 중에 forward와 tail이 많이 사용됩니다. 설정 예시는 그림 6.19와 같습니다.

그림 6.19 〈source〉 디렉티브를 사용해서 forward와 tail의 설정 예시

```
# HTTP 프로토콜 경유로 로그를 수집한다.
<source>
  @id in_forward
  @type forward port 24224
</source>

# 로그 파일을 파싱해서 로그를 수집한다.
<source>
  @id in_tail_apache_access
  @type tail
  format apache
  path /var/log/http/access.log
  pos_file /var/log/td-agent/in_tail_apache_access.pos
  tag apache.access
  read_from_head true
  rotate_wait 60
</source>
```

forward는 Fluentd 클라이언트로부터 메시지를 받거나, 다른 Fluentd 인스턴스로부터 메시지를 받을 때 사용하는 플러그인입니다. Fluentd 클라이언트로서 동작하는 로거 클래스(Logger class)는 Fluent Logger라고 하며 Ruby, Java, Python, PHP, Perl, Node.js, Scala, Golang, Erlang, D 언어, Ocaml용의 라이브러리가 공식적으로 제공됩니다. 그리고, 받은 메시지를 다른 Fluentd 인스턴스로 전달하고 싶을 때는 Output 플러그인의 forward를 사용합니다.

tail은 로그 파일에 추가되는 내용을 차례대로 읽는 플러그인입니다. 로그 로테이트(log rotate)가 되더라도, 적절히 감지하여 Linux의 tail −F 커맨드에 가까운 동작을 합니다. 또한 Fluentd를 재실행하더라도 중복해서 읽지 않고 이어서 읽어들입니다. pos_file 옵션을

지정해서 파일의 inode 번호와 offset 위치를 파일에 저장해두도록 설정해두기를 권장합니다. tail의 자세한 사용방법은 제 7 장의 "7.1 tail 플러그인 철저 공략"에서 설명하겠습니다.

그리고, format 옵션을 사용해서 key, value의 구조화 데이터로 만들면 데이터를 취급하기 쉬워집니다. 임의의 정규표현으로 구조화하는 것도 가능하지만 기본적으로는 프리셋 포맷인 apache2, apache_error, nginx, syslog, tsv, csv, ltsv, json, none과 하나의 로그를 여러 줄로 전달되는 경우에는 multiline을 사용합니다. ltsv와 json은 원래의 로그 파일의 요소에 변화가 있더라도 유연히 대응할 수 있으며 처리부하가 적기 때문에 자주 사용됩니다. format none으로 지정해서 비구조화데이터를 그대로 읽는 경우에는 별도의 Fluentd 인스턴스에서 filter 플러그인의 parser를 사용해서 key, value의 구조화 데이터로 만드는 방법이 있습니다. 또한 비구조화 데이터인 채로 스토리지에 gzip으로 압축해서 저장한 뒤에 별도로 embulk 등을 사용해서 배치처리 할 수도 있습니다.

⟨filter⟩ 디렉티브

특정 태그에 Filter 플러그인을 호출해서 데이터 처리를 하도록 설정하는 디렉티브입니다. 초기의 Fluentd는 Input과 Output 플러그인 밖에 없었기 때문에 복수의 가공처리를 하기 위해서는 Output 플러그인을 여러개 사용할 필요가 있었기 때문에 태그를 변환하는 작업이 필요했습니다. 따라서 설정 파일의 유지관리가 어려워지고 복잡성이 올라가는 문제가 생겼고, 그 문제를 해결하기 위해 추가된 기능이 이 태그의 변환이 필요없는 Filter 플러그인입니다. 내부적으로는 파이프라인 처리를 사용하기 때문에 체인이 늘어나더라도 시간당 처리 성능에 영향은 크지 않습니다. 대표적인 플러그인으로는 레코드를 취사 선택하는 grep 플러그인과 호스트명을 추가하는 등의 레코드 내용을 편집하는 record_reformer 플러그인, IP 주소를 이용하여 지역정보를 부여하는 geoip 플러그인이 있습니다.

기본이 되는 설정 포맷은 그림 6.20과 같습니다. 설정 예시는 ⟨match⟩ 디렉티브에서 소개하겠습니다.

그림 6.20 ⟨filter⟩ 디렉티브의 설정 포맷

```
# <filter>와 <filter **>는 같음
<filter [매치하는 태그]>
  @type [플러그인 이름]
  [플러그인의 옵션]
</source>
```

또한, Filter 플러그인에서는 태그의 변경이 불가능합니다. 태그의 변경을 위해서는 〈match〉 디렉티브에서 Output 플러그인의 rewrite_tag_filter를 이용하면 됩니다.

〈match〉 디렉티브

로그의 출력 장소를 정하는 디렉티브입니다. 임의의 태그에 해당하는 로그를 type 파라미터로 지정한 Output 플러그인으로 출력합니다. 플러그인의 수가 가장 많은 장르로 각종 클라우드 스토리지에 저장하거나, 데이터베이스, Key-value 스토어, Queueing 시스템에 연계하는 써드파티 플러그인이 많이 있습니다. 대표적인 플러그인으로 레코드별로 Fluentd 노드에 전송하는 forward 플러그인과 여러 개의 Output 플러그인에 전달하는 copy 플러그인, 로컬 파일에 저장하는 file 플러그인, AWS의 S3에 보존하는 s3 플러그인이 있습니다. 그 외에 임의의 정규표현에 매칭되는 레코드의 태그를 가공해서 별도의 〈match〉 디렉티브에 전달하는 rewrite_tag_filter 플러그인이 있습니다.

기본적인 설정 포맷은 그림 6.21과 같습니다.

그림 6.21 〈match〉 디렉티브의 설정 포맷

```
<match [매칭하는 태그]>
  @id [plugin_id를 정의]
  @type [플러그인 이름]
  @label @[라벨명] #옵션
  [플러그인의 옵션]
</match>
```

〈match〉 디렉티브에서 정의하는 태그의 패턴은 매우 유연하여 다양한 표현이 가능합니다. Fluentd에서는 태그를 점(.)으로 요소를 구분하고, *를 사용해서 와일드카드로 지정하거나 {}를 사용하여 OR 조건으로 지정할 수 있습니다.

- *는 하나의 태그 요소와 일치
- ** 는 0개 이상의 태그 요소와 일치
- {X,Y,Z}는 X와 Y와 Z와 일치

예를 들어 태그 td.apache.access와 td.apache.error를 모두 매칭하는 〈match〉 디렉티브의 설정은 다음과 같은 패턴이 있습니다. 다만 첫 번째 〈match **〉의 경우는 Fluentd 자체의 로그 파일에 출력하는 내용도 포함되어 fluent.info나 fluent.warn과 같은 태그도 매칭되기 때문에 ⟨label⟩ 디렉티브에서만 사용해야 합니다. 그렇기 때문에 기본적으로 ＊＊를 사용할 때는 접두사와 접미사를 같이 넣어서 점(.)이 여러 개 있더라도 매칭시키고 싶은 경우에 사용합니다.

- ⟨match ＊＊⟩
- ⟨match ＊.＊.＊⟩
- ⟨match td.＊＊⟩
- ⟨match td.＊.＊⟩
- ⟨match td.apache.＊⟩
- ⟨match td.apache.＊＊⟩
- ⟨match td.apache.{access.＊}⟩
- ⟨match td.apache.{access.＊＊}⟩
- ⟨match td.apache.{access.error}⟩
- ⟨match td.{apache.access.apache.error}⟩
- ⟨match {td.apache.access.td.apache.error}⟩

⟨source⟩ 디렉티브에도 있는 @id는 Fluentd 자체의 로그 출력과 monitor_agent 경유로 감시할 때 plugin_id로 사용되는 별명입니다. 생략하면 Fluentd가 실행될 때 object:3ff0df0d34b8과 같은 표시가 랜덤하게 생성되지만 자동 생성된 plugin_id를 설정 파일에서 지정할 방법이 없습니다. 그렇기 때문에 같은 플러그인이 두 번이상 사용되는 환경에서 장애가 발생하면 이 문제의 원인을 찾는 것이 어려워집니다. 즉, @id는 지정하지 않을 수는 있지만 필수 항목으로 생각하는 편이 좋습니다.

file과 forward, s3 플러그인 등의 저장 및 외부 통신을 하는 Output 플러그인에서는 순차적 전송 처리를 하지 않고, 일단 버퍼에 누적해두고, 한꺼번에 송신합니다. 문제가 발생해서 처리가 정상적으로 되지 않았을 경우 Fluentd는 송신을 재시도합니다. 이런 제어를 하는 버퍼관련 설정 파라미터는 표 6.3과 같습니다. 초기값은 플러그인별로 조금씩 다를 수 있기 때문에 각 플러그인의 설정을 확인하도록 합시다.

표 6.3 버퍼 관련 설정 파라미터

설정 옵션	설정 예시	설명
buffer_type	file	버퍼의 저장 장소를 memory나 file로 지정한다. memory는 영속성이 없기 때문에 Fluentd가 종료할 때 버퍼를 강제 송신하지만 실패하면 그 버퍼의 내용을 잃게 됩니다.
buffer_path	/var/log/td-agent/buffer/td	파일 버퍼에 저장하도록 지정한다. 디렉토리는 작동할 때 자동으로 생성한다.
buffer_chunk_limit	4m	하나의 파일 버퍼의 최대 용량을 접미어 k(킬로바이트), m(메가바이트), g(기가바이트)를 이용해서 지정한다.
buffer_queue_limit	10000	파일 버퍼의 최대 큐 개수를 지정한다. buffer_chunk_limit * buffer_queue_limit 만큼의 용량 확보가 필요하다.
buffer_queue_full_action	exception	버퍼의 큐가 다 찼을 때 어떻게 할 것인지 exception, block, drop_oldest_chunk 중에 지정한다. block은 버퍼의 큐가 빌 때까지 Input을 블럭한다.
queued_chunk_flush_interval	1	송신 타이밍이 된 chunk가 여러 개 있을 때 하나의 chunk를 송신하고 다음 chunk를 송신할 때까지의 간격을 지정한다.
num_threads	2	큐에 있는 chunk를 송신할 때 동시에 처리하는 스레드 수를 지정한다.
retry_wait	30s	버퍼의 플러시가 실패했을 때, 첫 재시도를 하기까지의 시간을 지정한다. 접미사로 초(s), 분(m), 시간(h)을 쓸 수 있다.
max_retry_wait	10s	버퍼의 플러시가 실패하면 retry_wait 시간이 지난 뒤에 재시도하고 성공할 때까지 재시도 간격을 이전보다 2배 ± 12.5% (retry_wait가 1s면 약 1초, 2초, 4초, …)씩 늘어난다. 그 최대 재시도 간격을 지정한다. 접미사로 초(s), 분(m), 시간(h)을 쓸 수 있다.
retry_limit	1000	버퍼의 플러시 재시도의 최대 회수를 지정한다. 초기값은 17회.
disable_retry_limit	1	true로 설정하면 retry_limit의 지정을 무시하고 청크를 지우지 않고 계속 재시도한다. 동시에 〈code〉〈secondary〉〈/code〉는 호출하지 않는다.
flush_interval	1s	버퍼를 플러시하는 간격을 지정한다. 접미사로 초(s), 분(m), 시간(h)을 쓸 수 있다.
try_flush_interval	1	flush_interval을 호출해서 송신할 타이밍이 왔는지 확인하는 시간을 지정한다. 소수점도 사용할 수 있다. 초기값이 1초로 설정된 경우에 flush_interval을 0s로 해도 1초 간격으로 플러시하게 된다.
flush_at_shutdown	1	Fluentd의 프로세스가 종료될 때 버퍼를 모두 송신 처리할 것인지 true/false로 지정한다.

또한, 이 책에서 사용하는 버전은 td-agent2에 번들되어 있는 Fluentd v0.12.x입니다. 2017년 말 혹은 2018년 초에 릴리스할 예정인 td-agent3에는 Fluentd v0.14[16]가 번들되어 있습니다. 이번에 소개한 설정은 td-agent3를 사용하더라도 호환 모드로 그대로 동작하지만 Fluetnd v0.14의 버퍼 설정은 〈match〉 디렉티브에 〈buffer〉 … 〈/buffer〉 섹션을 설정해서 버퍼관련 설정을 하는 부분이 추가되었습니다. 그 부분에서 옵션명도 변경되기 때문에 〈buffer〉 섹션에서 이용하게 되는 옵션을 표 6.4의 "Fluentd v0.14에서 사용되는 버퍼 관련 설정 파라미터"에 정리했습니다.

표 6.4 Fluentd v0.14에서 사용되는 버퍼 관련 설정 파라미터

td-agent2(Fluentd v0.12.x)	td-agent3(Fluentd v0.14.x)
buffer_type	@type
buffer_path	path
num_threads	flush_thread_count
flush_interval	flush_interval
try_flush_interval	flush_thread_interval
queued_chunk_flush_interval	flush_thread_burst_interval
disable_retry_limit	retry_forever
retry_limit	retry_max_times
max_retry_wait	retry_max_interval
buffer_chunk_limit	chunk_limit_size
buffer_queue_limit	queue_limit_length
buffer_queue_full_action	overflow_action
flush_at_shutdown	flush_at_shutdown

▌〈label〉 디렉티브

데이터 소스의 식별자인 태그를 사용해서 내부 라우팅을 처리하기 위해서는 태그를 변경해주는 add_tag_prefix와 remove_tag_prefix 옵션을 활용할 필요가 있습니다. 이 내부 라우팅을 단순하게 표현하기 위해서 등장하는 기능이 〈label〉 디렉티브로 〈filter〉와

---

16 역자 주 : Fluentd 0.12의 다음 버전은 v0.14가 아니라, v1으로 릴리즈되었습니다. 본문에서 이야기하는 v0.14는 v1에 대한 설명입니다.

〈match〉 중에 하나 혹은 둘 다를 포함할 수 있습니다. 라벨의 등장으로 태그는 데이터 소스의 식별자로, 라벨은 내부 라우팅의 식별자로 역할이 분리되었습니다. 또한 〈source〉 디렉티브에서 @label 옵션을 지정해서 여러 개의 {〈source〉}가 지정된 경우에도 데이터가 통하는 경로를 알기 쉽도록 하고, 설정 파일의 가시성을 올려주었습니다.

〈label〉 디렉티브의 설정 포맷은 그림 6.22와 같습니다. 라벨을 변경하기 위해서는 relabel 플러그인을 사용해서 @label 옵션을 지정하는 방법 외에도 출력 태그의 변경을 해주는 〈match〉 디렉티브에서 @label 옵션을 지정하는 방법이 있습니다.

그림 6.22 〈label〉 디렉티브의 설정 포맷

```
<label @raw>
  <filter> # <filter>는 <filter **> 와 같음
    @type [플러그인 이름]
    [플러그인의 옵션]
  </filter>
  <filter>
    @type [플러그인 이름]
    [플러그인의 옵션]
  </filter>
  <match **>
    @type [플러그인 이름]
    [플러그인의 옵션]
  </match>
</label>
```

지금까지 나왔던 〈filter〉와 〈match〉를 사용해서 호스트명에 레코드를 추가하고 레코드의 내용을 사용해서 필터링하여 로그로 출력하는 설정 예시가 그림 6.23입니다.

그림 6.23 레코드의 가공과 필터링을 하는 설정 예시

```
<source>
  @id in_forward
  @type forward
</source>

# Fluentd가 움직이는 서버의 호스트명을 host라는 키에 추가한다.
<filter app.myapp.events>
  @type record_transformer
  <record>
    host ${hostname}
  </record>
```

```
</filter>

# message라는 키에 error라는 문자열이 포함된 경우를 추출한다.
<filter app.myapp.events>
  @type grep
  regexp1 message error
</filter>

# Fluentd의 표준출력로그에 남긴다.
<match app.myapp.events>
  @type stdout
</match>
```

그림 6.23의 설정에서 동작하는 Fluentd에 그림 6.24의 순서로 메시지를 2개 보냅니다.

그림 6.24 테스트 메시지를 보내는 커맨드 예

```
$ echo '{"message":"sample ok"}' | /opt/td-agent/embedded/bin/fluent-cat app.myapp.events
$ echo '{"message":"sample error"}' | /opt/td-agent/embedded/bin/fluent-cat app.myapp.events
```

그러면, 그림 6.25와 같은 결과가 /var/log/td-agent/td-agent.log에 저장됩니다. 'error' 메시지가 포함된 두 번째 커맨드의 결과만 출력되는 것을 확인할 수 있습니다.

그림 6.25 호스트명이 추가되고 error를 포함한 레코드만 로그에 출력되는 예

```
$ tail /var/log/td-agent/td-agent.log
2017-02-11 16:19:07 +0900 app.myapp.events:{"message":"sample error","host":
"app01.example.com"}
```

이와 같이 여러 개의 플러그인을 연결해서 데이터 처리를 하면 파이프라인을 만들 수 있습니다. 그림 6.23도 심플한 설정이지만 여기에 〈label〉 디렉티브를 사용하면 태그의 지정도 필요없게 되어 그림 6.26과 같이 보기좋게 만들 수 있습니다.

그림 6.26 label을 활용해서 그림 6.23의 설정의 가시성을 좋게 만든 예

```
<source>
  @id in_forward
  @type forward
  @label @myapp_events
</source>
```

```
<label @myapp_events>
  # Fluentd가 움직이는 서버의 호스트명을 host라는 키에 추가한다.
  <filter>
    @type record_transformer
    <record>
      host ${hostname}
    </record>
  </filter>

  # message라는 키에 error라는 문자열이 포함된 경우를 추출한다.
  <filter>
    @type grep
    regexp1 message error
  </filter>

  # Fluentd의 표준 출력 로그에 남긴다.
  <match **>
    @type stdout
  </match>
</label>
```

호스트명을 부여하는 부분을 더욱 단순하게 만들 수 있습니다. 그림 6.27은 Forward 플러
그인만으로 호스트명을 레코드에 포함하는 설정입니다.

그림 6.27 호스트명 부여를 Forward 플러그인 안에서 처리하는 설정 예

```
<source>
  @id in_forward
  @type forward
  @label @myapp_events
  # 접속하는 호스트명을 넣을 키를 지정
  source_hostname_key source_host
  # 호스트명을 DNS의 역방향 조회를 시용할 것인가디폴트는 true)
  resolve_hostname true
  # 접속하는 IP주소를 넣을 키를 지정
  source_address_key source_address
</source>
```

예시에서 사용한 접속하는 호스트명을 Input 플러그인에서 자동적으로 부여하는 source_
hostname_key 옵션은 forward 플러그인 외에도 syslog, tcp, udp 플러그인에서도 사용
할 수 있습니다.

〈source〉 디렉티브에는 라벨을 하나 지정할 수 있습니다. 하지만, 여러 가지 태그가 있는 메시지를 받아들이는 forward 플러그인과의 조합에서는 내용을 구별하기 위한 라벨이 되는 것은 아닙니다. 이 경우에는 forward 플러그인 경유의 메시지라는 묶음의 라벨이 됩니다. 여기서 relabel 플러그인을 사용해서 태그의 조건별로 라벨을 부여해서 바꾸는 것으로 가시성을 올리는 것이 그림 6.28이 됩니다.

그림 6.28 태그를 조건으로 해서 라벨을 붙이는 설정 예시

```
<source>
  @id in_forward
  @type forward
  @label @raw
</source>

<label @raw>
  <match app.myapp.events>
    @type relabel
    @label @myapp_events
  </match>
  <match **>
    @type relabel
    @label @other_events
  </match>
</label>

<label @myapp_events>
  # Fluentd가 움직이는 서버의 호스트명을 host라는 키에 추가한다.
  <filter>
    @type record_transformer
    <record>
      host ${hostname}
    </record>
  </filter>

  # message라는 키에 error라는 문자열이 포함된 경우를 추출한다.
  <filter>
    @type grep
    regexp1 message error
  </filter>

  # Fluentd의 표준출력로그에 남긴다.
  <match **>
    @type stdout
  </match>
</label>
```

relabel 플러그인에 copy 플러그인을 조합하면 태그를 변경하지 않고 레코드를 여러 개의 데이터 파이프라인으로 분기하는 것이 가능합니다. 복수의 데이터 파이프라인을 만드는 설정 예시는 그림 6.29과 같습니다.

그림 6.29 복수의 데이터 파이프라인을 만드는 설정 예시

```
<source>
  @id in_forward
  @type forward
  @label @raw
</source>

<label @raw>
  <match **>
    @type copy
    <store>
      @type flowcounter
      count_keys *
      unit second
      @label @flowcounter
    </store>

    <store>
      @type relabel
      @label @pipeline
    </store>
  </match>
</label>

<label @flowcounter>
  # flowcounter의 결과
  <match **>
    @type stdout
  </match>
</label>

<label @pipeline>
  # 통상적인 처리
  <filter>
    @type [플러그인 이름]
    [플러그인 옵션]
  </filter>
  <match **>
    @type stdout
  </match>
</label>
```

그 밖에도 〈label〉 디렉티브 안에서 여러 개의 〈match〉 디렉티브를 사용해서 태그의 변환을 하는 Output 플러그인의 설정 예시는 그림 6.30입니다.

이 예시에서는 apache.access라는 태그로 들어오는 레코드의 내용에 대해서 태그를 변경하고 그것을 토대로 여러 개의 출력을 한다. 예를 들어 stdout으로 지정해서 Fluentd의 로그 파일에 표시하더라도 에러의 건수를 단위 시간별로 datacounter 플러그인에서 집계하여 챠트툴에 통지하거나 DB에 넣어서 레포트로 만들거나, 집계한 건수를 GoogleSpreadSheet에 추가하여 그래프로 만드는 등의 응용도 Fluentd의 플러그인을 조합하면 실현 가능합니다.

그림 6.30 여러 개의 〈match〉 디렉티브를 사용한 설정 예

```
<source>
  @id in_forward
  @type forward
  @label @raw
</source>

<label @raw>
  # vhost의 도메인 부분을 태그로 포함해서 emit하고, 다시 match에 라우팅한다
  <match apache.access>
    @type rewrite_tag_filter
    # vhost가 www.example.co.jp 면 태그는 td.example.access로 한다.
    rewriterule1 vhost ^(www\.)?([^\.]+) td.$2.access
  </match>

  # copy 플러그인을 사용해서 여러 개의 Output 플러그인을 호출하고,
  # 클라우드 타입 Hadoop(TreasureData)과 로컬 파일에 남기는 예시
  <match td.*.*>
    @type copy
    <store>
      # TreasureData의 경우, 입력 태그가 td.example.access이면
      # example 데이터베이스의 access 테이블에 추가한다
      @id out_tdlog
      @type tdlog
      apikey YOUR_API_KEY
      auto_create_table
      buffer_type file
      buffer_path /var/log/td-agent/buffer/td
    </store>
    <store>
      # 이 예제에서는 td/tdlog.2017-02-14_15.log하는 파일에 저장한다.
      # 또한 /var/log/td-agent/td/ 디렉토리는 자동적으로 생성한다.
```

```
      @id out_file_with_timestamp
      @type file
      path /var/log/td-agent/td/tdlog
      # 파일 이름에 붙일 시간의 포맷을 지정한다.
      time_slice_format %Y-%m-%d_%H
      # 출력 포맷은 다음 중에서 선택한다. 생략하면 stdout 플러그인과 같은 out_file 형식이 된다.
      # out_file, json, ltsv, csv, msgpack, hash, single_value
      format json
      buffer_type memory
      # 파라미터에서 레코드에 시간을 추가할 것인지와 그 포맷을 지정한다.
      include_time_key true
      time_format %Y-%m-%dT%H:%M:%S%:z
      # 파라미터에서 레코드에 태그를 추가할 것인지 지정한다
      include_tag_key true
      # 버퍼를 플러시할 때마다 파일을 생성하는 것이 아니라,
      # time_slice_format 별로 생성한 파일의 끝부분에 추가하도록 한다.
      append true
      # 버퍼에서 파일로 저장할 때까지의 간격
      flush_interval 1s
    </store>
  </match>
</label>
```

수동으로 액세스 로그 같은 메시지를 그림 6.31과 같이 보냅니다. file Output 플러그인에 의해서 그림 6.32와 같은 결과가 파일에 저장될 것입니다.

그림 6.31 그림 6.30의 실행 예

```
$ echo '{"vhost":"www.example.com","path":"/info"}' | /opt/td-agent/embedded/bin/fluent-
cat apache.access
```

이번에는 format 옵션에 여러 가지 언어에서 사용할 수 있는 범용성 높은 json 형식을 지정했습니다. 생략하면 out_file 형식이 되어 표준 로그에 stdout 플러그인에서 저장한 것과 같게, 파라미터인 시각과 태그정보가 레코드 내용의 앞에 출력됩니다. out_file 형식 이외의 포맷을 선택하면 메타 정보를 저장하기 위한 옵션을 사용합니다. 시간을 레코드에 포함시키기 위해서 include_time_key true를 사용하고, 태그를 레코드에 포함시키기 위해서는 include_tag_key true를 지정합니다.

그림 6.32 file Output 플러그인으로 출력하는 예

```
$ tail -f /var/log/td-agent/td/tdlog.2017-02-14_15.log {"vhost":"www.example.com","pa
th":"/info","tag":"apache.access","time":"2017-02-14T15:42:50 +09:00"}
```

또한, ⟨match⟩ 디렉티브 안에서 태그를 변환해도 라벨의 속성은 변화하지 않습니다. 따라서 ⟨label⟩ 디렉티브의 밖에 태그로 매치하는 ⟨match⟩ 디렉티브가 있어도 거기에는 라우팅되지 않습니다. 만약 ⟨match⟩ 디렉티브의 안에서 태그를 변환하면서 동시에 별도의 ⟨label⟩ 디렉티브에 라우팅하는 경우라면 ⟨match⟩ 디렉티브의 안에서 @label @new_label과 같은 형태로 별도의 라벨을 정의합니다.

여러 개의 ⟨match⟩ 디렉티브와 같이 Filter 처리도 여러 개 묶어서 할 수 있습니다. 복수의 Filter를 사용해서 데이터의 가공과 출력을 하는 설정의 예시는 그림 6.33과 같습니다.

그림 6.33 복수의 Filter에서 데이터를 가공하는 예

```
# 레코드를 다음 순서로 변환하고 필터링한다.
## 1. record_transformer로 hostname를 추가한다.
## 2. geoip로 IP를 사용해서 위도와 경도를 추가한다.
## 3. anonymizer로 IP를 감춘다.
## 4. tdlog로 TreasureData에 송신한다.

<source>
  @id in_forward
  @type forward
  @label @raw
</source>
<label @raw>
  <filter>
    @type record_transformer
    enable_ruby false
    <record>
      # 쌍따옴표(")로 묶으면 Fluentd를 기동할 때 실행되어 반영된다.
      # 쌍따옴표로 묶지 않으면 매번 실행되어 성능에 영향을 끼칠 수 있기 때문에 주의할 것.
      hostname "#{Socket.gethostname}"
    </record>
  </filter>
  <filter>
    # fluent-plugin-geoip는 별도로 설치가 필요하다('6-4 플러그인 활용' 참고).
    @type geoip
    <record>
      # 위도, 경도 정보를 GeoJSON의 Point 형식의 배열로 정의한다.
      # 예: [139.01234,35.01234]
```

```
      location [${location.longitude['host']},${location.latitude['host']}]
    </record>
  </filter>
  <filter>
    # fluent-plugin-anonymizer는 별도의 설치가 필요하다.
    @type anonymizer
    # host키의 IP주소를 24bit로 mask한다.
    # 예: 10.102.3.80 => 10.102.3.0
    ipaddr_mask_keys host
  </filter>
  <match **>
    @type elasticsearch
    # 접속 주소 등의 설정은 생략
  </match>
</label>
```

이 예시에서는 Apache의 액세스 로그에 호스트명, 위치 정보, 클라이언트 IP 주소의 mask처리를 한 뒤에 Elasticsearch에 저장합니다.

또한, 주의할 부분은 오래된 사양의 Output 플러그인을 사용한 파일 처리가 있습니다. 이번 예시에서는 @label의 유무와 상관없이 라벨 속성을 가지지 않은 메시지로 라우팅하기 위한 태그의 변환이 필요하여, 주로 remove_tag_prefix와 add_tag_prefix 옵션을 사용합니다. 플러그인으로서 같은 동작을 하는 옵션인 remove_prefix와 add_prefix를 지정하는 방법도 있습니다. 그 외에도 remove_tag_suffix와 add_tag_suffix라는 옵션을 이용하여 태그를 변환할 수도 있습니다. 이 부분의 구현은 플러그인에 따라서 다르기 때문에 사용하는 플러그인의 README를 참조해서 어떤 옵션을 사용할 것인가를 확인하도록 합시다. 물론 GitHub의 해당 플러그인의 페이지에서 Issue를 만들어 Filter 플러그인으로 대응을 요청하는 것도 해결 방법입니다.

설정 파일에 사용할 수 있는 Ruby 코드

플러그인 독자의 플레이스홀더를 호출할 때는 ${ }로 감싸서 작성합니다. Fluentd의 초기부터 있던 플러그인에서도 자주 사용합니다.

td-agent2부터는 어떤 플러그인의 설정 파일이라도 "#{ }"로 둘러싸인 부분은 Ruby 코드를 삽입할 수 있습니다. 자주 이용되는 방법은 그림 6.34와 같이 레코드에 실행 서버의 호스트명을 추가하는 설정입니다. #{ }를 쌍따옴표로 감싸면 Fluentd 작동 시에 설정 파일을 로드할 때 실행되기 때문에 부하가 없습니다. 하지만, 쌍따옴표 없이 #{ } 나 ${ }의 내용은 레코드별로 실행되기 때문에 전체적인 처리량이 떨어지게 됩니다.

설정을 작성할 때는 하나의 행에 다 적지 못하거나 개행코드를 넣어서 여러 행으로 표현하고 싶을 경우도 있을 것입니다. 쌍따옴표의 안이나 { }의 사이라면 줄을 바꾸어도 파라미터로 해석됩니다. 또한 쌍따옴표의 안에서는 \r, \n, \t와 같은 메타문자로 사용할 수 있습니다.

Ruby 코드를 활용한 실제 사용 예시로 전체의 로그 레벨을 환경변수로 제어하는 방법이 있습니다. /etc/sysconfig/td-agent에 export TD_AGENT_LOG_LEVEL=debug라는 라인을 추가하는 것으로 그림 6.34와 같은 설정의 해당 장소에 대입됩니다.

그림 6.34 설정 파일에 사용할 수 있는 Ruby 코드

```
# 전체 로그 레벨을 환경변수로 설정하는 예
<system>
  # 로그 레벨은 전체 설정 외에도 플러그인별로 설정할 수 있다.
  log_level "#{ENV['TD_AGENT_LOG_LEVEL']}"
</system>

<filter>
  @type record_transformer
  # Ruby코드로 처리할 것인가를 지정
  # ${ } 나 #{ } 로 묶인 부분을 ruby코드로 작성하고 싶을 때 사용한다.
  enable_ruby true
  <record>
    # 머신의 호스트명을 부여한다. ${hostname}과 같음
    host1 "#{Socket.gethostname}"
    # 머신의 호스트명이 web01.foo.com 이라면 web01만 남긴다.
    host2 "#{Socket.gethostname().split(".")[0]}"

    time1 "#{Time.now.strftime('%Y%m%d%H')}" # Fluentd 작동 시의 시간
    time2 #{Time.now.strftime('%Y%m%d%H')} # 레코드를 처리할 때의 시간

    # 레코드의 시간 표기를 가공할 때 플러그인의 플레이스홀더를 사용한다
    # ${tag} , ${time} ,${hostname} , ${record['레코드의 내용을 참조']} 가 있다
    # 다음 결과가 기대하는대로 msec까지 출력하려면 Fluentd v0.14 이후의 버전을 사용해야한다.
    msec ${time.strftime('%Y-%m-%dT%H:%M:%S.%L%z')}
    msec ${time.iso8601(3)}

    # 레코드의 내용을 이용한 연산도 가능
    avg ${record["total"]/record["count"]}
```

```
# JSON을 사용한 정의나 Ruby코드의 실행도 가능하다
meta {
  "tag":"${tag}",
  "hostname":"#{`hostname -s`}",
  "unixtime":"${time.strftime('%s')}",
  "delay":"${Time.now.strftime('%s').to_i - time.strftime('%s').to_i}"
}
</record>
</filter>
```

6-4 플러그인 활용

Fluentd의 코어 부분은 최소한의 기능만 갖추어 경량화하였고, 많은 기능이 플러그인으로 구현되어 있습니다. 그렇기 때문에 플러그인 개발을 위한 인터페이스가 잘 정리되어 있고 써드파티의 플러그인 개발도 활발합니다.

번들 플러그인

Fluentd의 코어에 기본적인 플러그인은 번들되어 있지만 td-agent의 패키지에는 엔터프라이즈급에서 자주 사용되는 사실상 표준이 된 플러그인도 번들되어 있습니다. 이런 플러그인의 리스트는 표 6.5에 정리되어 있습니다. Fluentd 본체에 이미 번들된 플러그인은 🐦 아이콘을 @type 이름 열에 표시해 두었습니다.

표 6.5 Fluentd와 td-agent에 번들되어 있는 플러그인

Input 플러그인		
@type 이름	설명	초기포트
exec 🐦	일정간격으로 외부 프로그램을 실행하고, 그 결과를 얻는다.	
forward 🐦	다른 Fluentd 노드에서 이벤트 스트림을 받는다.	24224
http 🐦	HTTP POST로 레코드를 받는다.[17]	9880

17 문서에 있는 설정 예시와 td-agent의 샘플파일에서는 8888번 포트로 지정하고 있습니다만, 디폴트는 9880입니다.

syslog	Syslog 프로토콜로 레코드를 받는다.	5140
tail	파일에 추가된 내용을 구조화 데이터로 변환하며 수집한다.	
tcp	TCP 프로토콜로 레코드를 받는다.	5170
udp	UDP 프로토콜로 레코드를 받는다.	5160
unix	UNIX 도메인소켓을 사용해서 레코드를 받는다. 주로 PHP의 fluent-logger-php[18] 경유로 사용한다.	
dummy	더미의 이벤트로그를 생성한다. 디버그나 벤치마크에 이용한다.	
debug_agent	Fluentd와 플러그인의 디버그를 할 수 있도록 druby의 인터페이스를 제공	
gc_stat	Fluentd 내부의 GC의 통계를 일정간격으로 프로파일링한다.	
monitor_agent	내부 매트릭스를 JSON으로 받을 수 있는 http 서버를 제공한다	24220
object_space	Fluentd 내부의 메모리 이용량을 일정 간격으로 프로파일링한다.	
td_monitor_agent	TreasureData의 모니터링 서비스용으로 버퍼관련의 로그를 수집한다	
kafka	단일 kafka로부터 메시지/레코드를 수집한다.	
kafka_froup	kafka 컨슈머그룹으로부터 메시지/레코드를 수집한다.	
mongo	MongoDB의 용량 제한을 설정한 collection으로부터 증분 레코드를 수집한다.	
scribe	Facebook이 개발한 로그 수집용 Scribe으로부터 레코드를 받는다.	1463
windows_eventlog	Windows 이벤트로그를 수집한다(Windows용 td-agent에만 포함되어 있음)	

Filter 플러그인	
@type 이름	설명
grep	레코드의 필터링이나 **제외처리**를 정규표현식을 사용해서 grep 커맨드처럼 처리한다.
parser	임의의 키의 내용을 임의의 포맷으로 파싱해서 레코드에 포함시킨다. 로그의 수집 시에 format none으로 부하를 줄여서 읽은 로그를, 별도의 서버에서 일괄적으로 파싱하는 경우와 중첩구조를 위한 비구조화 데이터를 그대로 필드의 내용을 파싱해서 출력하는 경우도 있다.

---

18 https://docs.fluentd.org/v0.12/articles/php

@type 이름	설명
record_transformer	레코드의 내용의 추가나 삭제, 편집을 한다. enable_ruby 옵션을 사용하면 ruby 코드를 사용해서 처리할 수도 있다.
stdout	Fluentd의 표준 출력 로그에 레코드를 출력한다.

Output 플러그인	
@type 이름	설명
copy	정의되어 있는 복수의 Output 플러그인으로 레코드를 복제해서 송신한다
exec	레코드 내용을 외부 커맨드에 STDIN의 표준입력으로 전달하여 실행한다.
exec_filter	레코드 내용을 외부커맨드에 STDIN의 표준입력으로 전달하여 실행하고, 그 결과를 임의의 태그로 Fluentd 내부로 라우팅한다.
file	레코드를 파일에 출력한다.
forward	레코드를 다른 Fluentd 노드에 전송한다.
null	레코드를 버린다.
relabel	레코드레 라벨을 붙이거나 덮어 써서 해당 라벨로 라우팅한다.
roundrobin	정의한 여러 개의 Output 중에 어딘가로 라우팅한다.
stdout	Fluentd의 표준 출력 로그에 레코드를 출력한다.
elasticsearch	Elasticsearch에 레코드를 전송한다.
kafka	LinkedIn에서 개발한 Pub/Sub형 메시징 미들웨어 Kafka로 Kafka Producer를 사용해서 레코드를 버퍼없이 보낸다.
kafka_buffered	Kafka로 Kafka Producer를 사용해서 송신한다.
mongo	단일 mongoDB로 레코드를 송신한다.
mongo_replset	리플리카셋으로 구성된 mongoDB로 레코드를 송신한다.
rewrite_tag_filter	레코드의 내용을 보고, 태그를 바꾸어서 다시 보낸다.
s3	AWS S3으로 레코드를 송신한다.
scribe	Facebook이 개발한 로그 수집용 Scribe에 레코드를 송신한다.
td	Hadoop/Presto 데이터분석 연계 기반의 TreasureData에 레코드를 송신한다.
td_counter	TreasureData의 모니터 서비스에 매트릭스 데이터를 송신한다.
webhdfs	HDFS에 레코드를 추가한다.

▌플러그인 관리

Fluentd의 플러그인은 Ruby의 라이브러리 배포 사이트인 Rubygems.org를 사용해서 공개됩니다. 플러그인의 리스트는 Rubygems.org에서 "fluent plugin"이라는 키워드로 검색하면 찾을 수 있습니다. 그 외에도 Fluentd의 공식 사이트에서 플러그인 리스트를 보면 유명한 플러그인이 카테고리별로 정리되어 있습니다. Fluentd 플러그인의 관리에는 Ruby의 시스템과 충돌하지 않도록 일반적인 gem 커맨드가 아니라, td-agent-gem 커맨드를 사용합니다. gem으로 설치되는 각종 커맨드에는 패스가 적용되지 않지만 td-agent-gem으로 시작하는 일부 커맨드는 시스템 글로벌 패스가 통합니다. td-agent-gem 커맨드만 준비해두면 기존에 Ruby 환경이 있어도 별다른 문제 없이 Fluentd 전용의 Ruby 환경이 공존할 수 있으며 기존 환경을 의식하지 않고 플러그인을 관리할 수 있습니다.

플러그인의 설치

플러그인의 설치는 그림 6.35와 같습니다.

그림 6.35 플러그인의 설치 방법

```
# datacounter 라는 단위시간별로 집계하는 플러그인을 Fluentd v0.12에서 설치하는 예
$ td-agent-gem install fluent-plugin-datacounter --version="0.5.0"
```

특정 버전을 설치하려고 할 때는 gem 커맨드와 같이 --version 또는 -v 파라미터를 사용합니다. 생략하면 가장 최신의 버전을 설치하게 됩니다. 서버를 구축한 타이밍에 따라 플러그인의 버전이 달라지지 않도록 서버의 초기화 스크립트 안에서는 버전을 지정하도록 합시다.

안정된 버전인 td-agent2에는 이 책의 대상인 Fluentd v0.12가 들어있지만 td-agent3에서는 코어부분이 많이 바뀌어버린 Fluentd v0.14가 포함되어 있습니다. 2017년 말에 예정되어 있는 Fluentd v0.14 또는. td-agent3의 안정 버전 릴리스까지는 Fluentd v0.12를 사용하길 추천합니다. 플러그인은 순차로 Fluentd v0.14용으로 업데이트 되어 갈 것이지만 플러그인은 갱신없이 호환 레이어가 있어서 계속 사용할 수 있습니다. 다만 주의할 것은 Fluentd v0.14에 대응한 플러그인을 Fluentd v0.12에 설치하면 Fluentd가 v0.14로 업데이트된 뒤에 해당 플러그인이 설치됩니다. 즉, Fluentd는 v0.12 그래도 변경없이 v0.12용 플러그인을 설치하려면 Fluent v0.12용으로 개발된 마지막 버전을 지정해서 설치할

필요가 있습니다. 그러므로 설치 전에 rubygems.org의 상세 페이지에서 의존관계에 있는 Fluentd 의 버전이 Fluentd v0.12.x인가를 확인하도록 합시다.

플러그인의 의존관계에 따라서는 gem 패키지가 C 언어 확장을 이용하기 위해서 컴파일러가 필요한 경우도 있습니다. 미리 make와 gcc 커맨드를 yum으로 설치합시다. 그 외에도 필요에 따라 관련된 페키지의 yum install을 실행합니다.

플러그인의 언인스톨

플러그인을 삭제하려고 할 때는 그림 6.36과 같이 td-agent-gem uninstall 커맨드를 사용합니다. Fluentd v0.14의 업데이트를 취소하고 싶을 때는 fluentd를 대상으로 같은 커맨드를 실행합니다.

그림 6.36 플러그인의 언인스톨 방법

```
# mongoDB 플러그인을 패키지를 지정해서 삭제하는 예시
$ td-agent-gem uninstall fluent-plugin-mongodb --version ="1.0.0"
```

자작 코드를 사용한 플러그인 확장

Ruby 언어를 사용한 플러그인 개발을 간단하게 하는 것도 특징이지만 다음의 표준 플러그인을 사용하면 이용자가 익숙한 언어로 부담없이 확장할 수 있습니다.

- in_exec : 일정 간격별로 지정된 경로에 있는 스크립트를 커맨드 실행해서 그 결과를 수집한다.
  - 예 : Ruby의 gem에서 얻을 수 없는 시스템 커맨드의 실행 결과를 수집한다.
- out_exec_filter : 수집한 레코드의 가공을 외부 스크립트에 맡기고 임의의 태그에 체인한다.
  - 예 : 처리 성능이 높은 Go 언어와 Python의 스크립트를 호출한 로그의 내용을 일괄처리한다.
- out_exec : 수집한 레코드를 외부 스크립트에 전달하여 처리한다.
  - 예 : 외부 스크립트를 호출해서 별도의 미들웨어나 서비스에 레코드를 전송한다.

out_exec_filter와 out_exec로부터는 TSV(Tab Separated Values ; 탭 구분)과 MessagePack, JSON 등의 데이터 형식을 이용할 수 있는 언어에서 무엇인든 호출할 수 있는 것이 특징입니다. 1행에 1레코드를 표준입력(stdin) 경유로 외부 프로그램에 레코드 내용을 전달해서 어떤 처리를 하고, 종료상태가 에러면 Fluentd가 적절히 재시도를 하고,

out_exec_filter이면 표준출력에 보내고 그 결과를 임의의 태그로 Fluentd 안에 송신합니다. 각 플러그인의 flush_interval로 지정된 시간(디폴트는 60초)에 버퍼링한 메시지를 한꺼번에 전달하는 것으로 CPU 비용이 드는 프로세스의 생성도 막고 있습니다.

외부에 공개되지 않은 작은 독자 플러그인은 다음 장소에 파일을 in_*.rb와 filter_*.rb, out_*.rb라는 이름으로 Ruby 스크립트를 설치하면 자동적으로 인식해서 이용할 수 있게 됩니다.

- Input 플러그인 : /etc/td-agent/plugin/in_something.rb
- Filter 플러그인 : /etc/td-agent/plugin/filter_something.rb
- Output 플러그인 : /etc/td-agent/plugin/out_something.rb

Gem 파일로 플러그인을 만들어 개인용 리포지토리 또는 RubyGems.org에서 배포하는 경우에는 그림 6.37의 예시에 있는 리포지토리 구성을 사용합니다. 이것은 bundle gem fluent-plugin-something라고 커맨드를 실행해서 디렉토리와 파일을 자동 생성한 뒤에 유명한 플러그인을 참고하여 lib/fluent/plugin/과 test/ 아래의 파일을 플러그인의 종류에 따라 변경하거나 생성합니다. 테스트 코드는 Fluentd 본체가 사용하는 test-unit에 맞춥니다.

그림 6.37 Fluentd 플러그인의 디렉토리 구성예

```
fluent-plugin-something/
├── fluent-plugin-something.gemspec
├── Gemfile
├── LICENSE.txt (Fluentd 본체에 맞춰서 Apache 2.0 라이센스로 변경)
├── Rakefile
├── README.md (rdoc도 가능)
├── lib
│   └── fluent
│       └── plugin
│           ├── in_something.rb (input 플러그인일 경우)
│           ├── filter_something.rb (filter 플러그인일 경우)
│           └── out_something.rb (output 플러그인일 경우)
└── test
    ├── test_in_something.rb (input 플러그인일 경우)
    ├── test_filter_something.rb (filter 플러그인일 경우)
    ├── test_out_something.rb (output 플러그인일 경우)
    └── test_helper.rb
```

플러그인 연동 팁

여러 가지 용도로 응용할 수 있는 설정 파일의 기본 패턴을 다음 순서대로 소개하겠습니다. 본 섹션은 Fluentd의 온라인 문서[19]의 설정 예를 가지고 설명하겠습니다.

1. 태그만을 사용한 라우팅
2. 라벨을 사용한 라우팅
3. 태그를 사용한 분기 라우팅
4. 레코드 내용을 사용한 라우팅
5. 별도의 라벨을 붙이기

1. 태그만을 사용한 라우팅

가장 기본적인 설정인 Input → Filter → Output의 패턴을 소개하겠습니다.

1. forward 플러그인에서 Fluentd 로거로부터 메시지를 받는다.
2. 태그가 app.로 시작하는 레코드에 대해서 record_transformer로 데이터를 가공한다.
   – hostname이라는 컬럼을 추가하고 호스트명을 추가한다.
3. 태그가 app으로 시작하는 레코드를 file 플러그인으로 파일에 출력한다.

그림 6.38에서는 record_transformer에서 호스트명을 부여한 뒤에 파일에 출력합니다.

그림 6.38 가장 기본적인 Input → Filter → Output의 흐름

```
<source>
  @type forward
  # 생략
</source>

<filter app.**>
  @type record_transformer
  <record>
    # 쌍따옴표로 묶으면 Fluentd가 작동될 때만 실행된다.
    hostname "#{Socket.gethostname}"
  </record>
</filter>

<match app.**>
  @type file
```

---

19 https://docs.fluentd.org/v0.12/articles/routing–examples

```
  # 생략
</match>
```

Input 플러그인을 2개 지정하는 설정 예는 그림 6.39와 같습니다.

1. forward 플러그인에서 Fluentd 로거로부터 메시지를 받는다.

2. tail 플러그인에서 태그를 system.logs로 해서 파일을 감시한다.

3. 태그가 app.로 시작하는 레코드에 대해서 record_transformer로 데이터를 가공한다.

   – hostname이라는 컬럼을 추가하고 호스트명을 추가한다.

4. 태그가 app으로 시작하거나 system.logs인 레코드를 file 플러그인으로 파일에 출력한다.

그림 6.39 Input 플러그인을 2개 지정하는 설정 예

```
<source>
  @type forward
</source>

<source>
  @type tail
  tag system.logs
  ...
</source>

<filter app.**>
  @type record_transformer
  <record>
    # 쌍따옴표로 묶으면 Fluentd가 작동될 때만 실행된다.
    hostname "#{Socket.gethostname}"
  </record>
</filter>

<match {app.**,system.logs}>
  @type file
  ...
</match>
```

2. 라벨을 사용한 라우팅

Input 플러그인별로 데이터 파이프라인을 분리하고 싶은 경우에는 라벨을 사용하면 편합니다. 그림 6.40과 같이 라벨을 사용하면 복잡한 태그 변환을 피할 수 있습니다.

1. forward 플러그인으로 레코드를 받는다.

2. dstat 플러그인으로 시스템의 리소스를 @METRICS 라벨로 지정된 간격으로 수집한다.

3. 라벨이 없는 forward 플러그인의 입력 중에 태그가 app.으로 시작하는 레코드에 대해서 record_transformer에서 가공처리한다.

4. 태그가 app.으로 시작하는 레코드를 file 플러그인으로 파일에 출력한다.

5. 라벨이 @METRICS인 레코드는 그에 해당하는 섹션의 처리를 순서대로 실행한다.
   – 그 섹션에 들어있는 레코드의 모든 태그를 대상으로 elasticsearch에 출력한다.

그림 6.40 입력이 여러 개인 경우의 라벨의 활용예

```
<source>
  @type forward
</source>

<source>
  # dstat의 이벤트는 <label @METRICS>에 직접 라우팅한다.
  @type dstat
  @label @METRICS
  ...
</source>

<filter app.**>
  @type record_transformer
  <record>
    ...
  </record>
</filter>
```

3. 태그를 사용한 분기 라우팅

fluent-plugin-route를 사용해서 태그를 변환하면서 특정 패턴의 태그에 대해서는 태그의 접두사를 바꾸거나 라벨을 붙이는 예는 그림 6.38입니다. 하나의 레코드를 2개로 분기할 때는 태그와 라벨을 바꾸거나 이어서 〈label〉로 감싼 〈match〉 디렉티브로 다음 처리를 할 수 있습니다.

1. worker.으로 시작하는 태그의 접두사 worker를 빼고, metrics.event를 추가한다.
   ① worker.foo.bar이면 metrics.event.foo.bar 로 라우팅한다.
   ② 또한 @BACKUP 라벨을 붙여서 라우팅한다.

2. metrics.event로 시작하는 태그에 대해서는 stdout 플러그인을 사용해서 로그로 출력한다.

3. @BACKUP 라벨이 있고 태그가 metrics.event.으로 시작할 경우에는 파일에 출력한다.

그림 6.41 route 플러그인을 사용해서 태그를 가지고 라우팅하기

```
<match worker.**>
  @type route
  remove_tag_prefix worker
  add_tag_prefix metrics.event

  <route **>
    # 그대로 통과시키는 경우에는 copy를 사용합니다. 만약 내용이 없을 경우에는 라우팅은 여기에서
    # 멈춥니다.
    copy
  </route>
  <route **>
    copy
    @label @BACKUP
  </route>
</match>

<match metrics.event.**>
  @type stdout
</match>

<label @BACKUP>
  <match metrics.event.**>
    @type file
    path /var/log/fluent/bakcup
  </match>
</label>
```

4. 레코드 내용을 사용한 라우팅

fluent-plugin-rewrite-tag-filter를 사용해서 레코드의 내용을 보고 라우팅하는 예제가 그림 6.42입니다. rewriterule에서 지정한 키가 없는 경우나 어느 쪽의 패턴에도 일치하지 않는 레코드는 무시하기 때문에 예외 패턴을 처리하기 위해서 rewriterule을 마지막에 쓰는 것이 좋습니다. rewriterule은 rewriterule1, rewriterule2, rewriterule3과 같이 숫자를 붙여서 사용합니다.

1. app.로 시작하는 태그에 대해서 message의 내용의 괄호 안 문자열을 태그의 접두사로 추가한다.
2. 태그의 접두사가 alert.app.인 경우에는 내용을 메일로 보낸다.
3. 위에서 매칭되지 않는 경우 그 외 태그에 .app.가 포함되어 있다면 파일에 출력한다.

그림 6.42 레코드의 내용을 가지고 라우팅하기

```
<source>
  @type forward
</source>

# 입력 레코드 예: app.logs {"message":"[info]: ..."}
# rewriterule1, rewriterule2 ... 로 증가한다.
<match app.**>
  @type rewrite_tag_filter
  rewriterule1 message ^\[(\w+)\]$1.${tag}
</match>

# alert.app로 시작하는 로그는 메일로 보낸다.
<match alert.app.**>
  @type mail
  # ...생략...
</match>

# 그 외 로그는 파일로 출력한다.
<match *.app.**>
  @type file
  # ...생략...
</match>
```

5. 별도의 라벨을 붙이기

relabel 플러그인을 사용해서 라벨을 변경하여 라우팅을 제어하는 예시가 그림 6.43입니다. 태그의 변경은 하지 않습니다.

1. app.으로 시작하는 태그에 대해서 다음 처리를 한다.

   ① 다른 Fluentd 노드에 forward 플러그인으로 전송한다.

   ② @NOTIFICATION 라벨을 붙인다.

2. @NOTIFICATION 라벨이 붙어 있으면 다음 처리를 한다.

   ① 필터 처리로 message에 ERROR가 포함된 레코드를 필터링한다.

   ② mail 플러그인으로 내용을 보낸다.

그림 6.43 다른 라벨을 붙이기

```
<source>
  @type forward
</source>

<match app.**>
  @type copy
  <store>
    @type forward
    # ...생략...
  </store>
  <store>
    @type relabel
    # 다른 label을 붙인다.
    @label @NOTIFICATION
  </store>
</match>

<label @NOTIFICATION>
  # app.** 에 라벨을 붙였으므로 여기에서는 태그의 조건 지정은 생략할 수 있다.
  <filter **>
    @type grep
    regexp1 message ERROR
  </filter>

  <match **>
    @type mail
    # ...생략...
  </match>
</label>
```

6-5 정리

Fluentd에서 사용할 수 있는 디렉티브를 가지고 설정하는 노하우를 실용적인 예제를 가지고 설명하였습니다.

7 장에서는 Fluentd의 설정 파일 scalable(확장가능한) Fluentd의 클러스터 설계 방법에 대해서 설명하겠습니다.

Fluentd의 기초 지식

데이터 구조와 파이프라인의 조작, 배치처리와 다른 점, 플러그인에 의한 높은 확장성에 대해서 설명하였습니다.

Fluentd의 환경구축

간단하게 설치할 수 있는 패키지. "td-agent"를 사용해서 셋업부터 디렉토리 구조, 로그 송신 테스트를 하는 방법까지 설명하였습니다.

Fluentd의 설정 커스터마이즈

⟨system⟩, ⟨source⟩, ⟨filter⟩, ⟨match⟩, ⟨label⟩ 디렉티브의 공통 파라미터를 설명하고 구체적인 사용법을 예시를 들어가며 설명하였습니다.

Fluentd 플러그인의 활용

플러그인을 검색하는 방법과 설치 방법, 커스텀 플러그인을 만들 때 필요한 기초 지식, 플러그인을 조합하는 설정을 예시와 함께 설명하였습니다.

## chapter 7

Fluentd 설계 요령

이번 장에서는 tail 플러그인을 활용하기 위한 팁과 시스템 구성의
디자인 패턴을 Fluentd의 유스케이스와 함께 소개합니다.

7-1 tail 플러그인 철저공략

여러 언어에서 사용되도록 배포된 Fluent Logger 클래스를 앱에 적용하는 것 외에도 기존 파일에 남긴 로그를 그대로 읽어서 처리하고 싶은 경우도 있습니다. 그런 경우에 로그 파일에 추가된 부분을 순서대로 수집하는 빌트인 Input 플러그인인 tail을 사용하면 됩니다. 여기에서는 tail의 사용 방법을 자세히 알아보도록 하겠습니다.

tail 플러그인 구조

Fluentd의 표준 플러그인인 tail 플러그인은 파일에 한 줄에 하나의 레코드 또는 여러 줄에 하나의 레코드를 남긴 로그를 읽을 때 이용합니다. 텍스트 파일에 남긴 로그를 tail -F 커맨드와 비슷한 동작으로 탐지하고 로그 파일의 로테이션을 감지해서 빠트리는 부분없이 내용을 수집합니다.

파싱처리가 시작할 때까지의 기본적인 동작 플로우는 다음과 같습니다.

1. path로 지정된 패턴에 해당하는 파일을 리스트업한다. 다만, exclude_path의 패턴은 제외한다. 이 리스트는 refresh_interval의 기본값인 60초 간격으로 갱신한다.

2. 로그 파일을 처음에 읽을 때나 pos_file 파라미터가 설정되지 않았을 때는 Fluentd가 파일의 존재를 탐지한 뒤에 추가된 행부터 읽기를 시작한다. 다만, read_from_head true가 설정되어 있다면 파일의 처음부터 읽는다.

3. i 노드 번호를(https://ko.wikipedia.org/wiki/%EC%95%84%EC%9D%B4%EB%85%B8%EB%93%9C를 참고 하세요) 가지고 파일명이 변경된 것을 감지하여, 로테이트가 된 것을 판단한다. 로테이트된 이전 파일은 rotate_wait에서 지정한 만큼 표준으로 5초간 로그가 추가되는 것을 감시하다가 종료한다. 또한 로테이트될 때는 새로운 파일은 첫 부분부터 읽기 시작한다.

4. td-agent가 재작동되었을 때 td-agent가 재작동되기 전에 읽고 있던 마지막 위치부터 읽기 시작한다. 이 위치는 pos_file 파라미터로 지정된 위치 파일에 기록한다.

이런 복잡한 처리 과정을 tail 플러그인을 활용해서 그림 7.1과 같이 매우 간단하게 구현할 수 있습니다. 변경 감지에는 Linux 계열에서 사용할 수 있는 inotify를 사용하고 있지만 이를 사용할 수 없을 경우에는 enable_watch_timer 옵션으로 1초간격의 타이머로 갱신을 감지하도록 동작합니다.

그림 7.1 tail 플러그인의 기본적인 설정 예

```
<source>
  @type tail
  @label @apache_access
  path /var/log/httpd/access_log
  pos_file /var/log/td-agent/httpd-access.log.pos
  format apache2
  tag apache.access
</source>

<label @apache_access>
  <match apache.access>
    @type stdout
  </match>
</label>
```

여기에서 이용한 설정 옵션에 대해서 설명하겠습니다.

@type

플러그인 이름을 지정합니다.

@label

"6장 Fluentd의 설정 커스터마이즈"에서 설명했다시피 label은 Fluentd의 설정을 단순하게 하기 위해서 자주 사용되는 태그의 상위 개념입니다. 하나의 설정 파일에 여러 개의 데이터 파이프라인이 있더라도 label을 활용하면 처리의 흐름을 단순하게 알기 쉽도록 작성할 수 있습니다.

path

읽으려는 로그 파일의 파일 경로를 지정합니다. 여러 개의 파일을 지정하는 경우에는 콤마(,)로 구분하거나, *로 와일드카드를 지정하거나 시간의 포맷 문자열을 사용할 수도 있습니다. 뒤에 나오는 "tail 플러그인의 설정 패턴"에서 설명하겠습니다.

pos_file

어떤 파일의 어떤 부분까지 읽었는가를 파일에 저장해두어 Fluentd가 재작동되더라도 그

다음 부분부터 수집할 수 있도록 하는 옵션입니다. 생략할 수도 있지만 누락없이 로그를 수집하기 위해서는 이 설정을 반드시 해야합니다. tail 플러그인은 디폴트로 다음과 같이 동작합니다.

1. 새로 설정된 파일은 마지막 부분부터 읽는다.
2. 로그 로테이션되면 다음 파일은 첫 부분부터 읽는다.
3. 재작동되면 이전에 읽던 위치부터 읽기 시작한다(위치는 i 노드와 함께 pos_file로 지정한 파일에 기록해둔다).

pos_file 옵션을 지정하지 않으면 3번의 종료되었을 때 위치부터 읽기 시작하는 게 아니라 1번의 새로 설정된 파일과 같이 수집을 시작합니다. 또한 loglotate의 설정에서 새로운 빈 로그 파일을 생성하지 않는 nocreate를 설정하면 제대로 동작하지 않게 됩니다. logrotate 의 설정을 조정할 필요가 있습니다.

format

로그 파일의 형식을 지정하여 구조화하기 위한 템플릿을 선택하는 옵션입니다. 정규표현, apache2, apache_error, nginx, syslog, tsv, csv, ltsv, json, none, multiline 중에 하나를 지정합니다.

tail의 format 옵션은 정규 표현의 이름이 있는 캡처를 활용해서 임의의 로그 포맷에서 Key-Value 형식의 구조화된 로그로 변환할 수 있습니다. 파싱 처리에 정규표현을 이용하면 일반적으로는 인덱스 번호로 참조하도록 되지만 그림 7.2의 예시에서 이름이 있는 캡처를 사용하여 매칭한 곳은 그대로 구조와 데이터가 됩니다. 나중에 설명할 fluentular라는 웹 서비스를 이용하면 브라우저상에서 정규표현식을 사용하여 룰을 작성할 수 있기 때문에 편리합니다.

그림 7.2 정규표현식의 이름을 붙인 캡처를 사용하여 파싱 처리하는 예제

```
# 로그의 샘플
May 21 11:24:22 Installed:td-agent-2.3.4-0.el7.x86_64

# 이름을 붙이는 캡처
^(?<time>[^ ]*[^ ]*[^ ]*)(?<type>[^ ]*):(?<package>.*)$

# 구조화 로그
{"type":"Installed","package":"td-agent-2.3.4-0.el7.x86_64"}
```

다음으로 format의 값으로 사용할 수 있는 유명한 로그 파일을 파싱하기 위한 템플릿에 대해서 설명하겠습니다.

정규표현

기존의 템플릿으로 대응할 수 없는 형식에서는 정규표현의 명명캡처[20] (?〈NAME〉PATTERN)라는 형식으로 작성합니다. 정규표현에서 정의한 포맷이 복잡할 경우에는 독자적으로 파싱 플러그인의 템플릿을 사용해서 /etc/td-agent/plugin/parser_xx.rb에 넣고 format에서 사용할 템플릿 이름을 확장할 수도 있습니다.

apache2

웹 서버, Apache2 표준의 Combined 형식의 액세스 로그에 대응한 템플릿입니다. 주의할 것은 VirtualHost 환경(복수의 사이트를 각각의 도메인으로 운영하는 환경)에서는 이 VirtualHost열이 표준의 액세스 로그에 포함되지 않습니다. 따라서 Apache의 설정을 편집해서 정규표현도 그에 맞춘 형식으로 수정하던가, 간단하게 ltsv 형식으로 httpd.conf를 수정해야 합니다.[21]

```
format /^(?<host>[^ ]*) [^ ]* (?<user>[^ ]*) \[(?<time>[^\]]*)\] "(?<method>
\S+)(?: +(?<path>[^ ]*) +\S*)?" (?<code>[^ ]*) (?<size>[^ ]*)(?: "(?<referer>
[^\" ]*)" "(?<agent>[^\" ]*)" )?$/ time_format %d/%b/%Y:%H:%M:%S %z
```

apache_error

웹 서버, Apache의 에러 로그 형식에 대응한 템플릿입니다. 시각이 기록되어 있지 않은 로그이므로 읽는 시점의 타임스탬프를 사용합니다. 정규표현의 룰에 매칭되지 않는 패턴으로 warn 레벨에서 pattern not match라는 에러가 발생합니다. 그럴 때는 log_level error로 설정하면 에러가 나지 않게 됩니다. 내부에서는 다음과 같이 처리합니다.

```
format /^\[[^ ]* (?<time>[^\]]*)\] \[(?<level>[^\]]*)\](?: \[pid
(?<pid>[^\]]*)\])? \[client (?<client>[^\]]*)\] (?<message>.*)$/
```

---

20 역자주 : 매칭된 부분에 이름을 붙이는 정규현식

21 역자주 : https://docs.fluentd.org/v0.12/articles/parser_apache2

nginx

웹서버, nginx의 기본 combined 형식의 액세스 로그 형식에 대응한 템플릿입니다. Apache와 같이 VirtualHost 환경에서는 사용할 수 없습니다. nginx의 설정을 편집해서 정규표현을 맞추어서 수정하던가, 간단하게 ltsv 형식으로 nginx.conf를 수정해야 합니다. 내부에서는 다음과 같이 처리합니다.

```
format /^(?<remote>[^ ]*) (?<host>[^ ]*) (?<user>[^ ]*) \[(?<time>[^\]]*)\]
"(?<method>\S+)(?: +(?<path>[^\" ]*) +\S*)?" (?<code>[^ ]*) (?<size>[^ ]*)(?:
"(?<referer>[^\" ]*)" "(?<agent>[^\" ]*)" )?$/ time_format %d/%b/%Y:%H:%M:%S %z
```

만약 gninx.conf에서 코멘트 처리된 main이라는 형식을 이용할 경우에는 다음 설정이 필요합니다.

```
format /^(?<remote>[^ ]*) (?<host>[^ ]*) (?<user>[^ ]*) [(?<time>[^]]*)]
"(?<method> S+)(?: +(?<path>[^ ]*) +S*)?" (?<code>[^ ]*) (?<size>[^ ]*)(?:
"(?<referer>[^" ]*)" "(?<agent>[^" ]*)" "(?<forwardedfor>[^" ]*)" )?/
time_format %d/%b/%Y:%H:%M:%S %z
```

syslog

syslog, rsyslog 및 syslog-ng에서 출력한 로그 형식에 대응하는 템플릿입니다. 예를 들어 /var/log/에 있는 cron, messages, secure, yum.log, maillog 등의 로그를 읽을 경우에 사용합니다. 다음의 정규표현에 매칭되는 로그외에도 RFC5424의 pri 필드를 가지는 형식에도 대응합니다.

```
format /^(?<time>[^ ]+) (?<host>[^ ]+) (?<ident>[^ ]+) (?<pid>[-0-9]+)
(?<msgid>[^ ]+) (?<extradata>(\[(.*)\]¦[^ ])) (?<message>.+)$\z/ time_format
"%Y-%m-%dT%H:%M:%S.%L%z"
```

tsv와 csv

TSV(Tab Seperated Values ; 탭구분) 형식과 CSV(Comma Seperated Values ; 콤마 구분) 형식을 읽을 경우에 설정합니다(그림 7.3). 열의 이름을 keys 파라미터에 스페이스를

포함하지 않도록 콤마로 구분하여 설정합니다.

그림 7.3 콤마 또는 탭으로 구분하는 파일을 파싱하는 설정

```
format csv
keys time,key1,key2,key3
time_key time
```

ltsv

LabeledTSV라고 하는 라벨과 값을 콜론으로 구분하여 각 필드를 탭으로 구별하는 TSV 포맷에 라벨(키이름)을 추가한 기록 형식의 파일을 읽을 때 이용합니다(그림 7.4). 구분하는 문자가 디폴트로 :(콜론)일 때는 delimiter 옵션을 생략할 수 있습니다. time 키가 있으면 시각으로 사용합니다.

그림 7.4 LTSV 형식의 필드를 파싱하는 설정

```
format ltsv
delimeter :
time_key time
```

json

하나의 행에 하나의 JSON 형식으로 된 로그를 읽을 때 이용합니다(그림 7.5).

그림 7.5 JSON 형식의 파일을 파싱하는 설정

```
format json
time_key time
```

none

파싱하지 않고 읽는 행을 그대로 "message" 키의 값으로 처리합니다(그림 7.6). 유스케이스는 주로 2가지가 있는데, 초당 로그수가 많아서 Fluentd의 부하를 최소한으로 하려는 경우와 Fluentd를 수집과 집약하는 용도로 제한하고 최종적으로 message 키의 값만 파일에

남겨서 원래의 레코드를 그대로 하나의 데이터로 사용하는 경우입니다. 또한 키 이름의 디폴트는 message이지만 message_key payload와 같이 커스터마이즈할 수 있습니다.

그림 7.6 행의 내용을 message 키의 값으로 사용하는 설정

```
format none
message_key message
```

multiline

레코드가 여러 개의 행에 나누어져 있을 경우에 사용합니다. 사용 방법에 대해서는 나중에 "format 설정을 정규표현으로 확장하기"에서 설명하겠습니다.

지금부터 애플리케이션의 로그를 남긴다면 범용성이 좋은 JSON 형식이나 LTSV 형식으로 남기길 추천합니다. LTSV 형식은 key:value를 tab으로 구분하여 "key1:value1 〈tab〉key2:value2"와 같이 단순하게 표현하는 형식입니다. Web 서버에서 로그출력의 커스터마이징이 제한되어 있는 경우에 LTSV 형식을 선택하면 로그에 남기는 요소가 늘어나거나 줄어도 Fluentd의 설정을 변경하지 않아도 됩니다. 즉 LTSV 형식을 선택함으로써 파싱 처리를 위해서 복잡한 정규표현식을 쓸 필요도 없고 유지관리면에서도 효율적인 로그 수집의 구조를 가지게 됩니다. 다만, tail 플러그인을 사용할 때에 형변환을 하는 types 옵션을 사용하지 않는다면 모든 값은 string 타입이 됩니다. 타입을 의식해서 출력을 하는 경우라면 JSON형을 이용하는 편이 좋습니다.

로그 포맷에 tsv, csv, ltsv, json을 이용할 때 같이 고려해야하는 옵션이 2가지 있습니다. time_key와 time_format입니다. time이라는 키가 없거나 time키 이외에 시간의 필드가 있는데 time_key 옵션을 생략하면 Fluentd는 로그를 읽는 시각를 그 로그의 발생 시각으로 합니다. 또한 그에 더해서 로그에 남아있는 날짜와 시간을 파싱하기 위해서 Ruby의 Time#strftime의 일시 서식 지정자를 다음과 같이 time_format 옵션으로 지정합니다. 시각의 파싱이 끝나면 디폴트로 그 키를 삭제하므로 만약 남겨두고 싶은 경우라면 keep_time_key true도 지정해 줍니다.

- RFC 822, RFC 1123 표준의 예(시간 표현식의 대한 설명은 '표 7.2 time_format' 참고)
  "Mon, 08 May 2017 10:10:00n JST"
  time_format %a, %d %b %y %H:%M:%S %Z

- RFC 850, RFC 1036 개정안의 예

  "Monday, 08–May–17 10:10:00 JST"

  time_format %A, %d-%b-%y %H:%M:%S %Z

- ANSI C의 asctime() 형식의 예

  "Mon May 8 10:10:00 2017"

  time_format %c

- ISO 8601 형식의 예[22]

  "2017–05–08T10:10:00+0900"

  time_format %Y-%m-%dT%H:%M:%S%z

- ISO 8601 형식의 밀리초도 포함하는 경우 (td–agent3/Fluentd v0.14.x 부터 지원)

  "2017–05–08T10:10:00.705+0900"

  time_format %Y-%m-%dT%H:%M:%S.%L%z

- Apache와 Nginx의 날짜형식의 예

  "08/May/2017:10:10:00 +0900"

  time_format %d/%b/%Y:%H:%M:%S %z

tag

Fluentd의 설정에서 라우팅 용도로 이용하는 태그를 점(.)으로 구분하여 정의합니다.

일반적으로 태그는 "서비스명.로그종류명" 또는 "접두어.서비스명.로그종류명"과 같이 2~3 단계로 사용하는 경우가 많습니다. 필자 주변에서 주로 찾을 수 있는 이름은 다음과 같은 것들이 있습니다.

- 접두사

  log, app, metrics, system, notify

- 서비스명

  apache, nginx, syslog, 서비스명의 개발코드

- 로그 종류명

  access, error, click, activity

....
22 Ruby의 Time.now와 Nginx에서 log_format을 time:$time_iso8601로 지정했을 경우의 형식입니다.

tail 플러그인 설정 패턴

tail 플러그인의 유스케이스에는 크게 다음 2가지가 있습니다. 각각의 사용 전 알아두어야 할 포인트에 대해서 설명하겠습니다.

- 하나의 파일에서 읽는 경우
- 여러개 또는 패턴지정의 파일경로로부터 읽는 경우

하나의 파일에서 읽는 경우

tail 플러그인의 기본적인 사용 방법인 단일 파일을 지정하는 설정입니다. 그림 7.7은 LTSV 형식으로 Nginx의 액세스 로그를 수집하는 설정 예입니다.

그림 7.7 LTSV 형식인 Nginx의 액세스 로그를 수집하는 설정 예

```
<source>
  # 플러그인을 지정(필수)
  @type tail

  # 읽어들일 로그파일을 지정(필수)
  path /var/log/nginx/access.log

  # 읽은 로그파일의 inode와 offset을 기록하는 파일의 경로를 지정(디폴트:없음)
  pos_file /var/log/td-agent/nginx_access.pos

  # 로테이트를 감지했을 때 이전 파일의 쓰기를 감시할 시간(디폴트:5초)
  rotate_wait 60

  # 한 번의 IO로 읽어 들이는 행의 수(디폴트:1000)
  # 하나의 행이 길고, Output 플러그인의 버퍼가 작을 경우에 조정하는 설정
  read_lines_limit 1000

  # 로그 포맷을 정의(필수)
  format ltsv

  # 로그의 날짜정보가 있는 키를 지정(디폴트:time)
  ## tsv, csv, ltsv, json의 format의 로그를 읽을 경우, time_key를 지정하지 않으면
  ## Fluentd가 로그를 읽은 시간을 사용한다.
  time_key time

  # time키의 시간을 파싱하기 위한 포맷을 지정(디폴트:없음)
  # tsv, csv, ltsv, json의 경우는 필요하다. 이 예시에서는 Time.now를 사용한다.
  # ISO 8601 형식의 "2017-05-06T18:55:42 +0900"를 파싱하는 예
```

```
time_format %Y-%m-%dT%H:%M:%S%z

# time키를 남길 지를 설정(디폴트:false)
keep_time_key true

# 설정파일의 안에서 라우팅할 때 식별자로 사용할 태그를 지정(필수)
tag apache.access

# 형변환 룰을 하나의 행에 설정(디폴트:없음)
types request_length:integer,status:integer,request_time:float,
bytes_sent:integer,body_bytes_sent:integer,upstream_response_time:integer

# 파일의 갱신을 감지를 위해서 1초마다 타이머를 사용할 것인지 설정(디폴트:false)
# CPU와 I/O의 효율이 좋은 inotify를 사용하지만, 그것을 지원하지 않는 환경에서는 true로 설정한다.
enable_watch_timer false

# 퍼미션이 없어서 읽지 못한 에러출력을 한 번만 한다.(디폴트:false)
# 읽지 못하고 재시도를 계속할 경우 에러출력을 멈추지 않고 계속 하면 디스크가 꽉차는 문제를
# 컨트롤한다.
ignore_repeated_permission_error true

# 로그출력 레벨을 trace, debug, info, warn, error, fatal 중에서 설정(디폴트:info)
# info인 경우에는 info보다 오른쪽이 Fluentd의 표준출력로그의 출력대상이 된다.
# 로그는 /var/log/td-agent/td-agent.log 외에 fluentd.info 라는 태그로 송신된다.
log_level info
</source>

# apache.access 라는 태그를 Fluentd의 표준출력로그로 남기는 설정
<match apache.access>
  # 플러그인을 지정
  @type stdout
</match>
```

tail 플러그인으로 LTSV 형식이나 CSV, TSV 형식 그리고 이름이 추가된 캡처를 사용한
정규표현으로 구조화 데이터를 만들면 모든 값이 문자열타입이 됩니다. 대부분의 경우 지
장이 없지만, 타입정보가 필수인 경우는 이 types 옵션을 이용합니다. 예를 들어 동적으로
스키마가 생성되는 mongoDB 또는 Elasticsearch 등의 NoSQL 데이터베이스와 조합하면
WEB 서버의 각 액세스 로그의 응답시간의 평균시간을 구할 수 있는 설계를 위한 경우에
유용합니다. 또한 수치를 비교를 해서 특정필드를 필터링하거나 적절한 타입정보와 같이
데이터를 저장하는 요건이 있을 때에도 편리합니다. 그런 케이스에서는 로그수집과 동시에
형변환을 하는 방법도 있습니다.

이번에는 후자의 방법을 소개하겠습니다. types 옵션을 사용해서 그림 7.8과 같이 필드:타입과 같은 형식으로 표현합니다. 대응하는 타입으로는 string, bool, integer, float, time, array의 6종류가 있습니다. 배열형(Array)의 기본 동작은 3,4,5와 같은 값을 ["3","4","5"]와 같은 배열로 변환합니다. 만약 구분자가 ,(콤마)가 아니라, |(파이프)인 경우에는 필드:타입:구분자와 같은 순서로 콜론으로 연결하여 types target_field:array:|라고 지정합니다. 키 이름에 콜론(:)이 들어가는 경우에는 fluent-plugin-rename-key를 사용하여 키이름의 변경이 필요합니다.

그림 7.8 types 옵션의 지정예

```
types field1:integer, field2:float
```

여러 개 또는 패턴지정의 파일경로로부터 읽는 경우

웹사이트명별로 그리고 날짜별로 작성된 JSON 형식의 파일에서 로그를 읽는 Fluentd의 설정이 그림 7.9에 있습니다. 패턴지정으로 수집할 때는 로그의 누락이나 로그의 중복을 막기 위해서 읽는 방법의 지정과 로그 로테이트의 방법에 주의할 필요가 있습니다.

tail 플러그인의 디폴트 동작은 tail –F 커맨드와 같이 파일에 추가로 기록되는 내용을 순차적으로 읽게 됩니다. path에 패턴지정을 하여 path /path/to/* 라고 하면 read_from_head true의 설정이 필요합니다. 왜냐하면 대상이 되는 파일리스트를 기본값인 60초 간격으로 갱신하기 때문에 새로운 파일의 탐지가 최대 60초까지 늦어질 수 있습니다. 탐지된 타이밍에서부터 추가로 기록되는 부분을 읽게 되면, 그 이전에 저장된 행은 읽지 않게 되기 때문에 누락이 발생합니다. 또한 로그로테이트의 설정에도 주의가 필요합니다. 파일명이 탐지대상이 되는 패턴으로 변경되면 새로운 파일로서 취급되기 때문에 로그중복의 원인이 됩니다. 로그중복이 일어나지 않도록 파일이름의 작명방법이나 디렉토리 설계, 〈source〉 디렉티브를 분할하는 방법 외에 제외패턴을 지정하는 exclude_path 옵션을 사용할 수도 있습니다.

복수개의 파일을 다루게 되면 어떤 파일에서 읽었었는 지를 판별하기 어려워지는 경우가 있기 때문에 그 해결법으로 읽은 파일경로를 태그로 달거나, 레코드의 임의의 키에 파일경로를 넣는 방법이 있습니다. 태그에 파일경로를 넣을 경우에는 tail 플러그인의 태그 옵션에

*를 지정합니다. 그리고 파일경로를 넣을 때는 tail 플러그인에서 path_key 옵션을 사용합니다.

그림 7.9 파일경로의 패턴지정으로 JSON 형식의 로그를 수집하는 설정 예

```
# JSON형식의 1행 1레코드로 된 로그를 수집
<source>
  # 플러그인을 지정(필수)
  @type tail

  # 읽을 로그파일의 경로의 패턴을 지정(필수)
  # 다음의 예에서 사용하는 *와 %Y%m%d 등의 날짜지정자 외에
  # 복수개의 경로를 콤마로 구분하여 지정할 수 있다
  path /data/log/*/*-%Y%m%d.json

  # 읽기에서 제외할 패턴을 지정(디폴트:없음)
  exclude_path ["/data/log/archive/*/*.gz"]

  # path에서 지정한 패턴에 일치하는 파일을 찾는 간격(디폴트:60초)
  refresh_interval 60

  # Fluentd 기동 시에는 파일경로의 탐색을 건너뛴다(디폴트:false)
  # 기동을 빠르게 하고, refresh_interval 초가 지나서 탐색을 시작하는 설정
  skip_refresh_on_startup false

  # 재기동하더라도 계속해서 읽을 수 있도록 state파일을 만든다.
  pos_file /var/log/td-agent/yourapp.pos

  # JSON 형식의 로그로 파싱한다
  format json

  # time 키의 문자열을 로그의 일시로 하기 위해 포맷을 지정한다.
  time_format %Y-%m-%dT%H:%M:%S%z

  # Fluentd 내부의 라우팅에서 이용하는 태그를 지정
  # app.my_service.* 인 경우에는 파일경로인 /가 .으로 변환되어 저장된다.
  tag app.my_service

  # 로테이트의 검출 시에 새로운 파일의 처음부터 읽는 설정(디폴트:false)
  # 저장하는 로그파일이 바뀌었을 때 검출되기 까지의 사이에 남겨진 로그를 누락하지 않기 위해서 필요하다
  read_from_head true

  # 읽은 로그파일의 전체경로를 임의의 키의 값으로 추가한다(디폴트:없음)
  path_key log_path

  # 1시간(3600초) 이내 갱신된 로그파일만 감시대상으로 한다(디폴트:없음)
```

```
# read_from_head true 일 때는 대상경로에 오래된 파일이 늘어나더라도 무시하는 설정
limit_recently_modified 3600

# 로그의 문자코드가 Shift_JIS 등 UTF-8이 아닐 경우
# encoding옵션과 같이 문자코드의 변환규칙을 정의한다(디폴트:nil)    from_encoding CP932

# Filter 처리 중에 문자코드를 의식해야할 경우에 utd-8을 지정(디폴트:nil)
encoding utf-8
</source>

# 레코드에 포함된 log_path 키의 값을 태그로 추출하여 다시 emit한다.
## 레코드 예 : {"log_path":"/data/log/myapp/mail_click-20170506.json","name":"foo",...}
<match app.my_service>
  @type rewrite_ tag_ filter
  rewriterule1 log_path ([^/]+)(-[0-9]+)\.json$ ${tag}.$1
</match>

# 태그별 처리를 설정한다.
# path + time + ".log" 에 추가저장
< match app. my_ service. mail_ click >
  @type file
  format json
  path /tmp/fluentd/mail_click
  time_slice_format %Y-%m-%d
  time_slice_wait 10m
  time_format %Y%m%dT%H%M%S%:z
  flush_interval 10s
  append true
</match>
```

복수행을 가진 단일 레코드 대응

여러 개의 행에 걸친 로그를 읽을 때는 format multiline이라고 지정합니다. format 옵션은 다른 Input 플러그인에서도 사용하지만 multiline의 지정은 tail 플러그인만 대응하게 됩니다.

multiline의 기본적인 설정 옵션은 다음 3가지입니다.

- format_firstline
  - 로그의 시작위치가 되는 정규표현을 설정한다(임의).
  - 로그 메시지의 끝부분이 일정하지 않은 경우에는 반드시 이용한다.
- format1, format2, format3~20

- 실제로 로그를 파싱하기 위한 규칙을 format1부터 순서대로 작성한다(필수).
- multiline_flush_interval
  - 버퍼에 쌓아 두는 최대시간을 초로 지정한다(디폴트 : 없음).

하나의 레코드가 복수행에 걸친 로그를 읽을 때, format_firstline이 없고 format1로 지정한 레코드의 시작패턴을 찾을 때까지 레코드의 종료위치는 정해지지 않습니다. 그렇기 때문에 다음의 레코드의 시작위치를 찾을 때까지 버퍼에 쌓여서 다른 플러그인으로 전송되지 않게 됩니다. 이런 동작으로 인해 수시간 정도의 빈도로 쌓이는 로그의 경우 다음 레코드가 저장될 때까지 로그의 전송이 지연되는 문제가 발생합니다. 지정된 시간에서 다음로그를 기다리지 않고 로그의 송신을 하기 위해서는 multiline_flush_interval 옵션을 사용합니다. 이 옵션으로 지정한 시간동안 로그의 출력이 없으면 그 레코드는 끝났다고 판단하여 파싱처리를 하게 됩니다.

그 외에 주의해야 할 부분으로는 정규표현을 복수행 모드(Regexp::MULTILINE)로 동작하도록 하기 위해 .(점)으로 개행에 매칭하도록 하는 것과 JSON의 예와 같이 로그의 마지막행의 끝부분에 매칭될 때는 개행이 아니라 문자열로 매칭시키는 것입니다.

그럼 파싱의 예제를 3개 소개하겠습니다.

그림 7.10의 Ruby의 로그샘플을 그림 7.11의 설정에 따라 파싱합니다. 실행결과는 그림 7.12입니다.

그림 7.10 복수행에 걸친 Rails의 로그 샘플

```
Started GET "/users/123/" for 127.0.0.1 at 2013-06-14 12:00:11 +0900
Processing by UsersController#show as HTML
 Parameters: {"user_id"=>"123"}
 Rendered users/show.html.erb within layouts/application (0.3ms)
Completed 200 OK in 4ms (Views: 3.2ms ¦ ActiveRecord: 0.0ms)
```

그림 7.11 Rails 로그를 파싱하는 설정 예

```
format multiline
format_firstline /^Started/
format1 /Started(?<method>[^ ]+)"(?<path >[^"]+)" for (?<host>[^ ]+) at (?<time>[^ ]+ ↵
[^ ]+ [^ ]+)n/
format2 /Processing by (?<controller>[^u0023]+)u0023(?<controller_method>[^ ]+) as ↵
```

```
(?<format>[^ ]+?)n/
format3 /( Parameters: (?<parameters>[^ ]+)\n)?/
format4 / Rendered (?<template>[^ ]+) within (?<layout>.+)([d.]+ms)n/
format5 /Completed (?<code>[^ ]+)[^ ]+ in (?<runtime>[d.]+)ms (Views: (?<view_runtime>
[d.]+) ms | ActiveRecord: (?<ar_runtime>[d.]+)ms)/
multiline_flush_interval 10s
```

그림 7.12 Rails 로그의 파싱 결과 샘플

```
{"method":"GET","path":"/users/123/","host":"127.0.0.1","controller":"UsersController",
"controller_method":"show","format":"HTML","parameters":"{"user_id"=>"123"}",...}
```

계속해서 그림 7.13에서 Java의 스택트레이스 로그를 그림 7.14의 설정으로 파싱합니다.
실행 결과는 그림 7.15입니다.

그림 7.13 복수행에 걸친 Java의 스택트레이스 로그 샘플

```
2013-3-03 14:27:33 [main] INFO Main - Start
2013-3-03 14:27:33 [main] ERROR Main - Exception
javax.management.RuntimeErrorException: null
at Main.main(Main.java:16) ~[bin/:na]
2013-3-03 14:27:33 [main] INFO Main - End
```

그림 7.14 Java의 스택트레이스의 파싱 설정 샘플

```
format multiline
format_firstline /\d{4}-\d{1,2}-\d{1,2}/
format1 /^(?<time>\d{4}-\d{1,2}-\d{1,2} \d{1,2}:\d{1,2}:\d{1,2}) \[(?<thread>.*)\]
(?<level>[^\s]+)(?<message>.*)/ multiline_flush_interval 10s
```

그림 7.15 Java의 스택트레이스의 파싱 결과 샘플

```
2013-03-03 14:27:33 +0900 zimbra.mailbox:
{"thread":"main","level":"INFO","message":"Main - Start"}
2013-03-03 14:27:33 +0900 zimbra.mailbox:
{"thread":"main","level":"ERROR","message":"Main - Exception\njavax.management.
RuntimeErrorException: null\n at Main.main(Main.java:16) ~[bin/:na]"}
```

```
2013-03-03 14:27:33 +0900 zimbra.mailbox:
{"thread":"main","level":"INFO","message":"Main - End"}
```

마지막으로 그림 7.16의 Pretty Print된 복수행의 JSON 형식의 로그를 그림 7.17의 설정
으로 파싱합니다. 실행 결과는 그림 7.18입니다.

그림 7.16 복수 행에 걸친 JSON 샘플

```
{
  "id":"00001",
  "title":"foo bar"
}
{
  "id":"00002",
  "title":"fizz buzz"
}
```

그림 7.17 복수 행에 걸친 JSON을 파싱하는 설정 예

```
<source>
  @type tail
  ...생략...
  format multiline
  format1 /^(?<message>{\n.+?\n})$/
  tag multiline.json
</source>
<filter multiline.json>
  @type parser
  format json
  key_name message
  reserve_data false
</filter>
```

그림 7.18 복수 행에 걸친 JSON의 파싱 결과 샘플

```
{"id":"00001","title":"foo bar"}
{"id":"00002","title":"fizz buzz"}
```

정규표현 성능

독자적인 형식의 로그를 파싱할 때는 tail 플러그인의 format 옵션에 정규표현을 사용합니다. 그 때 가장 길게 일치하는 .*를 사용하지 않고, 가장 짧게 일치하는 정규표현을 이용하면 해당 파싱처리가 매우 빨라집니다.

그림 7.19의 Apache2의 표준 Combined 형식의 로그를 다음 최장일치의 정규표현과 최단일치의 정규표현, LTSV 형식, JSON 형식으로 각각 10만회씩 파싱하는 처리시간을 필자가 가지고 있는 머신에 설치한 Fluentd v0.14.15, Ruby 2.1.10p492 환경에서 벤치마크 해 보았습니다.

● 느린 결과가 나온 최장일치의 캡처

```
/^(?<host>.*).* (?<user>.*) [(?<time>[^]]*)] "(?<method>S+)(?: +(?<path>.*) + S*)?"
(?<code>.*) (?<size>.*)(?: "(?<referer>[^"]*)" "(?<agent>[^"]*)")?$/
```

● 빠른 결과가 나온 최단일치의 캡처

```
/^(?<host>[^ ]*) [^ ]* (?<user>[^ ]*) [(?<time>[^]]*)] "(?<method> S+)(?: +(?<path>[^ ]*)
+S*)?" (?<code>[^ ]*) (?<size>[^ ]*)(?: "(?<referer>[^"]*)" "(?<agent>[^"]*)")?$/
```

표 7.1의 결과처럼 최단일치는 최장일치보다 13.7배 정도 빠른 것을 알 수 있습니다. 또한 JSON 형식보다 LTSV 형식이 1.9배 빠르게 CPU 처리비용을 더 적게 쓰는 결과가 나왔습니다.

그림 7.19 벤치마크에 사용한 Apache 타입의 로그

```
- 샘플 로그 (Apache 2 combined 형식)
192.128.10.11 - - [07/Jan/2017:16:09:26 +0900] "GET /mypage HTTP/1.1" 302 - "-" "Mozilla/ ↵
5.0 (Windows NT 6.1; WOW 64) AppleWebKit/535. 11 (KHTML, like Gecko) Chrome/17.0.963.33
Safari/535.11"

- 샘플 로그 (JSON 형식)
{"host":"192.128.10.11","user":"-","time":"07/Jan/2017:16:09:26
+0900","method":"GET","path":"/mypage","code":"302","size":"-","referer":"-","agent":" ↵
Mozilla/5.0 (Windows NT 6.1; WOW 64) AppleWebKit/535.11 (KHTML, like Gecko)
Chrome/17.0.963.33
Safari/535.11"}

- 샘플 로그 (LTSV형식)
```

```
host:192.128.10.11 user:- time:07/Jan/2017:16:09:26 +0900 method:GET path:/mypage code:302 ⏎
size:- referer:- agent:Mozilla/5.0 (Windows NT 6.1; WOW 64)
```

표 7.1 로그의 파싱방법에 따른 처리성능의 벤치마크 결과

집계 방법	시간(초)	초당처리건수
최장일치 정규표현	20.6	4,854
최단일치 정규표현	1.5	66,667
JSON 형식을 format json으로 파싱	0.75	133,333
LTSV 형식을 format ltsv로 파싱	0.39	256,410

▌온라인 정규표현 편집기(fluentular)

Fluentd의 tail 플러그인은 여러가지 로그파일을 구조화 로그로 분해하여 읽을 수 있습니다. 이런 기능의 내부에는 Ruby의 명명캡처(?〈NAME〉PATTERN)의 정규표현식이 있습니다. fluentular라고 하는 온라인도구를 사용하면 정규표현식을 작성하는 것이 매우 편리합니다(그림 7.20). 개발자가 제공하는 데모사이트는 http://fluentular.herokuapp.com/입니다.

그림 7.20 Fluentd를 위한 온라인 정규표현 편집기 "fluentular"

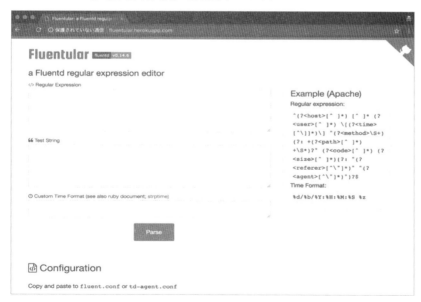

패키지관리 프로그램의 로그(/var/log/yum.log)를 파싱하는 예제와 함께 설명하겠습니다. 왼쪽부터 하나씩 명명캡처를 확인해 가면 쉽게 따라올 수 있을 것입니다.

그림 7.21이 샘플 로그로 그림 7.22는 파싱한 결과입니다.

그림 7.21 샘플 로그

```
May 21 11:24:22 Installed: td-agent-1.1.8-0.x86_64
```

그림 7.22 샘플 로그를 파싱한 예제

```
# 메타데이터
time: 2017/05/21 11:24:22 +9000

# 구조화 로그
{"type":"Installed","package":"td-agent-1.1.8-0.x86_64"}
```

일단은 날짜를 파싱하기 위해서 룰을 "%b %d %H:%M:%S"와 같이 만들고, 폼의 "Custom Time Format"에 입력합니다. 날짜의 해석은 표 7.2를 참고하여 Ruby의 Time:strftime 메소드에서 사용하는지시자를 그대로 사용할 수 있으므로 대부분의 날짜표현을 할 수 있습니다.

표 7.2 time_format에서 지정할 수 있는지시자

포맷	설명
%A	요일의 이름(Sunday, Monday, Tuesday, Wednesday, Thursday, Friday, Saturday)
%a	요일의 짧은 이름(Sun, Mon, Tue, Wed, Thu, Fri, Sat)
%B	달의 이름(January, February, March, April, May, June, July, August, September, October, November, December)
%b	달의 짧은 이름(Jan, Feb, Mar, Apr, May, Jun, Jul, Aug, Sep, Oct, Nov, Dec)
%c	날짜와 시간
%d	일(01-31)
%e	일. 한 자리일 경우 공백을 포함한다. (1..31)
%F	%Y-%m-%d와 같음(ISO8601 날짜 포맷)
%H	24시간제의 시 (00-23)
%I	12시간제의 시 (01-12)

%j	1년 중 몇 번째 날 (001–366)
%k	24시간제의 시. 한 자리일 경우 공백을 포함한다. (0..23)
%L	밀리초 (000..999)
%l	12시간제의 시. 한 자리일 경우 공백을 포함한다. (1..12)
%M	분 (00–59)
%m	월 (01–12)
%N	초의 소수점 이하. 자리수의 지정이 없으면 9자리 (나노초), %6N: 마이크로초(6자리), %3N: 밀리초(3자리)
%P	오전 오후 (am, pm)
%p	오전 오후 (AM, PM)
%S	초 (00–60) (60은 윤초)
%s	1970–01–01 00:00:00 UTC 에서 경과한 시간(초)
%U	주를 나타내는 수. 최초의 일요일이 제1주의 시작 (00–53)
%W	주를 나타내는 수. 최초의 월요일이 제1주의 시작 (00–53)
%w	요일을 나타내는 수. 일요일이 0 (0–6)
%X	시각
%x	날짜
%Y	서력 년도
%y	서력 년도의 마지막 2자리 (00–99)
%Z	시간대 (timezone)
%z	시간대. UTC로부터의 offset (예 +0900)
%:z	시간대. 콜론이 있는 UTC 기준의 offset (예 +09:00)
%::z	시간대. 콜론이 있는 초단위까지의 UTC기준의 offset (예 +09:00:00)
%%	퍼센트 문자 (%)

그러면 다음과 같이 "^(?⟨time⟩[^]*[^]*[^]*)"를 왼쪽부터 순서대로 정규표현식으로 매칭해 봅시다. 일단은 날짜와 시간만 정규표현을 명명캡처로 합니다.

이어서 "^(?⟨time⟩[^]*[^]*[^]*)(?⟨type⟩[^]*):"과 같이 로그에 Installed / Erased / Updated 로 출력되는 컬럼을 type으로 캡처합니다.

마지막으로, "^(?⟨time⟩[^]*[^]*[^]*)(?⟨type⟩[^]*):(?⟨package⟩.*)$"로 해서 패키지명까지 캡처하는 정규표현식을 완성합니다. 정규표현식이 원하는대로 동작한다면 폼의 아

래에 표(그림 7.23)가 나옵니다.

그림 7.23 파싱처리를 한 결과의 표와 Fluentd의 설정 샘플

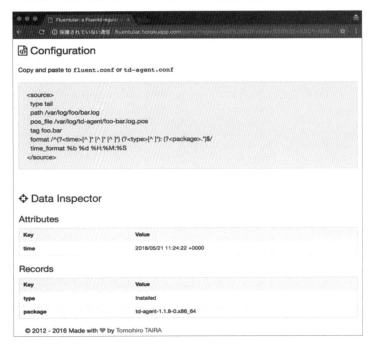

이렇게 완성한 tail 플러그인의 설정 샘플(그림 7.24)은 "Configuration"에 나옵니다. 적당한 path와 pos_file, tag 값으로 수정해서 사용합니다.

그림 7.24 tail 플러그인의 설정 샘플

```
<source>
  type tail
  path /var/log/foo/bar.log
  pos_file /var/log/td-agent/foo-bar.log.pos
  tag foo.bar
  format /^(?<time>[^ ]* [^ ]* [^ ]*) (?<type>[^ ]*): (?<package>.*)$/
  time_format %b %d %H:%M:%S
</source>
```

이 도구는 Github에 소스를 공개하고 있으므로 임의의 환경에서 실행해도 괜찮습니다. 예를 들어 자신의 환경에서 실행하기 위해서 그림 7.25와 같이 커맨드를 실행하고 브라우저에서 http://localhost:9292/를 열어봅시다.

그림 7.25 fluentular의 이용방법

```
# 리포지토리에서 클론한다
$ git clone https://github.com/Tomohiro/fluentular.git
$ cd fluentular/

# 의존 라이브러리를 vendor/bundle 아래에 설치한다
$ bundle install --path vendor/bundle

# -p로 포트를 지정한다
$ bundle exec rackup config.ru -p 9292
```

7-2 Fluentd 노드 디자인패턴

Fluentd는 여러 개의 노드로 분산 처리함으로써 하루 100억개 이상의 메시지를 처리할 수 있는 고가용성 로그수집 시스템으로 설계되었습니다. 유연한 로그수집을 가능케 하며 Fluentd 노드 전체의 성능과 가용성, 유지관리의 용이성을 높이기 위해서는 각 Fluentd 서버가 원하는 처리과 역할을 단순하게 하는 것이 중요합니다. 그렇게 함으로써 Fluentd 노드 전체의 안정성을 높이고, 관리하기 쉬운 로그수집 시스템을 구축할 수 있습니다.

이 책에서는 높은 가용성의 Fluentd 노드를 만들기 위한 구성 패턴의 팁을 시스템 규모별로 소개하겠습니다.

노드 구성 요령

여기에서는 노드 구성의 요령을 소개하겠습니다. 다음 경우 중에 하나 이상 해당하는 경우라면 애플리케이션 서버의 로컬에 기동하는 것 외에도 상위로 집적하기 위해 Fluentd 중계 서버(Aggregator / 애그리게이터)도 두는 구성이 좋습니다.

1. 충분한 레코드를 버퍼링할 수 있는 디스크용량이 없을 때

만약에 최종적으로 출력하는 클라우드 서비스가 반나절 정도 다운된다고 칩시다. 예기치 않게 장애가 발생하더라도 동작하는 버퍼설계가 필요합니다.

2. Fluentd쪽에서 시간단위로 집계를 하고 싶을 때

한군데에 로그를 모은 뒤에 단위시간별로 집계처리를 하려면 Aggregator가 반드시 있어야 합니다. 또한 Fluentd는 설정파일을 동적으로 변경할 수 없습니다. 로직이 빈번하게 변하는 집계가 아니고, 그 처리로 CPU를 집중적으로 사용하는 것이 아닌 가벼운 처리라면 Aggregator를 만들지 않아도 됩니다.

HTTP 응답코드를 datacounter 플러그인으로 카운트하고, 그것을 클라우드 서비스의 Mackerel(https://mackerel.io/)이나 datadog(https://www.datadoghq.com/)으로 보내서 그래프를 만들거나 감시 조건으로 이용하는 경우에는 Aggregator가 필수입니다. 초당 수만건의 상당한 대규모의 데이터의 후처리를 하는 경우에는 fluent-plugin-kinesis를 사용해서 Amazon Kinesis Streams(https://aws.amazon.com/ko/kinesis/data-streams/)와 Amazon Kinesis Firehose(https://aws.amazon.com/ko/kinesis/data-firehose/)를 이용하는 사례도 늘고 있습니다.

3. 외부 스토리지에 한시간 간격으로 파일을 모아서 보존하려는 경우

애플리케이션 서버의 Fluentd에서 S3 등의 외부 스토리지에 병렬로 전송을 하면 파일이름의 패턴이 늘어나도 관리하기가 힘들어집니다. 이런 문제를 방지하기 위해서도 Aggregator에서 한 번 집약한 뒤에 다른 시스템에서 사용하기 쉬운 파일 이름으로 저장하는 것이 이상적입니다.

4. 저장할 곳이 동시접속수나 초당전송량을 제한할 필요가 있을 경우

Elasticsearch와 MySQL에도 해당하지만, 동시접속수에 제한이 있는 미들웨어로 전송할 경우에는 Aggregator에서 한 번 모아서 보내는 편이 효율 좋게 전송할 수 있습니다.

실시간 스트리밍처리 솔루션인 Amazon Kinesis는 초당 통신량으로 요금 플랜이 변경됩니다. 일단 Fluentd를 경유하면 통신량을 평준화하고 이용요금을 절감하는 장점이 있습니다.

5. 최종적인 Output 장소의 설정을 일원화하고 싶을 경우

송신할 서버의 IP 주소와 호스트이름의 변경, API 토큰의 변경 등이 일어날 수 있는 경우에는 Aggregator에 집약하는 편이 개별로 설정 파일을 변경하지 않고, 한 군데서 변경할 수 있습니다.

이런저런 사정으로 설정 변경에는 가상 장비의 이미지 파일의 재작성이나 배포가 필요한 구성도 있을 것입니다. Aggregator를 이용하면 그 대상이 적어지므로 변경에 드는 비용도 줄일 수 있습니다.

6. 로그를 버퍼에 축적하는 시간을 최소화하고 싶을 때

같은 서버를 계속해서 사용하지 않는 수정이 불가능한 인프라(Immutable Infrastructure)는, 디플로이할 때 서버 환경을 새로 만듭니다. 이런 환경에서는 서버에 있는 로그의 영속성이 없습니다. 언제 셧다운될 지 모르기 때문에 로그를 즉시 다른 Aggregator에 전송하여 잃지 않도록 해야 합니다.

만약 Aggregator를 이용하지 않고, 수명이 짧은 AWS의 스폿인스턴스를 사용할 경우에는 다음과 같은 구조가 필요합니다. 그것은 셧다운 예고가 감지되면 서비스에서 분리하고, Fluentd의 버퍼를 즉시 전송하는 것입니다. 이 지시는 SIGUSR1 시그널을 커맨드라인이나 Fluentd의 RPC 커맨드에서 발행합니다.

7. 외부와 통신할 수 있는 장비에 제한이 있는 경우

로컬 네트워크만으로도 서비스할 수 있는 시스템에서는 보안을 위해서 외부와 통신을 할 수 있는 서버에 방화벽 등을 사용해서 제한을 하는 시스템도 있습니다. 하지만 외부에 로그를 전송하고 싶을 경우에는 Aggregator에 전송해서 모은 뒤에 외부와 통신할 수 있는 서버에서 전송하는 경우도 있습니다.

▋ 각 노드 역할

Fluentd는 1대에서 움직이는 심플한 구성으로 시작할 수 있습니다. 규모에 따라서는 각 서버에 띄운 Fluentd 서버에 다음과 같은 역할분담을 해서 가용성을 높이기 위해 스케일 아웃하는 Fluentd 노드로 구성된 클러스터를 만들 수 있습니다.

- Forwarder Node(포워드 노드)
  수집한 로그를 Aggregator로 전송하는 말단 노드
- Aggregator Node(애그리게이터 노드)
  Forwarder로부터 로그를 전송받아서 집적하는 노드. 가벼운 데이터처리나 집계처리를 한다.

- Processor Node(프로세서 노드)

CPU 리소스를 필요로하는 데이터처리와 단위시간당 집계처리를 하는 집계 노드

주로 기능이나 역할별로 Fluentd의 인스턴스를 나누는 것은 설정파일의 가시성과 유지보수를 하기 쉽도록 합니다. 예를 들어 자주 변경이 필요한 데이터의 가공로직을 Forwarder 노드에 구현하면 설정을 변경할 때마다 순서대로 서버를 분리해서 데몬을 재기동하고 점검할 필요가 있습니다. 용도별로 서버를 나누고 Forwarder 노드는 설정변경을 거의 하지 않도록 로그의 수집과 가벼운 필터처리, Aggregator 노드에 전송하는 기능으로 제한하는 것이 이상적입니다. 데이터가공 로직을 변경할 필요가 있더라도 Fluentd 클러스터 전체를 멈추지 않고 자동재시도를 사용해서 Aggregator 노드나 Processor 노드의 설정을 변경한 뒤에 재기동합니다. 재기동의 타이밍에 전송에 실패한 로그가 있더라도 Fluentd는 유연하게 재시도처리를 하기 때문에 로그를 잃을 걱정을 하지 않아도 됩니다.

▌노드 구성 예

여기에서는 노드의 구성별로 적합한 용도와 구체적인 예를 소개하겠습니다.

단순 구성

마이크로 배치로 1대의 Fluentd에서 수집한 데이터를 별도의 보관장소로 전송하는 용도와 다른 저장장소에 저장할 큐로 사용하는 경우에는 그림 7.26의 Forwarder 노드만의 구성을 사용합니다. 같은 구성을 여러대로 각각 자율적으로 동작하도록 하는 구성도 일반적입니다.

그림 7.26 Fluentd의 단순구성

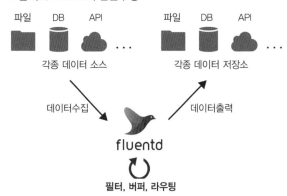

이 구성에 적당한 이용 예는 다음과 같습니다. 집적노드를 생략할 수 있기 때문에 관리대상을 줄일 수 있지만, 송신하는 서버가 늘어날수록 저장장소의 부하가 올라가기 때문에 그 부하를 처리할 수 있는 클라우드서비스 정도만 유효하게 사용할 수 있습니다. 물론 다음 내용은 애그리게이터로 중계해서 버퍼링해서 송신하는 구성에서도 이용할 수 있습니다.

또한, Fluentd 안에서 라벨을 사용해서 하나 이상의 파이프라인으로 분기하고 필터를 활용한 데이터 가공이나 개별로 집계처리를 하여 그 통계값을 대시보드 툴에서 사용하는 경우도 있습니다.

싱글구성으로도 가능한 것은 다음과 같이 많이 있습니다.

- 애플리케이션의 로그를 그대로 데이터베이스에 보관한다.
- 센서데이터를 시리얼포트에서 순차적으로 취득해서 데이터베이스에 보관한다.
- syslog를 전송, 수신해서 데이터베이스에 보관한다.
- http / tcp / udp로 로그와 메시지를 수신해서, S3 등의 스토리지에 보관한다.
- 로컬이나 API 폴링(Twitter의 스트림 등)으로 수집한 데이터를 가공해서 보관한다.
- 웹 애플리케이션의 행동로그를 큐잉해서, 스트림처리 서비스인 Amazon kinesis에 전송한다.
- 애플리케이션과 시스템의 매트릭스 정보를 취득해서 그래프로 만들고 대시보드 서비스(Mackerel이나 Datadog, Librato Metrics 등)의 API로 송신한다.
- AWS(Amazon Web Service)의 ELB(Elastic Load Balancing)의 로그를 모아서 필터 처리한 뒤에 데이터 집계와 해석을 하는 데이터웨어하우스에 보관한다.

싱글구성의 단점도 있기 때문에 조심스럽게 선택할 필요가 있습니다. 말단의 Forwarder 노드에서 Aggregator 노드를 경유하지 않고 직접 스토리지에 출력하는 구성의 경우, 집적하지 않고 각각의 Forwarder 노드에서 파일명이나 커넥션을 만들기 때문에 접속하는 곳에 따라서는 단위시간당 처리하는 파일이 서버의 수만큼만 된다거나 출력하는 서버의 최대동시 접속수를 넘어버리는 문제가 발생할 수도 있습니다. 그리고 초당 요청수가 과금대상이 되는 클라우드 서비스(AWS Kinesis와 같은)에서는 한 번 Aggregator 노드를 사용해서 버퍼에 담은 뒤에 송신함으로써 처리비용을 낮추는 효과도 기대할 수 있습니다.

범용 구성

복수의 Fluentd 인스턴스의 데이터를 집약해서 각종 데이터보존 장소로 출력하는 경우에는 그림 7.27과 같이 구성합니다. Aggregator 노드에는 적어도 1대의 서버가 필요합니다.

한군데에 집적해야하는 경우가 아니라면 여러 대를 준비해서 액티브/스탠바이 또는 액티

브/액티브로 부하분산구성을 만들 수도 있습니다. 말단의 Forwarder 노드가 수백대 이상 있거나 CPU 부하가 어느 정도 올라간 경우에는 어느 정도의 대수별로 Aggregator 노드를 만들어서 계단식 구성을 생각해보도록 합시다.

그림 7.27 Fluentd 클러스터의 범용 구성

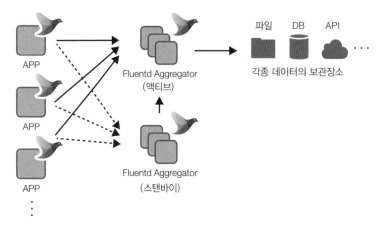

각 애플리케이션 서버에서 Fluentd를 기동하고, 그 말단 Forwarder 노드의 데이터집약 장소로 Aggregator 노드를 구성하는 것으로 싱글구성보다 가용성이 올라갑니다. 싱글구성은 말단의 Forwarder 노드에서 큐처리를 하기 때문에 미송신 로그가 쌓이게 됩니다. 예를 들어 1시간 단위로 gzip해서 S3에 아카이브하는 설정인 경우에 서버의 점검이나 폐기할 때 Fluentd의 버퍼를 즉시 보내는 처리가 늘어나서 운용 코스트가 늘어납니다.

하지만, Aggregator 노드를 사용해서 구성하면 forward 플러그인에서 flush_interval로 지정한 시간만큼 큐에 있으면 바로 상위의 Aggregator 노드에 보내기 때문에 버퍼에 쌓이지 않습니다. 말단의 Forwarder 노드를 설정과 역할을 단순하게 하면 장애가 발생하는 요소가 줄고, 적은 대수의 Aggregator 노드의 운용관리에 집중할 수 있습니다.

수명주기가 짧고 서버가 필요하면 띄워서 끝나면 버리는 운용(Disposable Infrastructure)을 하는 시스템 구성에서는 Aggregator 노드가 필수입니다.

이 구성에 적합한 이용 예는 다음과 같습니다.

- 여러 대의 Forwarder 노드에서 데이터를 수집한다.
- 단위 시간별로 모아서 보관한다.
- 단말의 Forwarder 노드의 처리를 단순화하고, 데이터의 가공과 집계를 일원화한다.

- 로그 데이터를 여러 곳의 데이터 보관소에 보관한다.
- 분산처리를 지원하는 스토어에 데이터를 출력한다.
- 윈도우로 구분하여 단위 시간별로 SQL로 집계하는 Norikra에 일단 보낸 뒤에 결과를 출력 장소에 보관한다.

여러 대의 말단노드에서 수집한 로그/메시지 데이터를 단위시간별로 집계하기 위해서는 Aggregator 노드에 모아야 합니다. 이런저런 플러그인을 사용해서 집계처리를 할 수 있지만, 여러 플러그인을 조합하면 점점 복잡해져서 유지보수가 어려워지기 때문에 주의할 필요가 있습니다. 예를 들어 datacounter 플러그인에서 HTTP 서버의 응답시간을 0-100 msec, 100-200 msec, 200-500 msec, 500msec1sec, 1sec_over 로 구분하여 건수를 집계하거나 HTTP의 상태코드 200, 301, 302, 403, 404, 500로 1분간 건수를 집계하는 경우가 있습니다. 그 외에도 flowcounter 플러그인을 사용해서 메시지의 양을 분/시/일 단위로 집계할 수도 있습니다.

또한 더욱 복잡한 집계를 하는 경우에는 다음 응용 구성에서 설명하는 SQL을 사용한 집계 미들웨어인 Norikra를 사용하거나, AWS Kinesis를 도입할 수도 있습니다. 예를 들어 집계하는 조건이 복잡한 경우에 필터처리를 하는 경우 등도 있습니다.

응용 구성

연산코스트가 드는 실시간 집계 등의 처리를 하는 경우에는 Fluentd의 플러그인을 사용하지 않고 Aggregator 노드와 연계하는 집계처리 서버를 준비합니다. 단위시간별 데이터 집계 처리에 특화한 Norikra(노리크라)라는 OSS 제품은 스키마리스로 SQL 쿼리와 비슷한 문법의 EPL(Esper Processing Language)을 이용하여 사용할 수 있습니다. 짧고 단순한 SQL 쿼리이면서 복잡한 집계도 구현할 수 있습니다. Norikra는 Java 기반의 CEP 엔진인 Esper를 가지고 데이터 저장소없이 온메모리로 집계에 특화한 미들웨어로, WebUI도 있습니다. 집계조건도 WebUI나 JSON 파일로 CLI 에서 설정할 수 있기 때문에 Fluentd의 설정을 건드리지 않고 설정할 수 있는 장점이 있습니다.

 Fluentd의 설정를 보기 편하게 하기 위해서도 Aggregator 노드의 뒷단에 Norikra를 가지는 Processor 노드를 만든 그림 7.28의 구성이 밸런스가 좋습니다. Norikra의 처리결과를 Processor 노드에서 구동하는 Fluentd 인스턴스에서 읽어서 임의의 보관장소로 보내는 흐름입니다. 집계결과를 Elasticsearch와 Kibana에서 대시보드화하는 사용법도 있습니다.

그림 7.28 Fluentd 클러스터의 응용구성

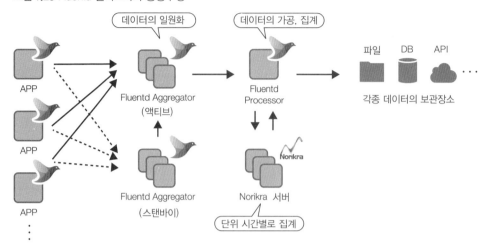

이런 구성으로 하면 Fluentd 플러그인으로는 부하가 큰 무거운 집계처리를 SQL을 사용해서 실행할 수 있습니다. 외부도구 없이 집계 결과를 Kibana나 별도의 대시보드툴로 시각화할 수 있습니다. 규모가 작은 경우라면 범용구성에서 Aggregator 노드에서, 모두 처리할 수도 있습니다만, 설정파일의 복잡화를 피하기 위해서라도 서버를 나누어 연계하는 것이 좋습니다.

구체적인 이용 예시로는 LINE Business Connect의 에러 감지[23]의 이용 예에서 사용한 SQL이 알기 쉽게 되어있으므로, 리스트 7.1에 인용하였습니다.

SQL과 확실히 다른 부분은 FROM절의 테이블명의 뒷부분으로 단위시간의 윈도우를 의미합니다. ".win:time_batch(60 sec)"라는 구문은 60초 단위로 집계하라는 의미입니다. 그 외에는 1초단위로 지금부터 1분 전까지의 범위를 집계하는 "win:time(1 min)"이나 지금부터 N건 앞부분까지 집계하는 "win:length(N)", N건별로 집계하는 "win:length_batch(N)"등 여러 가지 윈도우 범위의 프리셋이 있습니다.

리스트 7.1 Norikra의 SQL과 비슷한 ETL의 예시

```
SELECT
  current_timestamp() AS collected_timestamp, -- 집계 일시
  channelId AS channel_id,
  reason,
```

....
23 Fluentd와 Norikra를 사용한 LINE Business Connect 에러 감지 & 통지의 구조
   https://engineering.linecorp.com/ja/blog/detail/47

```
  detail,
  count(*) AS error_count, -- 에러발생건수
  min(timestamp) AS first_timestamp, -- 단위 시간에 검출된 최초의 에러 발생 시간
  max(timestamp) AS last_timestamp -- 단위 시간에 검출된 마지막 에러 발생 시간
FROM event_endpoint_error_log.win:time_batch(60 sec) -- 윈도우를 1분 단위로 정의
GROUP BY
    channelId, reason, detail
HAVING
count(*) > 0 -- 에러건수가 1건 이상일 때로 한정
```

로그의 양이 초당 1Gbps또는 초당 100만건의 메시지를 넘는 대규모의 환경이라면 스트림데이터 분산처리 기반의 Apache Storm(http://storm.apache.org/)이나 클라우드 서비스의 힘을 빌립시다. 2016년부터는 스트리밍 데이터의 실시간처리에 특화한 Amazon Kinesis Analytics(https://docs.aws.amazon.com/kinesisanalytics/latest/dev/what-is.html)와 연계하는 사례가 늘어나고 있습니다. AWS를 사용하면 Processor 노드를 사용하지 않고, fluent-plugin-kinesis를 사용해서 Aggregator에서 버퍼링해서 Amazon Kinesis Firehose나 KPL(Kinesis Producer Library)로 보냅니다(그림 7.29). Fluentd를 사용하는 것으로 물론이고 API 호출 회수도 줄이고, 안정성 향상과 비용절감이라는 장점도 있습니다.

그림 7.29 Amazon Kinesis Firehose, Analytics와 연계할 때의 구성

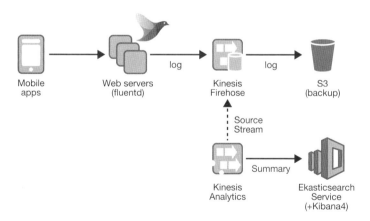

시각화 도구에 대해서 자신의 서버 환경에 GrowthForecast나 Graphite, Elasticsearch로 대응할 수도 있습니다. 유료인 클라우드서비스도 고려한다면 Redash, Mackerel,

datadog, GoogleDataStudio[24], Geckoboard, Metric Insights라는 그래프화가 가능한 대시보드 서비스를 사용하여 운영의 수고를 덜 수 있습니다. datadog은 일반적으로 서버의 모니터링 툴로 알려져 있지만 (2017년 기준으로) 그래프 작성수에 제한이 없기 때문에 KPI 지표 등의 데이터를 Fluentd 플러그인이나 API로 보내면 대시보드 도구로도 사용할 수 있고, 감시에 의해서 에러통지도 메일이나 전화로 받을 수 있습니다.

▌유스케이스

앞에서 소개한 싱글구성, 범용구성, 응용구성을 사용하면 여러 가지 유스케이스에서 구현할 수 있습니다. 로그/메시지 수집과 센서데이터의 수집, 대시보드 도구의 전처리 등 Fluentd는 여러 가지 과제를 해결할 수 있는 수단이 됩니다. 구체적으로 어떤 유스케이스가 있는지 일부 사례를 들어 소개하겠습니다.

- 액세스 로그를 수집해서 사이트(도메인)별로 파일명을 나눠서, gzip으로 압축한 로그를 Amazon S3에 아카이브한다.
- 단위시간당 액세스수와 상태코드별 집계 결과를 사이트별로 그래프화한다.
- 애플리케이션 로그/액세스 로그를 수집해서 히스토그램으로 만들고 완전/부분 일치 검색과 모니터링이 가능한 대시보드를 Grafana와 Redash 또는 Elasticsearch와 Kibana 등과 함께 구성해서 만든다.
- IP 주소를 가지고 GeoIP를 사용해서 위도와 경도 정보를 추가하고 유저 정보와 함께 지도에 표시한다.
- PC와 스마트폰, RSS 기능, API 기능의 액세스 볼륨의 시각화
- 액세스 로그의 응답시간을 사용해서 페이지 응답 속도의 최소/평균/최대의 변동폭의 추이를 계측한다.
- HTTP 상태코드가 404, 500 에러일 때의 추이를 계측한다.
- Googlebot 등의 크롤러의 액세스 현황을 시각화한다.
- 로그인 성공수/로그인 실패수를 계측한다.
- 버튼의 효과를 측정하는 A/B 테스트의 결과를 시각화한다.
- 자사 광고의 노출(Impression) 회수, 클릭 이벤트수의 추이를 계측한다
- 웹서버와 DB 서버의 에러 로그를 전체적으로 확인한다
- MySQL의 슬로우쿼리를 시각화한다.

....

24 BigQuery, Google 스프레트시트, MySQL, PostgreSQL 등의 DB에 접속해서 SQL로 뽑은 데이터를 그래프화하여 대시보드로 보여줄 수 있습니다. TreasureData의 Presto에는 PostgreSQL 커넥터가 있기 때문에, 직접 이용하는 것도 가능합니다.

- GoogleAnalytics를 대체하는 자신만의 **Web비콘**[25]을 만든다.
- 로그 양의 스파이크 등 이상치가 검출되면 채팅 도구, HipChat, Slack 등에 통지한다
- Norikra를 사용해서 스트림 데이터의 단위시간당 데이터의 집계를 SQL로 하고, 그 결과를 데이터베이스와 그래프화 미들웨어에 전송하여 대시보드 도구에서 사용한다.
- iOS, Android로 푸시통지를 하는 큐형 메시지 서버로 이용한다.
- 메일의 전송실패 로그를 상태코드와 함께 수집하여 MySQL에 보관하고, 전송금지 리스트[26] 등록까지의 지연을 최소화한다.
- 메일의 전송 이력을 수집해서 수신자 도메인별로 메일의 비도달률[27]을 집계하여 메일주소 스크린현황을 모니터링한다.
- 메일의 전송이력을 수집해서 메일주소를 암호화(SHA1)한 뒤에 보관하고, 검색가능한 대시보드를 Elasticsearch + Kibana로 만든다.
- munin과 dstat, 시리얼포트에서 얻은 시스템가동 현황을 데이터베이스에 저장한다.
- 공통적이고 가벼운 전처리를 한 뒤에 Amazon Kinesis로 보내서 실시간 이벤트처리를 구현한다.

노드 구성과 사용할 플러그인

여기에서는 Fluentd의 전형적인 이용 예시와 함께 설정 예를 2가지 소개하겠습니다. 또한 실제로 이용할 때는 8장에서 설명할 안정적 운용에 도움이 되는 플러그인의 설정을 적절히 추가하겠습니다.

애플리케이션 서버의 로그를 S3에 저장한다.

복수의 애플리케이션 서버에 보관된 Apache 액세스 로그와 애플리케이션 로그를 수집해서 Aggregator 노드로 전송합니다. 그리고 저장된 로그의 태그를 적절히 수정하고 Amazon S3로 태그를 사용한 파일경로로 보관하는 설정의 예시를 들겠습니다.

Forwarder 노드의 설정 예는 그림 7.30, Aggregator 노드의 설정 예는 그림 7.31과 같습니다. 로그의 손실 방지를 위한 require_ack_response 옵션 설정은 8장에서 설명하겠습니다.

....
25 역자주 : 사용자가 웹페이지나 전자메일을 읽는 것을 확인하는 위한 용도로 웹페이지에 포함하는 오브젝트"
26 역자주 : 메일보내기에 실패하면 다음부터는 메일을 보내지 않도록 리스트를 만들어서 관리한다.
27 역자주 : 메일의 전송에 실패한 비율

그림 7.30 Forwarder 노드(애플리케이션서버)의 설정 예

```
<source>
  @type forward
  port 24224
</source>

<source>
  @type tail
  path /var/log/httpd/access_log
  pos_file /var/log/td-agent/apache_access.pos
  format apache2
  tag apache.access
  read_from_head true
  rotate_wait 60
</source>

<source>
  @type tail
  path /var/log/myapp/click.log.%Y%m%d-%H
  pos_file /var/log/td-agent/myapp_click.pos
  format json
  time_key time
  time_format %Y-%m-%d %H:%M:%S
  tag myapp.click
  read_from_head true
  rotate_wait 60
  refresh_interval 30   # path의 변경을 검출하는 간격을 30초로 한다.
</source>

<match {myapp.**,apache.**}>
  @type forward
  require_ack_response # 로그의 누락을 막기 위한 설정
  <server>
    host 10.10.0.101
  </server>
</match>
```

그림 7.31 Aggregator 노드의 설정 예

```
<source>
  @type forward
</source>

<match apache.access>
```

```
  @type route
  <route **>
    # 앞 부분에 s3를 추가해서 태그는 s3.apache.access로 한다.
    add_tag_prefix s3
  </route>
</match>

<match myapp.click>
  @type rewrite_tag_filter
  # action키의 값을 사용해서 태그를 수정한다.
  ## 만약 signup이라면 태그는 s3.myapp.signup이 된다.
  rewriterule1 page(.*) s3.${tag_parts[0]}.$1
</match>

<match s3.*.*>
  @type forest
  subtype s3
  remove_prefix s3
  <template>
    # 환경에 맞춰서 수정한다.
    aws_key_id 여러분의 AWS_KEY_ID
    aws_sec_key 여러분의 AWS_SECRET_KEY
    s3_bucket 여러분의 S3_BUCKET_NAME

    # forest 플러그인에서 설정을 확장해서 태그명을 동적으로 사용한다.
    path logs/${tag}

    # forest 플러그에서 buffer_path를 지정할 때는 반드시 tag를 포함할 것
    buffer_path /var/log/td-agent/forest.${tag}

    format json
    include_time_key true
    time_key time

    # 1 시간단위로 파일의 이름 포맷을 바꾼다.
    time_slice_format %Y%m%d%H

    # 오래된 로그가 도착할 가능성이 있는 시간을 지정한다.
    ## time_slice_format 에서 지정한 시간의 단락을 넘어서서 레코드가 도착할 경우를 대비해서
    ## 얼마나 길게 파일로 저장을 기다릴 것인 지 시간을 지정한다.
    time_slice_wait 10m

    utc
    buffer_chunk_limit 256m
  </template>
</match>
```

케이스 2 : EFK(Elasticsearch, Fluentd, Kibana)의 구성

여러 개의 웹서버로부터 수집한 Apache 액세스 로그에 지역 정보를 부여한 뒤에 Amazon S3와 Elasticsearch에 저장합니다.

CPU의 성능을 필요로 하는 필터 처리를 하기 위해서 Fluentd의 Processor 노드를 만듭니다. 이렇게 하면 일시적으로 액세스 증가가 발생하더라도 Aggregator 노드에 과부하가 가해지지 않는 안정적인 로그 수집이 가능합니다.

이 구성을 만들기위해 2가지의 사전준비가 필요합니다. Apache의 로그 포맷의 추가와 IP 주소를 가지고 지역정보를 얻는 라이브러리, GeoIP의 헤더파일의 설치입니다.

Apache의 로그 포맷의 추가는 Fluentd의 내장파서인 format apache2와 필드명을 포함한 LTSV 형식으로 그림 7.32와 같습니다. 필요에 따라 기존의 combined 형식의 로그 출력을 주석처리합니다. 이번 예시에서는 디폴트로는 기록되지 않는 가상 호스트명도 로그에 출력되도록 하고, 그외에도 로드밸런서 안쪽에 있는 서버에 대응하기 위해서 접속하는 IP 주소가 들어있는 X-Forwarded-For 헤더도 로그에 남기도록 하는 설정하고 있습니다. 또한 설정을 반영할 때는 Apache의 재기동이 필요합니다.

GeoIP의 헤더파일의 설치는 그림 7.33과 같습니다. 이 헤더파일은 fluent-plugin-geoip가 이용하는 gem, geoip-c를 설치 시 컴파일할 때 필요합니다. CentOS 6과 7이라면 epel 리포지토리가 이미 설치되어있어야 합니다.

그림 7.32 Apache의 로그포맷을 LabeledTSV 형식으로 한다.

```
$ sudo vim /etc/httpd/conf/httpd.conf
LogFormat "vhost:%V\thost:%h\tforwardedfor:%{X-Forwarded-For}i\tserver:%A\tident:%l\
tuser:%u\ttime:%{%d/%b/%Y:%H:%M:%S %z}t\ tmethod:%m\tpath:%U%q\tprotocol:%H\
tcode:%>s\tsize:%b\treferer:%{Referer}i\tagent:%{User-Agent}i\treqtime_microsec:%D\
tcookie:%{cookie}i\tset_cookie:%{Set-Cookie}o" combined_ltsv
CustomLog logs/access.ltsv combined_ltsv
```

그림 7.33 GeoIP 라이브러리의 헤더파일의 설치

```
# RHEL/CentOS 환경
$ sudo yum install geoip-devel --enablerepo=epel

# Ubuntu/Debian 환경
$ sudo apt-get install libgeoip-dev
```

Forwarder 노드의 설정 예는 그림 7.34, Aggregator 노드의 설정 예는 그림 7.35와 같습니다.

Forwarder 노드에서 Aggregator 노드로 UDP 패킷을 보낼 수 없으면 에러가 발생하기 때문에 이 경우에는 heartbeat_type tcp 옵션을 forward 플러그인의 설정에 추가합니다.

Aggregator 노드로 forward할 때 CPU 점유율과 작은 패킷에 의한 네트워크 부하가 걱정된다면 TCP 커넥션을 너무 많이 만들지 않고, 재사용하는 keepalive 기능과 heartbeat 통신을 끌 수 있는 fluent-plugin-keep-forward를 사용합니다. 뿐만 아니라 Fluentd끼리 여러군데의 거점간 통신을 안전하게 하기 위해서 SSL 통신으로 전송할 때는 fluent-plugin-keep-forward를 사용합니다. 자동생성도 가능한 SSL 증명서를 사용한 안전한 데이터 전송뿐만 아니라, 가벼운 공유키를 사용한 가역식 암호화 통신을 할 수 있는 Output과 Input 플러그인입니다. SSL 또는 공유키를 사용한 암호화 통신 외에도 옵션기능에 IP 주소 제한이나 유저명과 패스워드를 사용한 Digest 인증이 있습니다.

그림 7.34 Forwarder 노드(웹 서버)의 설정 예

```
<source>
  @type tail
  path /var/log/httpd/access.ltsv
  pos_file /var/log/td-agent/apache_access_ltsv.pos
  format ltsv
  tag apache.access
</source>

<match **>
  @type forward
  require_ack_response
  <server>
    host 10.10.0.101
  </server>
</match>
```

그림 7.35 Aggregator 노드의 설정 예

```
<source>
  @type forward
</source>

<filter apache.access>
```

```
  @type geoip
  geoip_lookup_key host
  <record>
    # kibana의 map패널에서 사용할 국가명 정보를 추가한다
    country ${country_code['host']}

    # kibana의 bettermap을 위해서
    # GeoJSON이라는 배열형의 위도와 경도 정보를 추가한다.
    coordinate [${longitude['host']},${latitude['host']}]
  </record>
</filter>

<filter apache.access>
  @type record_transformer
  enable_ruby
  <record>
    # Kibana에서 사용하는 밀리초까지의 시간을 넣는다.
    # 예 : 2017-06-27T16:30:29.854+0900
    @timestamp ${time.iso8601(3)}
  </record>
</filter>

<match apache.access>
  @type copy
  # Copy 플러그인을 사용해서 여러 데이터 저장소에 보존
  <store>
    type forest
    subtype s3
    remove_prefix store

    <template>
      # 환경에 맞춰서 수정한다
      aws_key_id 여러분의 AWS_KEY_ID
      aws_sec_key 여러분의 AWS_SECRET_KEY
      s3_bucket 여러분의 S3_BUCKET_NAME

      path logs/${tag}.log

      format json
      include_time_key true
      time_key time

      # forest 플러그인에서 buffer_path를 지정할 때는 반드시 tag를 포함하도록 하자
      buffer_path /var/log/td-agent/forest.${tag}

      # 1시간 단위로 파일의 이름 포맷을 바꾼다.
```

```
    time_slice_format %Y%m%d%H
    time_slice_wait 10m
    utc
    buffer_chunk_limit 256m
  </template>
</store>
<store>
  @type elasticsearch
  host 10.10.0.103
  port 9200

  # Logstash 형식이라고 하는 apache-2014.07.14 와 같은
  # 날짜를 포함한 인덱스명을 이용한다.
  logstash_format true

  # 인덱스 안에 만드는 type의 이름을 지정한다
  type_name apache

  # 태그를 레코드에 임의의 키로 추가한다
  tag_key @log_name
  include_tag_key true

  # 10초 단위로 Elasticsearch에 버퍼링해서 레코드를 보관
  flush_interval 10s
</store>
</match>
```

수집할 때 파싱처리 부하를 줄인다.

tail 플러그인을 사용해서 로그 파일에 정규표현으로 구조화 데이터로의 파싱처리을 할 때에는 상당한 CPU의 처리비용이 필요합니다. 아래 단의 Forwarder에서 CPU 부하가 들면 안되는 상황이라면 파싱처리를 건너뛰고 상위의 Fluentd 서버에서 처리를 하는 방법도 있습니다.

tail 플러그인의 format 옵션을 사용해서 format none이라고 지정하면 tail 플러그인에서는 파싱처리를 하지 않고 전체를 message큐의 값으로 다루게 됩니다. 그대로는 사용하기 힘들기 때문에 Fluentd의 Aggregator 노드에서 구조화 데이터로 만들며, 그 파싱처리에서 fluent-plugin-parser를 이용합니다. 그 Fluentd 인스턴스에서는 CPU 코어의 성능이 좋은 장비를 할당하는 편이 좋습니다.

Forwarder 노드의 설정 예는 그림 7.36과 같습니다.

그림 7.36 format none의 설정 예

```
<source>
  @type tail
  path /var/log/my_app/foo.log
  pos_file /var/log/td-agent/my_app_foo.pos
  format none
  tag app.foo
</source>

<match **>
  @type forward
  require_ack_response
  <server>
    # Aggregator노드로 전송한다
    host 192.168.1.3  # Aggregator 노드의 IP를 지정
  </server>
</match>
```

Aggregator 노드의 설정 예는 그림 7.37 과 같습니다. 파싱한 구조화 데이터는 표준 로그로 출력합니다.

그림 7.37 Aggregator 노드에서의 fluent-plugin-parser 설정 예

```
<source>
  @type forward
</source>

<filter app.foo>
  @type parser

  # 포맷을 지정한다
  format apache2

  # 시각을 파싱하기 위해서 패턴을 지정한다
  time_format %d/%b/%Y:%H:%M:%S %z

  # 파싱할 대상의 키를 지정한다
  key_name message

  # 비정상인 UTF-8 문자열을 "?"로 치환하여 예외처리하는 설정
  replace_invalid_sequence true
```

```
</filter>

<match app.foo>
  @type stdout
</match>
```

만약 파싱처리한 뒤에 후처리로 CPU에 부하가 걸릴 것으로 예상되는 경우에는 Fluentd의 debug_agent를 활성화하여 stackprof라는 gem에서 프로파일링을 합니다.[28] 어떤 메소드의 처리에 시간이 걸리는지 일목요연하게 표시되므로 튜닝대상을 명확하게 알 수 있습니다.

CPU의 멀티코어를 활용하기 위해 fluent-plugin-multiprocess를 사용해서 Fluentd에서 여러 Fluentd를 기동하고 각각의 프로세스에서 fluent-plugin-parser로 파싱처리를 하면 멀티코어를 활용한 병렬처리를 할 수 있습니다.[29]

7-3 정리

Fluentd의 설정파일을 작성할 때의 최적화하는 방법과 코딩패턴을 설명하였습니다. 8장에서는 운용 후에 알아두었으면 하는 노하우를 설명하겠습니다.

....
28 http://d.hatena.ne.jp/wyukawa/20170608/1496917671
29 자세한 내용은 문서를 참고합시다. https://docs.fluentd.org/v0.12/articles/in_multiprocess

## chapter 8

Fluentd 운영 Tips

이번 장에서는 먼저 로그 수집의 목적을 이해하고, 인터넷 비즈니스를
성공할 수 있도록 로그 수집, 로그 관리의 개요, 기존의 로그
수집 구성의 문제점에 대해서 알아보고, 현대적인 로그 수집이란
무엇인가에 대해서 이야기합니다.

8-1 Fluentd 감시

안정된 로그 수집을 하기 위해서는 정기적으로 리소스와 성능의 감시, 시각화를 하여 장애의 징후를 미리 알아내야 합니다. Fluentd의 운영을 함에 있어서 필요한 프로세스와 CPU의 점유율의 감시, 포트 감시, 에러 로그 감시, End-to-End 감시, 버퍼의 리소스 감시, 성능 감시의 방법에 대해서 설명하겠습니다.

또한, 가동상태 감시와 경고 통지까지 Fluentd만으로도 할 수 있지만, 기본적으로 데이터의 수집과 보존에 특화하여 Fluentd를 사용하는 것이 안정적입니다. 기준치의 유연한 변경과 관찰설정 등은 역시 감시에 특화된 미들웨어에게 맡기는 편이 좋습니다.

프로세스 감시

프로세스가 작동되고 있는지를 확인할 필요가 있습니다. td-agent는 부모 프로세스인 Supervisor의 밑에서 Worker 프로세스를 띄우는 식으로 동작합니다. 또한, 미리 Fluentd의 설정 파일인 td-agent.conf에 그림 8.1의 설정을 앞부분에 넣어주세요.

그림 8.1 프로세스 감시에 필요한 사전 설정

```
<system>
  process_name fluentd
</system>
```

예를 들어 그림 8.2의 커맨드의 결과에서는 프로세스 ID가 28391인 Supervisor의 자식으로 프로세스ID가 28394인 Worker가 동작하고 있는 것을 알 수 있습니다.

그림 8.2 td-agent 데몬의 부모자식 관계

```
$ ps f -o pid,ppid,command -C ruby -C td-agent
 PID PPID COMMAND
28391 1 supervisor: fluentd
28394 28391 \_ worker: fluentd
```

또한, 이 Supervisor 프로세스에 다음 UNIX 시그널을 보내면 Worker 프로세스의 제어를 할 수 있습니다. HTTP RPC 통신으로 조작할 수 있도록 설정해 둔 경우라면 그렇게 컨트롤할 수도 있습니다.

- SIGINT/SIGTERM : 버퍼를 한 번 플러시하고 안전(Graceful)하게 프로세스를 정지한다
- SIGUSR1 : 버퍼를 한 번 플러시하고 로그 파일을 다시 연다(로그 로테이트 때 이용한다).
- SIGHUP : 버퍼를 한 번 플러시하고 Worker 프로세스를 재기동한다.

Linux상에서 동작하는 td-agent의 경우, 그림 8.3의 커맨드로 프로세스의 상태를 확인할 수 있습니다. 두 개의 프로세스가 중복으로 기동되어 버린 문제가 발생하진 않았는 지 Mackerel, Datadog, Prometheus, Nagios, Zabbix, Cacti 등의 도구를 사용해서 감시하도록 합니다.

그림 8.3. td-agent의 감시용 커맨드

```
# td-agent2의 예시
$ ps wwf -C ruby -C td-agent --no-heading
28391 ? Sl 0: 00 supervisor: fluentd
28394 ? Sl 0: 00 \_ worker: fluentd
```

운영 단계에서 부하가 걸려서 Fluentd의 처리가 쌓이기 시작하면 CPU 사용율이 100%가 되는 경우가 늘어나게 됩니다. 이런 경향이 있는지를 점검하고 관찰하기 위해 ps 커맨드보다 정확한 pidstat 커맨드를 이용하여 CPU점유율을 모니터링하는 편이 좋습니다.

Go 언어로 작성된 Pull형 감시 Go 언어로 작성된 Pull형 감시 도구 Prometheus[30]를 사용하는 경우에는 td-agent_exporter[31]를 이용해서 CPU 점유율을 모니터링할 수 있습니다.

감시 서비스인 Mackerel을 사용하는 경우에는 /proc/PID/stat의 내용을 파싱하는 Mackerel의 플러그인 mackerel-plugin-linux-stats[32]를 이용합니다. td-agent의 pid 파일을 지정하여 프로세스의 매트릭스 정보를 수집하면 간단하게 구현 가능합니다.

....

30 Google의 사내 감시툴 Borgmon에 영감을 받아 만들어진 감시 도구. 호스트와 서비스의 매트릭스 정보를 그래프로 보여주고, 쿼리를 사용해서 표시조건을 자유롭게 커스터마이징할 수 있는 차세대 감시 도구로 인기를 모으고 있다.

31 https://github.com/matsumana/td-agent_exporter

32 https://github.com/tkuchiki/mackerel-plugin-linux-proc-stats

그림 8.4 프로세스의 메모리와 CPU 점유율을 수집할 수 있는 Mackerel 플러그인의 실행 예

```
# pid 파일과 자식 프로세스에 대해서도 프로세스의 정보를 얻는다.
# label, value, unixtime 의 순서로 결과를 취득할 수 있다.
$ ./mackerel-plugin-linux-proc-stats -pidfile /var/run/td-agent/td-agent.pid -follow-
child-processes
ruby_process.cpu.usage 0.379206 1499796806
ruby_process.memory.rss 224759808.000000 1499796806
ruby_process.memory.vsize 724189184.000000 1499796806
ruby_process.num.processes 2.000000 1499796806
ruby_process.num.running 0.000000 1499796806
ruby_process.num.threads 36.000000 1499796806
```

Mackerel을 이용하지 않더라도 비슷하게 매트릭스를 수집하고 싶은 경우가 있을 것입니다. 감시 에이전트를 설치하지 않고 Go언어로 작성된 하나의 바이너리 파일만 가지고도 Fluentd에서 그 실행 결과를 수집하고 장기적으로 모니터링하는 방법도 있습니다. 빌드된 Go 언어의 바이너리를 릴리스 페이지에서 zip 파일로 받을 수 있습니다. 그 바이너리를 /etc/td-agent/plugin/bin/에 두고 그 실행 결과를 Fluentd에 추가하는 설정은 그림 8.5와 같습니다. 추가한 예시는 그림 8.6과 같습니다.

그림 8.5 Mackerel 플러그인의 실행 결과를 Fluentd에 추가하는 설정

```
# 여러 행의 데이터로부터 LTSV형식으로 변환하는 스크립트를 작성한다
# 1. sort 커맨드로 결과를 정렬하여 변경되지 않도록 한다.
# 2. cut 커맨드로 1열과 2열을 추출한다.
# 3. sed 커맨드로 "ruby_process."를 삭제제한다.
# 4. sed 커맨드로 라벨의 점(.)만, 언더스코어(_)로 치환
# 5. tr 커맨드로 태그를 콜론(:)으로 치환한다.
# 6. tr 커맨드로 개행을 탭(\t) 치환한다.

$ cat /etc/td-agent/plugin/bin/mackerel-plugin-linux-proc-stats.sh
/etc/td-agent/ plugin/ bin/ mackerel-plugin-linux-proc-stats \
  -pidfile /var/run/td-agent/td-agent.pid \
  -follow-child-processes ¦ sort ¦ cut -f'1,2' \
  ¦ sed -e 's/^[a-z_]*\.//g' -e 's/\([a-z]\)\./\1_/g' \
  ¦ tr '\t' ':' ¦  tr '\n' '\t'

# 출력을 치환하는 스크립트의 실행 결과
$ sh /etc/td-agent/plugin/bin/mackerel-plugin-linux-proc-stats.sh
cpu_usage:1.238960 memory_rss:75390976.000000
memory_vsize:524849152.000000 num_processes:2.000000
num_running:0.000000 num_threads:7.000000
```

```
# td-agent.conf에 작성하는 Fluentd의 설정 예시
<source>
  @type exec
  command sh /etc/td-agent/plugin/bin/mackerel-plugin-linux-proc-stats.sh
  format ltsv
  tag metrics.fluentd
  run_interval 30s
  types cpu_usage:float, memory_rss:float, memory_vsize:float, num_processes:float,
    num_running:float, num_threads:float
</source>

<filter metrics.fluentd>
  @type record_transformer
  enable_ruby
  <record>
    # 짧은 호스트명을 레코드에 추가한다.
    hostname "#{Socket.gethostname.split(".")[0]}"
  </record>
</filter>

<match metrics.**>
  @type stdout
</match>
```

그림 8.6 Mackerel 플러그인의 실행 결과를 Fluentd에서 받은 샘플 데이터

```
 $ tail /var/log/td-agent/td-agent.log
2017-07-14 12:31:42 +0900 metrics.fluentd:
{"cpu_usage":1.669759,"memory_vsize":524849152.0,"memory_rss":75304960.0,"num_running":
0.0,"num_processes":2.0,"num_threads":7.0,"hostname":"fluent-dev"}
```

Fluent의 CPU 점유율이 높은 수준을 유지하고 있을 때는 fluent-stackprof[33]를 사용해서 Fluentd의 debug_agent에 접속합니다. 실행 중의 샘플링 기간에 어떤 매소드를 몇 번 호출하고, 어느 정도 CPU시간을 사용하는지 조사할 수 있습니다.

구체적인 조사 방법에 대해서는 "fluent-plugin-uri_decode를 patch해서 CPU 점유율을 내리는 법"[34]이라는 포스트를 참고하기 바랍니다.

이런 조사가 즉시 가능하도록 하기 위해서도 debug_agent는 설치해 두는 것이 좋습니다.

....

33 https://github.com/sonots/fluent-stackprof
34 http://d.hatena.ne.jp/wyukawa/20170612/1497259282 (일본어)

다만, 외부 인터넷에서 접근할 수 없도록 설정해 둡니다.

포트 감시

Fluentd는 〈source〉 디렉티브에 지정한 Input 플러그인에 전달하는 설정에 따라 TCP와 UDP 포트를 엽니다. 포트를 감시하면 forward 플러그인을 이용한 Fluentd 인터페이스끼리의 소통에 문제가 없는 지도 확인할 수 있습니다.

대표적인 Input 플러그인이 이용하는 기본 포트는 다음 표 8.1과 같습니다. 온라인 문서에서는 http 플러그인은 8888 포트로 설명하고 있지만 표준은 9880 포트를 이용합니다.

어떤 쪽이든 신뢰할 수 있는 클라이언트와 통신하고 있다고 전제하고 있으므로 인터넷으로 직접 포트를 열고 있지 않은 지 확인합시다. 만약 JavaScript에서 직접 로그를 Fluentd로 보내고 싶을 때는 적당한 웹 애플리케이션을 통해서 레코드의 정합성을 체크하고서 fluent-logger에서 Fluentd로 전송해야 안전합니다.

표 8.1 대표적인 Input 플러그인이 사용하는 디폴트 포트 설정

플러그인	포트	프로토콜
tcp	5170	TCP
http	9880	TCP
monitor_agent	24220	TCP
forward	24224	TCP
debug_agent	24230	TCP

에러 로그 감시

Fluentd 자체의 로그는 fluent.**라는 태그에 다음과 같은 에러 로그가 남습니다. 〈match〉 디렉티브에서 패턴을 지정하면 에러 로그에 임의의 처리를 할 수 있습니다.

- fluent.info: {"message":"detected rotation of /tmp/fluentd-test.txt"}
- fluent.info: {"message":"following tail of /tmp/fluentd-test.txt"}
- fluent.info: {"message":"force flushing buffered events"}
- fluent.warn: {"message":"pattern not match:"test""}

- fluent.warn: {"tag":"foo.bar.test","message":"no patterns matched tag ="foo.bar.test""}
- fluent.warn: {"message":"emit transaction failed"}
- fluent.error: {"message":"forward error: queue size exceeds limit"}

일시적으로 버퍼가 처리를 못했다가 재시도를 해서 자동복구된 로그가 나온 경우, 그 빈도가 증가하면 근본적인 해결책이 필요합니다. 큰 장애는 작은 트러블의 로그에서 예측할 수 있는 경우가 있기 때문에 에러 로그의 모니터링을 해야합니다.

그림 8.7의 예시에서는 에러가 발생한 호스트명과 태그를 레코드에 추가하고 suppress 플러그인에서 interval 초의 간격 동안에 중복된 내용을 1번만 남기고 record_modifier에서 태그를 수정한 뒤에 forward 플러그인에서 Aggregator 노드에 전송합니다. 그 다음에는 채팅도구인 Slack이나 HipChat에 Alert용 그룹 채팅방에 통지를 하도록 합니다. 이번 예시에서는 채팅용의 메시지를 만드는 부분도 포함되어 있지만 이 부분은 Aggregator 노드나 더 상위의 서버에서 하는 편이 설정 변경에 용이합니다.

그림 8.7 에러 로그의 모니터링

```
# Fluentd의 내부에서 발생한 에러 로그를 기록한다
<match fluent.**>
  @type relabel
  @label @FLUENT_ERROR
</match>

<label @FLUENT_ERROR>
  # Add hostname for identifying the server
  <filter fluent.**>
    @type record_transformer
    enable_ruby
    <record>
      host "#{Socket.gethostname}"

      # tag의 분기처리는 복잡하기 때문에 레코드에 tag를 추가한다.
      tag ${tag}

      # 채팅용의 복수행의 메시지 생성
      # fluent.info [2017-07-12 06:17:41+0900]<개행> message
      chat1 "${tag} [${time.strftime('%Y-%m-%dT%H:%M:%S%z')}]
${record['message']}"

      # 채팅용의 복수행의 메시지 생성 예(한 행에 \n으로 지정하는 방법)
      # fluent.info [2017-07-12 06:17:41+0900]<개행> message
      chat2 "${tag} [${time.strftime('%Y-%m-%dT%H:%M:%S%z')}]\n${record['message']}"
```

```
    </record>
  </filter>

  <filter **>
    # 연속해서 나오는 로그를 처리.
    # td-agent-gem install fluent-plugin-suppress
    @type suppress
    interval 10
    num 2
    attr_keys host,message
  </filter>

  <filter **>
    @type grep
    # warn. error, fatal만 남기고 info는 제외한다.
    regexp1 tag fluent.(warn¦error¦fatal)
    # 무시해도 되는 메시지가 있다면 지정한다(임의).
    exclude1 message something foo
  </filter>

  <match **>
    # 태그를 수정한다.
    # td-agent-gem install fluent-plugin-record-modifier
    @type record_modifier
    tag app.fluentd
  </match>
</label>

<match app.fluentd>
  @type forward
  require_ack_response
  <server>
    host aggregator01.example.com
  </server>
</match>
```

@ERROR이라는 라벨은 Fluentd의 에러 스트림으로 불리는 플러그인 내부의 레코드에서 에러가 발생할 때 사용합니다. 에러 메시지는 @ERROR 라벨이 붙은 fluent.warn 태그로 레코드가 옵니다. 에러 메시지는 앞에서 설명한 것과 같이 통지하고 레코드 자체는 그림 8.8과 같이 로컬 파일에 남긴 뒤에 조사하거나 재시도할 수 있도록 준비합니다.

그림 8.8 @ERROR 라벨이 라우팅된 로그를 파일에 남긴다.

```
# 레코드의 문제로 재시도하지 못하고 송신에 실패한 레코드를 저장한다
<label @ERROR>
  <match **>
    @type file
    format json
    path /var/log/td-agent/forward-failed/dump
    buffer_type memory
    time_slice_format %Y%m%d_%H
    time_format %Y-%m-%dT%H:%M:%S%:z
    include_time_key true
    include_tag_key true
    append true
    flush_interval 10s
  </match>
</label>
```

만약 저장한 파일에 있던 문제가 해결되어 Fluentd가 다시 동작할 때는 그림 8.9와 같이 별도의 설정 파일을 만들어 둡시다. 다시 Fluentd에 레코드를 보내주는 커맨드는 그림 8.10과 같습니다.

그림 8.9 실패한 레코드의 재시도를 하는 설정

```
$ vi /etc/td-agent/recover.conf
# 실패한 레코드에 문제가 없다면 재송신한다
<source>
  @type tail
  format json
  path /var/log/td-agent/forward-failed/*.log
  pos_file /var/log/td-agent/forward-failed.pos
  time_key time
  time_format %Y-%m-%dT%H:%M:%S%:z
  read_from_head true
  tag recover
  @label @RECOVER
</source>

<label @RECOVER>
  <match recover>
    @type record_reformer
    remove_keys tag
    # 원래 레코드의 태그를 복원한다
    tag ${record['tag']}
```

```
  </match>

  <filter>
    @type stdout
  </filter>

  <match **>
    @type forward
    <server>
      host 127.0.0.1
    </server>
    log_level debug
    flush_interval 1s
    flush_at_shutdown true
  </match>
</label>
```

그림 8.10 실패한 레코드의 다시 읽기

```
# dry-run으로 설정 테스트를 한다
$ /opt/td-agent/embedded/bin/fluentd --config /etc/td-agent/recover.conf --dry-run
2017-07-10 00:41:26 +0900 [info]:reading config file path ="/etc/td-agent/recover.conf"
2017-07-10 00:41:26 +0900 [info]:starting fluentd-0.14.14 as dry run mode
2017-07-10 00:41:26 +0900 [info]:adding forwarding server '127.0.0.1:24224' ⏎
host="127.0.0.1" port=24224 weight=60 plugin_id="object:ed4a2c"

# 다시 읽기용의 설정으로 기동해서 기존의 Fluentd로 레코드를 전송한다.
$ /opt/td-agent/embedded/bin/fluentd --config /etc/td-agent/recover.conf
2017-07-10 00:46:02 +0900 [info]: #0 starting fluentd worker pid=27954 ppid=27950 ⏎
worker=0
2017-07-10 00:46:02 +0900 [debug]: #0 buffer started instance=25739440 stage_size=0 ⏎
queue_size=0
2017-07-10 00:46:02 +0900 [info]: #0 delayed_commit_timeout is overwritten by ⏎
ack_response_timeout
2017-07-10 00:46:02 +0900 [debug]: #0 rebuilding weight array lost_weight=0
2017-07-10 00:46:02 +0900 [info]: #0 following tail of /var/log/td-agent/forward-failed/ ⏎
dump.20170709_23.log
2017-07-10 00:46:02 +0900 [info]: #0 fluentd worker is now running worker=0
2017-07-10 00:46:03 +0900 [debug]: #0 enqueue_thread actually running
2017-07-10 00:46:03 +0900 [debug]: #0 flush_thread actually running
```

E2E(End-to-End) 감시

Fluentd 노드에서 End-to-End의 로그 전송이 끊김없이 계속 흐르고 있는지를 감시하려면 fluent-plugin-ping-message를 사용하면 됩니다. 플러그인의 추가는 td-agent-gem 커맨드를 사용해서 $ sudo td-agent-gem install fluent-plugin-ping-message로 설치합니다.

이 플러그인은 interval로 지정한 간격(디폴트는 60초)으로 호스트명을 값으로 하는 메시지를 data키로 보내고, 보내는 Fluentd에서 메시지를 받고 있는지를 지속적으로 감시합니다. check_interval(초기값은 3600초)의 기간에 한 번도 그 메시지가 도착하지 않는 회수가 notification_times에서 지정한 수(디폴트는 3회)만큼 되면, 도착해야 하는 메시지의 본문을 지정된 tag로 해서 보냅니다. 또한 받는 쪽에 새로운 값이 도착한 뒤에 처음으로 그 메시지 감시가 시작하기 때문에 보내는 쪽이 늘어나더라도 받는 쪽의 Fluentd의 설정을 변경할 필요는 없습니다. 그럼 보내는 쪽의 Forwarder 노드 설정은 그림 8.11, Aggregator 노드의 설정을 그림 8.12와 같습니다.

그림 8.11 전송하는 쪽의 Fluentd의 설정

```
<source>
  @type ping_message
  tag "ping.#{Socket.gethostname}"
  data ${hostname}
  interval 60
</source>

# ping_message를 Aggregator로 전송하도록 지정한다
<match ping.**>
  @type forward
  require_ack_response
  <server>
    name active-aggregator-server
    host aggregator01.example.com
  </server>
  <server>
    name backup-aggregator-server
    host aggregator02.example.com
    standby
  </server>
</match>
```

그림 8.12 Aggregator의 Fluentd 설정

```
<source>
  @type forward
  port 24224
  bind 0.0.0.0
</source>

<match ping.**>
  @type ping_message_checker
  tag alert.ping_message
  check_interval 3600 # 디폴트: 1시간
  notification_times 3 # 디폴트: 3회

  # 스탠바이의 Aggregator가 있는 경우에는
  # notifications no로 설정하여 경고를 막는다.
  notifications yes
</match>

# 보내온 호스트명을 사용해서 보내는 메시지를 만든다.
<filter alert.ping_message>
  @type record_transformer
  <record>
    message Fluentd node has down (ping was lost): ${record["data"]}
  </record>
</filter>

# ping 경고가 나오면 Slack의 그룹 채널에 남긴다.
<match alert.ping_message>
  @type slack
  webhook_url https://hooks.slack.com/services/xxxx/xxxx
  team xxxx
  channel %23watchdog # %23은 '#'의 HTML 엔티티문자
  username xxxx
  color danger
  icon_emoji :fluentd:
  buffer_path /var/log/td-agent/buffer/slack.alert.ping_message
  flush_interval 5s
</match>
```

이 설정으로 말단의 Forwarder 노드가 동작이 멈춰서 ping-message의 레코드가 도달하지 못하는 시간이 기준치를 넘어가면 Slack의 watchdog 채널에 그림 8.13과 같이 통지가 옵니다.

그림 8.13 로그 전송에 실패했을 때 통지 메시지

```
Fluentd node has down (ping was lost): app01.example.com
```

버퍼 리소스 감시

Fluentd에 표준으로 첨부되어 있는 플러그인 monitor_agent를 사용하면 리소스 이용현황을 HTTP 경유로 JSON이나 LTSV의 형태로 취득할 수 있습니다. 이것을 도입할 때는 설정 파일에 monitor_agent 플러그인을 호출하는 〈source〉 디렉티브를 그림 8.14과 같이 추가하고 Fluentd를 재작동합니다.

그림 8.14 monitor_agent를 활성화하는 설정

```
$ sudo vim /etc/td-agent/td-agent.conf
<source>
  @type monitor_agent
  bind 0.0.0.0
  port 24220
</source>
```

위 플러그인은 HTTP-API를 제공하고 있고 Fluentd의 구동 옵션과 프로세스ID 정보 외에 플러그인의 처리 현황을 JSON이나 LTSV 형식으로 취득할 수 있습니다. 디폴트 설정으로는 다섯 패턴의 URL을 이용할 수 있습니다. 확장자가 없는 경우가 LTSV 형식, .json 확장자는 JSON 형식으로 응답합니다.

- http://localhost:24220/api/config
- http://localhost:24220/api/config.json
- http://localhost:24220/api/config.json?debug=1
- http://localhost:24220/api/plugins
- http://localhost:24220/api/plugins.json

각각의 경우에 취득할 수 있는 내용의 샘플은 그림 8.15와 같습니다.

그림 8.15 Fluentd의 내부 정보를 취득하는 API의 실행 결과

```
# 기동 옵션 등을 취득한다.
$ curl -s http://localhost:24220/api/config.json | jq "."
{
  "pid": 28896,
  "ppid": 28893,
  "config_path": "/etc/td-agent/td-agent.conf",
  "pid_file": "/var/run/td-agent/td-agent.pid",
  "plugin_dirs": [
    "/etc/td-agent/plugin"
  ],
  "log_path": "/var/log/td-agent/td-agent.log"
}

# 플러그인별로 버퍼부터해서 각종 매트릭스 정보를 취득한다.
$ curl -s http://localhost:24220/api/plugins.json | jq "."
{
  "plugins": [
    {
      "plugin_id": "in_monitor_agent",
      "plugin_category": "input",
      "type": "monitor_agent",
      "config": {
        "@id": "in_monitor_agent",
        "type": "monitor_agent",
        "bind": "0.0.0.0",
        "port": "24220"
      },
      "output_plugin": false,
      "retry_count": null
    },
    {
      "plugin_id": "out_tdlog",
      "plugin_category": "output",
      "type": "tdlog",
      "config": {
        "@type": "tdlog",
        "apikey": "xxxxxx",
        "auto_create_table": "",
        "buffer_type": "file",
        "buffer_path": "/var/log/td-agent/buffer/td",
        "buffer_chunk_limit": 33554432
      },
      "output_plugin": true,
      "buffer_queue_length": 0,
      "buffer_total_queued_size": 0,
```

```
    "retry_count": 0
  }
 ]
}
```

버퍼의 상한을 넘어 로그의 손실이 발생하면 queue size exceeds limit 에러가 발생합니다. forward 받는 쪽의 Fluentd 인스턴스의 처리가 쌓여서 forward하는 쪽의 Fluentd 인스턴스에서는 버퍼가 플러시되지 않아 버퍼의 큐가 차게 되어 일어나는 에러입니다. 후자의 매트릭스 정보를 취득하는 API를 활용하면 이런 에러가 발생하기 전에 대응할 수 있게 됩니다. 한계치를 설정해두어 그 값을 넘으면 경고가 온다거나, 피크일 때 어느 정도의 여유가 있는지를 측정하기 위해 그래프화할 수도 있습니다.

여기에서는 다음의 5개의 Fluentd 매트릭스를 Munin으로 그래프화하는 방법을 소개하겠습니다.

- process (프로세스수)
- resource (메모리 사용량)
- buffer_queue_length (버퍼큐의 길이)
- buffer_total_queued_size
- retry_count

여기에는 https://github.com/moaikids/munin-fluentd에서 공개되어있는 Munin 플러그인을 사용합니다. 이 Munin 플러그인은 CentOS 6에서 사용할 수 있는 Python 스크립트로 다음 매트릭스정보를 그래프화합니다.[35]

설치는 그림 8.16 에서 설명합니다.

그림 8.16 Munin의 Fluentd 감시 셋업

```
# Fluentd를 위한 Munin 플러그인을 체크아웃
$ sudo git clone https://github.com/moaikids/munin-fluentd.git
/usr/local/src/munin-fluentd

# 추가 플러그인을 Munin의 플러그인 디렉토리에 인스톨
$ sudo cp /usr/local/src/munin-fluentd/plugins/fluentd/* /usr/share/munin/plugins/
```

---

35 유료 제품을 사용할 수 있다면 Mackerel이나 Datadog을 추천합니다.

```
# 추가 플러그인에 실행 권한을 부여하고 심볼릭 링크를 만든다.
$ sudo chmod +x /usr/share/munin/plugins/fluentd_*
$ sudo ln -s /usr/share/munin/plugins/fluentd_process
/etc/munin/plugins/fluentd_process
$ sudo ln -s /usr/share/munin/plugins/fluentd_resource
/etc/munin/plugins/fluentd_resource
$ sudo ln -s /usr/share/munin/plugins/fluentd_monitor_agent
/etc/munin/plugins/fluentd_monitor_agent

# Munin의 설정파일에 접속 정보를 입력한다
# /etc/munin/plugin-conf.d/munin-node 에 넣어도 된다
$ sudo vim /etc/munin/plugin-conf.d/fluentd
[fluentd*]
user munin
env.host localhost
env.port 24220
env.package td-agent

# munin-node를 재기동(클라이언트쪽만 해도 된다.)
$ sudo service munin-node restart
```

잠시 뒤에 그림 8.17, 그림 8.18, 그림 8.19와 같은 그래프가 만들어집니다. 리소스와 버퍼 이용량이 우상향이 되어 Fluentd의 성능이 점점 나빠진다고 판단될 때는 설정을 손보거나 서버의 증설 등 대책을 마련해야 합니다.

그림 8.17 프로세스 수의 추이

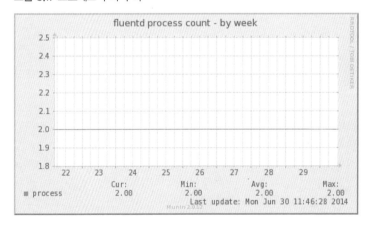

그림 8.18 리소스 이용량의 추이

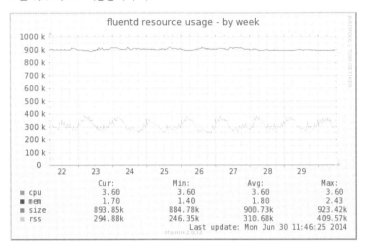

그림 8.19 버퍼 이용 현황의 추이

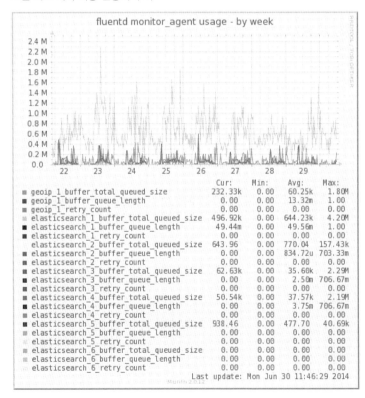

또한 이 예시에서는 3개의 다른 단위를 사용하는 버퍼 이용량을 하나의 그래프에 표시하고 있기 때문에 이용 환경에 따라서는 한 눈에 알아보기 힘들 수 있습니다. 그래서 retry_count, buffer_total_queued_size, buffer_queue_length를 각각의 그래프로 만들 때는 그림 8.20과 같이 심볼릭 링크를 만듭니다.

그림 8.20 Munin에서 monitor_agent의 감시를 시작

```
$ sudo ln -s /usr/share/munin/plugins/fluentd_monitor_agent /etc/munin/plugins/fluentd_mo
nitor_agent_buffer_queue_length
$ sudo ln -s /usr/share/munin/plugins/fluentd_monitor_agent /etc/munin/plugins/fluentd_mo
nitor_agent_buffer_total_queued_size
$ sudo ln -s /usr/share/munin/plugins/fluentd_monitor_agent /etc/munin/plugins/
fluentd_monitor_agent_retry_count
```

혹은 편하게 Fluentd의 감시, 그래프를 사용한 시각화를 클라우드 서비스를 사용하여 할 수도 있습니다. 다음과 같은 서비스가 많이 사용되고 있습니다. 어느 쪽이든 통지 기능도 지원합니다.

- Mackerel : https://mackerel.io/ja/
- Datadog : https://www.datadoghq.com/
- Amazon CloudWatch : https://aws.amazon.com/ko/cloudwatch/

성능 감시

Fluentd 노드사이에 메시지 도착의 지연시간을 측정할 때는 fluent-plugin-delay-inspector를 사용하여 메시지에 포함된 시간 정보와 도착했을 때의 시각을 비교한 결과를 delay키의 값으로 메시지에 추가합니다. 또한 이런 감시와 상관없이 각 서버의 시간을 NTP를 사용하여 맞춰두는 것은 매우 중요합니다.

애플리케이션 노드에서 Aggregator 노드로 전송하기까지의 지연을 계측하는 설정의 예시를 Forwarder 노드(그림 8.21), Aggregator 노드(그림 8.22)에서 각각 확인할 수 있습니다.

그림 8.21 로그의 수집을 하는 말단의 Forwarder 노드쪽 설정

```
<source>
  type tail
  format apache
  path /var/log/httpd/access_log
  pos_file /var/log/td-agent/apache.access.pos
  tag apache.access
</source>

# aggregator로 forward한다
<match apache.*>
  @type forward
  require_ack_response
  <server>
    name active-aggregator-server
    host aggregator01.example.com
  </server>
  <server>
    name backup-aggregator-server
    host aggregator02.example.com
    standby
  </server>
  buffer_path /var/log/td-agent/buffer/apache.access.pos
  flush_at_shutdown true
</match>
```

그림 8.22 Aggregation 노드쪽 설정

```
---------------------------------------------------------------
<source>
  @id in_forward
  @type forward
</source>

# aggregator에서 지연을 측정한다
<match apache.*>
  @id out_copy_apache
  @type copy
  <store>
    # AWS S3에 보존한다
    @id out_s3_apache
    @type s3
  </store>
  <store>
    # 지연을 측정한다
```

```
    @id out_delay_inspector_apache
    @type delay_inspector
    add_prefix delayinfo
  </store>
</match>

# Fluentd의 로그 파일에 출력한다
<match delayinfo.**>
  @id out_stdout_delayinfo
  @type stdout
</match>
```

여러 가지로 수집한 기준치를 td-agent의 파일에 남기고, 그것을 Nagios 등의 감시 미들 웨어에서 대응하는 게 좋습니다. Fluentd에서도 기준치 감시 플러그인, 통계/집계 플러그 인, 통지 플러그인을 조합해서 유연한 구조를 만들 수는 있지만, 기준치 등의 설정을 자주 조정해서 재작동하는 것을 가정하고 만든 것이 아니며, 원래의 목적인 로그 수집과도 다릅 니다. Fluentd가 일정시간 버퍼링해서 전송하는 구조라는 점에서도 동기처리가 아니라, 비 동기처리로 확실성을 확보하는 미들웨어이기 때문에 가동상태 감시와 같은 촌각을 다투는 용도로는 적합하지 않습니다.

Fluentd 내부의 매트릭스 수집과 계측에 관한 구체적인 플러그인 리스트에 대해서는 Appendix.A의 Fluentd 플러그인 모음을 참고해 주십시요.

Column | **fluent-plugin-measure_time 플러그인**

임의의 플러그인의 처리 성능을 계측할 때는 "fluent-plugin-measure_time"을 사용합니다.

이것은 임의의 클래스의 메소드를 후킹해서 프로파일링하는 플러그인입니다. 자세한 내용은 개 발자의 페이지 https://github.com/sonots/fluent-plugin-measure_time을 참고해 주세요.

8-2 로그 누락을 막기 위한 8가지 포인트

로그를 놓치지 않고 수집하기 위해서 Fluentd에는 재시도 기능을 포함해서 여러 가지 기능과 옵션이 구비되어 있습니다. 여기서 설명하는 포인트들을 잘 처리하면 점점 다루는 데이터의 양이 많아지거나 도중에 경로의 일부가 다운되더라도 멈추지 않고 안정적인 로그 수집을 할 수 있습니다.

Fluentd가 동작하는 머신의 설정, Fluentd 자체의 설정과 구성의 포인트, 보낼 때의 포인트에 대해서 8가지의 토픽으로 설명하겠습니다.

- 시스템 설정으로 로그 누락 막기
- 적절한 버퍼 설정하기
- 네트워크 단절에 대비하기
- 프로세스 다운에 대비하기
- 로그 누락을 막기 위한 forward 플러그인의 설정
- 로그 Aggregator의 이중 구성
- 종료 전에 버퍼를 플러시하기
- 메모리 버퍼가 있는 언어를 이용하기

█ 시스템 설정으로 로그 누락 막기

파일을 읽기 위해서 파일 디스크립터가 필요하며, 동시에 열수 있는 파일의 최대 개수가 제한되어 있습니다. 이 수치의 OS 기본값은 1024로 되어 있어 최대치에 도달하면 Fluentd는 버퍼 파일을 포함해서 파일을 읽을 수가 없게 되어 동작이 멈춥니다. Fluentd는 로그를 입력할 때의 통신, 출력할 때의 버퍼 파일이 파일 디스크립터를 일시적으로 많이 필요로 하기 때문에 65535 정도로 충분히 잡아두어야 안심할 수 있습니다.

td-agent 패키지를 설치하고 Fluentd를 작동하는 경우라면 작동할 때 파일 디스크립터의 상한을 늘리는 커맨드 ulimit -n 65535가 자동적으로 실행되기 때문에 따로 대응할 것이 없습니다. 하지만, td-agent 패키지를 사용하지 않고, gem install fluentd로 설치하거나 독자적으로 데몬화해서 사용하는 경우라면 상한 설정을 변경해야 합니다.

작동 스크립트가 있는 경우라면 그 안에 ulimit -n 65535를 실행하면 됩니다. 하지만, 그게 힘들 경우에는 수동으로 시스템 전체의 상한 설정을 늘려주기 위해서 그림 8.23과 같이

/etc/security/limits.conf를 편집하고 서버를 재작동합니다. 재작동한 뒤에 상한이 늘어난 것을 ulimit -n 커맨드로 확인할 수 있습니다.

그림 8.23 파일 디스크립터의 상한 변경

```
$ sudo vi /etc/security/limits.conf
# 아래를 추가한다
root soft nofile 65535
root hard nofile 65535
* soft nofile 65535
* hard nofile 65535
```

만약 TCP_WAIT가 최대로 나오는 환경이라면 Kernel 파라미터의 최적화가 필요한 경우도 있습니다. 이런 경우에는 그림 8.24의 설정을 추가하는 게 좋습니다. 다만 tcp_tw_recycle 에 대해서는 Linux에서 RFC1323에서 지정하는 것과 다른 곳에서 timestamp option을 구현하고 있기 때문에 이용할 때 주의가 필요합니다. 리스크를 피하기 위해 일단 /proc/sys/ 에 있는 파일에 반영하고 움직임의 변화를 확인한 뒤에 tcp_tw_recycle 이외의 설정을 /etc/sysctl.conf에 넣어서 sysctl -p 커맨드로 반영하거나 OS를 재작동합니다.

그림 8.24 /etc/sysctl.conf의 설정

```
 # /etc/sysctl.conf에 다음과 같은 내용을 추가한다
net.ipv4.tcp_tw_recycle = 1
net.ipv4.tcp_tw_reuse = 1
net.ipv4.ip_local_port_range = 10240 65535
```

적절한 버퍼 설정하기

Fluentd는 로그가 빠짐없이 수집되도록 하기 위해서 큐처리와 재송신 타이밍의 간격을 조절하는 등 세심하게 만들어졌습니다. 하지만, 서버의 리소스가 무한정 있는 것은 아니므로 버퍼의 내용을 잃는 등의 문제가 발생하지 않도록 시스템 규모에 맞춰서 버퍼의 설정을 조정해야 합니다.

〈match〉 디렉티브에서 지정한 보존과 외부통신을 하는 Output 플러그인은 BufferedOutput(비동기로 송신한다)과 TimeSlicedOutput(지정한 시간 단위가 될 때까지 버퍼에 보관했다가 송신한다)의 두 종류가 있습니다. 이 처리들 중에 네트워크의 장애 등으로 인해 처리가 실패했을 때 Fluentd는 버퍼에 담았다가 재시도를 합니다. 버퍼는 메모리와 파일 어느쪽이든 가능하지만 양쪽 다 용량의 제한이 있기 때문에 다루는 로그의 크기와 서버의 스펙을 고려해서 결정하도록 합시다.

버퍼의 파라미터는 6장의 "6-3 Fluentd의 설정 커스터마이즈"에서 설명했습니다. 이들 파라미터를 사용해서 버퍼를 플러시하는 기본적인 흐름은 그림 8.25와 같습니다.

그림 8.25 버퍼의 구조

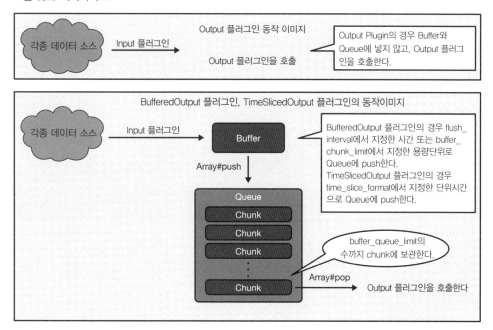

1. 청크라고 하는 큐에 로그 이벤트를 추가한다.

2. 사이즈(buffer_chunk_limit) 또는 시간(flush_interval)의 상한에 도달하면 그 청크 버퍼를 플러시한다.

3. 만약 버퍼의 플러시가 실패하면 해당 청크는 큐에 남기고 retry_wait의 지정 시간만큼 기다렸다가 다시 청크 버퍼의 플러시를 시도한다.

4. 만약 또 실패했다면 성공할 때까지 재시도 시간을 2배±12.5%(retry_wait가 1s라면 약 1초, 2초, 4초, ...)씩 늘려가면서 최대 max_retry_wait초 간격이 될 때까지 retry_limit 만큼 반복한다. 다만, disable_retry_limit true가 설정되어 있다면 계속해서 재시도를 한다.

5. 그래도 실패한 경우라면 그 청크는 폐기한다. 다만 forward 플러그인의 경우에는 〈secondary〉 설정이 있다면 거기에서 지정한 플러그인을 사용하여 파일 등으로 남긴다.

6. 청크 버퍼의 플러시를 할 때 이미 큐에 남아있는 청크의 수가 buffer_queue_limit를 넘겨있다면 새로운 로그 이벤트를 거부한다.

비동기로 송신하는 BufferedOutput에서는 청크버퍼를 비우는 flush_interval의 지정시간 또는 buffer_queue_limit의 상한 중에 어느쪽이든 먼저 오는 쪽으로 된다.

임의의 시간 단위로 송신하는 TimeSlicedOutput에서는 flush_interval은 사용하지 않고, time_slice_format 또는 time_slice_wait을 우선으로 합니다. time_slice_format의 타이밍에서 그 시간 단위의 청크 버퍼를 만들고, 새로운 청크 버퍼가 만들어지더라도 time_slice_wait로 지정한 초기값 10분 내에서 지연되어 도착한 레코드는 이전 청크 버퍼에 추가합니다. 이 동작은 레코드에 들어있는 시간의 메타 정보를 가지고 판단합니다. time_slice_wait 시간이 지나면 이전 청크 버퍼를 파일 등으로 출력합니다. 스토리지에 저장하는 fluent-plugin-s3 플러그인도 같은 방식으로 동작합니다.

만약 개발할 때 바로 결과를 확인하고 싶은 경우에는 flush_interval을 1s로 설정하면 그외의 2개의 파라미터는 무시됩니다. 관련 옵션의 디폴트값은 표 8.2와 같습니다.

표 8.2 버퍼 설정의 초기값

플러그인종류	buffer_type	buffer_chunk_limit	buffer_queue_limit	flush_interval	셧다운 되었을 때	초기값일 경우 최대 버퍼 사용량
BufferedOutput	memory	8MB	64	60	flush한다	메모리 8MB x 64 = 최대 512MB
BufferedOutput	file	8MB	256	60	flush하지 않는다.	디스크 8MB x 256 = 최대 2GB
TimeSlicedOutput	memory	256MB	64	지정없음	flush한다	메모리 256MB x 64 = 최대 16GB
TimeSlicedOutput	file	256MB	256	지정없음	flush하지 않는다.	디스크 256MB x 256 = 최대 64GB

버퍼관련 옵션을 설정할 때는 BufferedOutput 플러그인의 접속할 서비스가 최대 어느 정도 다운 또는 점검에 의한 계획 정지를 일으킬 수 있는지 고려해야 합니다. 클라우드 서비스라면 가동율 99.9%에 해당하는 9시간보다 더 충분하게 12시간 정도로 해두면 충분할 것입니다. 버퍼는 최대로 buffer_chunk_limit와 buffer_queue_limit를 곱한 용량만큼 만들어, 그것을 넘을 경우에는 예외 에러가 발생하여 새로운 로그를 처리할 수 없게 됩니다. 예상할 수 있는 다운타임의 로그 용량이 이 용량을 넘지 않도록 여유롭게 버퍼 용량, 수를 확

보하도록 설정합시다.

Fluentd 프로세스 전체에서 동시에 여는 파일의 수가 파일 디스크립터의 상한을 넘게 되면 그 이상의 청크를 만들 수 없다는 것도 주의해야 합니다. 1024를 넘는 청크 파일을 만드는 상황, 즉 디폴트 설정으로 4개의 BufferedOutput 플러그인을 이용한다면 그 상한을 변경해야 합니다.

만약 td-agent를 사용해서 Fluentd를 이용하는 환경이라면 작동 스크립트에서 동적으로 ulimit -n 65536으로 설정하므로 따로 조절할 필요는 없습니다. 그 외에 자신만의 작동 스크립트를 만들어 사용하는 경우에는 8장의 "시스템 설정으로 로그 누락 막기"를 참고하여, 파일 디스크립터의 최대값을 조정하도록 합시다.

superviserd를 사용해서 데몬을 따로 만든 경우에는 stopwaitsecs를 늘여서 2중 동작이 되지 않도록 조절해야 합니다. 종료할 때 버퍼를 플러시하는 플러그인의 처리가 시간이 걸릴 수도 있기 때문입니다.

buffer_path의 설정은 각각의 섹션에서 앞부분이 일치하지 않는 독립적인 경로를 설정해야 합니다. 동일 설정 내에 앞부분이 일치하는 buffer_path가 있을 경우, 정상 동작하지 않을 수 있습니다. 네임스페이스가 아니라, 파일시스템에서 앞부분이 일치하는 대상의 버퍼 파일의 리스트를 얻는 동작과 관련이 있습니다. 버퍼 파일의 파일명은 buffer_path에서 지정한 경로에 이어서 점(.)으로 구별된 태그와 해시값을 사용하여 만들어집니다. 이 문제를 해결하기 위해서는 그림 8.26과 같이 앞 부분이 일치하지 않는 buffer_path를 지정하거나, 슬래시를 사용하여 네임스페이스와 비슷하게 구분하는 방법이 있습니다.

그림 8.26 buffer_path가 경합하지 않도록 설정

```
# 앞부분이 일치하기 때문에 정상적으로 동작하지 않는 예
# pattern1 에서 pattern2도 처리하게 됨
<match pattern1>
  @type ...
  ...
  buffer_path /var/log/td-agent/buffer/foo
</match>

<match pattern2>
  @type ...
  ...
  buffer_path /var/log/td-agent/buffer/foo.bar
</match>
```

```
# 정상 동작하는 예1
<match pattern1>
  @type ...
  ...
  buffer_path /var/log/td-agent/buffer/foo.baz
</match>

<match pattern2>
  @type ...
  ...
  buffer_path /var/log/td-agent/buffer/foo.bar
</match>

# 정상 동작하는 예2
# foo/buffer를 foo/로 하면 점으로 시작하는 파일이 만들어지기 때문에
# ls 커맨드로 봤을 때 놓칠 수가 있다.
<match pattern1>
  @type ...
  ...
  buffer_path /var/log/td-agent/buffer/foo/buffer
</match>

<match pattern2>
  @type ...
  ...
  buffer_path /var/log/td-agent/buffer/foo.bar/buffer
```

네트워크 단절에 대비하기

애플리케이션 쪽의 로거에서 네트워크로 Aggregator에 직접 로그를 전송하는 것도 가능하지만 네트워크에 문제가 발생했을 때 재전송없이 로그를 잃어버릴 수 있습니다.

이 문제를 해결하기 위해서 Fluentd를 애플리케이션 쪽의 장비에 설치하고 큐를 가지고 Aggregator로 중계하도록 합니다. 로컬에 Fluentd를 띄우는 것은 Aggretator의 액티브/스탠바이가 모두 멈추더라도 자동으로 재전송처리를 반복하여 로그를 잃어버리지 않도록 하기 위해서입니다. 또한 여러 개의 메시지를 청크에 모아서 Aggregator로 보내면 데이터를 모아서 한꺼번에 보냄으로써 통신부하도 줄일 수 있습니다.

프로세스 다운에 대비하기

메모리 버퍼가 아니라 디스크버퍼를 사용하면 어떤 이유로 프로세스가 죽더라도 버퍼의 내용을 잃을 염려없이 이어서 처리를 할 수 있습니다. 이 설정은 BufferedOutput 플러그인에서 사용할 수 있는 옵션 buffer_type와 buffer_path로 설정합니다. 그림 8.27을 참고해주세요.

그림 8.27 디스크버퍼의 설정 예시

```
<match myapp.*>
  @type [플러그인 이름]
  [플러그인의 설정]
  buffer_type file
  buffer_path /var/log/td-agent/buffer/myapp.*.buffer
  flush_interval 0s # 디폴트는 60s
  try_flush_interval 1s # 디폴트는 1s
</match>
```

이번 예제에서 버퍼는 1초 간격으로 플러시됩니다. 동작은 try_flush_interval의 시간 간격으로 flush_interval을 실행하는 타이밍인가를 판정해서 버퍼를 플러시합니다. 파일로 출력할 경우에는 짧은 시간 간격으로 처리하게 되어 분할 단위가 작아지는 단점이 있습니다. 실시간성이 중요한 다른 Fluentd 노드에 송신하는 등 필요에 따라서 설정 예시와 같이 송신간격을 줄이는 편이 좋습니다.

또한, buffer_path는 다른 섹션과 충돌하지 않도록 주의해야합니다. 특히 동적인 설정을 만드는 플러그인, fluent-plugin-forest의 〈template〉 안에 동적인 설정을 하는 경우에 문제가 발생하는 경우가 많습니다.

로그 누락을 막기 위한 forward 플러그인 설정

로컬의 Fluentd 서버에서 상위 Fluentd 서버로 레코드를 전송할 때는 forward 플러그인을 사용합니다. 5장에서도 설명했듯이 기본 동작은 표 8.3 의 내용대로 QoS 레벨에서 가장 기본이 되는 "at-most-once"에 해당합니다. 상위 Fluentd 서버로 TCP 접속이 안되었을 때는 재시도처리를 하게 됩니다. 다만 접속은 되었지만, ACK가 돌아오지 않는 등 Fluentd의 애플리케이션층에서 문제가 발생하면 레코드의 손실이 발생합니다. 예를 들어 Fluentd

의 재작동 타이밍과 겹치거나 디스크의 남은 용량이 없어서 버퍼에 쓰지 못하거나 하면 프로세스와 플러그인의 스레드 자체가 행업(Hang-up)됩니다. 그 대책으로 "at-least-once"라는 기능이 require_ack_response 옵션에 추가되었습니다. ACK 응답이 플러그인에 정상적으로 레코드를 받고 나서 ACK 응답이 된다면, 타임아웃 등의 이유로 ack가 오지 않으면 다시 청크를 송신하도록 하는 동작을 말합니다. forward 플러그인에 require_ack_response true라는 설정을 부여하면 유효화됩니다. 이것이 큐관리를 하는 Amazon Kinesis나 SQS와 같은 레벨의 QoS입니다. 성능은 약간 희생해야 하지만 Fluentd 클러스터를 구축할 때는 "At-least-once" 기능을 이용하는 편이 좋습니다.

"at-least-once"를 사용하는 부작용으로 레코드가 중복하는 경우가 있을 수 있습니다. 물론 대책도 있습니다. 전송해야할 곳에 레코드가 도착해서 적절한 처리를 다 했지만 ACK 응답이 네트워크 불안정으로 잃어버렸을 경우입니다. 사실은 제대로 받아서 큐에 들어갔지만 만약 ACK 응답이 분실되면 Forward하는 쪽의 Fluentd는 에러라고 판단하여 재시도하게 됩니다. 이 경우에 중복을 막기 위해서는 Output 플러그인 자체 혹은 그 앞의 미들웨어와 클라우드서비스에서 대응이 필요합니다. 예를 들어 데이터웨어하우스인 TreasureData에 남기는 플러그인 fluent-plugin-td에서는 Fluentd 내부의 버퍼 ID를 가지고 중복을 막는 구조입니다. 그 외에도 필터 플러그인에서 UUID를 부여하는 것으로 Elasticsearch과 같이 중복 레코드를 발생시킨 경우에도 레코드가 중복되지 않는 곳이면 문제없습니다.

표 8.3 QoS의 종류와 그 동작의 비교

통신 시퀀스	At most once (QoS 0)	At least once (QoS 1)	Exactly once(QoS 2)
특징	최고1회 (1회 또는 0회) 메시지가 도착한다.	적어도 한 번은 메시지가 도착한다.	정확하게 한 번 메시지가 도착한다.
누락	누락되는 경우가 있다.	누락되지 않는다.	누락되지 않는다.
중복	중복하지 않는다.	중복할 수도 있다.	중복하지 않는다.
Fluentd	표준 대응	옵션 설정으로 대응	비대응

파일 디스크립터와 QoS의 설정을 하더라도, 다른 요인으로 로그 누락이 일어날 가능성에 대해서 다음과 같이 생각해 볼 수 있습니다.

1. 버퍼용량이 시스템의 상한을 넘어서 새로운 로그를 받을 수 없는 경우

2. 청크의 최대수인 buffer_queue_limit를 넘었을 경우

3. 재시도의 상한이 되어서 폐기된 경우

로그 누락을 최소한으로 막기 위해서 간단한 설정은 그림 8.28과 같습니다. 또한 이 설정은 "fluentd에서 로그가 누락될 가능성을 고려한다."[36]라는 포스트를 기반으로 기술되어 있습니다. 동작은 다음과 같습니다.

청크를 flush_interval에서 지정한 30초 간격으로 송신합니다. 레코드가 오면 buffer_path에서 지정한 경로로 시작하는 패턴의 버퍼 파일을 작성합니다. 그것이 하나의 청크라는 단위가 됩니다.

그 버퍼 파일에 flush_interval에서 지정한 30초동안은 기록을 하고, buffer_chunk_limit에서 지정한 4MB를 그 시간 안에 넘어버린 경우에는 하나 더 새로운 청크 파일을 만듭니다. flush_interval에서 지정한 30초가 경과하면 송신(플러시)합니다. num_threads를 2로 설정한다는 것은 2개를 병렬로 송신하는 것으로 buffer_chunk_limit의 4MB가 동시에 2개가 송신됩니다. 초당 최대 트래픽은 4MB x 2 = 8MB/sec = 64Mbps가 됩니다. 버퍼에 여러 개의 청크가 있는 경우에는 queued_chunk_flush_intervald에서 지정한 1초 동안 대기했다가 다음 청크를 보내기 시작합니다. require_ack_response를 true로 지정했기 때문에 받는 쪽의 Fluentd에 확실히 도착했다는 것을 ACK 응답으로 확인될 때까지 기다립니다. 여기서 만약 송신에 실패해서 재시도 하게 되는 경우에는 retry_wait에서 지정한 30초를 경과하면 다시 송신합니다. 그래도 실패한다면, 다음 재시도 간격을 ±12.5%로 랜덤하게 증가시킵니다. 점점더 길어지겠지만 max_retry_wait에서 1h, 즉 1시간보다 더 길어지지는 않기 때문에 수신하는 쪽의 서버가 복구되면 늦어도 1시간 이내에는 메시지의 송신을 할 수 있습니다.

그림 8.28 로그 누락을 최대한 방지하기 위한 forward 설정 예시

```
<match myapp.*>
  type forward
  # 임시 파일을 메모리가 아니라 파일을 사용해서 프로세스 다운에 대비한다.
  buffer_type file
  buffer_path /var/log/fluentd-sender/buffer/buffer
  # buffer_queue_limit의 설정으로 버퍼가 가지는 양의 상한을 결정한다.
```

....
36 http://blog.livedoor.jp/sonots/archives/44690980.html

```
# 여기서는 최대로 4m x 100000 파일 = 약 390 GB
buffer_queue_limit 100000
# 전송이 밀릴 경우 성능 저하를 대비
buffer_chunk_limit 4m
# 버퍼를 플러시하는 간격을 30초로 한다(초기값 : 60s).
flush_interval 30s
# 버퍼를 플러시하는 처리의 이벤트 루프의 간격
try_flush_interval 1
# 큐의 청크의 송신이 끝나고 나서 다음 청크를 송신할 때까지의 간격
queued_chunk_flush_interval 1
# 버퍼의 송신을 2개 동시에 하도록 설정해서 64Mbps(2x4MB / 1초)의 대역으로 제한
num_threads 2
# 버퍼의 송신에 실패했을 때 재시도간격(초기값 : 1초)
retry_wait 30s
# 점점 더 늘어나는 재시도 간격의 상한을 설정(초기값 : 무한)
max_retry_wait 1h
# 재시도를 무한히 하도록 설정 (초기값 : 17회)
disable_retry_limit true
require_ack_response true
send_timeout 60s # 초기값 : 60s
ack_response_timeout 61s # 초기값 : 190s
heartbeat_type tcp
recover_wait 10s # 초기값 : 10s
phi_threshold 16 # 초기값 : 16
hard_timeout 60s # 초기값 : send_timeout과 같음
<server>
  host 192.168.1.2
  port 24424
</server>
</match>
```

로그 Aggregator 이중 구성

Aggregator가 다운되었을 때에도 최소한의 지연으로 중계를 계속하기 위해서는 Aggregator를 2대 준비해서, SPoF (Single Point of Failure)가 없도록 이중구성을 합니다. 고가용성을 실현하기 위해서는 SPoF라는 단일장애지점을 없애야합니다.

구체적인 설정에 대해서는 보내는 쪽의 Fluentd 서버의 설정은 그림 8.29와 같이 〈server〉의 섹션을 추가합니다. 단순하게 〈server〉 섹션을 추가하는 것만으로는 듀얼마스터가 되기 때문에 일반적인 상황에서 사용하지 않는 스탠바이 호스트쪽에 standby라고 입력합니다.

그림 8.29 Forwarder의 설정

```
<match mytag.**>
  @type forward
  require_ack_response

  # 액티브쪽의 Fluentd를 지정한다
  <server>
    host 192.168.100.120
    port 24224
  </server>

  # 스탠바이쪽의 Fluentd를 지정한다
  <server>
    host 192.168.100.121
    port 24224
    standby
  </server>

  # flush_interval을 길게 하면 통신 빈도와 CPU 사용이 줄지만,
  # 그 트레이드 오프로 지연이 생겨서 실시간성이 떨어진다.
  flush_interval 60s
</match>
```

스탠바이쪽의 Aggregator의 설정 파일은 액티브쪽이랑 동일하게 하는 것이 좋습니다. 하지만 굳이 Aggregator의 이중 구성을 하지 않고 운영 코스트를 줄이는 것도 생각해 볼 수 있습니다. Aggregator 한 군데로 집약하는 것을 전제로 하는 설계로, 단위시간별로 집계하는 경우에는 이중 구성을 하지 않는 편이 운영면에서 좋습니다. 집약하지 않고 여러 대에 분산시키면 정확한 계측값을 얻지 못하거나, 집계값이 여러 대의 Aggregator에 기록되기 때문에 예기치 않은 동작을 할 수가 있습니다. 예를 들어 DB에서 유니크키 에러라든가, 저장장소의 파일 경로가 같아서 덮어쓰기가 되거나 하는 문제가 있을 수 있습니다.

그러므로, 데이터를 집약하는 Aggregator가 여러 대가 되므로써 문제가 발생한다면 스탠바이쪽의 Aggregator는 액티브 Aggregator로 보내기만 하는 큐로만 동작하던가, Aggregator를 1대만 만드는 편이 운영면에서 수고가 덜 드는 현실적인 구성입니다. 만약 Aggregator가 죽더라도 송신하는 쪽의 Fluentd가 복구될 때까지 버퍼링해서 재시도할 것이므로 로그의 누락을 막을 수 있습니다.

종료 전에 버퍼를 플러시하기

Fluentd 프로세스가 종료할 때 메모리 버퍼를 사용하는 플러그인은 버퍼를 플러시하고 나서 종료합니다. 디스크버퍼를 사용하는 플러그인은 기본 동작은 즉시 종료하고 다음 작동될 때 버퍼 파일의 데이터를 읽습니다. 여기에서 디스크 버퍼 기능을 가지는 플러그인을 사용해서 flush_at_shutdown true 옵션을 그림 8.30의 설정과 같이 유효하게 설정하면 버퍼를 플러시하고 나서 종료합니다. 서버를 필요할 때 띄워서 끝나면 버리는 운용(Disposable Infrastructure)에서는 반드시 필요한 설정입니다.

그림 8.30 버퍼를 플러시하는 설정

```
<match myapp.*>
 @type [플러그인 명]
 [플러그인 설정]
 buffer_type file
 buffer_path /var/log/td-agent/buffer/myapp.*.buffer
 flush_at_shutdown true
</match>
```

메모리 버퍼가 있는 언어를 이용하기

FluentdLogger와 HTTP 프로토콜을 이용해서 Fluentd에 레코드를 보내는 타이밍에 Fluentd 프로세스가 재작동하거나 해서 순단(Fluentd 프로세스가 재기동하여 순간적으로 끊어지거나 하면)이 발생하면 언어에 따라서는 누락이 발생합니다. 예를 들어 Ruby, Java, Python, Perl에서는 메모리 버퍼가 있기 때문에 Fluentd의 점검 등으로 재작동하는 순단으로는 별 문제가 없습니다. 하지만, PHP는 메모리 버퍼가 없는 언어입니다. 순단 발생시에 로그의 손실을 허용할 수 없는 경우라면 그림 8.31의 설정과 같이 파일에 저장하는 기능이 필요합니다.

그림 8.31 메모리 버퍼가 없는 PHP에서 로그를 JSON 형식의 파일로 출력하는 예시

```
<?php
$path = '/var/log/yourapp/yourapp_'.date('Y-m-d_H').'.json'
$timestamp = date('c'); // ISO 8601 형식의 날짜포맷
$message = array(
  'time'=>$timestamp,
```

```
  'tag'=>'app.hoge.activity',
  'name' => 'foo'
);
$record = json_encode($message).PHP_EOL;
error_log($record,3,$path);
```

또한, 차기의 td-agent3에 포함되는 Fluentd v0.14는 ServerEngine을 기반으로 합니다. ServerEngine은 Live Restart도 대응하므로 다운타임 없이 재작동할 수 있게 됩니다. 지금까지 PHP 언어에서는 Fluentd가 재작동 등으로 순단된 때의 로그는 tail 플러그인을 경유하지 않으면 forward 플러그인과 unix 플러그인에서는 잃어버릴 수 있기 때문에 Fluentd의 재작동이 힘들었습니다. 하지만, 앞으로는 PHP 언어를 위해서 파일로 로그를 남기고 tail 플러그인으로 수집하는 것이 아니라, unix 플러그인을 사용해서 UNIX 도메인 소켓 경유로 접속하기를 추천합니다. forward 플러그인에서도 동작하지 PHP의 구현 상 성능을 위해서 UNIX 도메인 소켓 경유로 접속하는 편이 더 좋습니다.

Fluentd에 포함된 out_forward 플러그인은 전송할 Fluentd 노드의 상태 확인(heartbeat)을 UDP[37]로 합니다. UDP 통신에 제약이 있는 환경의 경우 상위 Fluentd 노드로 보낼 때 ping은 문제가 없지만 "no node are available"이나 "detached forwarding server"라는 에러가 빈번히 발생합니다. 이 문제는 방화벽의 설정이나 VMWare의 특정 버전의 가상머신 등에서 발생하고 있습니다.

그림 8.32 커맨드로 UDP 통신에 제약이 있는 환경인지 구분할 수 있습니다. Forward 플러그인을 UDP 통신에 제약이 있는 환경에서 사용하면 TCP로 상태 감시를 하도록 설정이 변경되어 문제를 해결할 수 있습니다. 더욱 확실한 TCP 통신으로 Fluentd 노드의 상태 감시를 하려면 forward 플러그인을 지정하는 〈match〉 디렉티브에 heartbeat_type tcp라고 옵션을 지정하도록 합시다.

그림 8.32 UDP 통신에 제약이 있는지 확인하는 방법

```
# TCP 통신의 확인
$ telnet host 24224

# UDP 통신의 확인
$ nmap -p 24224 -sU host
```

---

37 Fluentd v0.10에서 v0.12까지는 표준이 UDP지만, Fluentd v0.14부터는 표준으로 TCP를 사용하게 되었습니다.

8-3 소유자가 root 유저인 로그 파일을 Fluentd로 수집하기

Fluentd의 tail 플러그인을 사용해서 로그 파일 수집을 할 때는 파일의 접근 권한이 문제가 될 수도 있습니다. 디폴트로 필요한 최소한의 권한만 부여된 경우에 일반 유저인 td-agent 로 Fluentd가 데몬화되어 있기 때문입니다.

root 유저가 소유한 로그 파일을 수집하기 위해서는 다음의 두가지 방법이 있습니다.

1. td-agent 데몬을 root 유저로 기동한다.
2. 로그 파일의 퍼미션을 조정한다.
    - 일반 유저도 읽을 수 있도록 퍼미션을 변경한다.
    - td-agent 유저를 root 그룹에 추가하고 로그 디렉토리/파일의 퍼미션을 변경한다.

이번에는 범용성이 높은 1번, root 유저로 td-agent를 작동하는 방법에 대해서 설명하겠습니다. 일단은 어떤 환경 변수가 있는지 작동 스크립트를 확인합니다. 동작을 제어하기 위해서 사용하는 환경변수는 그림 8.33과 같습니다. TD_AGENT_로 시작하는 환경변수를 사용해서 작동옵션을 제어하고 있습니다.

그림 8.33 작동 스크립트의 일부

```
$ grep ^TD_AGENT_ /etc/init.d/td-agent
TD_AGENT_NAME=td-agent
TD_AGENT_HOME=/opt/td-agent
TD_AGENT_DEFAULT=/etc/sysconfig/td-agent
TD_AGENT_USER=td-agent
TD_AGENT_GROUP=td-agent
TD_AGENT_RUBY=/opt/td-agent/embedded/bin/ruby
TD_AGENT_BIN_FILE=/usr/sbin/td-agent
TD_AGENT_LOG_FILE=/var/log/td-agent/td-agent.log
TD_AGENT_PID_FILE=/var/run/td-agent/td-agent.pid
TD_AGENT_LOCK_FILE=/var/lock/subsys/td-agent
TD_AGENT_OPTIONS="--use-v1-config"
TD_AGENT_ARGS="${TD_AGENT_ARGS:-${TD_AGENT_BIN_FILE} --log ${TD_AGENT_LOG_FILE}
${TD_AGENT_OPTIONS}}"
```

TD_AGENT_USER와 TD_AGENT_GROUP을 사용해서 유저와 그룹을 변경할 수 있습니다. 그림 8.34의 내용을 새로운 파일 /etc/sysconfig/td-agent에 입력하고 저장합니다.

그림 8.34 root 유저로 작동하기

```
$ sudo vim /etc/sysconfig/td-agent
TD_AGENT_USER=root
TD_AGENT_GROUP=root
```

파일을 수정한 뒤에 td-agent를 sudo service td-agent restart로 재작동하여 반영합니다. 다음으로 실제로 root 유저로 작동되었는지를 ps auxf | grep td-agent 커맨드로 확인해야 합니다.

8-4 Fluentd의 스테이징 환경을 만드는 법

Fluentd의 안정적인 운용을 위한 스테이징 환경을 만들기 위해서는 스트리밍 데이터 처리를 위한 방법이 필요합니다. 개발 환경이라면 테스트 데이터를 사용해서 테스트 정도는 할수 있습니다. 스테이징 환경에서 더욱 서비스 환경에 가까운 테스트를 하면 서비스 환경을 반영하고 난 뒤에 이상이 발생하는 것을 막을 수 있습니다.

Fluentd에 내장되어 있는 copy 플러그인에는 〈match〉 디렉티브에서 여러 개의 Output 플러그인에 로그를 복사해서 호출하는 기능이 있습니다. 그것을 사용해서 여러 개의 Fluentd 인스턴스에 보낼 수 있습니다. 이 플러그인을 이용해서 한쪽은 서비스 환경으로 하고, 복사한 다른 한 쪽은 스테이징 환경으로 보내면 실제 서비스 환경의 로그 파일을 사용해서 테스트를 할 수 있습니다. 이렇게 함으로써 설정 파일의 변경과 새로운 플러그인의 추가에 대한 테스트를 안심하고 할 수 있습니다.

스테이징 환경에 보내는 설정에서 copy 플러그인의 설정 예시는 그림 8.35와 같습니다.

그림 8.35 copy 플러그인의 설정

```
<match **>
  type copy
  <store>
    @type forward
    require_ack_response
    <server>
      # 서비스 환경의 Processor 노드로 전송한다.
```

```
      host 192.168.100.130
    </server>
  </store>

  <store>
    @type forward
    require_ack_response
    <server>
      # 스테이징 환경의 Processor 노드로 전송한다.
      host 192.168.200.130
    </server>
  </store>
</match>
```

초당 메시지의 흐름이 많으면, 스테이징 환경에 있는 Fluentd의 Processor 노드의 스펙에서는 처리하지 못할 수도 있습니다. 그 경우에는 fluent-sampling-filter를 사용해서, 예를 들어 1/10 정도로 로그양을 줄일 수도 있습니다. 또한 가용성을 더욱 높이기 위해서는 한 번 로컬 파일에 저장하고 다른 프로세스의 Fluentd에서 tail 플러그인으로 읽어서 느슨한 결합을 만들 수 있습니다. 이렇게 함으로써 설정에서 실수에 의해 Fluentd의 정지가 장기간 발생하더라도 영향을 최소화할 수 있습니다.

8-5 정리

이번 장에서는 Fluentd를 견고하게 운용하기 위한 노하우를 설명했습니다.

Fluentd의 감시방법
유명한 감시 도구로 외형 감시를 하기 위한 Fluentd쪽에서 할 일과 내부의 매트릭스 정보와 성능 지표의 수집, 플러그인의 병목을 조사하는 방법을 설명했습니다.

로그의 누락을 막는 8가지 포인트
OS의 설정과 버퍼 설계, Fluentd 노드의 구성을 최적화하고 로그 누락을 막는 forward 플러그인의 튜닝 예제를 설명했습니다.

Elasticsearch 입문

## chapter 9

데이터 저장소 입문

이번 장에서는 먼저 로그 수집의 목적을 이해하고, 인터넷 비즈니스를
성공할 수 있도록 로그 수집, 로그 관리의 개요, 기존의 로그
수집 구성의 문제점에 대해서 알아보고, 현대적인 로그 수집이란
무엇인가에 대해서 이야기합니다.

9-1 데이터 저장소 요건

로그의 데이터 저장소에는 다음과 같은 요건이 있습니다.

- 여러 가지 형식의 데이터를 보존
- 시간의 경과에 따른 증가에 대응
- 유연한 데이터 변경에 대응

여러 가지 형식의 데이터를 보존

로그의 형식은 여러 가지 데이터 형식이 존재합니다. 액세스 로그, 애플리케이션 로그, 이벤트 데이터 등이 있습니다. 데이터 저장소의 요건으로 여러 가지 다른 형식의 데이터를 신경쓰지 않고 저장할 수 있어야 합니다.

시간의 경과에 따른 증가에 대응

로그 데이터는 기본적으로 추가만 되는 데이터입니다. 데이터 저장소로써 시간이 경과할수록 증가하는 데이터를 보존하여, 스케일링할 수 있어야 합니다. 또한 간단하게 시간의 범위를 기준으로 데이터를 액세스할 수 있어야 합니다. 로그를 분석할 때 최근 데이터와 어떤 범위의 데이터에 대한 질의가 중요합니다.

유연한 데이터 변경에 대응

로그의 형식은 개발하면서 변경될 가능성이 있습니다. 로그 데이터가 변경되더라도 유연하게 대응할 수 있는 점이 데이터 저장소에게 필요합니다.

이런 요건을 만족하는 데이터 저장소에 대해서 간단하게 설명하겠습니다.

9-2 대표적인 데이터 저장소

Hadoop

Hadoop[1]은 대용량의 데이터를 HDFS(Hadoop Distributed File System)에 저장하여, 로그의 수집과 변형 등을 MapReduce[2]으로 병렬처리할 수 있습니다. 또한 Hive와 Pig 등, HDFS 상의 데이터를 MapReduce로 구현할 필요없이 처리할 수 있는 미들웨어도 나와 있습니다. 더욱 빠른 데이터 처리를 위한 Presto 등도 개발되어 있습니다. Hadoop은 주로 장기간에 걸쳐서 저장된 데이터를 가지고, 배치처리로 집계할 때 효율적으로 처리하기에 용이합니다.

InfluxDB

InfluxDB는 시계열 데이터, 이벤트, 매트릭스를 저장하는 목적으로 개발된 데이터 저장소입니다. 저장된 데이터를 얻는 HTTP 인터페이스도 가지고 있습니다. 또한, InfluxDB는 관리용의 WebUI도 있습니다.

Prometheus

Prometheus[3]는 SoundCloud 사가 개발한 OSS 모니터링 시스템입니다. 모니터링 대상이되는 서버에서 매트릭스를 취득(Pull)하는 Pull형 모니터링 시스템입니다. 내부에 독자적인 시계열 데이터베이스를 가지고 있어서, 쓰기와 읽기를 고속으로 처리할 수 있습니다. 또한 PromQL이라는 독자적인 쿼리언어로 시계열 데이터 처리를 하기 쉽습니다.

---

1 http://hadoop.apache.org/
2 Google이 도입한 분산 컴퓨팅의 프로그래밍 모델
3 https://prometheus.io/

9-3 정리

데이터 저장소의 요건

데이터 저장소의 요건에 대해서 간단하게 설명했습니다.

대표적인 데이터 저장소

Hadoop, InfluxDB 등 대표적인 데이터 저장소를 소개했습니다.

10장부터는 Elasticsearch에 대해서 소개하도록 하겠습니다.

## chapter 10

Elasticsearch 기초

4파트에서 소개할 Kibana의 백엔드로 채용되어 있는 것이
Elasticsearch입니다. 여기에서는 Elasticsearch의 아키텍처에
대해서 보도록 하겠습니다.

10-1 Elasticsearch 특징

Elasticsearch는 Shay Banon이 2010년에 OSS(Open Source Software)로 발표한 분산형 전문(全文) 검색 서버입니다. Apache Lucene[4]라는 전문 검색 라이브러리를 코어로 이용하고 있습니다. Elastic사에서 개발, 유지관리를 하고 있습니다.

Elasticsearch의 특징은 다음과 같습니다.

- OSS(Apache License v2)
  - Github상에서 오픈소스로 공개되어 있어, 수정에 대한 요청과 패치도 간단히 작성할 수 있다.
- 도큐멘트 지향
  - 도큐멘트 단위로 필드 정의를 할 수 있기 때문에 유연한 데이터 등록이 가능하다
- 분산 시스템
  - 인덱스를 분산해서 저장하고, 검색한다. 스케일아웃을 처음부터 생각한 설계
- 멀티테넌시
  - 여러 개의 인덱스를 등록할 수 있다.
- RESTful API
  - 데이터의 조작과 설정, 감시 등의 필요한 기능이 HTTP 인터페이스로 이용가능하다
- 근실시간
  - 데이터를 근실시간으로 검색가능하다

Elasticsearch는 전문 검색 서버로 만들어졌습니다. 로그를 검색해서 해석하는 환경을 구축할 때 Kibana와 같이 조합해서 사용할 수 있습니다. Elasticsearch의 장점으로 전문 검색의 각종 기능을 이용할 수 있다는 점을 들 수 있습니다. 로그와 해석하려는 데이터를 검색하여 모니터링 대상이 되는 매트릭스를 정리할 수 있습니다.

---

4 http://lucene.apache.org/

10-2 아키텍처

Elasticsearch의 아키텍처와 여러 가지 용어에 대해서 간단히 설명하겠습니다.

▌노드

Elasticsearch의 하나의 프로세스에 해당합니다. 하나의 서버 안에 여러 개의 노드를 구동할 수 있습니다. 노드는 개별 이름과 ID를 가지고 식별할 수 있습니다.

노드명은 디폴트로 UUID(Universally Unique Identifier)의 앞자리 7자리의 문자를 사용합니다(내부에서 노드의 ID로는 UUID를 이용합니다).

▌클러스터

Elasticsearch는 여러 개의 노드를 하나의 Elasticsearch로서 동작시킬 수 있습니다. 그 노드군을 클러스터라고 합니다. 클러스터를 구성함으로써 대량의 데이터를 여러 개의 노드에 분산해서 유지할 수 있습니다. 또한 가용성과 검색 성능의 향상을 위해서 클러스터 안에 데이터 복제본인 레플리카를 둘 수도 있습니다. 클러스터로의 데이터 등록, 검색은 각 노드들에게 요청으로 변환되어 각 노드에서 처리를 합니다. 클러스터를 구성하기 위해서는 각 노드에 동일한 클러스터 이름을 지정합니다. 클러스터명은 디폴트로 "elasticsearch"입니다.

클러스터와 노드는 그림 10.1과 같은 관계를 가집니다. 각 노드가 뒤에 설명하는 인덱스의 데이터를 가지고 검색을 실행합니다.

그림 10.1 클러스터와 노드의 관계

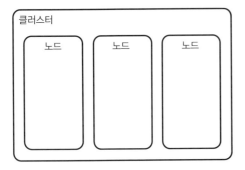

도큐멘트

 Elasticsearch가 취급하는 데이터의 최소 단위를 도큐멘트라고 합니다. 일반적으로 JSON 형식의 데이터가 됩니다. RDBMS(Relational DataBase Management System)의 레코드 하나에 해당합니다. 다만, Elasticsearch는 스키마프리이기 때문에 각 도큐멘트는 서로 다른 구조를 가질 수 있습니다. 또한 도큐멘트는 복수의 필드로 구성되고 공통의 항목(필드)은 같은 형(타입)을 가져야 합니다.

필드

RDBMS의 컬럼에 해당합니다. 필드별로 형(숫자, 문자열 등)을 지정할 수 있습니다. 필드의 설정은 검색, 표시에 영향을 줍니다. 어떤 검색을 할 것인 지, 어떤 필드를 이용할 것인가를 생각해서 데이터를 등록할 필요가 있습니다.

인덱스

인덱스는 도큐멘트의 집합입니다. Elasticsearch는 기본적으로 인덱스 단위로 데이터를 관리합니다. 인덱스가 클러스터의 노드에 분산되어 저장되기 때문에 대량의 데이터를 다룰 수 있게 됩니다. 인덱스를 노드에 분산하기 위한 단위가 샤드입니다.

█ 타입(인덱스타입)

인덱스에 등록하는 도큐멘트를 논리적으로 분류하기 위한 기능입니다. 타입을 사용하면 인덱스에 여러 가지 종류의 도큐멘트를 저장하더라도 관리하기 쉽습니다. 도큐멘트는 타입을 하나만 지정할 수 있습니다. Elasticsearch에서 하나의 인덱스에 여러 개의 타입을 사용할 수는 있지만, 어떤 인덱스의 다른 타입이라도 같은 필드는 같은 형이어야 한다는 제한이 있기 때문에, 기본적으로는 1인덱스 1타입을 추천합니다. 다음 메이저 버전인 6.x에서는 1인덱스 1타입 만이 허용되는 것으로 확정되었습니다(참고:Only allow one type on 6.0 indices[5]). 참고로 7.x 버전에서는 타입이 완전히 사라지게 됩니다(참고: https://www.elastic.co/guide/en/elasticsearch/reference/current/removal-of-types.html).

인덱스, 타입, 도큐멘트의 관계는 그림 10.2와 같습니다.

그림 10.2 인덱스, 타입, 도큐멘트의 관계

█ 샤드(세그먼트)

작은 단위로 분할한 인덱스를 샤드라고 합니다. 다른 데이터 저장소에서는 파티션 등으로 불리기도 합니다. Elasticsearch는 이 샤드를 클러스터의 각 노드에 할당해서 분산시킵니다. 이 샤드의 수가 데이터를 분산시킬 수 있는 상한 개수입니다.

---

5 https://github.com/elastic/elasticsearch/pull/24317

하나의 인덱스를 몇 개의 샤드로 분할하는 것은 인덱스를 만들 때만 가능하다는 것에 주의해 주세요. Elasticsearch 2.3부터는 Reindex API가 도입되었습니다. 이것을 사용하면 Elasticsearch 안의 다른 인덱스에 데이터를 재등록할 수있게 됩니다. 이 때 새로운 인덱스의 샤드수를 변경하면 샤드 분할 수를 변경할 수 있습니다.

프라이머리 샤드/레플리카 샤드

샤드에는 프라이머리 샤드(Primary Shard)와 레플리카 샤드(Replica Shard)가 있습니다. Elasticsearch는 데이터 등록의 요청이 오면, 프라이머리샤드에 데이터를 저장하고나서 레플리카 샤드에 데이터를 복사합니다. 레플리카 샤드는 프라이머리 샤드의 복사본입니다.

클러스터에 인덱스와 샤드를 분산시키면 그림 10.3과 같은 배치가 됩니다.

그림 10.3 클러스터 상의 인덱스와 샤드

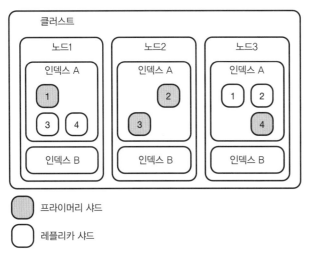

매핑

인덱스에 저장되는 데이터의 구조를 정의하기 위해서 매핑(Mapping)이란 것을 이용합니다. 매핑에는 타입별로 도큐멘트의 필드가 어떤 이름으로 어떤 형의 데이터가 저장될 것인가를 기술합니다.

역인덱스(Inverted Index)

Elasticsearch의 인덱스는 Apache Lucene을 사용해서 데이터를 관리합니다. Apache Lucene은 전문(全文) 검색을 하기 위해 데이터를 역인덱스로 변환해서 저장하고 검색합니다. 역인덱스(Inverted Index)는 입력한 문장을 특정 기준으로 분할한 뒤, 분할한 단어가 어느 도큐먼트에 있는지를 쉽게 알 수 있도록 단어와 도큐먼트 ID를 매핑한 색인입니다.

책의 색인과 같이 단어로부터 단어가 나타난 페이지를 찾는 것을 생각하면 이해하기 쉬울 것입니다.

입력 데이터를 단어로 분할하는 처리를 토큰화(tokenize)라고 합니다. 토큰화는 데이터를 저장, 검색하기 위해서 중요한 부분입니다.

로그 데이터를 원하는 형태로 검색, 표시하는 방법은 뒤에서 설명하겠습니다. 여기까지 간단하게 Elasticsearch의 중요 용어들에 대해서 설명했습니다.

10-3 로그 데이터를 저장하는 단위

일반적으로 전문 데이터(문장 등)를 검색하기 위해서 검색하려는 데이터의 묶음별로 인덱스를 만들어서 보관합니다. 데이터의 묶음 자체는 그렇게까지 급격하게 증가하지 않습니다. 다만, 로그 데이터는 매일 데이터양이 증가하게 됩니다.

앞에서 샤드에 대해서 설명했듯이 Elasticsearch는 인덱스를 구성하는 샤드수를 인덱스 생성 시에만 설정할 수 있습니다. 따라서 로그 데이터와 같이 매일 증가하는 데이터를 하나의 인덱스로 저장하면 스케일아웃할 때 인덱스를 다시 생성해야합니다. 또한 Elasticsearch의 데이터구조의 특성상 인덱스 안에서 지정된 조건의 데이터만 삭제하는 처리는 힘듭니다.

이런 경우를 피하기 위해 로그 데이터를 저장할 때는 하루치의 로그 데이터를 하나의 인덱스로 등록하는 방법이 있습니다. 날짜가 바뀔 때에 새롭게 인덱스를 생성하는 것으로 스케일아웃에 대응할 수 있습니다. 또한 Elasticsearch는 여러 개의 인덱스에 대해서도 검색이 가능합니다.

Fluentd와 Logstash는 날짜가 바뀌는 타이밍에 인덱스를 작성하도록 Elasticsearch에 요청

을 보내는 기능을 가지고 있습니다. 날짜가 있는 인덱스명을 만들고, 데이터를 저장합니다. 또한 이 기능에는 주의할 부분이 있습니다. 인덱스명에 사용하는 날짜는 보통 UTC(세계표준시)로 변환된 상태입니다. 한국의 경우 아침 9시에 인덱스가 바뀌므로 주의해 주세요.

여기까지 Elasticsearch이 특징에 대해서 보았습니다. 다음 장에서 Elasticsearch의 설치와 실행 방법에 대해서 알아봅시다.

10-4 정리

Elasticsearch의 특징
OSS, 멀티테넌시, RESTful API 등 Elasticsearch의 특징에 대해서 알아보았습니다.

아키텍처
노드, 클러스터, 도큐먼트 등의 용어를 소개하면서 Elasticsearch의 아키텍처에 대해서 소개했습니다.

로그 데이터의 취급
Elasticsearch에서 로그 데이터를 다룰 때의 포인트를 소개했습니다. 로그 데이터를 저장할 때 날짜가 바뀌는 경우에 새로운 인덱스를 생성해 주세요.

chapter *11*

Elasticsearch 시작

본 장에서는 Elasticsearch의 설치 방법과 주요 설정에 대해서
설명하겠습니다. 또한 인덱스를 실제로 생성하는 방법과 검색,
도큐먼트를 등록할 때 중요한 매핑하는 방법에 대해서도
설명하겠습니다. Elasticsearch의 기본적인 동작을 익혀봅시다.

11-1 준비

Elasticsearch는 Java로 구현되어있기 때문에 JDK(Java Development Kit) 또는 JRE(Java Runtime Environment)가 필요합니다. Oracle JDK 1.8.0u73[6]이 2017년 1월 시점에서 추천하는 버전입니다. 그리고, OpenJDK에서도 동작합니다. 또한, JDK 1.8.0u40 이상의 버전을 사용해 주세요.

다음으로 Elasticsearch를 다운로드합니다. Elasticsearch의 최신판은 다음 URL에서 다운로드 받을 수 있습니다.

- https://www.elastic.co/downloads/elasticsearch

2017년 1월 시점에서는 elasticsearch-5.4.3.tar.gz(Windows를 사용하는 경우에는 zip)이 최신판입니다.[7] 다운로드한 파일의 압축을 풉니다(그림 11.1).

그림 11.1 Elasticsearch의 압축 해제

```
$ tar -xvf elasticsearch-5.4.3.tar.gz
```

그림 11.2는 배포된 Elastsicsearch의 디렉토리 구조입니다.

그림 11.2 Elasticsearch의 디렉토리 구성

```
elasticsearch-5.4.3
├── bin        # 실행 스크립트 디렉토리
├── config     # 설정 파일 디렉토리
├── modules    # 모듈 디렉토리
├── lib        # 각종 jar 파일 디렉토리
└── plugins    # 글러그인 설치 디렉토리
```

▌설치

tgz나 zip을 다운로드한 경우는 설치할 필요가 없습니다. tgz나 zip 이외에도 Debian과

---

6 역자주 : 2018년 6월 시점에서 추천되는 버전은 10.0.1 입니다.
7 역자주 : 2018년 6월 시점에서는 6.2.4가 최신판입니다.

RPM 패키지가 있기 때문에 환경에 맞춰서 사용하면 됩니다. 그리고, Puppet[8]의 모듈과 Chef의 쿡북[9], Ansible의 Playbook[10]도 준비되어 있습니다.

11-2 Elasticsearch 기초

실행

그럼 Elasticsearch를 실행해 보도록 합시다. 이번 장에서는 tgz 파일의 압축을 풀어 설치한 환경을 가지고 설명하도록 하겠습니다. 실행하려면 터미널을 작동해서 그림 11.3의 커맨드를 실행합니다.

그림 11.3 Elasticsearch의 실행

```
$ cd elasticsearch-5.4.3
$ ./bin/elasticsearch
```

이것으로 Elasticsearch를 간단히 실행할 수 있습니다. 터미널에는 그림 11.4와 같은 로그가 출력될 것입니다.

그림 11.4 Elasticsearch의 로그

```
[2017-07-03T15:03:25,387][INFO][o.e.n.Node] [] initializing...
[2017-07-03T15:03:25,621][INFO][o.e.e.NodeEnvironment] [d_8-5 Yi] using [1] data paths,
mounts [[/ (/dev/disk1)]], net usable_space [98.5gb], net total_space [464.7gb], spins?
[unknown], types [hfs]
...
[2017-07-03T15:03:41,147][INFO][o.e.n.Node] [d_8-5Yi] started
[2017-07-03T15:03:41,160][INFO][o.e.g.GatewayService] [d_8-5Yi] recovered[0] indices into
cluster_state
```

---

8 https://github.com/elastic/puppet-elasticsearch

9 https://github.com/elastic/cookbook-elasticsearch

10 https://github.com/elastic/ansible-elasticsearch

실제로는 몇 가지 설정해야 하는 항목들이 있지만, 그 부분은 뒤에서 설명하도록 하겠습니다. 그럼 Elasticsearch에 액세스해 봅시다. 그림 11.5와 같이 curl 커맨드를 사용합니다.

그림 11.5 curl을 사용한 접근

```
$ curl -XGET http://localhost:9200/
```

Elasticsearch에는 http로 액세스합니다. 그림 11.5의 커맨드를 실행해서 그림 11.6과 같은 응답이 돌아오면 Elasticsearch가 성공적으로 실행된 것입니다.

그림 11.6 Elasticsearch의 응답(Response)

```
{
  "name" : "d_8-5Yi",
  "cluster_name" : "elasticsearch",
  "cluster_uuid" : "ADSM3fEUT1CMJyeCFColkg",
  "version" : {
    "number" : "5.4.3",
    "build_hash" : "eed30a8",
    "build_date" : "2017-06-22T00:34:03.743Z",
    "build_snapshot" : false,
    "lucene_version" : "6.5.1"
  },
  "tagline" : "You Know, for Search"
}
```

name이 노드명입니다. 이 예제의 노드명은 "d_8-5Yi"입니다.

여러 개의 노드를 실행

그럼 노드를 하나 더 실행해 보도록 하겠습니다. Elasticsearch 5.0 이후로는 같은 Elasticsearch의 디렉토리를 이용하는 경우 디폴트로 1개의 Elasticsearch만 실행할 수 있는 구조로 되어 있습니다. 잘못해서 여러 개의 Elasticsearch를 동시에 실행하지 않도록 위해서입니다.

이번에는 시험삼아 2개의 Elasticsearch 프로세스를 같은 디렉토리를 사용할 수 있도록 설정을 변경해 보겠습니다. 실제 환경에서는 추천하지 않습니다. config/elasticsearch.yml

파일에 그림 11.7을 추가합니다.

그림 11.7 설정 파일에 한 줄 추가하기(config/elasticsearch.yml)

```
node.max_local_storage_nodes: 2
```

다른 터미널을 띄우고, 그림 11.8의 커맨드를 실행합니다. 방금 전과 같은 경로에서 같은 커맨드입니다.

그림 11.8 두 번째 노드의 실행

```
$ cd elasticsearch-5.4.3
$ ./bin/elasticsearch
```

그림 11.9를 보면, 5i6V_wp라는 노드명을 확인할 수 있습니다. 또한, detected_master라는 로그가 터미널에 출력되어 있습니다. 이것은 5i6V_wp라는 노드가 처음에 기동된 d_8-5Yi라는 노드를 발견하고 클러스터에 참가했다는 것을 나타냅니다. Elasticsearch는 디폴트로 동일한 클러스터명을 갖는 Elasticsearch를 localhost에서 찾으면 클러스터에 참가하게 되어 있습니다.

그림 11.9 두 번째 노드의 로그

```
[2017-07-03T15:05:13,460][INFO][o.e.n.Node][]initializing ...
[2017-07-03T15:05:13,547][INFO][o.e.e.NodeEnvironment][5i6V_wp] using [1] data paths,
mounts [[/(/dev/disk1)]], net usable_space [98.5gb], net total_space [464.7gb], spins?
[unknown], types [hfs]
...
[2017-07-03T15:05:26,152][INFO][o.e.c.s.ClusterService][5i6V_wp] detected_master {d_8-
5Yi}{d_8-5YiJQHeRHLMz859u6Q}{7kqi9146RSKYMA3l4c0uww}{127.0.0.1}{127.0.0.1:9300}, added
{{d_8-5Yi}{d_8-5YiJQHeRHLMz859u6Q}{7kqi9146RSKYMA3l4c0uww}{127.0.0.1}{127.0.0.1:9300},},
reason: zen-disco-receive(from master [master {d_8-5Yi}{d_8-5YiJQHeRHLMz859u6Q}{7kqi9146R
SKYMA3l4c0uww}{127.0.0.1}{127.0.0.1:9300} committed version [3]])
[2017-07-03T15:05:26,198][INFO][o.e.h.n.Netty4HttpServerTransport][5i6V_wp]
publish_address {127.0.0.1:9201}, bound_addresses [[fe80::1]:9201], {[::1]:9201},
{127.0.0.1:9201}
[2017-07-03T15:05:26,205][INFO][o.e.n.Node][5i6V_wp] started
```

클러스터의 상태 확인

클러스터의 상태를 확인하기 위해서는 그림 11.10의 커맨드를 실행합니다.

그림 11.10 클러스터의 상태 확인

```
$ curl -XGET http://localhost:9200/_cluster/health?pretty
```

그림 11.11과 같은 응답을 돌려줍니다. number_of_nodes가 2가 되고 클러스터의 2개의 노드(앞에서 이야기한 예에서는 d_8-5Yi와 5i6V_wp)의 존재가 확인되었습니다. 또한 status가 클러스터의 상태를 나타내고 있습니다. green이 정상인 상태입니다.

그림 11.11 클러스터의 상태

```
{
  "cluster_name" : "elasticsearch",
  "status" : "green",
  "timed_out" : false,
  "number_of_nodes" : 2,
  "number_of_data_nodes" : 2,
  "active_primary_shards" : 0,
  "active_shards" : 0,
  "relocating_shards" : 0,
  "initializing_shards" : 0,
  "unassigned_shards" : 0,
  "delayed_unassigned_shards" : 0,
  "number_of_pending_tasks" : 0,
  "number_of_in_flight_fetch" : 0,
  "task_max_waiting_in_queue_millis" : 0,
  "active_shards_percent_as_number" : 100. 0
}
```

여기까지가 노드의 실행, 클러스터의 구축에 대한 설명입니다. 그럼 다음은 실제 환경에서 Elasticsearch를 실행하기 위해 필요한 최소한의 설정을 해 보도록 합시다.

11-3 설정

Elasticsearch에는 설정 가능한 항목이 많습니다. 여기에서는 최소한으로 필요한 설정 항목들에 대해서 설명하도록 하겠습니다.

Elasticsearch 5.0부터 Bootstrap Check라는 기능이 도입되었습니다. 설정이 잘못되었을 경우 서비스 환경에서 실행하면 (네트워크 설정을 할 때) 에러를 내고 실행이 되지 않습니다. Bootstrap Check의 대상이 되는 설정은 Bootstrap Check 대상이라고 표시하도록 하겠습니다. 그 외의 항목에 대해서는 공식가이드를 참고해 주세요.

- 공식가이드 : https://www.elastic.co/guide/en/elasticsearch/reference/5.4/bootstrap-checks.html

▌ 환경변수

Heap 사이즈(Bootstrap Check 대상)

Elasticsearch 5.0부터는 config/jvm.options에 JVM의 설정을 하게 되었습니다. 물론 환경변수 ES_JAVA_OPTS를 사용해서 설정하는 것도 가능합니다.

-Xmx2gb, -Xms256m와 같이 값을 지정합니다. 디폴트는 모두 2g로 되어 있습니다. -Xmx와 -Xms는 동일한 값을 지정하도록 합시다.

힙사이즈는 실제 메모리의 절반을 최대한으로 설정해 주세요. 또한 32GB 이하로 설정해야 합니다. Elasticsearch(Lucene)의 인덱스는 온메모리도 동작 가능하지만 메모리의 사이즈보다 커지는 경우가 많습니다. 파일캐시를 유용하게 활용하기 위해서 OS가 이용할 수 있는 메모리를 충분히 확보할 필요가 있습니다.

JVM의 Compressed oops 문제로 힙 메모리는 최대 30.5GB를 넘기지 않는 것이 권장 가이드입니다. 30.5GB ~ 32GB 사이에서도 Compressed oops를 사용하지 않을 가능성이 있기 때문입니다(https://www.elastic.co/guide/en/elasticsearch/guide/1.x/heap-sizing.html#compressed_oops).

시스템 설정

OS의 설정도 변경할 필요가 있습니다.

파일 디스트립터(Bootstrap Check대상)

Elasticsearch는 인덱스 파일로 대량의 파일 디스크립터를 오픈합니다. 적어도 32000이상 (64000이상을 추천)으로 설정해야합니다.

Elasticsearch 설정

여기서부터 설명하는 설정은 기본적으로 config/elasticsearch.yml 파일에 입력합니다. 설정 파일은 YAML형식으로 기술합니다. 다운로드한 설정 파일에는 코멘트된 설명과 설정 항목들이 있으므로 참고해 주세요.

클러스터, 노드명

디폴트로 클러스터명은 elasticsearch 입니다. 그대로 사용하면 누군가가 같은 네트워크 상에서 Elasticsearch를 기동하면 같은 이름의 클러스터가 되어버립니다. 이런 경우를 피하기 위해 클러스터명을 명시적으로 지정하는 편이 좋습니다. 또한 노드명은 디폴트로 UUID의 첫 7문자가 부여된다고 앞에서 설명하였습니다. 클러스터에 존재하는 노드를 관리하기 편하도록 하기 위해 노드명에 명시적으로 알기 쉬운 이름을 지정(구그림 11.12)하는 편이 좋습니다.

그림 11.12 클러스터의 이름과 노드의 이름을 지정

```
cluster.name: test_cluster
node.name: node_1
```

메모리 설정(Bootstrap Check 대상)

JVM에서는 힙을 사용합니다. 힙이 디스크에 swap되는 경우, 디스크에서의 읽기처리가 필요하게 되어 GC(Garbage Collection) 등의 성능이 일시적으로 정지된 것같은 상태가 되는 경우가 있습니다. 힙으로 할당된 영역을 메모리만으로 한정하면 이 문제를 피할 수 있습니다. Elasticsearch에서는 bootstrap.memory_lock이라는 설정을 true로 지정하면 힙의 사용을 메모리만으로 제한할 수 있습니다(그림 11.13).

- 참고링크 : https://www.elastic.co/guide/en/elasticsearch/reference/current/setup-configuration-memory.html#setup-configuration-memory

그림 11.13 memory_lock

```
bootstrap.memory_lock: true
```

OutOfMemory가 자주 발생하는 경우에는 메모리의 추가나 클러스터의 노드를 추가하는 것을 검토해봐야 합니다.

네트워크 설정

Elasticsearch에서 사용할 네트워크 주소를 지정합니다. 디폴트로 Elasticsearch는 localhost를 사용합니다. 따라서 외부에서는 접속할 수가 없습니다. 클러스터를 만들 때는 네트워크의 설정이 필요합니다. 또한 여러 개의 (서브넷이 다른) IP 주소를 가지는 서버 상에서 여러 개의 Elasticsearch를 실행하는 경우, 각각의 Elasticsearch가 다른 IP 주소를 이용해서 실행되는 경우도 있습니다. 그 때는 동일 서버상에서 동일 클러스터명을 지정했음에도 불구하고, 클러스터가 되지 않는 상황이 발생합니다. 실행할 때의 로그에 바인딩된 IP 주소가 표시되기 때문에 여러 개의 IP 주소를 가지는 서버의 경우에는 그림 11.14와 같이 network.host에 IP 주소를 지정합시다.

그림 11.14 네트워크 설정

```
network.host: 192.168.0.2
```

클러스터 설정 (디스커버리)

Elasticsearch의 클러스터를 구성하기 위한 모듈이 디스커버리입니다. 디스커버리는 디폴트로 유니캐스드(지정된 IP 주소의 노드에 대하여 접속정보를 얻는 방법)로 설정되어 있습니다. 클러스터를 구성하는 경우에는 적어도 하나 이상의 노드의 접속 정보가 필요합니다. 그림 11.15와 같이 노드의 리스트를 지정합니다.

이 노드의 리스트에는 다음에 설명할 마스터노드가 될 가능성이 있는 노드만 지정하면 됩니다. 클러스터에 있는 모든 Elasticsearch의 노드의 접속정보를 넣을 필요는 없습니다.

그림 11.15 디스커버리 설정

```
discovery.zen.ping.unicast.hosts: ["host1:port", "host2:port"]
discovery.zen.minimum_master_nodes: 3
```

minimum_master_nodes에는 클러스터에 있는 노드수가 N이라면 N/2 + 1로 지정해 주세요. Elasticsearch는 클러스터 안에 마스터노드라고 하는 노드가 존재합니다. 그 마스터노드가 클러스터의 상태를 관리하는데, 마스터노드로 필요한 최소한의 수를 지정하는 게 minimum_master_nodes입니다. 클러스터가 스플릿 브레인(Split Brain) 상태가 되지 않도록 하기 위해 N/2 + 1로 지정합니다.

- 관련 가이드 : https://www.elastic.co/guide/en/elasticsearch/reference/current/modules-node.html#split-brain
- Split Brain 설명 : https://en.wikipedia.org/wiki/Split-brain_(computing)

여기까지 Elasticsearch의 실행에 관한 설정에 대해서 설명하였습니다.

11-4 인덱스와 데이터의 조작

여기에서는 인덱스를 만들고, 데이터를 등록해 봅시다. 그리고 인덱스, 데이터의 삭제에 대해서도 설명하겠습니다.

인덱스 작성

Elasticsearch에는 인덱스를 URL로 액세스해서 만들 수 있습니다(그림 11.16).

그림 11.16. 인덱스의 작성

```
$ curl -XPUT http://localhost:9200/test_index
```

이렇게만 하면 바로 만들 수 있습니다. 그림 11.16의 커멘드로 test_index라는 이름을 가진 인덱스를 작성했습니다. Elasticsearch는 HTTP의 메소드를 지정하여 조작합니다. 그림 11.16의 조작은 Elasticsearch의 클러스터에 대해서 test_index를 PUT하고 싶다는 의미로, 인덱스를 만드는 것이 됩니다(Elastsicsearch 5.0부터 PUT만 가능합니다. POST는 에러가 발생합니다).

응답은 그림 11.17과 같습니다.

그림 11.17 인덱스 작성의 응답

```
{"acknowledged":true,"shards_acknowledged":true}
```

가장 단순한 인덱스 작성법에 대해서 설명했습니다.

인덱스 삭제

인덱스의 삭제는 인덱스를 작성하는 커멘드의 HTTP 메소드에서 PUT를 DELETE로 변경하기만 하면 됩니다(그림 11.18).

그림 11.18 인덱스의 삭제

```
$ curl -XDELETE http://localhost:9200/test_index
```

이것으로 인덱스를 삭제할 수 있습니다.

> **Column** 인덱스 삭제 시 실수 방지
>
> 인덱스를 삭제할 때 조심해야 하는 점이 있습니다.
> 잘못해서 다음과 같이 삭제해 버리면, Elasticsearch의 클러스터에 존재하는 모든 인덱스를 전부 삭제하게 됩니다.
>
> curl -XDELETE http://localhost:9200/*
>
> action.destructive_require_name의 설정을 true로 해두면, 인덱스명을 지정하지 않고 삭제했을 때 동작하지 않게 됩니다.

데이터 수집

Fluentd로부터 데이터를 받을 때는 2파트에서 설명한 fluent-plugin-elasticsearch를 이용해서 로그 데이터를 등록합니다. 여기에서는 Elasticsearch의 단순한 조작법을 설명하기 위해서 직접 데이터를 등록하도록 하겠습니다.

데이터를 등록하려면 그림 11.19와 같이 JSON의 데이터를 Elasticsearch에 보내기만 하면 됩니다.

그림 11.19 데이터 등록

```
$ curl -XPUT http://localhost:9200/test_index/apache_log/1 -d'
{
  "host":"localhost",
  "timestamp":"06/May/2014:06:11:48 +0000",
  "verb":"GET",
  "request":"/category/finance",
  "httpversion":"1.1",
  "response":"200",
  "bytes":"51",
...
}
'
```

URL에 /인덱스명/타입명/ID를 지정하고 요청 바디에 JSON 데이터를 지정하면 끝납니다. 앞에서 이야기했듯이 타입은 인덱스 내부에서 간단하게 데이터를 식별할 수 있는 라벨같은 것이라고 생각하면 됩니다. 기본적으로는 하나의 인덱스에 하나의 타입이 좋습니다. 그림 11.19의 ID 부분에는 숫자를 사용해야 하지만, 문자열도 사용할 수 있습니다.

데이터의 갱신은 같은 ID로 갱신 데이터를 보내기만 하면 됩니다. 또한 데이터의 삭제는 그림 11.20과 같습니다.

그림 11.20 데이터의 삭제

```
$ curl -XDELETE http://localhost:9200/test_index/apache_log/1
```

HTTP 메소드를 DELETE로 하기만 하면 됩니다.

대량 데이터의 수집(Bulk API)

대량의 데이터인 경우, 앞에서와 같이 1건씩 등록하는 방법은 오버헤드가 큽니다. Elasticsearch는 대량의 데이터를 빠르게 등록하기 위해서 Bulk라는 API를 제공하고 있습니다.

Bulk API로 보내는 데이터는 약간 특수한 형식으로 되어 있습니다(그림 11.21).

newline delimited JSON(NDJSON)이라고 하는 형식입니다.

그림 11.21 Bulk API로 송신하는 데이터 형식

```
조작 + 메타데이터
데이터
조작 + 메타데이터
데이터
...
```

"조작 + 메타데이터", "데이터"는 개행(줄바꿈)으로 구분합니다. 그림 11.22를 참고해 주세요.

그림 11.22 Bulk API의 송신 데이터 예시

```
{"index":{"_index":"test_index","_type":"apache_log","_id":"1"}}
{"host":"localhost","timestamp":"06/May/2014:06:11:48 +0000","verb":"GET","request":"/
category/finance","response":"200"}
{"index":{"_index":"test_index","_type":"apache_log","_id":"2"}}
{"host":"localhost","timestamp":"06/May/2014:06:11:48 +0000","verb":"GET","request":"/
item/sports/758","response":"200"}
{"delete":{"_index":"test_index","_type":"apache_log","_id":"2"}}
{"index":{"_index":"test_index","_type":"apache_log","_id":"3"}}
{"host":"localhost","timestamp":"06/May/2014:06:11:49 +0000","verb":"GET","request":"/
item/giftcards/4863","response":"200"}
...
```

index, delete가 조작 부분입니다. 조작 부분의 뒤에 데이터를 등록할 인덱스명, 타입명, ID를 지정합니다. 다음 행에서 데이터를 JSON 형식으로 보냅니다. 그리고, delete의 경우는 데이터행이 필요없고, 조작+메타데이터만 있으면 됩니다. 그 외에 create(index와 같음. 데이터의 등록), update(수정)도 조작으로 지정할 수 있습니다.

이것으로 데이터도 등록할 수 있습니다. 이어서 등록한 데이터를 검색해 보도록 하겠습니다.

11-5 검색

Elasticsearch의 검색은 그림 11.23의 API를 이용합니다.

그림 11.23 검색 API

```
$ curl -XGET http://localhost:9200/test_index/_search -d '
{
    검색조건
}
'
```

'검색조건' 부분에 검색할 조건을 지정합니다. 지정 가능한 조건은 표 11.1을 참고해 주세요.

표 11.1 검색 파라미터

파라미터	디폴트	설명
query		검색조건. 쿼리DSL이라고 하는 DSL이 여러개 있음
from	0	검색 결과에 포함될 데이터의 시작 위치
size	10	검색 결과에 포함될 데이터의 사이즈
sort	_score	정렬을 지정. asc/desc로 순서를 지정한다.
_source		검색 결과에 포함되는 필드를 지정
aggs		Aggregation. 검색 결과에 포함될 데이터를 가지고, 여러 가지 통계처리를 한다.

query가 실제 검색조건을 지정하는 파라미터입니다. Elasticsearch는 쿼리DSL (Domain Specific Language)를 30개 이상 제공하고 있습니다. 모두 설명할 수는 없지만 Kibana와 관련이 있는 몇 가지의 쿼리를 소개하도록 하겠습니다.

전체 검색

그림 11.24는 검색조건을 지정하지 않고, 등록된 데이터를 모두 받기 위한 쿼리 DSL입니다.

그림 11.24 전체 검색

```
$ curl -XGET http://localhost:9200/test_index/_search -d '
{
  "query":{
    "match_all":{}
  }
}
'
```

그림 11.24의 검색 결과는 그림 11.25입니다.

그림 11.25 전체 검색의 결과

```
{
  "took":133,
  "timed_out":false,
  "_shards":{
    "total":5,
    "successful":5,
    "failed":0
  },
  "hits":{
    "total":10,
    "max_score":1,
    "hits":[
      {
        "_index":"test_index",
        "_type":"page",
        "_id":"1",
        "_score":1,
        "_source":{
          ...
        }
      },
      ...
```

응답에 포함되는 항목은 표 11.2와 같은 의미를 가집니다(중요한 항목만 설명하겠습니다).

표 11.2 응답 항목

항목	설명
took	검색에 걸린 시간(ms)
hits	검색 결과의 정보
hits.total	검색조건에 hit한 건수
hits.this	검색에 hit한 도큐먼트의 배열(검색 결과의 from/size로 지정한 도큐먼트)

그 외의 항목에 대해서는 공식가이드를 참고해 주세요. 이와 같이 Elasticsearch에는 검색 조건에 일치하는(hit) 건수와 얻으려는 검색 결과의 데이터 배열을 하나의 쿼리로 취득할 수 있습니다. 검색조건에 일치하는 건수를 먼저 얻고, 그 다음에 데이터를 얻는 식의 귀찮은 과정이 없습니다.

query string query

Kibana의 검색창에서 사용하는 Elasticsearch의 쿼리 DSL은 query string query입니다. 특수한 쿼리형식을 이용해서 복잡한 쿼리를 표현할 수 있습니다(그림 11.26).

그림 11.26 query string 쿼리의 예시

```
$ curl -XGET http://localhost:9200/test_index/_search -d '
{
  "query":{
    "query_string":{
      "query":"request:category AND response:200"
    }
  }
}
'
```

그림 11.26의 예시에서는 request 필드에 category라는 문자열이 있고, response 필드에 200이라는 문자열이 있는 데이터를 검색합니다. 이와 같이 조건식을 표현함으로써 원하는 데이터를 검색할 수 있습니다.

복잡한 쿼리의 문법에 대해서는 공식가이드[11]를 참고해 주세요. 또한 이 예시 이외에 지정할 수 있는 파라미터도 있습니다. 여기서 소개하지 못한 쿼리에 대해서는 공식가이드[12]를 참고해 주세요.

Aggregation

지금까지 검색 결과를 얻는 방법에 대해서 알아보았습니다. 앞에서 설명한 것과 같이 Elasticsearch는 검색에 일치(hit)하는 건수와 결과를 동시에 취득할 수 있습니다.

Aggregation은 그 검색에 hit한 데이터에 대해서 간단한 집계를 하는 기능입니다.[13] 구체적인 예를 들어보겠습니다. Aggregation을 얻는 방법은 그림 11.27과 같이 쿼리를 보내면 됩니다.

그림 11.27 Aggregation

```
$ curl -XGET http://localhost:9200/test_index/_search -d '
{
  "query":{
    "match_ all":{}
  },
  "aggs":{
    "request_aggs":{
      "terms":{
        "field":"request",
        "size":10
      }
    }
  }
}
'
```

그림 11.27의 예시는 전체 검색 결과에서 request 필드의 값에 대한 데이터의 건수를 취득하는 Aggregation을 지정하고 있습니다(aggs는 aggregations의 약어로, 어느 쪽이든 사용할

---

11 https://www.elastic.co/guide/en/elasticsearch/reference/current/query-dsl-query-string-query.html#query-string-syntax

12 https://www.elastic.co/guide/en/elasticsearch/reference/current/query-dsl.html

13 Elasticsearch 1.x에서는 퍼셋이라고 하는 기능이 있어서, Kibana 3에서는 그 기능을 이용했습니다만, Kibana 4부터는 Aggregation을 사용하고 있습니다. 퍼셋보다 더 고도의 집계가 가능하기 때문입니다.

수 있습니다). request_aggs는 Aggregation의 결과를 얻기 위한 라벨입니다. 자유롭게 지정할 수 있습니다. terms는 Aggregation의 타입입니다. 그 외의 타입은 표 11.3에서 정리하였습니다. Aggregation은 검색조건에 일치하는 데이터의 집합에 대해서 집계를 합니다.

표 11.3 Aggregation의 타입

타입	설명
terms	인덱스의 값에 대해서 도큐멘트의 수를 집계
range	인덱스의 값을 가지고 지정한 범위에서 도큐멘트의 수를 집계
histogram	인덱스의 수치데이터를 가지고 지정한 간격으로 도큐멘트의 수를 집계
statistical	인덱스의 숫자필드의 통계값 (min, max, 도큐멘트수)
filter	지정한 쿼리의 도큐멘트수를 집계

각각의 타입별로 지정하는 파라미터가 있습니다. 공식가이드를 참고해 주세요.

앞의 Aggregation을 포함하는 쿼리결과는 그림 11.28입니다.

그림 11.28 Aggregation의 결과(에러)

```
...
{
  "error":{
    "root_cause":[
      {
        "type":"illegal_argument_exception",
        "reason":"Fielddata is disabled on text fields by default. Set fielddata = true
on [request] in order to load fielddata in memory by uninverting the inverted index. Note
that this can however use significant memory."
      }
    ],
    "type":"search_phase_execution_exception",
    "reason":"all shards failed",
    "phase":"query",
    "grouped":true,
    "failed_shards":[...],
    "caused_by":{
      ...
    }
  },
  "status":400
}
...
```

request의 데이터의 경로별로 집계할 예정이었지만 에러가 났습니다. Elasticsearch는 디폴트로 문자열의 필드에 대해서 text라는 필드형으로 데이터를 등록합니다. 이 필드는 Aggregation을 할 수 없습니다. 디폴트 설정이 fielddata:false이기 때문입니다. text형의 데이터에 대해서 fielddata[14]를 작성하면 메모리를 많이 사용할 수 있기 때문입니다. text 필드는 기본적으로 검색에 이용되므로 집계에 이용하는 데이터의 구조와는 다른 방식으로 보존(역인덱스)하고 있습니다. 이번 데이터의 경우 request 필드의 데이터는 /로 구분된 단어가 검색용의 개별단어로 역인덱스에 등록됩니다.

그림 11.27의 쿼리 필드명을 그림 11.29와 같이 request.keyword로 변경합니다.

그림 11.29 Aggregation

```
$ curl -XGET http://localhost:9200/test_index/_search -d '
{
  "query":{
    "match_all":{}
  },
  "aggs":{
    "request_aggs":{
      "terms":{
        "field":"request.keyword",
        "size":10
      }
    }
  }
}
'
```

그림 11.30은 실행 결과입니다.

그림 11.30 Aggregation 결과

```
  ...
  "aggregations":{
    "request_path":{
      "doc_count_error_upper_bound":0,
      "sum_other_doc_count":0,
      "buckets":[
        {
```

14 https://www.elastic.co/guide/en/elasticsearch/reference/5.4/fielddata.html

```
        "key":"/category/finance",
        "doc_count":1
    },
    {
        "key":"/item/giftcards/4863",
        "doc_count":1
    }
    ]
  }
}
...
```

이번에는 Aggregation의 결과가 제대로 왔습니다. Elasticsearch 5.0부터는 JSON의 문
자열의 데이터는 검색용의 필드(JSON 항목이름)와는 다른 항목명.keyword라는 정렬과
Aggregation에 이용하는 필드가 자동적으로 추가되는 구조입니다.

여기까지가 Elasticsearch의 검색에 대해서 설명하였습니다. 검색에 이용되지 않고
Aggregation과 정렬에만 이용되는 데이터도 있을 것입니다. 필드를 개별적으로 설정하는
기능을 매핑이라고 합니다. 다음에는 매핑에 대해서 설명하도록 하겠습니다.

11-6 매핑 정의

Elasticsearch는 매핑의 설정을 따로 할 필요없이 도큐멘트를 등록할 수 있습니다(스키마
프리 또는 스키마리스). 하지만, 원하는대로 검색, 동작하게 하기 위해서는 매핑을 제대로
정의할 필요가 있습니다. 로그 데이터를 저장할 때 필요한 매핑정의에 대해서 간단하게 설
명하겠습니다. 공식가이드(https://www.elastic.co/guide/en/elasticsearch/reference/
current/mapping.html)를 참고해 주세요.

매핑의 설정/확인 방법

Elasticsearch에서는 필드별로 타입과 설정이 있습니다.

필드 데이터 타입(Field datatypes)

다음은 주요한 필드의 타입입니다.

- text
- keyword
- 숫자(integer, long 등)
- date

그 외에도 boolean, binary 등의 타입(형)이 있습니다. 필드의 타입에 대한 상세내용은 공식가이드(https://www.elastic.co/guide/en/elasticsearch/reference/current/mapping.html#_field_datatypes)를 참고해 주세요.

JSON의 문자열데이터는 디폴트로 text와 keyword의 2개의 필드타입이 생성됩니다. text는 분석처리라고 하는 입력데이터를 단어 단위로 나누는 처리가 설정가능한 타입, keyword는 분석처리를 하지 않는 정렬과 Aggregation에 이용가능한 타입입니다. 또한 keyword형은 완전일치항목으로도 사용할 수 있습니다.

일단은 그림 11.31과 같이 test_index 필드형이 어떤 식으로 매핑되는 지를 확인해 봅시다.

그림 11.31 매핑 얻기

```
curl -XGET http://localhost:9200/test_index/_mapping
```

을 실행하면 그림 11.32와 같은 매핑이 응답으로 옵니다.

그림 11.32 매핑의 취득 결과

```json
{
  "test_index":{
    "mappings":{
      "apache_log":{
        "properties":{
          ...
          "request":{
            "type":"text",
            "fields":{
              "keyword":{
                "type":"keyword",
                "ignore_above":256
              }
```

```
          }
       },
       ...
      }
     }
    }
   }
 }
```

디폴트로 request 등의 항목은 text형의 필드로 field라는 항목에 keyword라는 필드형
이 설정되어 있는 것을 알 수 있습니다. ignore_above라는 설정은 request의 문자열
이 256문자 이상의 경우에 .keyword 필드에 데이터를 저장하지 않기 위한 설정입니다.
Aggregation의 결과에도 256문자 이상의 데이터는 나오지 않게 됩니다.

Multi Field

fields라는 부분이 Elasticsearch에서 멀티필드라고 하는 기능입니다. 하나의 입력데이
터의 필드에 대해서 여러 개의 필드를 인덱스상에 생성하기 위한 기능입니다. request
라는 필드는 검색용의 필드로 분석처리를 하게 됩니다. request.keyword라는 필드가
Aggregation용으로 분석처리를 하지 않는 필드입니다.

그림 11.33의 쿼리에서는 finance라는 문자열로 데이터를 검색합니다. 이어서
Aggregation에서는 /category/finance로 집계합니다.

그림 11.33 멀티필드로의 검색과 Aggregation

```
$ curl -XGET http://localhost:9200/test_index/_search -d '
{
  "query":{
    "query_string":{
      "query":"request:finance"
    }
  },
  "aggs":{
    "request_aggs":{
      "terms":{
        "field":"request.keyword",
        "size":10
      }
```

```
      }
     }
 }
 '
```

만약 request의 데이터가 256문자를 넘을 경우는 그림 11.34와 같이 매핑을 지정할 필요가 있습니다.

그림 11.34 ignore_above를 지정한 매핑

```
$ curl -XPUT http://localhost:9200/test_index
{
  "mappings":{
    "apache_log":{
      "properties":{
        "request":{
          "type":"text",
          "fields":{
            "keyword":{
              "type":"keyword",
              "ignore_above":1000
            }
          }
        }
      }
    }
  }
}
```

Index Template

인덱스를 만들 때는 매핑을 지정합니다. 다만, 로그 데이터를 저장하는 경우에는 인덱스를 날짜별로 작성하기를 권장합니다. 로그 데이터가 Elasticsearch에 등록되기 전에 매일 매핑을 설정하는 것은 매우 비효율적이기 때문입니다.

이것을 해결하기 위해서 Index Template이라고 하는 기능이 있습니다. 인덱스명이 특정 패턴에 일치하는 경우에 등록한 설정이 적용되는 기능입니다. 그림 11.35와 같이 템플릿을 등록합니다.

그림 11.35 템플릿의 등록

```
$ curl -XPUT http://localhost:9200/_template/apache_log_template -d '
{
  "template":"test_*",
  "mappings": {
    "apache_log":{
      "properties":{
        "request":{
          "type":"text",
          "fields":{
            "keyword":{
              "type":"keyword",
              "ignore_above":1000
            }
          }
        }
      }
    }
  }
}
'
```

http://localhost:9200/_template/apache_log_template이라는 URL에 요청을 보내고 있습니다. apache_log_template이라는 문자열은 템플릿 ID입니다. 원하는 이름으로 지정할 수 있습니다.

"template":"test_*"이 인덱스명에 대한 패턴매치 문자열입니다. 이 예제에서는 test_로 시작하는 인덱스명을 가진 인덱스의 경우 지정 매핑이 적용됩니다. 지금까지의 설명에 이용된 test_index를 삭제하고 인덱스를 만들어 봅시다. request 필드에 ignore_above의 설정이 적용된 것을 알 수 있을 것입니다. 이 템플릿은 인덱스를 만들 때 적용됩니다. 기존의 인덱스에 대해서는 적용되지 않으므로 주의해 주세요.

등록된 로그 데이터를 어떤 식으로 검색할 것인가, 어떤 식으로 집계할 것인가를 고려해서 매핑을 지정하도록 합시다.

Ingest Nodes

Ingest Node는 Elasticsearch 5.0부터 추가된 기능으로 데이터를 등록할 때 인덱스 등록의 간단한 전처리를 할 수 있습니다(https://www.elastic.co/guide/en/elasticsearch/reference/current/ingest.html).

예를 들어 액세스 로그의 IP 주소의 필드값을 가지고, GeoIP 데이터베이스(GeoLite2[15])로부터 위도, 경도, 국가 등의 정보를 추가하여 인덱스를 등록할 수 있습니다. 파이프라인이라고 하는 처리의 흐름을 정의하고 데이터 등록 시에 호출하여 동작하도록 합니다. 예를 들어 Grok 패턴(Grok는 정규표현을 가지고, 정규표현에 이름을 붙여서 재사용할 수 있도록 하는 패턴입니다)을 사용해서 숫자와 IP 주소로부터 문자열을 각각의 필드로 하는 파이프라인을 정의해 보겠습니다(그림 11.36).

그림 11.36 Ingest 파이프라인의 설정

```
$ curl -XPUT http://localhost:9200/_ingest/pipeline/test_pipeline
{
  "description":"parse number and clientip using grok",
  "processors":[
    {
      "grok":{
        "field":"text",
        "patterns":["%{NUMBER:duration} %{IP:client}"]
      },
      "remove":{
        "field":"text"
      }
    }
  ]
}
```

test_pipeline이 파이프라인 ID입니다. processor에는 처리하는 순서로 프로세서(processor)를 정의합니다. 프로세서는 전처리의 일련의 처리를 의미합니다.

그림 11.36의 설정에서는 일단 grok프로세서를 사용해서 "숫자 IP 주소"라는 문자열에서 숫자는 duration이라는 필드에, IP 주소는 client라는 필드에 분할해서 넣습니다. 다음으로 remove 프로세서에서 처음의 데이터에서 필요없는 text라는 필드를 삭제합니다. Ingest는 파이프라인의 동작을 확인하기 위한 엔드포인트 _simulate도 제공하고 있습니다.

그림 11.36이 어떻게 동작하는지 확인해 봅시다(그림 11.37).

---

15 https://dev.maxmind.com/geoip/geoip2/geolite2/

그림 11.37 파이프라인의 동작 확인

```
curl -XPOST http://localhost:9200/_ingest/pipeline/test_pipeline/_simulate
{
  "docs":[
    {
      "_source":{
        "text":"3.44 55.3.244.1"
      }
    }
  ]
}
```

_ingest/pipeline/파이프라인ID/_simulate에서 동작 확인을 하려는 파이프라인의 ID를 지정합니다. docs에는 실제로 확인하기 위한 도큐멘트를 입력합니다. 여러 개의 도큐멘트를 지정할 수도 있습니다. "_source"의 안에 실제 JSON을 지정합니다.

그림 11.38과 같은 결과를 얻을 수 있습니다.

그림 11.38 _simulate의 결과

```
{
  "docs":[
    {
      "doc":{
        "_index":"_index",
        "_id":"_id",
        "_type":"_type",
        "_source":{
          "duration":"3.44",
          "client":"55.3.244.1"
        },
        "_ingest":{
          "timestamp":"2017-01-26T11:46:18.242+0000"
        }
      }
    }
  ]
}
```

_source의 안에 text가 없어지고, duration과 client라는 필드가 늘어난 것을 확인할 수 있습니다. 데이터등록 때 파이프라인을 지정하려면 pipeline 파라미터를 사용합니다(그림 11.39).

그림 11.39 pipeline 파라미터를 지정한 데이터의 등록

```
$ curl -XPUT http://localhost:9200/sample_index/sample/1?pipeline=test_pipeline
{
  "text":"3.44 55.3.244.1"
}
```

실제로 데이터를 얻어보면 _simulate했을 때와 같은 duration과 client라는 필드만 저장된 것을 확인할 수 있습니다.

Column **Elasticsearch의 노드 종류**

Elasticsearch에는 Ingest Node 뿐만이 아니라, Master Node, Data Node, Coordinating Node 등이 있으며 각각 고유의 역할을 담당하고 있습니다.

노드 하나가 하나의 역할을 할 수도 있지만, 여러 역할을 함께 할 수 있으며, 유스케이스에 따라 다양하게 적용할 수 있습니다.

자세한 사항은 다음 링크를 참고하세요.

- https://www.elastic.co/guide/en/elasticsearch/reference/current/modules—node.html#modules—node

11-7 정리

준비와 설치

Elasticsearch의 다운로드에 필요한 정보와 설치에 대해서 설명했습니다.

실행

터미널에서 실행하는 방법과 클러스터의 상태를 확인하는 방법에 대해서 설명했습니다.

설정

환경 변수와 시스템 변수에 대해서 설명했습니다. 설정이 잘못되었을 경우에는 Bootstrap Check에 의해서 에러를 내는 것을 설명하였습니다.

인덱스와 데이터의 조작

인덱스의 작성과 삭제, 데이터의 입력과 삭제에 대해서 설명했습니다. 또한 대량의 데이터를 입력하는 API에 대해서도 소개했습니다.

검색

검색에 지정가능한 조건에 대해서 설명했습니다. 또한 검색 결과를 집계하는 Aggregation에 대해서도 설명했습니다.

매핑의 정의

로그 데이터를 저장할 때 매핑정의에 대해서 설명했습니다. 인덱스 작성할 때 이용하는 Index Template과 Ingest Nodes에 대해서 설명했습니다.

12장에서는 운용할 때의 팁들을 소개하겠습니다.

chapter *12*

Elasticsearch의 운용 팁

이번 장에서는 Elasticsearch의 클러스터를 운용할 때의 팁들에 대해서 간단하게 소개하겠습니다. 기본적인 튜닝 방법과 데이터양이 커졌을 때의 운용에 대해서도 다루겠습니다.

12-1 튜닝포인트

메모리

Elasticsearch를 구동하고 있는 서버의 물리 메모리의 반 이상을 Elasticsearch의 힙사이즈로 지정하지 않도록 합니다. Elasticsearch는 실제의 인덱스를 파일로 저장하고 검색할 때는 파일에 액세스합니다. 파일 액세스의 효율을 높이기 위해서 OS의 파일캐시를 활용하게 하기 위해서 OS도 충분히 메모리를 확보할 필요가 있습니다. 자세한 사항은 다음 사이트를 참고하세요.

- https://www.elastic.co/guide/en/elasticsearch/guide/current/heap-sizing.html

스레드풀 수

Elasticsearch는 내부에 검색, 인덱스 등의 처리에 스레드[16]를 이용합니다. 기본적으로는 Elasticsearch가 프로세서의 개수 등을 보고 결정합니다. 특별히 문제가 없다면 설정을 변경할 필요는 없습니다.

갱신주기

Elasticsearch는 데이터가 등록, 변경되면 메모리 상에 인덱스를 만들고, 그것과 별개로 일정시간 단위로 인덱스를 파일에 출력합니다. 디폴트는 1초 간격으로 디스크에 쓰기를 하고 있습니다. 대량의 데이터를 등록, 갱신할 때 파일 I/O로 인한 성능저하가 걱정된다면 이 값을 크게 잡아서 성능향상을 기대할 수 있습니다. 5.0부터 인덱스별 설정은 elasticsearch. yml이 아니라, 인덱스를 만들 때 인덱스의 설정 변경으로 되도록 변경되었습니다. 갱신주기의 설정은 그림 12.1과 같습니다.

그림 12.1 리프레시의 지정(갱신)

```
curl -XPUT http://localhost:9200/sample_index/_settings
{
  "index.refresh_interval":"30s"
}
```

---

16 https://www.elastic.co/guide/en/elasticsearch/reference/5.4/modules-threadpool.html

12-2 인덱스 수

인덱스는 파일에 저장됩니다. 그렇기 때문에 대량의 인덱스를 작성하는 경우, 대량의 파일이 만들어지므로 시스템 리소스를 대량으로 사용하게 되어 실제 처리에는 리소스를 활용하지 못하게 됩니다. 검색 대상이 되는 과거의 데이터의 인덱스 수를 줄여서 클러스터의 성능 저하를 막아야 합니다. 또한 샤드 수도 필요 이상으로 늘어나지 않도록 주의합시다. 디폴트로 number_of_shards는 5이지만 데이터 수, 클러스터의 노드 수에 따라 적게 하는 편이 디스크 액세스 수를 줄일 수 있습니다. 인덱스 수를 줄이기 위해서는 정기적으로 인덱스를 삭제하는 식으로 운용합니다. 로그 인덱스의 운용에 편리한 도구에 대해서 뒤에서 설명하겠습니다.

> **참고** 내가 운영하는 Elasticsrearch 클러스터에 얼마나 많은 샤드가 필요할까를 알고 싶다면 다음 링크를 참고하기 바랍니다.
>
> • https://www.elastic.co/kr/blog/how-many-shards-should-i-have-in-my-elasticsearch-cluster

---

Column **Rollover와 Shrink API**

버전 5.0부터 추가된 Rollover API와 Shrink API로 인덱스의 샤드 수와 샤드의 도큐먼트 수를 가지고 인덱스를 조작할 수 있게 되었습니다. Rollover API는 인덱스가 특정의 사이즈가 되거나 시간이 경과했을 때 새로운 인덱스를 만들 수 있는 기능입니다. 이 기능과 Alias를 이용하면 검색과 쓰기작업은 Alias에서 지정한 이름을 사용하고, 인덱스의 사이즈(샤드당 도큐멘트수)는 일정하게 할 수 있습니다. Shrink API는 이미 존재하는 인덱스의 프라이머리 샤드의 수를 줄이는 것이 가능합니다(내부에서는 샤드 수를 줄인 인덱스를 새롭게 만듭니다). 이 API를 이용하면 데이터가 추가되지 않는 인덱스(로그의 경우에 오래된 인덱스)의 샤드 수를 줄일 수 있습니다. 공식 블로그도 있으므로 참고해 주세요.

• Rollover index
  https://www.elastic.co/guide/en/elasticsearch/reference/current/indices-rollover-index.html

• The shrink index
  https://www.elastic.co/guide/en/elasticsearch/reference/current/indices-shrink-index.html

12-3 스케일 아웃에 대해서

Elasticsearch의 클러스터에서 스케일아웃하는 방법으로 노드의 추가가 있습니다. 노드를 추가하면 클러스터의 성능을 향상시킬 수 있습니다.

다음 2가지가 노드 추가의 주요 목적입니다.

- 데이터 양의 증가에 대한 대응
- 검색 요청 양의 증가에 대한 대응

데이터 양의 증가에 대한 대응

데이터 양이 증가했을 때는 노드를 추가해서 1노드 정도가 저장할 데이터양이 적은 경우에 대응하고 있습니다. Elasticsearch는 디폴트로 1인덱스를 5샤드에 분할해서 저장합니다. 다만, Elasticsearch의 노드를 할당하는 부분은 가능한 한 최소 단위의 샤드입니다. 그러므로, 5샤드 구성의 경우, 클러스터에 6대 이상의 노드가 있더라도, 5대의 노드 밖에 유효하게 활용할 수 없습니다. 1인덱스당 데이터양이 많고 노드의 대수를 증설할 수 있는 경우 샤드의 분할 수를 변경할 필요가 있습니다.

이 샤드 수는 인덱스 작성시에만 변경할 수 있습니다. 인덱스 작성시에 그림 12.2와 같이 샤드 수를 지정합니다.

그림 12.2 인덱스 작성시의 샤드 분할 수의 지정

```
$ curl -XPUT http://localhost:9200/test_index
{
  "settings":{"index":{"number_of_shards":10}},"mappings":{...}
}
```

1샤드당 데이터 양을 작게 함으로써 퍼셋 등에 이용할 메모리 양도 줄일 수 있습니다. 노드 수를 늘리는 것이 가능하다면 샤드 수를 크게 늘리는 것도 검토해 볼 수 있습니다. 또한, Elasticsearch 2.4이후의 버전부터는 Reindex API를 제공합니다. 이것으로 기존의 인덱스를 다른 인덱스로 복사할 수 있게 되었습니다. Reindex 시에 샤드수 등의 인덱스를 만들 때의 설정을 변경할 수 있습니다.

검색 요청양의 증가에 대한 대응

또한 검토 요청의 증가에 대해서도 노드를 추가하여 대응할 수 있습니다.

구체적으로는 리플리카 샤드의 수를 늘려서 검색에 이용할 수 있는 노드를 늘리겠습니다. 레플리카의 수는 샤드수와는 다르게 인덱스 작성 후에도 변경할 수 있습니다.

그림 12.3은 인덱스할 때 레플리카 수를 변경하는 예시입니다.

그림 12.3 인덱스 만들 때 레플리카 수를 지정

```
$ curl -XPUT http:// localhost: 9200/ test_ index
{
  "settings": {
    "index": {
      "number_ of_ replicas": 3
    }
  },
  "mappings": {
    ...
  }
}
```

레플리카 수에 대해서는 같은 데이터를 중복으로 가지고 있기 때문에 필요한 메모리 용량을 늘립니다. 레플리카가 증가하면 인덱싱 성능 혹은 데이터 입력 성능도 떨어질 수 있으므로 주의해 주세요.

12-4 정리

튜닝포인트

메모리, 스레드 수, 갱신주기에 대해서 설명했습니다.

클러스터의 스케일 아웃

데이터 양과 검색 요청이 각각 증가하고 있을 때, 노드의 추가 방법을 설명했습니다.

이번 장에서는 운용할 때의 팁에 대해서 설명했습니다. 13장에서는 운용에 편리한 도구를 소개하겠습니다.

chapter **13**

Curator

Elasticsearch의 클러스터와 인덱스를 관리, 운용하기 위한
편리한 도구가 있습니다. 시계열 인덱스를 관리하는 Curator를
소개하겠습니다.

13-1 운용에 편리한 도구 Curator

Curator는 Elasticsearch의 시계열 인덱스의 관리 도구입니다. Python으로 개발되어 있습니다.

Fluentd 경유로 Elasticsearch에 액세스 로그 등을 인덱스하고 있는 경우 디폴트로는 날짜별로 그림 13.1과 같은 인덱스가 만들어집니다.

그림 13.1 logstash 형식의 인덱스(날짜별)

```
logstash-2014.01.01
logstash-2014.01.02
...
logstash-2014.03.01
```

인덱스는 매일 만들어지는데 인덱스를 무한적으로 가지는 운용은 성능적인 관점에서 여러가지 문제가 발생합니다. 그렇기 때문에, 일정기간이 경과한 오래된 인덱스를 삭제해야 합니다. 물론 Elasticsearch는 RESTful이므로 그림 13.2의 커맨드를 이용하면 오래된 인덱스를 삭제할 수 있습니다.

그림 13.2 인덱스의 삭제

```
$ curl -XDELETE 'localhost:9200/logstash-2014.01.01?pretty'
```

다만, 날짜부분의 문자열을 생성하기 위해서 로직을 만들거나 접근할 곳을 지정할 필요가 있습니다.

이 복잡한 조작을 돕기 위한 도구 Curator[17]가 Elastic에서 Github에 공개하고 있습니다. Curator는 다음과 같은 인덱스 작업을 지원합니다.

- alias 관리
  - alias에 인덱스의 추가, 삭제
- 인덱스의 작성
- 인덱스의 최적화 (forceMerge)
  - 샤드의 세그먼트를 적게 하여 리소스 사용량을 절약한다

---

17 https://github.com/elastic/curator

- 인덱스의 삭제
  - 인덱스의 물리적 삭제
- 인덱스의 클로즈
- 인덱스를 클로즈하고, 액세스를 불가능하게 한다. 다만, 물리적인 인덱스 파일은 남겨둔다. 필요한 경우에는 다시 오픈한다.
- 클로즈한 인덱스의 오픈
  - 클로즈한 인덱스를 오픈하고 다시 액세스 가능하도록 한다.
- 레플리카의 수의 변경
  - 인덱스의 레플리카의 수(number_of_replicas)를 변경한다.
- shard allocation filter의 변경
  - 샤드의 재배치용 필터 설정을 변경한다.
- 스냅샷의 작성
- 스냅샷의 복원(restore)

이 중에 인덱스의 삭제, 클로즈, 스냅샷의 작성에 대해서 설명하겠습니다. 그 외 항목에 대해서는 공식 문서(https://www.elastic.co/guide/en/elasticsearch/client/curator/5.5/index.html)를 참고해 주세요.

설치

Curator의 설치는 pip를 이용합니다. APT와 YUM의 리포지토리, Windows 인스톨러 등도 사용할 수 있습니다. pip[18]에 대한 설명은 생략하도록 하겠습니다. 그림 13.3의 커맨드로 설치할 수 있습니다.

파이썬으로 작성된 패키지 소프트웨어 설치 및 관리 시스템이며, 파이썬을 설치하면 함께 설치가 됩니다.

Curator를 사용하기 위해서는 파이썬이 반드시 설치되어야 합니다.

그림 13.3 curator의 설치

```
$ pip install elasticsearch-curator
```

....
18 https://pypi.org/project/pip/

설치 후의 확인은 그림 13.4의 커맨드로 버전을 표시합니다.

그림 13.4 버전의 확인

```
$ curator --version
curator, version 4.2.6
```

설치가 확인되었으므로 각 조작 방법에 대해서 설명하겠습니다.

Curator 4부터는 Yaml 형식으로 실행하려는 처리의 설정(액션 파일)을 하고, 파일을 지정해서 그림 13.5와 같이 실행합니다(Curator 4.2부터는 파일을 지정하지 않고 실행하는 방법인 "curator_cli"도 다시 생겼습니다). 이후로는 여러 가지 조작에 관한 액션 파일의 샘플입니다.

그림 13.5 액션 파일을 지정해서 실행

```
$ curator 액션.yml
```

액션의 공통 옵션

액션에서 공통 옵션이 표 13.1에 정리되어 있습니다.

표 13.1 공통 옵션

옵션	디폴트	설명
continue_if_exception	False	True를 설정하면, 지정된 액션의 예외가 발생하더라도 다음 액션을 실행한다.
disable_action	False	True를 설정하면, 지정된 액션을 실행하지 않는다.

경과 일수로 삭제

그림 13.6은 일수(日數)로 삭제하는 액션 파일입니다. 예를 들어 30일 이상 경과한 인덱스를 삭제합니다.

그림 13.6 일수를 지정해서 삭제하는 액션 파일의 예제

```
actions:
  1:
    action: delete_indices
      description: "Delete indices older than 30 days "
    options:
      continue_if_exception: False
      disable_action: False
    filters:
    - filtertype: pattern
      kind: prefix
      value: logstash-
    - filtertype: age
      source: name
      direction: older
      timestring: '%Y.%m.%d'
      unit: days
      unit_count: 30
```

일단 action에 delete_indices를 지정합니다. 다음으로 filters에는 두 개의 설정을 합니다.
하나는 pattern입니다. 그림 13.6에서는 logastash-로 시작하는 인덱스명을 작업 대상으
로 합니다. unit과 unit_count로 30일을 지정하고 direction을 "older"로 지정하면 30일 이
상된 인덱스를 삭제하게 됩니다. timestring은 인덱스명에 사용되는 시간의 패턴입니다.

클로즈

인덱스를 삭제하지 않고, 보관하고 싶지만 검색 대상일 필요는 없을 경우에는 인덱스를 클
로즈하면 됩니다. 인덱스를 클로즈하면 Elasticsearch의 리소스를 절약할 수 있습니다. 예
를 들어 검색 대상을 최근 7일간만으로 하는 경우에는 그림 13.7과 같습니다.

그림 13.7 일수를 지정한 클로즈

```
actions:
  1:
    action: close
      description: "Close indices older than 7 days"
    options:
      continue_if_exception: False
      disable_action: False
    filters:
```

```
  - filtertype: pattern
    kind: prefix
    value: logstash-
  - filtertype: age
    source: name
    direction: older
    timestring: '%Y.%m.%d'
    unit: days
    unit_count: 7
```

action에 close를 지정합니다. 그 외 항목들은 삭제와 같은 pattern와 age입니다.

스냅샷(snapshot)

Curator에서 정기적으로 스냅샷을 만드는 것도 가능합니다(그림 13.8). 서버가 고장나거나 잘못된 조작으로 인덱스를 삭제한 경우에 스냅샷은 복구에 유용하게 쓰이게 됩니다.

그림 13.8 일수를 지정하여 스냅샷

```
actions:
  1:
    action: snapshot
    description: "snapshot logstash- prefixed indices older than 1 day"
    options:
      continue_if_exception: False
      disable_action: False
      repository: repository_name
      name: curator-%Y%m%d%H%M%S \
      ignore_unavailable: False
      include_global_state: True
      partial: False
    wait_for_completion: True
    filters:
    - filtertype: pattern
      kind: prefix
      value: logstash-
    - filtertype: age
      source: creation_date
      direction: older
      unit: days
      unit_count: 1
```

action에는 snapshot을 지정합니다. filters에는 스냅샷의 대상이 되는 인덱스를 지정합니다. options의 name이 스냅샷명, repository가 스냅샷을 저장할 리포지토리입니다. Elasticsearch에 미리 리포지토리의 설정을 해 둘 필요가 있습니다. 리포지토리의 설정 등은 공식 문서(https://www.elastic.co/guide/en/elasticsearch/reference/current/modules-snapshots.html#_repositories)를 참고해 주세요.

이상으로 Curator를 사용하여 여러 가지 인덱스를 다루는 법을 알아보았습니다. Curator 자체는 정기 실행하는 구조를 가지고 있지 않기 때문에 cron 등으로 정기 실행해야 합니다.

13-2 정리

Curator

인덱스 관리에 편리한 Curator를 소개했습니다. Curator는 액션 파일에 처리내용을 저장해서 인덱스를 다룹니다. 인덱스의 삭제와 클로즈, 스냅샷을 다루는 법에 대해서 설명했습니다.

chapter 14

elasticsearch-hadoop

지금까지는 Elasticsearch에 대해서 설명했습니다.
Elasticsearch만으로 대량의 데이터를 저장하고 다루는 것은 한계가
있습니다. 대량의 데이터를 다루기 위해서 Hadoop을 도입할 수
있습니다. Elasticsearch에는 elasticsearch-hadoop이라는
Hadoop와 Elasticsearch를 연결하기 위한 라이브러리가
제공되고 있습니다. 여기에서는 elasticsearch-hadoop에 대해서
설명하겠습니다.

14-1 elasticsearch-hadoop 개요

elasticsearch-hadoop(elasticsearch for Apache Hadoop)[19]을 사용하면 Hadoop 상에 저장된 데이터를 Elasticsearch에 저장할 수 있고, 검색할 수 있게 됩니다. 또한 Elasticsearch의 검색 결과를 Hadoop에 저장하는 것도 가능합니다. 간단한 스크립트를 사용하면 Hadoop에 있는 데이터를 Kibana를 사용하여 시각화 하는 것도 가능합니다.

elasticsearch-hadoop은 다음의 Hadoop상의 소프트웨어로부터의 접근을 지원합니다.

- MapReduce
- Apache Pig
- Apache Hive
- Cascading
- Apache Spark
- Apache Storm

각각에 대해서 읽기와 쓰기를 할 수 있습니다. 예를 들어 Hadoop에서 집계처리 한 결과를 Elasticsearch에 저장하고 Kibana를 이용하여 시각화하거나 Elasticsearch에서의 검색 결과를 Hadoop상의 처리에 이용한다거나 하는 연계를 자연스럽게 할 수 있습니다.

아키텍처

elasticsearch-hadoop은 jar 형식으로 배포됩니다. 하둡 생태계에서 잘 알려진 MapReduce, Hive, Pig, Cascading, Spark, Storm에서 이 jar 파일을 사용하도록 지정하면 이용할 수 있습니다. 또한 MapReduce 지원만 하는 개별 바이너리도 제공하고 있습니다. jar 파일에는 버전명이 포함되어 있습니다만 이후에는 생략하도록 하겠습니다.

그림 14.1과 같이 Hadoop에서 elasticsearch-hadoop을 경유해서 Elasticsearch로 접근할 수 있습니다. Hive 등에서 데이터를 집계하고, 집계 결과를 Elasticsearch에 저장하거나 반대로 Elasticsearch에서 검색한 결과를 사용해서 Hive 등에서 집계할 수도 있습니다.

---

19 https://www.elastic.co/kr/products/hadoop

그림 14.1 elasticsearch-hadoop 아키텍처

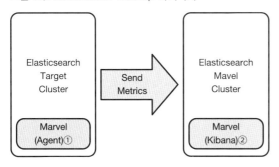

그림 14.1 elasticsearch-hadoop 아키텍처

14-2 접근 방법

MapReduce

MapReduce에서 사용하기 위해 elasticsearch-hadoop은 다음의 클래스를 제공하고 있습니다.

- Write : EsOutputFormat.class
- Read : EsInputFormat.class

각각 MapReduce의 JobConf에 설정하고 그 외 필요한 설정을 지정하면 이용할 수 있습니다. CLI에서는 그림 14.2와 같습니다. myJar.jar는 여러분이 만든 애플리케이션이 됩니다.

그림 14.2 Hadoop에서 Elasticsearch를 이용하기

```
$ bin/hadoop jar myJar.jar -libjars elasticsearch-hadoop.jar
```

Hadoop에서 Elasticsearch 로 출력

MapReduce로부터 Elasticsearch로 출력하기 위해서 환경정보 등을 Configuration 클래스에 그림 14.3과 같이 설정합니다(이번 장의 예제는 Hadoop 2.x를 대상으로 합니다.

Hadoop 1.x도 지원하고 있습니다).

그림 14.3 Configuration에서 지정하는 예제

```
Configuration conf = new Configuration();
conf.setBoolean("mapred.map.tasks.speculative.execution", false);
conf.setBoolean("mapred.reduce.tasks.speculative.execution", false);
conf.set("es.nodes", "es-server:9200");
conf.set("es.resource", "radio/artists");
Job job = new Job(conf);
job.setOutputFormat(EsOutputFormat.class);
job.setMapOutputValueClass(MapWritable.class);
...
```

es.nodes에는 Elasticsearch의 호스트명이나 예비 포트번호를 지정합니다. es.resource에
는 인덱스명/타입명을 지정합니다.

Map에 의한 출력 도큐멘트는 MapWritable 클래스를 이용합니다. 그림 14.4가 그 샘플입
니다.

그림 14.4 도큐멘트 생성의 Mapper 샘플

```
public class SomeMapper extends Mapper {
  @Override
  protected void map(Object key, Object value, Context context)
    throws IOException, InterruptedException {
    // create the MapWritable object
    MapWritable doc = new MapWritable();
    ...
    context.write(NullWritable.get(), doc);
}}
```

Hadoop에서 Elasticsearch의 데이터를 입력

MapReduce에서 Elasticsearch로의 입출력에 관한 접속정보 등을 Configuration클래스
에 그림 14.5와 같이 설정합니다.

그림 14.5 Elassticsearch로의 출력 샘플

```
Configuration conf = new Configuration();
conf.set("es.resource", "radio/artists/");
conf.set("es.query", "?q=me*");
Job job = new Job(conf);
job.setInputFormat(EsInputFormat.class);
job.setMapOutputKeyClass(Text.class);
job.setMapOutputValueClass(MapWritable.class);
...
```

es.query에서 쿼리를 지정하면 Elasticsearch에 대한 검색을 지정할 수 있습니다(그림 14.6).

그림 14.6 Elassticsearch에서의 입력 샘플

```
public class SomeMapper extends Mapper {
  @Override
  protected void map( Object key, Object value, Context context)
    throws IOException, InterruptedException {
  Text docId = (Text) key;
  MapWritable doc = (MapWritable) value;
  ...
}}
```

docId에는 Elasticsearch에서의 키가, value에는 MapWritable 형식의 도큐멘트가 전달됩니다.

Elasticsearch와 Writable의 매핑 등 그 외의 상세한 내용은 공식가이드[20]를 참고해 주세요.

Hive

Hive에서 이용하기 위해서는 다음의 EsStorageHandler를 지정해서 테이블을 만들고 접근하면 됩니다.

* org.elasticseach.hadoop.hive.EsStorageHandler

Hive 클라이언트를 작동할 때 그림 14.7과 같이 지정합니다.

---

20 https://www.elastic.co/guide/en/elasticsearch/hadoop/current/mapreduce.html

그림 14.7 Hive에서 Elasticsearch를 이용한다

```
$ bin/hive --auxpath=/path/elasticsearch-hadoop.jar
```

테이블에 insert하면 Elasticsearch에 데이터를 등록하고, select하면 Elasticsearch에서 데이터를 읽어옵니다.

Hive에서 Elasticsearch로의 출력

Hive에서 Elasticsearch에 데이터를 출력하기 위해서는 그림 14.8과 같이 테이블을 만들고 INSERT합니다.

그림 14.8 Elasticsearch로의 출력 샘플

```
CREATE EXTERNAL TABLE artists (
  id BIGINT,
  name STRING,
  links STRUCT<url:STRING, picture:STRING> )
STORED BY 'org.elasticsearch.hadoop.hive.EsStorageHandler'
TBLPROPERTIES('es.resource' = 'radio/artists');

INSERT OVERWRITE TABLE artists
  SELECT NULL, s. name, named_struct('url', s.url, 'picture', s.picture)
    FROM source s;
```

TBLPROPERTIES에 es.resource로 인덱스명/타입명을 지정합니다.

Hive로의 Elasticsearch의 입력

Elasticsearch에서 Hive로 데이터를 입력하기 위해서는 그림 14.9와 같이 데이터를 만들고 SELECT합니다.

그림 14.9 Elasticsearch에서의 입력 샘플

```
CREATE EXTERNAL TABLE artists (
  id BIGINT,
  name STRING,
  links STRUCT<url:STRING, picture:STRING> )
STORED BY 'org.elasticsearch.hadoop.hive.EsStorageHandler'
TBLPROPERTIES('es.resource' = 'radio/artists', 'es.query' = '?q=me*');
```

```
SELECT * FROM artists;
```

INSERT와 같이 테이블을 작성합니다. 다만, TBLPROPERTIES의 es.query에 쿼리를 지정합니다.

Hive와 Elasticsearch의 타입의 매핑과 그 외 상세한 내용은 공식가이드[21]를 참고해 주세요.

▌Pig

Pig에서 사용하기 위해서는 다음의 EsStorage를 설정합니다.

- org.elasticsearch.hadoop.pig.EsStoage

이 Storage를 이용하여 STORE하면 Elasticsearch에 데이터를 등록하고 LOAD하면 Elasticsearch에서 데이터를 읽을 수 있습니다.

Storage를 이용하기 위해서는 Pig의 클래스패스에 jar를 넣고, 그림 14.10의 커맨드를 실행합니다.

그림 14.10 Pig에서 Elasticsearch를 이용하기

```
REGISTER /path/elasticsearch-hadoop.jar;
```

Pig에서 Elasticsearch로 출력

Pig에서 데이터를 로드하여 데이터의 형식을 변경하고 Elasticsearch로 출력하는 예제가 그림 14.11입니다. STORE B INTO …에 인덱스명/타입명을 출력할 곳에 지정합니다.

그림 14.11 Elasticsearch로의 출력 샘플

```
A = LOAD 'src/test/resources/artists.dat' USING PigStorage()
  AS (id:long, name, url:chararray, picture:chararray);
B = FOREACH A GENERATE name, TOTUPLE(url, picture) AS links;
STORE B INTO 'radio/artists' USING org.elasticsearch.hadoop.pig.EsStorage();
```

....
21 https://www.elastic.co/guide/en/elasticsearch/hadoop/current/hive.html

Elasticsearch에서 Pig로 입력

Elasticsearch에서 Pig에 입력할 때는 LOAD를 사용합니다. 그림 14.12가 그 예시입니다.

그림 14.12 Elasticsearch로부터의 입력 샘플

```
A = LOAD 'radio/artists'
  USING org.elasticsearch.hadoop.pig.EsStorage('es.query=?me*');
DUMP A;
```

LOAD에서 인덱스명/타입명을 지정하고 EsStorage의 인수로 쿼리를 지정합니다. 그 다음
은 DUMP로 읽어서 Pig에서 이용하게 됩니다.

설치와 그 외의 상세한 내용에 대해서는 공식사이트[22]를 참고 하세요.

▌ Apache Spark

Spark에서 이용하기 위해서는 다음의 EsSpark를 이용합니다. 여기에서는 Scala로 사용하
는 방법에 대해서 설명하겠습니다.

- org.elasticsearch.spark.rdd.EsSpark

Spark에서 Elasticsearch로 출력

Spark에서 Elasticsearch로 출력하는 것은 EsSpark를 이용합니다(그림 14.13). 일단,
RDD를 만들고, saveToEs 메소드를 사용해서 출력합니다. saveToEs의 두 번째 인수는 인
덱스명/타입명입니다.

그림 14.13 Elasticsearch로 출력하는 예시

```
import org.apache.spark.SparkContext
import org.elasticsearch.spark.rdd.EsSpark

// define a case class
case class Trip(departure: String, arrival: String)

val upcomingTrip = Trip("OTP", "SFO")
```

---

22 https://www.elastic.co/guide/en/elasticsearch/hadoop/current/pig.html

```
val lastWeekTrip = Trip("MUC", "OTP")

val rdd = sc. makeRDD(Seq(upcomingTrip, lastWeekTrip))
EsSpark.saveToEs(rdd, "spark/docs")
```

Elasticsearch에서 Spark로 입력

org.elasticsearch.spark 패키지를 import하면 SparkContext에 esRDD라는 메소드를 사용할 수 있게 됩니다(그림 14.14).

그림 14.14 Elasticsearch로부터의 입력 샘플

```
import org.elasticsearch.spark._

...

import org.apache.spark.SparkContext
import org.apache.spark.SparkContext._

import org.elasticsearch.spark._

...

val conf = ...
val sc = new SparkContext(conf)

val RDD = sc.esRDD("radio/artists")
```

인덱스명/타입명을 지정하면 데이터를 받을 수 있습니다. 쿼리를 이용한 취득의 경우는 두 번째 인수에 쿼리를 지정할 수 있습니다.

여기에서는 다루지 않지만, Java에서의 이용과 Spark Streaming 등도 지원합니다. 설치와 그 외의 상세한 내용에 대해서는 공식사이트[23]를 참고해 주세요.

이와 같이 Hadoop상의 데이터를 가지고 Kibana에서 데이터를 시각화하는 것도 간단한 조작으로 할 수 있습니다. 이미 Hadoop에서 데이터를 운용하고 있는 독자도 있다면 시도해 보세요.

---

23 https://www.elastic.co/guide/en/elasticsearch/hadoop/current/spark.html

14-3 정리

Elasticsearch의 간단한 개요를 설명하고 이용 방법을 살펴 봤습니다.

Elasticsearch의 관리에 사용할 수 있는 플러그인도 소개했습니다.

지금까지 설명한 Elasticsearch의 기능은 아주 일부분입니다. Elasticsearch에 관해서 더욱 깊게 배우고 싶은 독자는 다음 문서를 참고해 주세요.

참고 문헌

- Elastic사의 사이트
  - https://www.elastic.co/
- ElasticsearchThe Definitive Guide
  - https://www.elastic.co/guide/en/elasticsearch/guide/current/index.html

part 4

Kibana 입문

chapter **15**

Kibana 특징

이번 장에서는 일단 Kibana의 특징과 주요 기능 그리고 다른 시각화
도구와 다른 점을 다루겠습니다.

15-1 Kibana에 대해서

Kibana는 Elastic사에서 개발한 데이터 분석, 시각화 프론트엔드입니다. 웹 서버로서 동작하므로 브라우저상에서 데이터의 시각화, 분석을 할 수 있습니다.

Kibana는 오픈소스 소프트웨어이며 Apache License 2.0으로 라이센싱하고 있습니다.

- 공식 홈페이지
  - https://www.elastic.co/kr/products/kibana
- Github
  - https://github.com/elastic/kibana

이 책에서는 현재 가장 최신판인 Kibana 5.4.3을 사용하겠습니다.[1]

주요 기능

Kibana에는 시각화, 분석도구로서 다음 기능이 있습니다.

- 저장되어 있는 로그의 검색, 필터링
- 여러 가지 형식의 시각화
- 대시보드의 작성, 저장, 공유
- 시계열, 그래프 등의 분석 기능

보통 시각화 도구는 백엔드로 SQL기반의 쿼리언어를 사용하는 경우가 많고, 데이터추출, 집계에는 복잡한 쿼리를 만들어야 하는 경우가 있습니다. 그에 비해 Kibana에서는 Elasticsearch를 백엔드로 사용하고 있기 때문에 검색, 추출에는 Lucene이 지원하는 검색 쿼리를 사용합니다. 또한 Web UI를 사용해서 집계처리 등의 설정을 하기 때문에 특수한 쿼리를 사용하지 않고도 간단한 집계, 그래프를 만들 수 있습니다.

실시간 대시보드로서의 Kibana

Elasticsearch를 사용하는 이점은 여러 가지가 있습니다. Elasticsearch는 Fluentd,

---

1 2018년 8월 기준으로 6.4.0까지 출시되었습니다.

Logstash 등의 로그컬렉터를 사용해서 정기적으로 로그를 보내서 거의 실시간에 가깝게 인덱스를 갱신할 수가 있습니다.

Kibana에서는 자동갱신되는 대시보드를 저장해 둘 수가 있기 때문에 몇 초 간격으로 Elasticsearch의 인덱스를 갱신하면 Web 서비스의 현재동작을 실시간으로 감시할 수 있습니다.

15-2 Kibana 시스템 구성

Kibana는 HTTP 서버의 기능을 가지는 애플리케이션으로 제공되고 있습니다. 이 서버는 HTTP UI를 구성하는 정적 파일을 배포하는 것 뿐만 아니라 브라우저에서 Elasticsearch 로 쿼리를 프록시하는 기능이 있습니다. 이것에 대해서 Elasticsearch의 인증은 Kibana의 서버 프로그램쪽에서 설정할 수 있습니다.

Kibana 3 이전 버전에서는 브라우저에서 Elasticsearch API를 직접 요청하기 위해 브라우저에서 접근가능한 네트워크에 Elasticsearch를 둘 필요가 있었습니다. 버전 4 이후에는 Kibana 서버가 API를. 중계하기 때문에 Elasticsearch API를 외부에서 실행하지 않아도 되게 되었습니다.

▎Kibana와 Elasticsearch

Kibana는 Elastic Stack의 구성 요소의 하나입니다. Elastic Stack은 다음과 같은 구성을 하고 있습니다(그림 15.1).

- 데이터 저장소 : Elasticsearch
- 로그 수집, 가공, 중계 : Logstash
- 경량 데이터 수집 에이전트 : Beats(부록 D-3 Beats 참고)
- 시각화, 분석 도구 : Kibana

Logstash 이외에도 Elasticsearch에 로그를 전송하는 도구로서 이 책에서 소개하는 Fluentd도 이용할 수 있습니다. Fluentd, Elasticsearch 그리고 Kibana를 이용하기 위해서 로그를 수집, 분석, 해석하는 플로우를 구성할 수 있습니다.

그림 15.1 Kibana와 Elastic Stack, Fluentd의 관계

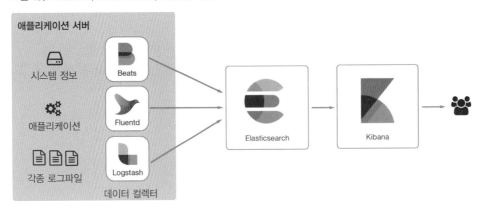

데이터 저장

Kibana에서는 Elasticsearch로의 접속 설정 이외에 데이터분석에 관한 설정, 대시보드와 검색조건의 프로퍼티라는 정보를 모두 Elasticsearch상의 전용 인덱스에 저장합니다. 그렇기 때문에 Kibana 자체는 정보를 저장하지 않고, Elasticsearch의 인덱스만을 백업하면 Kibana의 정보를 잃는 일은 없습니다(그림 15.2).

현재 상태를 가지고 있지 않기 때문에 이중 구성이나 업그레이드도 비교적 간단합니다. 하나의 Elasticsearch 클라스터에 대해서 여러 개의 Kibana를 실행해두고, 로드밸런서에서 요청을 나누는 것만으로도 이중화 구성을 할 수 있습니다. 업그레이드를 할 때도 일단 Elasticsearch의 업그레이드 작업을 하고 그 뒤에 Kibana의 버전을 맞추어서 실행하기만 하면 간단하게 갱신 작업을 할 수 있습니다.

그림 15.2 Kibana의 구성

릴리즈 버전과 Elasticsearch와의 호환성

Kibana와 Elasticsearch는 같은 버전으로 릴리즈하고 있습니다. 같은 버전으로 맞춰서 실행해야 합니다. 예를 들어 Kibana 5.4.3이라면 기본적으로 Elasticsearch 5.4.3을 백엔드로 사용할 필요가 있습니다.

Elasticsearch는 마이너버전까지 API의 호환성을 가지고 있기 때문에 Elasticsearch의 버전이 더 높다면 마이너 버전의 버전업까지는 동작합니다. 예를 들어 Kibana 5.1.2는 Elasticsearch 5.5.0은 사용할 수 있지만 로그에는 경고가 표시됩니다.

따라서 Kibana와 Elasticsearch의 갱신때는 먼저 Elasticsearch를 갱신하고 나서 Kibana를 갱신하는 것이 좋습니다. 다음의 메이저 버전인 Kibana 6.0도 Kibana 5.x의 최신판부터 롤링 업그레이드(참고 링크: https://www.elastic.co/guide/en/elasticsearch/reference/current/rolling-upgrades.html)를 할 수 있습니다.

15-3 그 외의 시각화, 분석 도구의 비교

Redash

Redash는 여러 가지 데이터소스를 백엔드로 사용할 수 있는 분석 대시보드입니다.

- Redash
  - https://redash.io/

Elasticsearch를 백엔드로 사용하는 Kibana와는 다르게 각종 RDBMS와 Presto, Hive 그리고 Redshift, BigQuery라는 서비스를 데이터소스로 사용하는 것도 가능하며, 쿼리 결과를 시각화하여 대시보드로 표시할 수 있습니다(그림 15.3).

그림 15.3 Redash의 대시보드

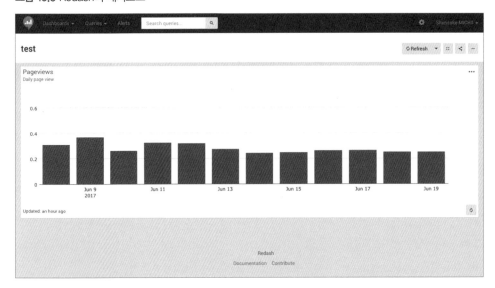

Redash와 Kibana의 큰 차이점은 특정 데이터소스의 의존성입니다. Kibana는 Elasticsearch의 데이터만 대상으로 하지만 Redash는 여러 가지 데이터소스를 대상으로 쿼리를 실행할 수 있고 그 결과를 Redash의 데이터베이스에 저장합니다.

Redash는 여러 가지 데이터소스를 대상으로 하지만, 한 편 쿼리를 실행하고 시각화하기 위해서 각각의 데이터소스에 맞는 쿼리를 작성할 필요가 있습니다. 따라서 RDBMS에는 SQL 쿼리, Presto에는 PrestoQL을 직접 작성합니다. Elasticsearch도 백엔드로 사용할 수 있지만 JSON 기반의 쿼리를 직접 작성해야 합니다.

한편 Kibana는 Elasticsearch와 직접 연동하기 때문에 거의 쿼리를 작성할 일 없이 브라우저상에서 집계, 시각화를 할 수 있습니다. 실시간이며 인터랙티브한 분석에는 Kibana가 더 어울립니다. 하지만, SQL로 작성하고 정기적으로 결과를 뽑는 처리를 구현하기에는 Redash가 더 좋습니다.

▎BI 도구

Kibana와 Redash라는 도구는 대규모 데이터의 분석 대시보드로 성장해 왔지만 이런 데이터 분석 분야에서 예전부터 사용되어 온 애플리케이션 종류로 BI(Business Intelligence) 도구가 있습니다.

BI 도구는 이름 그대로 Business Intelligence, 즉 경영상의 분석, 판단을 위한 도구로 발전해 온 분석 애플리케이션입니다. 예전에는 독립적으로 동작하는 데스크탑 애플리케이션인 경우가 많았고, 높은 전문성으로 인해 비싼 가격의 제품이 많은 분야였습니다. 최근에는 서버에서 동작하는 애플리케이션과 클라우드 서비스의 기능으로 제공되는 도구도 많아져서 웹 서비스의 분석에도 이용될 정도로 턱이 낮아졌습니다.

BI도구는 여러 회사에서 여러 형태로 제공되고 있습니다. 여기에서 대표적인 소프트웨어, 서비스를 소개하도록 하겠습니다.

Tableau

Tableau 사가 제공하는 데스크탑상에서 동작하는 인메모리형 BI 도구인 Tableau Desktop과 대시보드를 공유하는 서버인 Tableau Server가 있는 BI 도구입니다. 커넥터라고 하는 구조로 여러 가지 소스와 접속하여, 하나의 화면에 직관적으로 그래프의 설정, 대시보드의 배치 등을 할 수 있습니다.

- https://www.tableau.com/

QlikView

Qlik사에서 제공하는 인메모리형 BI 도구입니다. Kibana와 같은 웹 기반의 UI를 가지고 있습니다.

- https://www.qlik.com/us/products/qlikview

Domo

Domo사가 제공하는 인메모리형 BI 도구입니다. BI 도구 뿐만 아니라 콜라보레이션웨어 등의 기능도 있습니다.

- https://www.domo.com/

Google Data Studio

Google사가 제공하는 BI 도구입니다. Google BigQuery, Cloud SQL과 Google Analytics, Google 스프레드시트 등 Google의 각종 서비스와 간단하게 결합해서 사용할

수 있습니다.

- https://cloud.google.com/data-studio

Amazon QuickSight

Amazon사에서 제공하는 BI 도구입니다. AWS의 각 서비스와 통합해서 이용할 수 있습니다.

- https://aws.amazon.com/quicksight/

이런 도구들은 접속할 수 있는 데이터소스와 구성이 각각 서비스에 따라 다릅니다. 여기서는 소개하는 정도로 하고, 각 소프트웨어의 특징을 파악해서 구입할 필요가 있습니다.

15-4 정리

- Kibana의 특징과 그 구성에 대해서 설명했습니다.
- Kibana의 데이터는 모두 Elasticsearch에 저장되어 있습니다. Elasticsearch에 실시간으로 데이터를 저장하므로, 실시간 시각화를 실현할 수 있습니다.
- Kibana와 비교할 수 있는 다른 시각화, 분석도구에 대해서 소개했습니다. Kibana 이외에도 여러 가지 소프트웨어를 검토함으로써 서비스와 팀의 문화에 알맞는 시각화 환경을 구축할 수 있습니다.

## chapter 16

Kibana 설치와 설정

그럼 Kibana를 설치해 보겠습니다. 이번 장에서는 Linux에서의 설치
방법 그리고 Docker를 이용하는 방법에 대해서 설명하겠습니다.

이번 장에서 샘플 애플리케이션으로 소개하는 환경은 Docker를
사용해서 구성하였습니다. Docker를 사용한 구성에 대해서도
소개하겠습니다.

16-1 다운로드와 인스톨

Kibana는 다음의 페이지에서 다운로드합니다.

- https://www.elastic.co/downloads/kibana

Windows, macOS, Linux의 각 환경용 바이너리와 RPM, DEB 패키지가 있습니다. 자신의 환경에 맞춰서 다운로드를 해 주세요. RPM, DEB 패키지는 리포지토리를 사용해서 설치할 수도 있습니다. 여기에서는 APT, RPM 리포지토리를 이용해서 설치하는 방법에 대해서 설명하겠습니다.

▌압축 파일 풀기

Kibana는 tar.gz 형식 혹은 zip으로 압축해서 제공됩니다. 환경에 맞춰서 풀어주세요. 예를 들어 /opt/kibana 디렉토리에 설치하는 경우에는 그림 16.1의 커맨드를 실행합니다.

그림 16.1 /opt/kibana 디렉토리에 설치

```
$ wget -qO - https://artifacts.elastic.co/downloads/kibana/kibana-5.4.3-linux-x86_64.tar.gz |
sudo tar xz -C /opt/kibana
```

▌APT 리포지토리를 사용해서 설치하기

Debian GNU/Linux, Ubuntu에서는 Elastic에서 제공하는 APT 리포지토리를 사용해서 설치할 수 있습니다(그림 16.2).

그림 16.2 APT 리포지토리를 사용한 설치

```
$ wget -qO - https://artifacts.elastic.co/GPG-KEY-elasticsearch | sudo apt-key add -
OK
$ echo "deb https://artifacts.elastic.co/packages/5.x/apt stable main" | sudo tee -a /etc/apt/
sources.list.d/elastic-5.x.list
$ sudo apt-get update
$ sudo apt-get install kibana
```

패키지로 설치한 경우 systemd의 서비스가 자동으로 설정됩니다. systemctl start 커맨드로 실행하고 systemctl status 커맨드로 데몬의 상태를 확인할 수 있습니다(그림 16.3).

그림 16.3 systemctl를 사용해서 kibana 관리하기

```
# Kibana를 실행한다.
$ sudo systemctl start kibana

# Kibana의 상태를 확인한다.
$ sudo systemctl status kibana
 kibana.service - Kibana Loaded: loaded (/etc/systemd/system/kibana.service; disabled)
 Active: active (running) since Sun 2017-01-01 01:02:03 UTC; 1s ago
Main PID: 4150 (node)
 CGroup: /docker/cb52d76b8aab032dc66923108b5bd354ed3f277512b40260a05aba81bdd52b40/
system.slice/kibana.service
 └─ 4150 /usr/share/kibana/bin/../node/bin/node --no-warnings /usr/share/kibana/bin/../src/cli
-c /etc/kibana/kibana.yml...
Jan 01 01:02:03 cb52d76b8aab systemd[1]: Started Kibana.
```

yum 리포지토리를 사용한 설치

RHEL, CentOS 등 Redhat 계열의 배포판의 RPM을 사용하는 Linux 배포판에서는 yum 리포지토리를 사용하는 것도 가능합니다(그림 16.4).

그림 16.4 RPM 리포지토리를 사용해서 설치하기

```
$ sudo rpm --import https://artifacts.elastic.co/GPG-KEY-elasticsearch
$ sudo tee /etc/yum.repos.d/kibana.repo <<EOF
[kibana-5.x]
name=Kibana 5.x
baseurl=https://artifacts.elastic.co/packages/5.x/yum
gpgcheck=1
gpgkey=https://artifacts.elastic.co/GPG-KEY-elasticsearch
enabled=1
autorefresh=1
type=rpm-md
EOF
$ sudo yum install kibana
```

설치가 완료되면 systemd에서 Kibana를 관리하도록 설정됩니다. APT 리포지토리의 경우와 같이 systemctl status 커맨드로 데몬의 상태를 확인할 수 있습니다(그림 16.3).

16-2 초기 설정과 실행

그럼 Kibana의 초기 설정을 해 봅시다.

▌Kibana 설정

Kibana의 설정은 kibana.yml에 작성합니다. 설정 파일은 압축 파일을 사용한 경우는 config 디렉토리, 패키지를 사용한 경우는 /etc/kibana 디렉토리에 있습니다.

먼저 다음 2개의 항목을 확인합시다.

- elasticsearch.url : Elasticsearch의 URL
- server.port : Kibana 서버가 대기하는 포트번호

접속할 Elasticsearch와 Kibana 서버가 동작할 포트번호입니다. 같은 호스트에서 디폴트 설정의 Elasticsearch가 동작하고 있는 경우는 이 설정을 변경하지 않고 그대로 두면 됩니다.

Kibana의 주요 설정 항목은 표 16.1에 있습니다. Elasticsearch에 접속할 때 인증이 필요한 경우, 다른 설정을 확인할 필요가 있습니다. 자세한 부분은 설정 파일 내의 주석 혹은 공식 문서[2]를 참고해 주세요.

표 16.1 Kibana의 주요 설정 항목

항목	설명
elasticsearch.url	Elasticsearch의 URL
elasticsearch.requestTimeout	Elasticsearch의 API 요청의 타임아웃(밀리초)
kibana.index	Kibana의 설정을 저장할 인덱스명
kibana.defaultAppId	열었을 때 처음 표시되는 화면(디폴트 : "discover")

---

2 https://www.elastic.co/guide/en/kibana/current/settings.html

server.port	포트번호 (디폴트 : 5601)
server.host	bind할 주소
server.basePath	URL을 생성할 때 사용할 기준이 되는 경로
server.maxPayloadBytes	HTTP 요청의 최대 바이트수
server.name	Kibana 서버의 표시이름
server.ssl.enabled	SSL(HTTPS)를 활성화한다.
server.ssl.certificate	SSL 증명서의 파일 경로
server.ssl.key	SSL 증명서의 비밀키의 파일 경로

▌ 실행하기

커맨드라인에서 실행하는 경우 압축을 푼 디렉토리에서 그림 16.5와 같이 실행한다.

그림 16.5 커맨드라인으로 실행하기

```
./bin/kibana
```

설정 파일의 경로를 지정해서 실행하려는 경우에는 그림 16.6과 같이 −c 옵션을 사용한다.

그림 16.6 설정 파일의 경로를 지정하기

```
./bin/kibana -c /etc/kibana/kibana.yml
```

Elasticsearch와 접속되어 인덱스의 초기화가 완료되면 그림 16.7과 같이 로그가 표시됩니다.

그림 16.7 Elasticsearch와 접속이 성공했을 때의 로그

```
[info][status][plugin:elasticsearch@5.4.0] Status changed from red to yellow - No existing
Kibana index found
[info][status][ui settings] Status changed from red to yellow - Elasticsearch plugin is yellow
[info][status][plugin:elasticsearch@5.4.0] Status changed from yellow to green - Kibana index
ready
[info][status][ui settings] Status changed from yellow to green - Ready
```

Elasticsearch에 접속이 실패한 경우 그림 16.8과 같은 로그가 표시됩니다. 이와 같은 로그가 계속 표시될 때는 접속 설정이 잘못된 것은 아닌 지 설정 파일을 확인해 봅시다.

그림 16.8 Elasticsearch에 접속할 수 없을 때의 로그

```
[warning][admin][elasticsearch] Unable to revive connection: http://localhost:9200/
[warning][admin][elasticsearch] No living connections
```

Elasitcsearch에 접속이 성공하면 Kibana의 화면을 열어봅시다. 디폴트 설정이라면 5601 포트로 Kibana가 동작하고 있을 것입니다. 설정에 문제가 없다면 인덱스 설정 화면이 표시될 것입니다.

▌systemd를 이용한 관리

Kibana를 데몬으로 실행하는 경우 systemd의 설정이 필요합니다. 서비스 파일의 예제는 리스트 16.1과 같습니다.

리스트 16.1 systemd 서비스 파일의 예제

```
[Unit]
Description=Kibana

[Service]
Type=simple
User=kibana
Group=kibana
EnvironmentFile=/etc/default/kibana
EnvironmentFile=/etc/sysconfig/kibana
ExecStart=/opt/kibana/kibana-5.4.3-linux-x86_64/bin/kibana "-c /etc/kibana/kibana.yml"
Restart=always
WorkingDirectory=/

[Install]
WantedBy=multi-user.target
```

서비스 파일을 /etc/systemd/system/kibana.service에 저장하고 systemctl daemon-reload 커맨드로 설정 파일을 리로드합니다(그림 16.9).

그림 16.9 systemd에 의한 kibana의 자동 실행 설정

```
# systemd 설정 파일을 reload
$ sudo systemctl daemon-reload

# 자동실행을 유효화
$ sudo systemctl enable kibana

# 서비스 실행하기
$ sudo systemctl start kibana
```

16-3 Docker를 사용한 구성

Kibana의 Docker 이미지는 Elastic사의 Docker 리포지토리(docker.elastic.co)에서 제공하고 있습니다. Docker Hub에도 같은 이름의 이미지가 있지만 추천하지 않습니다. docker pull 커맨드로는 그림 16.10과 같이 전체 경로로 지정해야합니다.

그림 16.10 Docker에서 Kibana의 이미지를 얻기

```
docker pull docker.elastic.co/kibana/kibana:5.4.3
```

▌ 컨테이너의 설정과 기동

Kibana는 환경변수로 각종 설정을 할 수 있습니다. 예를 들면 그림 16.11과 같이 Elasticsearch의 URL은 ELASTICSEARCH_URL로 지정합니다.

그림 16.11 Elasticsearch의 URL을 환경변수로 설정하기

```
docker run -e ELASTICSEARCH_URL="http://192.2.0.1:9200" --rm docker.elastic.co/kibana/
kibana:5.4.3
```

환경변수와 Kibana의 설정 항목에 대해서는 공식 문서[3]에서 확인할 수 있습니다.

....
3 https://www.elastic.co/guide/en/kibana/current/docker.html

Docker Compose를 사용한 구성

Docker Compose를 사용하면 Elasticsearch와 Kibana의 컨테이너를 쉽게 관리할 수 있습니다. docker-compose.yml의 예시는 리스트 16.2과 같습니다.

리스트 16.2 docker-compose.yml의 예시

```
version: '3'
services:
  kibana:
    image: docker.elastic.co/kibana/kibana:5.4.3
    environment:
      - ELASTICSEARCH_URL=https://elasticsearch:9200/
    ports:
      - "5601:5601"
  elasticsearch:
    image: docker.elastic.co/elasticsearch/elasticsearch:5.4.1
    environment:
      - bootstrap.memory_lock=true
      - "ES_JAVA_OPTS=-Xms512m -Xmx512m"
    deploy:
      resources:
        limits:
          memory: 1024M
    ports:
      - "9200:9200"
    volumes:
      - /usr/share/elasticsearch/data
```

docker-compose up 커맨드로 실행할 수 있습니다. 로컬이라면 http://localhost:5601로 Kibana를 표시할 수 있습니다.

Docker 이미지에는 표준으로 X-Pack을 사용한 인증이 켜져 있습니다. 초기 설정된 어카운트는 다음과 같습니다.

- username : elastic
- password : changeme

16-4 인덱스 설정

이어서 Kibana에서 분석 대상이 되는 인덱스의 설정을 하겠습니다. 여기에서는 셰익스피어의 샘플 데이터를 입력한 인덱스를 예로 설명하겠습니다.

샘플 데이터의 입력

Kibana의 문서에서 샘플 데이터셋을 다운로드할 수 있습니다(그림 16.12). 일단 이것을 Elasticsearch에 PUT하도록 합시다.

- https://download.elastic.co/demos/kibana/gettingstarted/shakespeare.json

그림 16.12 샘플 데이터의 다운로드

```
curl -s -XPOST 127.0.0.1:9200/_bulk --data-binary @shakespeare.json > /dev/null

주의 : X-Pack에 의한 인증이 설정되어 있는 경우
curl -u elastic:changeme -s -XPOST 127.0.0.1:9200/_bulk --data-binary @shakespeare.json
```

다음 장부터는 1파트 "3장 데이터 분석기반의 구축"에서 소개한 샘플 애플리케이션을 예로 설명하겠습니다. 1파트에서 인덱스 패턴의 설정에 대해서 이해했다면 건너뛰어도 좋습니다.

인덱스 패턴 설정 만들기

Kibana에서 사용하는 인덱스는 Management 탭의 Index Pattern 화면에서 설정합니다 (그림 16.12). 아무것도 설정되어 있지 않다면 로그인했을 때 바로 표시될 것입니다. 일단 다음 항목을 확인하세요.

Index name or pattern

인덱스 이름을 지정합니다. 와일드카드(∗)를 사용하여 여러 개의 인덱스를 하나의 인덱스로 지정하는 것도 가능합니다.

Index contains time-based events

인덱스가 액세스 로그, 이벤트 로그 등의 시계열 데이터를 가지는 경우에 체크합니다.

Time-field name

시계열 데이터의 경우, 시각의 키로 사용할 필드를 지정합니다.

인덱스 설정 예시

셰익스피어의 샘플 데이터는 시계열 데이터가 아니기 때문에 다음과 같이 설정합니다.

- Index name or pattern : shakespeare
- Index contains time-based events : 체크하지 않습니다.

[Create] 버튼을 클릭하면 인덱스 설정을 만들 수 있습니다.

nginx의 액세스 로그와 같이 시계열 데이터에 대해서는 다음과 같이 설정하면 됩니다.

- Index name or pattern : nginx-*
- Index contains time-based events : 체크한다.
- Time-field name : @timestamp

nginx-*로 지정하면 nginx-로 시작하는 모든 인덱스를 검색 대상으로 합니다(그림 16.13). 날짜 등을 키로 해서 복수의 인덱스에 파티셔닝하는 경우에 유효합니다.

그림 16.13 Index Pattern 화면

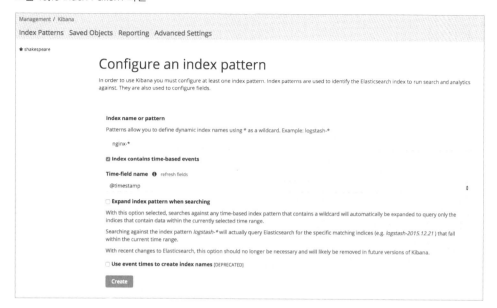

필드 매핑 확인

인덱스 설정이 만들어지면 기록된 필드를 확인할 수 있습니다. 이 화면에서는 각 필드가 검색 가능한지, 집계할 수 있는지, 분석 가능한지를 확인할 수 있습니다.

인덱스의 내용 확인

필드가 정확하게 인식된 것을 확인하였다면 Discover 탭을 열어봅시다. 제대로 되었다면 셰익스피어 작품의 리스트가 표시될 것입니다. 예를 들어 위쪽의 검색 필드에 어떤 단어를 입력하면 텍스트를 검색할 수 있습니다(그림 16.14).

그림 16.14 인덱스가 끝난 Discover 화면

여기까지 되었다면 Kibana의 설치가 완료된 것입니다. 다음 장에서는 블로그 서비스를 예로 Kibana를 사용한 분석 워크플로우를 소개하도록 하겠습니다.

16-5 정리

- 이번 장에서는 Kibana의 설치, 설정 방법에 대해서 설명했습니다.
- APT, YUM 리포지토리를 사용해서 Kibana의 패키지를 관리할 수 있습니다. 또한 Docker를 사용해서 Kibana/Elasticsearch의 구성을 더욱 간단하게 구성할 수 있습니다.
- Kibana에서 사용할 인덱스는 Kibana의 화면상에서 설정합니다. 설정할 때 시계열 데이터인지, 아닌 지에 주의합시다.

## chapter 17

Kibana 분석 워크플로우

Kibana를 사용한 실제 분석 워크플로우에 대해서 알아봅시다.
이번 장에서는 이 책의 샘플 애플리케이션인 블로그 서비스를 예로
Kibana를 사용한 데이터 분석에 대해서 설명하겠습니다.

17-1 샘플 서비스 기동

이 책에서 소개하는 샘플 애플리케이션은 앞 장에서도 다루었는데 Docker로 관리합니다. 일단은 샘플 애플리케이션을 실행합니다. 샘플 애플리케이션의 구성, 사용법에 대해서는 "3장 데이터분석기반의 구축"을 참고해 주세요.

█ 인덱스 설정

"3장 데이터 분석 기반 구축"에서는 nginx-*를 추가하는 방법에 대해서 소개하였는데 샘플 애플리케이션은 이외에도 몇 가지의 데이터를 Elasticsearch에 저장하고 있습니다. 샘플 애플리케이션에서 Elasticsearch에 생성된 인덱스를 표 17.1에 정리했습니다. 이것을 16장의 "16.4 인덱스의 설정"의 "샘플데이터의 입력"에서 설명한 대로 인덱스의 설정을 Kibana에 추가합시다.

표 17.1 샘플 애플리케이션이 기록하는 인덱스

인덱스 패턴	시계열	설명
nginx-*	O	nginx의 액세스 로그
search-*	O	검색 로그
article		포스트의 검색 인덱스

17-2 케이스 1 : 매트릭 시각화

그럼 실제로 Kibana를 사용한 분석을 해 봅시다. 서비스 개선을 하기위해서는 일단 각종 매트릭을 시각화할 필요가 있습니다. 예를 들어 다음과 같은 데이터입니다.

- 페이지뷰
- 유니크유저수
- 투고수
- 특정 키워드의 검색회수

이런 데이터는 서비스의 현재 상황을 파악하는데 있어서 매우 중요한 자료입니다. "1장 데이터 분석기반의 개요"에서 살펴보았듯이 어떤 매트릭를 분석하는 것이 좋을지는 서비스에 따라서 다릅니다. 여기에서는 일단 가장 단순한 수치인 페이지뷰를 매트릭으로 설정해 보겠습니다.

▌ 차트 작성

일단은 [Visualize] 탭을 열어서 차트를 만들도록 하겠습니다. Kibana에서는 영역 차트, 테이블 차트, 막대 차트, 원 차트, 태그 클라우드 등 여러 가지 모양 중에 선택할 수 있습니다(그림 17.1). 이번에는 [Vertical Bar] 를 선택합니다.

그림 17.1 그래프의 선택 화면

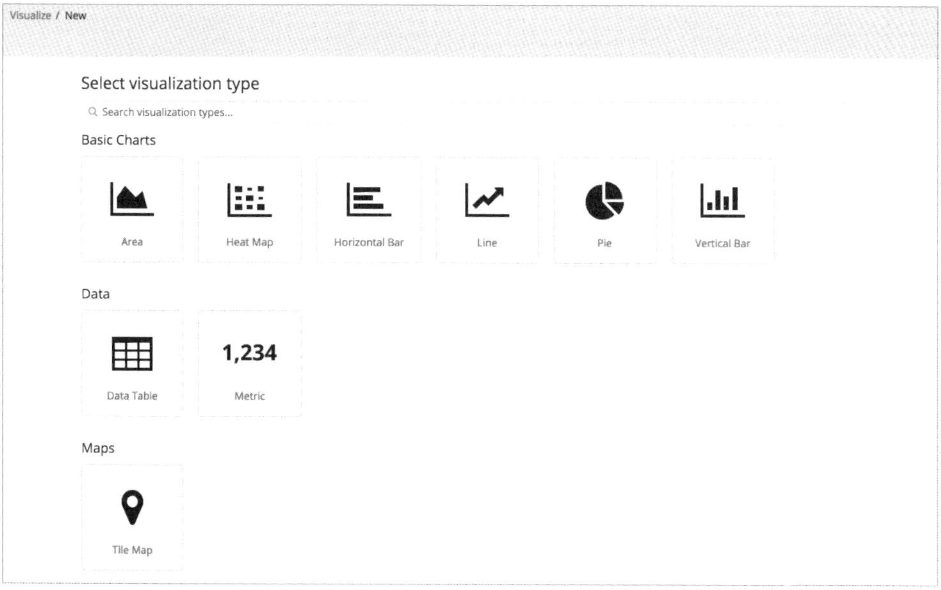

다음 화면에서는 시각화할 검색쿼리를 지정합니다(그림 17.2). 미리 저장해 둔 검색뿐만 아니라, 새로 인덱스를 지정할 수도 있습니다. 인덱스를 선택하는 경우, 지정한 인덱스에 포함된 모든 레코드가 검색 대상이 됩니다. 여기에서는 액세스 로그를 기록하는 nginx-*를 선택합니다.

그림 17.2 대상쿼리 선택화면

인덱스를 선택하면 차트 작성 화면이 나옵니다. Kibana의 차트 설정은 크게 [Metrics]와 [Buckers]으로 나뉩니다(그림 17.3)

그림 17.3 차트 설정 화면

[Metrics]는 차트에 표시하는 값을, [Buckets]는 그것을 어떻게 분류할 것인지를 지정합니다. 예를 들어 [Vertical Bar]를 선택하면 막대의 길이를 어떻게 할 것인지를 [Metrics]에서 지정하고, 막대로 나타낼 값을 어떻게 집계할 것인지를 [Buckets]에서 지정합니다.

일단 [Bucket type] 항목에서 [X-Axis]를 선택하고 [Aggregation]을 [Date Histogram]으로 선택합니다. 이것은 시간을 X축으로 하는 히스토그램을 그리도록 지정하는 것입니다.

히스토그램의 간격은 [Interval]에서 지정합니다. 예를 들어 [Minutes]는 1분 간격의 히스토그램이 됩니다.

[Play] 버튼을 누르면, 쿼리를 실행하여 그래프를 미리보기로 보여줍니다. 그래프가 정상적으로 나타나면 오른쪽 위에 있는 [Save] 메뉴를 선택하여 이름을 입력하고 저장하도록 합시다.

같은 방식으로 몇 개의 차트를 만들어봅시다. 다른 종류의 그래프를 만드는 방법에 대해서는 "19장 차트 작성"에서 자세하게 설명하겠습니다.

대시보드 작성

저장한 차트는 [Visualize] 탭에서 미리보기할 수 있는데 대시보드에 표시함으로써 여러 개의 차트를 보기 좋게 배치하고 같은 시계열로 표시할 수 있습니다.

[Dashboard] 탭을 열고 [Create a dashboard] 버튼을 누르고 새로운 대시보드를 만듭시다. 그리고 오른쪽 위에 [Add] 메뉴에서 패널을 추가할 수 있습니다. 조금 전에 저장한 그래프를 [Visualization]에서 선택합니다. 추가한 패널을 드래그해서 배치나 크기를 바꿀 수 있습니다(그림 17.4). 배치가 끝나면 [Save] 메뉴에서 대시보드 이름을 넣고 저장합니다.

그림 17.4 대시보드 만들기

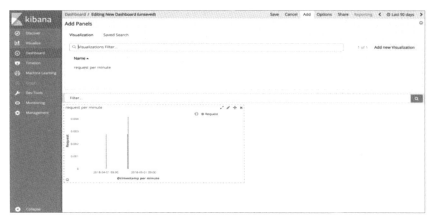

대시보드 공유

대시보드를 만들고 나서 팀에 대시보드를 공유해 봅시다. 대시보드의 공유는 간단하게 링크를 보내면 됩니다. iframe으로 embed하는 형태로 공유하는 것도 가능합니다. [Share] 메뉴에 대시보드의 링크가 있습니다. 대시보드의 URL이 대시보드 자체를 참조하는 saved dashboard와 현재의 데이터를 사용한 snapshot이 있습니다. 용도에 따라서 구분해야합니다. 대시보드에 대해서는 20장에서 다시 설명하겠습니다.

17-3 케이스 2 : 글 내용 분석

케이스1의 예시에서는 시계열 데이터에서 매트릭을 시각화하는 방법에 대해서 소개했습니다. 또 하나의 케이스는 현재 어떤 양상을 가지는 서비스인가를 분석하는 것입니다.

여기에서는 블로그 서비스에 저장된 글에 어떤 내용이 많은지, 어떤 키워드가 검색되는지를 분석해 보겠습니다.

태그 클라우드 작성

일단 글에 어떤 키워드가 많은 가를 보도록 합시다. 본문에 포함된 키워드의 태그 클라우드를 만들어 보겠습니다. [Visualize] 탭에서 [+] 버튼을 클릭하여 새 그래프를 만듭니다. 그래프의 종류는 [Tag Cloud]를 선택합니다. 대상이 되는 인덱스는 article을 선택합시다.

[Tag Cloud]를 선택했을 때 [Buckets]는 무엇을 태그할 것인가, [Metrics]는 그 크기를 나타냅니다. [Buckets]에서 [body.keyword]를 지정하면 본문에 포함된 키워드의 태그 클라우드를 만들 수 있습니다. 키워드의 수는 [Size] 파라미터에서 지정합니다. 미리보기하면 블로그 서비스에서 쉽게 볼 수 있는 키워드 시각화를 확인할 수 있습니다(그림 17.5).

그림 17.5 작성한 키워드의 태그 클라우드

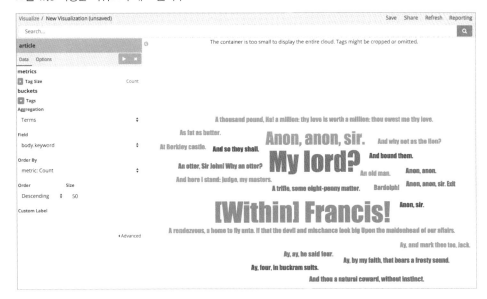

키워드 랭킹 만들기

다음으로 어떤 키워드가 검색에 사용되었는지를 확인해 봅시다. 키워드별 검색회수의 랭킹을 Horizontal 그래프에서 확인할 수 있습니다. 검색 로그는 search-* 인덱스에 저장되어 있습니다.

키워드별 검색회수의 랭킹 등 어떤 값을 키로 하여 집계하는 것은 [Buckets]의 [Aggregation]에 [Terms]를 사용합니다. [Terms]에서는 특정 필드의 내용별로 집계합니다(그림 17.6).

그림 17.6 생성한 키워드 랭킹

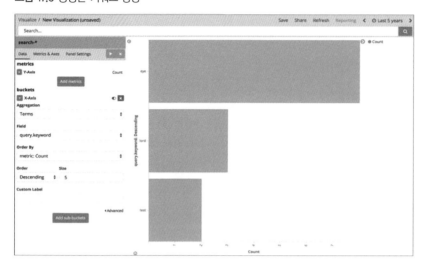

대시보드에서 열람

그럼 지금까지 만든 Visualization을 앞에서 만들었던 대시보드에 추가해 보겠습니다(그림 17.7).

그림 17.7 대시보드

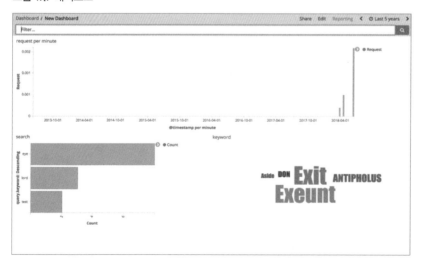

이와 같이 복수의 인덱스의 검색결과를 하나의 대시보드에 모아서 표시할 수도 있습니다. 그래프는 드래그에서 이동시키거나 사이즈를 변경할 수도 있습니다. 또한 오른쪽 위의 연필아이콘을 클릭하면 간단하게 그래프를 편집하는 화면으로 이동합니다.

대시보드에서는 여러 개의 차트를 동시에 필터링할 수 있습니다. 오른쪽 위의 시계마크 부분을 클릭하면 검색범위를 바꿀 수 있습니다. 시계열 데이터를 베이스로 하는 키워드의 랭킹과 요청수가 연동되어 변화할 것입니다. 이와 같이 여러 가지 값을 특정기간으로 제한하여 분석할 수 있습니다.

17-4 정리

- 이번 장에서는 샘플 애플리케이션을 일례로 해서 Kibana를 사용하여 어떻게 시각화, 분석을 할 수 있는지 하나의 워크플로우를 들어서 설명했습니다.
- 데이터의 집계 방법을 설정하고 시각화하여, 대시보드에 기간을 설정하고 값의 변화를 관측하는 것이 Kibana의 기본적인 사용 방법입니다.
- 이번 장에서 설명한 것 이외에 데이터의 필터링, 그래프의 설정 등을 능숙하게 구사함으로써 보다 복잡한 대시보드를 만들 수 있습니다. 다음 장에서는 Kibana의 각 기능별로 더욱 구체적인 사용법에 대해서 설명하겠습니다.

chapter **18**

Discover 탭 검색

17장에서 사용하지 않았던 기능으로 [Discover] 탭이 있습니다.
16장에서 잠시 보았던 것처럼 [Discover] 탭은 데이터의 내용을
확인하는 용도 외에 데이터의 검색, 필터링 그리고 간단한 해석도 할
수 있습니다.

[Discover] 탭의 활용법에 대해서 설명하겠습니다.

18-1 Discover 탭

[Discover] 탭은 인덱스에 포함된 레코드를 추출, 열람하기 위한 화면입니다(그림 18.1). [Discover] 탭은 메뉴바, 검색필드, 사이드바, 레코드를 표시하는 테이블로 구성되어 있습니다. 메뉴바의 각 항목에서는 다음과 같은 것을 할 수 있습니다.

- New : 검색 결과를 리셋하고 새로운 검색을 시작한다.
- Save : 검색 조건에 이름을 붙여서 저장한다.
- Open : 저장한 검색을 open한다.
- Share : 저장한 검색을 공유한다.
- Reporting : 레포트용 PDF를 생성한다.

그림 18.1 Discover 탭

18-2 레코드 검색

[Discover] 탭의 주된 용도는 레코드의 검색과 추출입니다. 위쪽에 있는 검색필드에 검색 쿼리를 입력하면 Elasticsearch에서 임의의 레코드를 추출할 수 있습니다.

검색쿼리에는 Lucene 쿼리를 사용합니다. 예를 들어 다음 쿼리를 입력해 봅시다.

   200 404

이 쿼리는 200 OR 404가 되어 200 또는 404가 포함된 레코드를 검색합니다. 200과 404
가 모두 포함된 레코드를 검색하려면 AND를 사용해서 200 AND 404라고 지정하면 됩니
다. "200 404"라는 문자열을 포함하는 경우를 검색하려면 "200 404"와 같이 따옴표로 감
싸면 됩니다.

단순하게 "200"이라고 입력한 경우는 상태코드 이외에도 200이 포함되면 검색결과에 표시
됩니다. 필드를 제한하려면 "code:200"으로 입력합니다.

Kibana에서 자주 사용되는 쿼리를 표 18.1에 정리했습니다. 자세한 쿼리의 문법은 다음
URL에서 참고해 주세요.

- https://www.elastic.co/guide/en/elasticsearch/reference/5.4/query-dsl-query-string-query.
  html#query-string-syntax

표 18.1 Kibana에서 자주 사용되는 기본적인 Lucene 쿼리

쿼리	설명
*	모든 레코드에 일치한다
a*	a로 시작하는 문자열에 일치한다
message:error	message 필드의 값이 error를 포함할 경우에 일치한다
message:(non error)	message 필드의 값이 non 이나 error를 포함할 경우 일치한다
age:[20 TO 29]	age 필드의 값이 20 이상 29이하일 경우 일치한다

18-3 인덱스와 표시할 필드 선택

사이드바는 인덱스의 선택과 표시할 필드의 선택을 할 수 있습니다. [Discover] 탭을 열면
앞쪽에 있는 모든 필드가 표시된 상태입니다.

표시할 필드는 [Available Fields]에서 선택할 수 있습니다. 표시하고 싶은 필드를 골라서 오
른쪽의 [add] 버튼을 누르면 임의의 필드만 표시하는 것이 가능합니다(그림 18.2). 추가한

필드는 [Selected Fields]에 표시됩니다. [remove] 버튼을 누르면 해제할 수 있습니다.

그림 18.2 필드를 선택해서 테이블 표시하기

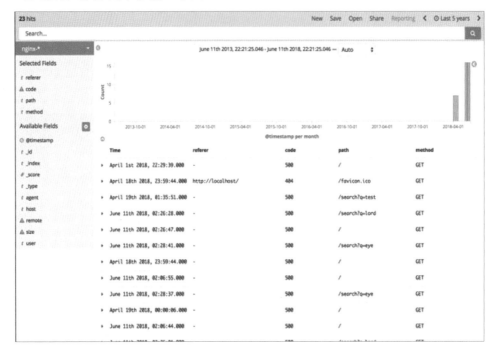

[Available Fields]에서는 필드의 필터링이나 검색도 가능합니다. 톱니바퀴 아이콘을 클릭하면 필터를 설정할 수 있습니다.

▌ 퀵 카운트

[Available Fields]에 있는 필드리스트에서는 필드명을 클릭하면 [Quick Count]가 표시됩니다. 이것은 필드의 값의 Top5를 표시하는 기능입니다.

또한 값의 옆에 있는 돋보기 아이콘을 클릭하면 그 값을 추출하는 필터쿼리를 추가할 수 있습니다(그림 18.3). 추가한 필터는 검색바 아래쪽에 표시됩니다. 여기에서 삭제, 편집, 유효/무효 등을 할 수 있습니다.

그림 18.3 Quick Count 의 예시

레코드 내용 확인

테이블의 각 행에 있는 삼각형을 클릭하면 레코드의 모든 필드의 내용을 확인할 수 있습니다. 또한 여기서도 돋보기 아이콘을 클릭하면 필터를 추가할 수 있습니다.

18-4 검색 팁

검색 기간 지정

오른쪽 위의 메뉴에서 검색 기간을 지정할 수 있습니다. 검색 기간은 [Quick] 메뉴에서 미리 정의된 기간을 선택하거나 현재부터의 상대시간 또는 절대기간을 지정할 수 있습니다 (그림 18.4).

그림 18.4 검색 기간의 지정

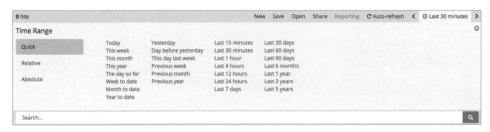

기간지정 메뉴에서는 자동갱신 설정도 할 수 있습니다. [Auto-refresh] 탭을 선택하면 지정한 간격으로 검색을 실행해서 그 결과를 갱신합니다. 이렇게 하면 거의 실시간으로 검색 결과를 보는 것도 가능합니다.

▍저장한 검색 이용

[Discover] 탭에서 저장한 검색은 그래프를 생성할 때 데이터로 이용할 수 있습니다. 예를 들어 상태코드가 200인 로그를 검색하는 조건을 저장해두면, 그것을 그래프의 소스로 사용해서 상태코드가 200인 로그만을 대상으로 시각화를 할 수 있습니다. 저장한 검색을 그래프의 데이터소스로 사용하려면 차트를 만들 때 [Saved Search]에서 저장한 검색을 선택하면 됩니다.

18-5 정리

- Discover 탭의 각 기능에 대해서 소개했습니다.
- Discover 탭에서는 Lucene 쿼리를 사용하여 로그를 검색할 수 있습니다.
- 저장한 검색은 차트의 데이터소스로 이용할 수 있습니다. 그러면 특정 데이터의 필터링 전처리가 가능합니다.

chapter 19

차트 작성

이번 장에서는 Kibana의 차트 설정 방법에 대해서 설명하겠습니다.

19-1 차트 작성

제 17 장에서도 살펴보았듯이 [Visualize] 탭에서 그래프를 만듭니다. 일단은 [+] 버튼을 클릭하여 차트의 종류를 선택하는 화면을 열도록 합시다.

현재 버전 5.4.3에서 Kibana의 시각화가 가능한 차트의 종류는 다음과 같습니다.

- 표준 차트
  - Area Chart : 영역 차트
  - Heat Chart : 히트맵
  - Horizontal Bar : 수평바 그래프
  - Line : 꺾은선 그래프
  - Pie : 원 그래프
  - Vertical Bar : 수직바 그래프
- 데이터의 표시
  - Data Table : 데이터 테이블
  - Metric : 매트릭
- 맵
  - Tile Map : 타일맵
- 시계열 데이터
  - Timelion
  - Visual Builder
- 그 외
  - Markdown : 마크다운 텍스트
  - Tag Cloud : 태그 클라우드

차트의 종류를 선택하면 작성 화면이 나옵니다. 작성 화면은 왼쪽의 사이드바에서 각 파라미터를 설정하고, 사이드바의 윗쪽에 있는 미리보기 버튼을 누르면 오른쪽의 그림 영역에 그래프가 표시됩니다.

19-2 Metrics와 Buckets

17장에서 살펴보았지만 Kibana에서는 그래프의 값을 [Metrics], 그 값을 어떻게 분류할 것인가를 [Buckets]에서 지정합니다. 예를 들어 Line 차트의 경우, y축의 값을 [Metrics] 그리고 x 축을 [Buckets]에서 지정합니다(그림 19.1).

그림 19.1 2차원 차트에서 [Buckets]와 [Metrics]의 지정

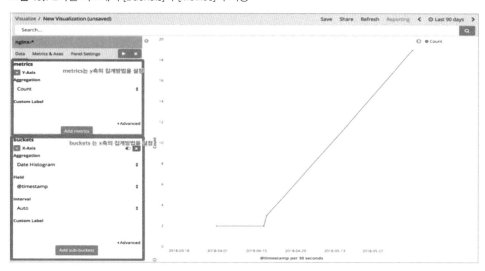

[Metrics]와 [Buckets]에 대해서 좀 더 구체적으로 알아봅시다.

▌Metrics 지정

[Metrics]에는 값의 집계 방법을 설정합니다. 개수나 평균, 최대값 같은 집계 방법이 있습니다. 집계된 값은 Area 차트, Line 차트에서는 높이, Horizontal Bar, Vertical Bar에서는 막대의 길이로 나타냅니다.

[Metrics]는 [Add metrics] 버튼을 누르면 여러 개 추가할 수 있습니다. 차트의 종류에 따라서는 그리는 방법을 여러 개 선택할 수 있습니다. 예를 들어 Line 차트에서는 [Y-Axis]를 추가하면 하나의 그래프에 복수의 값을 겹쳐서 표시하고 [Dots]를 선택하면 점의 크기에 따라 값을 시각화할 수 있습니다.

Metric Aggregation

[Metrics]의 [Aggregation] 종류를 표 19.1에 정리했습니다. 필드의 데이터형이 number 이외의 경우, Count 또는 Unique Count를 사용할 수 있습니다.

표 19.1 Metrics의 Aggregation

값	설명	지정가능한 데이터형
Count	값의 건수	임의
Average	평균값	nubmer
Sum	합계	number
Median	중간값	number
Min	최소값	number
Max	최대값	number
Standard Deviation	표준편차	number
Unique Count	유니크한 값의 개수	임의
Percentiles	퍼센타일값(퍼센타일을 여러 개 지정할 수 있음)	number
Percentile Ranks	퍼센타일 순위(랭크을 여러 개 지정할 수 있음)	number
Top Hit	Top hit(지정한 필드의 값이 높은 경우의 상위를 사용)	number

Pipeline Aggregation

Pipeline Aggregation은 특정의 Aggregation 방법으로 집계한 값을 가지고 다시 집계하는 매우 강력한 기능입니다. 이 방법으로 지난 값이 차분이나 누적합과 같은 집계한 값을 다시 집계하지 않으면 얻을 수 없는 값을 지정할 수 있습니다. Kibana 5.4.3에서는 다음의 집계 방법을 지원하고 있습니다.

- Parent Pipeline Aggregation : 지정한 Aggregation의 값을 집계해서 여러 값을 돌려준다.
  - Derivative : 이전 값과의 차분
  - Cumulative Sum : 누적합
  - Moving Avg : 이동 평균
  - Serial Diff : 임의의 간격의 이전값과의 차분
- Sibling Pipeline Aggregation : 지정한 Aggregation의 값을 집계해서 하나의 값을 돌려준다.
  - Average Bucket : 평균값

- Sum Bucket : 총합
- Min Bucket : 최소값
- Max Bucket : 최대값

Sibling Pipeline Aggregation에서는 [Bucket]에 지정한 값의 평균값과 총합, 최소/최대 값을 지정한다. 이것을 이용하면 [Terms]를 사용해서 임의의 수의 대표값을 필드에서 얻어서 그 평균값을 [Metrics]의 값으로 이용하는 것도 가능합니다.

Buckets 지정

앞에서 이야기했듯이 [Buckets]는 그래프의 값을 어떻게 분류할 것인가, 다시 이야기하면 각각의 버킷을 어떻게 집계할 것인가를 지정합니다. [Buckets]의 [Aggregation]에 지정할 수 있는 집계/분류 방법을 표 19.2에 정리했습니다.

표 19.2 Buckets의 Aggregation

Aggregation	설명
Histogram	히스토그램
Date Histogram	날짜기반의 히스토그램
Range	지정한 범위로 분류한다
Date Range	지정한 날짜범위로 분류한다
IPv4 Range	IPv4의 범위별로 분류한다
Terms	대표값을 얻는다
Significant Terms	특수한 값을 얻는다
Filters	필터에 일치하는 값 별로 분류한다.

표 19.2와 같이 [Aggregation]은 크게 Histogram, Range, Terms, Filters로 나뉩니다. 각각에 대해서 간단하게 소개하겠습니다.

Histogram

[Buckets]의 [Aggregation]에서 [Date Histogram]과 [Histogram]을 선택하면 히스토그램을 그릴 수 있습니다. date형의 값을 날짜 기반으로 집계할 경우에 사용하는 것이 [Date Histogram]이고 number형의 값을 집계하기 위해서는 [Histogram]을 사용합니다. 각각

의 집계 대상이 되는 필드를 [Field] 파라미터에 지정합니다.

[Interval]은 히스토그램의 간격을 지정합니다. [Date Histogram]의 경우는 시간 간격을 여러가지 단위로 지정할 수 있습니다.

Range

[Range], [Date Range], [IPv4 Range]에서는 히스토그램과는 다르게 각각의 버킷 값을 직접 지정합니다. 예를 들어 그림 19.2와 같이 상태 코드의 레인지별로 집계할 수 있습니다.

필드 파라미터에는 범위의 지정에 사용하는 필드를 지정합니다. [Range], [Date Range], [IPv4 Range]는 각각 number형, date형, ip형의 필드를 대상으로 합니다.

Terms

[Terms]에서는 필드의 데이터의 대표값을 사용합니다. 예를 들어 키워드별 개수나 Top5 키워드의 [Metrics]값을 확인하고 싶을 때는 [Terms]를 사용합니다.

그림 19.2 Range의 설정

buckets		
X-Axis		⊙ ✕
Aggregation		
Range		⇕
Field		
status		⇕
From	**To**	
100	199	✕
200	299	✕
300	399	✕
400	499	✕
500	599	✕
Add Range		
Custom Label		

[Field] 파라미터에는 어떤 필드를 사용할 것인가를 지정합니다. [Order by] 파라미터에 어떤 순서로 값을 정렬할 것인가를 지정합니다. "metric: Count"의 경우에는 개수가 많은 순서대로 대표값을 얻게 됩니다. [Order] 파라미터에는 "Descending" (내림차순) 또는 "Ascending" (오른차순)을 지정합니다. 대표값의 개수는 [Size] 파라미터에 지정합니다.

Significant Terms

[Terms]에서는 [Order by] 파라미터에서 어떤 순서로 값을 정렬할 것인가를 지정했는데 [Significant Terms]는 Elasticsearch가 계산한 스코어를 사용해서 값을 구하는 기능입니다.

이것을 사용하면 Elasticsearch가 평가한 스코어가 높은 값을 집계할 수 있습니다. [Field] 파라미터에는 값을 구하는 필드를, [Size] 파라미터에는 개수를 지정합니다.

Filter

[Filter]에는 Elasticsearch의 필터 쿼리를 직접 지정합니다. 상태 코드가 number형이 아니라, string형으로 저장되어 있더라도 그림 19.3과 같이 [Filter]를 사용해서 "code:2*", "code:3*", "code:4*"로 지정하면 HTTP 상태코드를 가지고 집계할 수 있습니다.

그림 19.3 Filter의 지정 예시

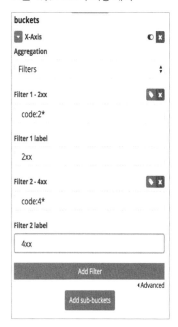

19-3 2차원 차트 설정

Area 차트, Line 차트 그리고 Horizontal Bar와 Vertical Bar는 그리는 방법이 다르지만 같은 식으로 설정하는 차트입니다. 이 4가지는 차트 선택화면에서 어떤 것을 선택하든 초기값만 다르고 같은 설정 화면이 표시되며, 사이드바의 [Metrics & Axes] 탭에서 차트의 종류를 바꿀 수 있습니다. 4가지 모두 x축과 y축이 있으므로 이 책에서는 2차원 차트라고 하겠습니다.

앞에서 설명했듯이 2차원 차트에서는 y축이 [Metrics]의 값, x축이 [Buckets]의 값이 됩니다.

▌그래프 분할

[Buckets]에서는 그래프의 x축 외에 그래프의 분할 방법도 정할 수 있습니다. 2차원 차트에서는 Split Series와 Split Panes의 2가지 분할 방법이 있습니다.

Split Series

Split Series는 계열을 분할하는 방법입니다. 예를 들어 [Terms]를 사용해서 대표값별로 각각의 계열을 그릴 때 사용합니다.

Split Panes

Split Panes는 계열뿐만 아니라 표시 영역도 분할하는 방법입니다. Split Series에서는 분할된 계열은 같은 그리기 영역으로 표시되지만 Split Panes에서는 그리기 영역 자체를 분할할 수 있습니다.

▌그리기 방법 변경

[Metrics & Axes] 탭에서는 매트릭과 축의 그리기 방법을 설정할 수 있습니다. [Metrics]의 그리기 방법 파라미터를 표 19.3에 정리했습니다.

표 19.3 Metrics 그리기 방법 파라미터

파라미터	설명
Chart Type	차트의 종류를 선택한다(line / area / bar).
Mode	Metric를 겹치는 방법을 선택한다(normal / stacked).
Value Axis	값 축을 추가한다.
Line Mode	선을 그리는 방법을 지정한다(straight / smoothed / stepped).
Show Line	유효한 경우 선을 표시한다(line을 선택한 경우만 설정 가능).
Show Circles	유효한 경우 점을 표시한다(line을 선택한 경우만 설정 가능).
Line Width	선의 굵기를 지정한다.

[Value Axis] 파라미터에서 [Metrics]의 값별로 축을 추가할 수 있습니다. 축의 파라미터에는 표 19.4에 정리하였습니다.

표 19.4 축의 그리기 방법 파라미터

파라미터	설명
Title	축의 타이틀을 명시적으로 표시한다.
Position	축의 표시 위치를 지정한다(top / left / right / bottom).
Mode	축의 그리기 방법을 지정한다.
Scacle Type	축의 스케일 지정을 지정한다(linear / log / square root).

패널 설정

[Paternal Gettings]에서는 패널에 관한 설정을 할 수 있습니다. 범례의 표시와 그리드의 표시 등 다음의 항목이 설정가능합니다.

- Legend Position : 범례의 표시 위치를 변경
- Show Tooltip : 툴팁의 표시/비표시
- Current Time Maker : 현재 시각의 마커 표시/비표시
- Grid : 그리드의 표시/비표시

19-4 그 외의 표준 차트

2차원 그래프 이외에 표준 차트에는 히트맵과 원그래프 2가지가 있습니다. 이 차트들도 2차원 차트와 같도록 [Buckets]의 [Split Charts]를 선택하면 여러 개의 차트에 분할됩니다.

히트맵

히트맵은 x축, y축, 이 외에 색을 사용하여 3차원으로 정보를 표시합니다. Kibana에서는 [Metrics]를 색깔로 표시하고, x축, y축 2가지의 [Buckets]를 지정할 수 있습니다(그림 19.4). [Options] 탭에서는 컬러스키마와 레전드 등의 그리기 설정을 변경할 수 있습니다.

그림 19.4 히트맵

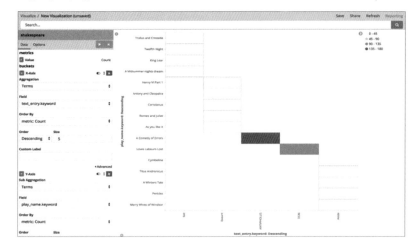

원 그래프

Pie 차트는 원 그래프를 그립니다. 원 그래프는 [Buckets]에서 원을 어떻게 분할할 것인지 선택합니다(그림 19.5). 파이의 분할 방법은 [Buckets]의 [Split Slices]에서 지정합니다.

그림 19.5 Pie 차트

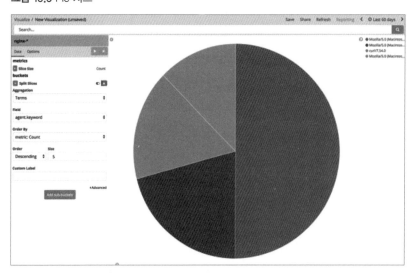

19-5 데이터 표시

시각화 방법에는 차트 이외에 데이터를 표시하는 방법으로 Metric과 Data Table이 있습니다.

▌Metric

Metric은 이름에서 알 수 있듯이 [Metrics]의 값을 그대로 숫자로 표시합니다. 2차원 그래프와 같이 표 19.1에 있는 [Aggregation]과 Pipeline Aggregation을 이용할 수 있습니다. [Options] 탭에서 설정할 수 있는 것은 폰트사이즈 뿐입니다. 매우 단순하긴 하지만 대시보드에 여러 개의 값을 표시하기 좋습니다(그림 19.6).

그림 19.6 대시보드에 여러 개의 Metric 표시

▌Data Table

Data Table은 여러 개의 [Metrics]를 표 형식으로 표시합니다. [Split Rows]의 [Buckets]를 선택하면 행별로 분류하여 값을 집계해서 표시합니다. [Terms]도 이용할 수 있습니다. 예를 들어 Top 5의 대표값에 해당하는 값을 집계하여 표 형식으로 열거하는 것도 가능합니다.

19-6 그 외의 시각화 방법

Kibana에는 다음과 같은 시각화 방법이 제공됩니다.

Tile Map

Tile map은 세계지도상에 값을 매칭해서 표시합니다. 샘플 애플리케이션에서 저장한 로그에는 없지만, [Buckets]으로 사용할 필드는 geo_point형으로 저장되어 있어야 합니다.

이용하려면 GeoIP 등을 사용해서 미리 위치정보를 로그에 저장해 둘 필요가 있습니다.

Markdown

Markdown형식의 텍스트를 표시합니다. Markdown은 다른 차트와는 다르게 데이터를 집계해서 표시하지는 못합니다. 대시보드에 설명문이나 메모를 남기는 용도로 잘 사용됩니다.

Tag Cloud

Tag cloud(태그 클라우드)는 17장에서 소개했듯이 키워드 클라우드를 생성합니다. 각 태그의 사이즈가 [Metrics]의 값이 되고, [Buckets]에서 어떤 태그를 추출할 것인가를 지정합니다. 17장의 예시에서도 사용한 [Terms]가 가장 일반적으로 사용됩니다.

Timelion

Timelion은 시계열 데이터를 시각화하기 위한 Kibana의 기능입니다. Timelion에서는 특수한 함수를 사용해서 시계열 데이터가 어떻게 변화하고 있는지 시각화합니다. 입력하는 함수는 Timelion 태그와 같은 것입니다.

Visual Builder

Visual Builder도 시계열 데이터를 시각화하기 위한 기능입니다(그림 19.7). Visual Builder에서는 위의 태그로 그리는 방법, Data 태그로 집계 방법을 지정합니다. 버전 5.4.3에서는 아직 실험적인 기능으로 제공되고 있습니다.

Visual Builder에서는 여러 개의 시계열 데이터를 하나의 그래프에 표시할 수 있습니다. [Panel Options] 태그에서는 최소값, 최대값 등을 표시하는 방법을 지정합니다.

그림 19.7 Visual Builder

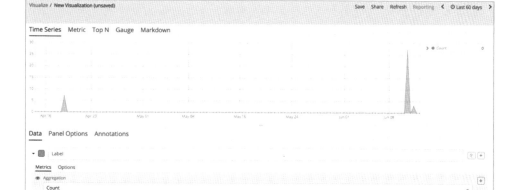

19-7 정리

- Kibana에서 이용할 수 있는 시각화 방법과 그 설정에 대해서 소개했습니다.
- [Metrics]와 [Buckets]의 [Aggregation]을 적절히 선택하여 여러 가지 차트를 만들어 보았습니다. 또한 여러 개의 [Buckets]를 지정하여 복잡한 차트도 생성해 보았습니다.
- 확인하고 싶은 데이터에 맞는 적절한 차트의 형식과 집계 방법을 선택합시다. 각 차트를 잘 사용하면 한 눈에 알 수 있는 대시보드를 만들 수 있습니다.

chapter **20**

대시보드

Kibana의 대시보드 기능은 그래프를 모아서 표시하는 간단한
기능이지만 한 눈에 볼 수 있는 화면을 만들어 줍니다. 이번 장에서는
대시보드의 기본적인 조작에 대해서 설명하겠습니다.

20-1 Dashboard 탭

17 장에서도 보았듯이 [Dashboard] 탭은 여러 개의 차트를 열거해서 대시보드를 만들기 위한 화면입니다. 대시보드에 이름을 붙여서 저장하고 공유하는 것으로 지속적인 모니터링에 많은 도움이 됩니다.

대시보드의 조작은 오른쪽 위의 메뉴바에서 합니다. 메뉴바에는 다음과 같은 메뉴가 있습니다.

- Share : 대시보드를 공유합니다.
- Edit : 대시보드를 편집한다.
- Reporting : 레포트 PDF를 생성합니다.
- Time Range : 대시보드의 대상이 되는 날짜를 선택합니다.

오른쪽 위에 있는 기간에서는 [Discover] 탭, [Visualize] 탭과 같이 대상 기간을 지정할 수 있습니다. 이 기간 지정은 시계열 데이터를 포함한 인덱스부터 생성된 모든 차트에 일괄적으로 적용됩니다. 따라서 대시보드에서 임의의 기간을 설정하고 그 기간의 매트릭을 열람하는 것이 가능합니다.

20-2 대시보드 편집

[Edit] 메뉴나 새로운 Dashboard를 작성하면 대시보드의 편집화면이 나옵니다. 메뉴바의 [Add] 메뉴에서 저장된 차트의 패널을 검색, 추가할 수 있습니다.

추가한 차트는 오른쪽 위의 버튼으로 이동, 최대화, 삭제를 할 수 있습니다. 또한 테두리를 드래그앤드롭하면 다른 차트와 순서를 바꿀 수 있습니다(그림 20.1).

그림 20.1 패널의 설정

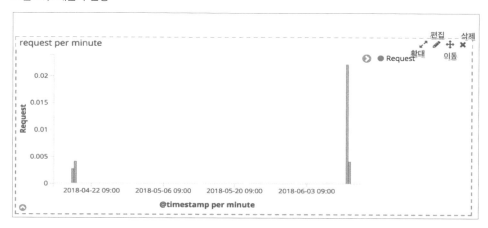

다크테마 사용

[Options] 메뉴에서 다크테마를 선택할 수 있습니다. 벽면 디스플레이 등으로 상시 표시하는 경우에 유용합니다.

20-3 대시보드 공유

[Share] 메뉴에서 대시보드의 링크를 공유할 수 있습니다. 공유하는 방법으로는 대시보드 자체의 URL을 공유하는 방법(saved dashboard)과, 현재 선택되어 있는 기간 등의 상태를 같이 공유하는 방법(snapshot)이 있습니다(그림 20.2). 대시보드의 링크를 전달할 때는 saved dashboard를, 어떤 순간의 결과를 공유할 때는 snapshot의 URL을 이용하도록 합시다.

대시보드는 URL을 공유하는 것 외에도 iframe으로 다른 페이지에 포함시키는 방법도 있습니다. 위키를 이용해서 정보공유를 하는 경우에는 이 방법을 이용하는 편이 좋습니다.

그림 20.2 대시보드의 공유

20-4 정리

- 데이터 분석 도구인 Kibana에 대해서 개요를 소개했습니다.
- Kibana를 이용한 웹서비스의 데이터 분석과 시각화에 대해서 샘플 애플리케이션을 예로 들어 워크플로우를 소개했습니다.
- Kibana의 대표적인 기능인 Discover, Visualize 그리고 Dashboard에 대해서 설명하였습니다. 그 이외에 X-Packs라고 하는 유료 기능도 있습니다. X-Packs에 대해서는 부록에서 설명하겠습니다.
- 18장에서 보았듯이 투입하는 데이터 타입에 따라 이용할 수 있는 집계 방법이 다릅니다. Fluentd와 Elasticsearch의 설정을 둘러보고, 적절한 데이터형을 설정하도록 합시다.
- Kibana를 서비스 시각화의 출발점으로 사용해 봅시다. 복잡한 쿼리를 사용하지 않아도 간단하게 시각화를 할 수 있습니다.
- 대시보드에서 지속적인 시각화로 데이터 분석을 개선하도록 합시다. 대규모의 데이터가 되었을 때 Kibana, Elasticsearch 이 외의 도구도 검토하도록 합시다.

부록

Fluentd 플러그인 사전

부록 A에서는 로그/메시지의 수집에서 필터, 저장소로 출력까지의 각
기능을 담당하는 플러그인을 카테고리별로 소개합니다.
이 플러그인을 조합하면 여러가지 데이터를 거의 실시간으로 활용할
수 있습니다.

A-1 Fluentd 플러그인 사전

Fluentd는 로그/메시지의 수집을 하는 동시에 태그와 라벨을 붙이고, 조건에 따라 필터 플러그인으로 데이터를 가공, 집계[1]하며, 최종적인 저장소에 로그/메시지를 저장합니다.

이번 장에서는 집필시점(2017년 4월)에 공개되어 있는 중요 Fluentd 플러그인을 카테고리별로 다운로드수가 많은 순으로 정리했습니다. 비슷해 보이는 플러그인도 있습니다만 각각 용도가 다릅니다. 일단은 상위 플러그인부터 테스트해 보기를 권합니다. Fluentd의 내장 플러그인에 관해서는 6장 "6-4 플러그인의 활용"을 확인해 주세요.

- Amazon Web Services(AWS)
  - Google Cloud Platform(GCP)
  - 데이터베이스
  - 빅데이터
  - 필터(라우팅)
  - 필터(데이터 가공)
- 필터(데이터 집계)
  - 메시지 통지
  - 모니터링 데이터 수집
- 데이터분석, 시각화, 모니터링 도구
  - 리소스 감시, 그래프화 도구
  - Fluentd 기능 확장
  - Fluentd 운영지원
- 웹 서비스 연계
  - 서비스 연계
  - 메시지큐, 작업큐

INPUT (句)

Fluentd에 로그/메시지를 입력하는 플러그인

---

1 태그의 변경에 동반하는 처리는 디렉티브를 사용하는 Output 플러그인이 하고, 태그의 변경을 사용해서 라우팅을 합니다.

FILTER (⬒▸)

로그/메시지의 필터 처리를 하는 플러그인

OUTPUT (⬓)

로그/메시지의 태그를 바꾸거나 데이터 저장소로 출력하는 플러그인

TOP100 (♛)

다운로드수 랭킹 상위 100건에 해당하는 이용자가 많은 플러그인

▌Amazon Web Services(AWS)

Amazon이 제공하는 클라우드 컴퓨팅 서비스와 연계하는 플러그인의 카테고리입니다.

플러그인 이름 설명	제작자	URL
s3 ⬓ ♛	Sadayuki Furuhashi, Masahiro Nakagawa	https://github.com/fluent/fluent-plugin-s3
AWS S3(Simple Storage Service/스토리지 서비스)에 레코드를 보낸다.		
kinesis ⬓ ♛	Amazon Web Services	https://github.com/awslabs/aws-fluent-plugin-kinesis
실시간 스트리밍 처리에 특화된 Amazon Kinesis 플랫폼에 레코드를 보낸다. Amazon Kinesis Stream에 더해서 Amazon Kinesis Firehose와 KPL(Kinesis Producer Library)에 대응하고 있다.		
ec2-metadata ⬒▸ ♛	SAKAMOTO Takumi	https://github.com/takus/fluent-plugin-ec2-metadata
AWS EC2(가상 서버 서비스)의 메타데이터를 레코드에 추가한다.		
cloudwatch-logs ⬔ ♛	Ryota Arai	https://github.com/fluent-plugins-nursery/fluent-plugin-cloudwatch-logs
AWS CloudWatch Log 서비스에 레코드를 보낸다.		
aws-elasticsearch-service ⬓ ♛	atomita	https://github.com/atomita/fluent-plugin-aws-elasticsearch-service
Amazon Elasticsearch Service에 레코드를 보낸다.		
sqs ⬓ ♛	Yuri Odagiri	https://github.com/ixixi/fluent-plugin-sqs
AWS SQS(Simple Queue Service/메시지 큐 서비스)에 레코드를 보낸다.		

dynamodb-drc ⎆ ♛	CaDs	https://github.com/kumapon/fluent-plugin-dynamodb-drc

AWS DynamoDB(NoSQL 데이터베이스 서비스)에 레코드를 보낸다.

redshift ⎆ ♛	Masashi Miyazaki	https://github.com/flydata/fluent-plugin-redshift

AWS Redshift(데이터 웨어하우스 서비스)에 레코드를 보낸다.

cloudwatch ⎆ ♛	Yusuke Nomura, kenjiskywalker	https://github.com/yunomu/fluent-plugin-cloudwatch

AWS CloudWatch(모니터링 서비스)의 매트릭 데이터를 수집한다.

sns ⎆ ♛	Yuri Odagiri	https://github.com/ixixi/fluent-plugin-sns

AWS SNS(Simple Notification Service/모바일 푸시 서비스)에 레코드를 보낸다.

elb-log ⎆ ♛	shinsaka	https://github.com/shinsaka/fluent-plugin-elb-log

AWS Elastic Load Balancer(트래픽 부하분산 서비스)의 로그를 수집한다.

cloudwatch_ya ⎆ ♛	suz-lab	https://github.com/suz-lab/fluent-plugin-cloudwatch_ya

AWS CloudWatch(모니터링서비스)에 레코드를 보낸다.

forward-aws ⎆ ♛	Tomohisa Ota	https://github.com/tomohisaota/fluent-plugin-forward-aws

AWS의 S3, SNS, SQS를 사용해서 다른 Fluentd 인스턴스에 전송한다.

dynamodb ⎆ ♛	Takashi Matsuno	https://github.com/gonsuke/fluent-plugin-dynamodb

Amazon DynamoDB(NoSQL 데이터베이스 서비스)에 레코드를 보낸다.

amazon_sns ⎆ ♛	Tatsuhiko Miyagawa	https://github.com/miyagawa/fluent-plugin-amazon_sns

AWS SNS(Simple Notification Service)에 Topic명을 동적으로 정해서 레코드를 보낸다.

sqs-poll ⎆ ♛	Richard Li	https://github.com/ecwws/fluent-plugin-sqs-poll

AWS SQS(Simple Queue Service/메시지큐 서비스) 에서 레코드를 수집한다.

rds-log ⎆ ♛	shinsaka	https://github.com/shinsaka/fluent-plugin-rds-log

AWS RDS(Relational Database Service)의 쿼리로그를 수집한다.

rds-slowlog ⎆	kenjiskywalker	https://github.com/kenjiskywalker/fluent-plugin-rds-slowlog

AWS RDS의 슬로우쿼리를 수집한다.

lambda ⬀	Genki Sugawara	https://github.com/winebarrel/fluent-plugin-lambda
Amazon Lambda에 레코드를 보내서 임의의 데이터처리함수를 실행한다.		
ses ⬀	Spring_MT	https://github.com/SpringMT/fluent-plugin-ses
AWS SES(Simple Email Service/메일 송신 서비스)로 레코드를 보낸다.		
kinesis-aggregation ⬀	Atlassian	https://github.com/atlassian/fluent-plugin-kinesis-aggregation
Amazon Kinesis 플랫폼에 레코드를 보낸다. 여러 개의 레코드를 하나의 메시지로 만들고, KPL Aggregation Format으로 보내기 위해, 높은 throughput을 기대할 수 있다.		
cloudsearch ⬀	Kensaku Araga	https://github.com/ken39arg/fluent-plugin-cloudsearch
Amazon CloudSearch로 로그를 보낸다.		
dynamodb-streams ⬀	Takumi Sakamoto	https://github.com/takus/fluent-plugin-dynamodb-streams
Amazon DynamoDB Streams로부터 임의의 테이블의 갱신 로그(등록, 갱신, 삭제)를 수집한다. 간단하게 Kinesis같은 데이터 처리를 AWS 이외의 스택으로 연계할 수 있다.		
in-kinesis ⬀	yusuke yamatani	https://github.com/yusukeyamatani/fluent-plugin-in-kinesis
Amazon Kinesis 에 입력된 데이터를 수집한다.		
rds-pgsql-log ⬀	shinsaka	https://github.com/shinsaka/fluent-plugin-rds-pgsql-log
Amazon RDS PostgreSQL의 로그를 수집한다.		
s3-input ⬀	Anthony Johnson	https://github.com/ansoni/fluent-plugin-s3-input
S3에 파일 추가되었을 때 이벤트 통지를 이용해서 cloudtrail API의 로그 등을 수집한다.		

█ Google Cloud Platform(GCP)

Google이 제공하는 퍼블릭 클라우드 서비스와 연계하는 플러그인들입니다.

플러그인 이름 설명	제작자	URL
bigquery ⬀ ♛	TAGOMORI Satoshi	https://github.com/kaizenplatform/fluent-plugin-bigquery
Google BigQuery(실시간 빅데이터 분석서비스)로 레코드를 보낸다.		

kubernetes_metadata_filter ⊕ ♛	Jimmi Dyson	https://github.com/fabric8io/fluent-plugin-kubernetes_metadata_filter
Kubernetes의 로그에 컨테이너 호스트명, 컨테이너명, namespace, label, pod 등에 관한 정보를 가지고 필터링		
google-cloud ⮂ ♛	Todd Derr, Alex Robinson	https://github.com/GoogleCloudPlatform/fluent-plugin-google-cloud
Google Cloud Platform의 로그 데이터와 이벤트의 저장, 검색, 분석, 모니터링, 통지 등을 할 수 있는 Stackdriver Logging에 송신한다.		
kubernetes ⮂ ♛	Jimmi Dyson	https://github.com/fabric8io/fluent-plugin-kubernetes_metadata_filter
Kubernetes의 로그에 컨테이너 ID와 컨테이너명, pod에 관한 정보를 추가한다.		
gamobile ⮂	Kentaro Yoshida	https://github.com/y-ken/fluent-plugin-gamobile
Google Analytics Mobile(모바일용 액세스 분석 서비스)로 레코드를 보낸다.		
google-cloud-storage-out ⮂	Hideki Matsuoka	https://github.com/matsuokah/fluent-plugin-google-cloud-storage-out
Google Cloud Storage에 데이터를 저장한다.		
gcloud pubsub-custom ⟜	Yoshihiro MIYAI	https://github.com/mia-0032/fluent-plugin-gcloud-pubsub-custom
Google Cloud Pub/Sub에 입출력한다.		
gcloud-pubsub ⟜	Masayuki DOI	https://github.com/mdoi/fluent-plugin-gcloud-pubsub
Google Cloud Pub/Sub에 입출력한다.		
kubernetes_metadata_input ⟜	Anton Sherkhonov	https://github.com/t0ffel/fluent-plugin-kubernetes_metadata_input
Kubernetes의 API로 리소스 정보의 갱신 등 메타데이터를 수집한다.		
add-empty_array ⮂	Hirokazu Hata	https://github.com/h-michael/fluent-plugin-add_empty_array
임의 배열의 필드값이 nil일 때 빈 배열로 변환하는 필터. Google bigquery에서 배열에 nil값이 있으면 에러가 발생하기 때문에 만들었음.		
gcloud-storage ⮂	Gergo Sulymosi	https://github.com/trekdemo/fluent-plugin-gcloud-storage
Google Clopud Storage에 레코드를 저장한다.		
gcs ⮂	Daichi HIRATA	https://github.com/daichirata/fluent-plugin-gcs
Google Cloud Storage에 데이터를 저장한다. 기본적인 설정명은 fluent-plugin-s3와 같다.		

| gsvsoc_pubsub ⑬ | pivelpin | https://github.com/guardsight/fluent-plugin-gsvsoc_pubsub |
| Google Cloud Pub/Sub으로 보낸다. | | |

Microsoft Azure

플러그인 이름 설명	제작자	URL
azurestorage ⑬ ♛	Hidemasa Togashi	https://github.com/htgc/fluent-plugin-azurestorage
Azure Storage(클라우드 스토리지)에 레코드를 출력한다.		
documentdb ⑬	Yoichi Kawasaki	https://github.com/yokawasa/fluent-plugin-documentdb
Azure DocumentDB로 레코드를 출력한다.		
azuresearch ⑬	Yoichi Kawasaki	https://github.com/yokawasa/fluent-plugin-azuresearch
Azure search(클라우드 전문 검색)로 레코드를 보낸다.		
azure-loganalytics ⑬	Yoichi Kawasaki	https://github.com/yokawasa/fluent-plugin-azure-loganalytics
Azure Log Analytics로 레코드를 보낸다.		
azurefunctions ⑬	Yoichi Kawasaki	https://github.com/yokawasa/fluent-plugin-azurefunctions
Azure Function으로 레코드를 보내서 HTTP Trigger를 호출하고 데이터 처리를 실행한다.		

Docker

플러그인 이름 설명	제작자	URL
docker-format ⑬ ♛	Alex Hornung	https://github.com/bwalex/fluent-plugin-docker-format
Docker의 로그의 파일경로에서 컨테이너 ID와 컨테이너명을 붙인다.		

docker-metrics 🔁	kiyoto	https://github.com/kiyoto/fluent-plugin-docker-metrics
Docker 호스트 상에서 Docker 자신의 매트릭 정보를 수집한다.		
docker-inspect 🔁	WAKAYAMA Shirou	https://github.com/shirou/fluent-plugin-docker-inspect
Docker의 원격 API를 정기적으로 호출하여 지정한 정보를 수집한다.		
dockerevents 🔁	Karoly Nagy	https://github.com/charlesnagy/fluent-plugin-docker-events
Docker의 create, start, stop, die, kill, oom의 이벤트를 수집한다.		
docker 🔁	Eduardo Silva	https://github.com/edsiper/fluent-plugin-docker
Docker의 네스트구조의 로그를 JSON 포맷으로 변형한다.		

데이터베이스

RDBMS(관계형 데이터베이스 관리시스템), NoSQL, Key-Value 스토어, 컬럼지향 데이터베이스를 사용하여 데이터의 읽고 쓰기를 지원하는 플러그인입니다.

플러그인 이름 설명	제작자	URL
elasticsearch 🔁 👑	diogo, pitr	https://github.com/uken/fluent-plugin-elasticsearch
elasticsearch에 레코드를 출력한다.		
mongo 🔁 👑	Masahiro Nakagawa	https://github.com/fluent/fluent-plugin-mongo
MongoDB에 레코드를 저장한다.		
influxdb 🔁 👑	FangLi	https://github.com/fangli/fluent-plugin-influxdb
InfluxDB에 레코드를 저장한다.		
couch 🔁 👑	Yuri Odagiri	https://github.com/ixixi/fluent-plugin-couch
CouchDB에 레코드를 저장한다.		
mysql 🔁 👑	TAGOMORI Satochi	https://github.com/tagomoris/fluent-plugin-mysql
레코드를 동적으로 생성한 INSERT쿼리로 MySQL에 실행한다.		
elasticsearch-timestamp-check 🔁 👑	Richard Li	https://github.com/ecwws/fluent-plugin-elasticsearch-timestamp-check
elasticsearch에 호환성이 좋은 타임스탬프로 변환한다.		

mysql-replicator ☕ ♛	Kentaro Yoshida	https://github.com/y-ken/fluent-plugin-mysql-replicator
MySQL의 참조쿼리를 가지고 elasticsearch에 레코드를 저장한다.		
pghstore ☕ ♛	WAKAYAMA Shirou	https://github.com/shirou/fluent-plugin-pghstore
hstore 확장을 사용해서 PostgreSQL에 저장한다.		
groonga ☕ ♛	Kouhei Sutou	https://github.com/groonga/fluent-plugin-groonga
GQTP 프로토콜로 레코드를 수집하고, Groonga 데이터베이스에 레코드를 저장한다.		
redis ☕ ♛	Yuki Nishijima	https://github.com/fluent-plugins-nursery/fluent-plugin-redis
Redis에 레코드를 저장한다.		
redis-counter ☕ ♛	Buntaro Okada	https://github.com/kbinani/fluent-plugin-redis-counter
Redis의 특정 키의 카운트를 더하거나 뺀다.		
pgjson ☕ ♛	OKUNO Akihiro	https://github.com/choplin/fluent-plugin-pgjson
PostgreSQL에 레코드를 JSON 형태로 저장한다.		
sql ☕ ♛	Sadayuki Furuhashi	https://github.com/fluent/fluent-plugin-sql
지정한 테이블의 데이터의 갱신 이력을 RDBMS로부터 수집한다.		
mysql-query↩ ♛	Kentaro Yoshida	https://github.com/y-ken/fluent-plugin-mysql-query
MySQL 쿼리의 실행결과를 정기적으로 수집한다.		
out-solr☕	diogo, pitr, haruyama	https://github.com/haruyama/fluent-plugin-out-solr
Solr에 레코드를 저장한다.		
cassandra-cql ☕	obie quelland	https://github.com/obieq/fluent-plugin-cassandra-cql
Casssandra에 레코드를 CQL Version 3.0.0을 사용하여 저장한다.		
redis-store ☕	moaikids, HANAI Tohru aka pokehanai	https://github.com/pokehanai/fluent-plugin-redis-store
Redis에 zset/set/list/string/publish 형식으로 레코드를 저장한다.		
output-solr ☕	Minoru Osuka	https://github.com/mosuka/fluent-plugin-output-solr
단일 solr와 solr cloud에 레코드를 보낸다.		

dbi 🔗	TERAOKA Yochinori	https://github.com/yteraoka/fluent-plugin-dbi
dbi를 사용해서 MySQL과 PostgreSQL에 레코드를 저장한다.		
sqlite3 🔗	Tomotaka Sakuma	https://github.com/cosmo0920/fluent-plugin-sqlite3
SQLite3에 레코드를 저장한다.		
mysql-prepared-statement 🔗	Hiroshi Toyama	https://github.com/toyama0919/fluent-plugin-mysql-prepared-statement
레코드의 키를 지정해서 SQL를 만들어서 실행한 결과를 수집한다.		
heroku-postgres 🔗	Naohiro Sakuma	https://github.com/sakuma/fluent-plugin-heroku-postgres
Heroku의 PostgreSQL에 레코드를 저장한다.		
riak 🔗	Kota UENISHI	https://github.com/kuenishi/fluent-plugin-riak
riak에 레코드를 저장한다.		
mysql-binlog ⟳	IZUMIYA Hiroyuki	https://github.com/izumiya/fluent-plugin-mysql-binlog
MySQL 바이너리 로그를 원격으로 수집한다.		
cassandra 🔗	Kazutaka Tomita	https://github.com/tomitakazutaka/fluent-plugin-cassandra
Cassandra에 레코드를 저장한다.		
redisstore 🔗	moaikids	https://github.com/moaikids/fluent-plugin-redisstore
Redis에 레코드를 저장한다.		
postgres 🔗	TAGOMORI Satochi, Diogo Terror, pitr	https://github.com/uken/fluent-plugin-postgres
PostgreSQL에 레코드를 저장한다.		
mysqlslowquerylog 🔗	Satoshi SUZUKI	https://github.com/studio3104/fluent-plugin-mysqlslowquerylog
tail 플러그인으로 format none으로 수집한 MySQL의 슬로우쿼리로그를 전달한다.		
mongokpi 🔗	Hatayama Hideharu	https://bitbucket.org/hidepiy/fluent-plugin-mongokpi
MongoDB 레코드를 KPI 집계하기 편하도록 형식으로 저장한다.		
memcached 🔗	innossh	https://github.com/innossh/fluent-plugin-memcached
레코드를 memcached에 저장한다.		

couchbase 🔗	obie quelland	https://github.com/obieq/fluent-plugin-couchbase
Couchbase 2.0에 레코드를 저장한다.		
pgdist 🔗	Kenji Hara	https://github.com/haracane/fluent-plugin-pgdist
PostgreSQL의 레코드를저장한다.		
redis-slowlog 🔄	shingo suzuki	https://github.com/mominosin/fluent-plugin-redis-slowlog
Redis의 슬로쿼리를 수집한다.		
mysql-load 🔗	Fukui Retu	https://github.com/fukuiretu/fluent-plugin-mysql-load
MySQL로 LOAD DATA LOCAL INFILE를 사용해서 레코드를 저장한다.		
solr 🔗	Nobutaka Nakazawa	https://github.com/btigit/fluent-plugin-solr
Solr에 레코드를 저장한다.		
redislist 🔗	Ken Santo	https://github.com/kensantou/fluent-plugin-redislist
Redis의 list에 레코드를 저장한다.		
arango 🔗	tamtam180	https://github.com/tamtam180/fluent-plugin-arango
ArangoDB에 레코드를 저장한다.		
mssql 🔗	Hidemasa Togashi	https://github.com/htgc/fluent-plugin-mssql
Microsoft SQL서버에 레코드를 저장한다.		
sql_fingerprint 🔗	Takahiro Kikumoto	https://github.com/kikumoto/fluent-plugin-sql_fingerprint
pt-fingerprint를 사용해서 MySQL의 슬로우쿼리의 수 등을 추상화해서 집계하기 쉬운 형태로 변환한다.		

▌ 빅데이터

대규모 데이터의 분산처리를 위해 Hadoop 등과 연계하기 위한 플러그인입니다.

플러그인 이름 설명	제작자	URL
td 🔗 🏆	Treasure Data, Inc.	https://github.com/treasure-data/fluent-plugin-td
클라우드형 Hadoop 서비스인 TreasureData에 레코드를 보낸다.		

scribe 🔗 👑	Kazuki Ohta, TAGOMORI Satoshi	https://github.com/fluent/fluent-plugin-scribe
로그수집기반 Scribe도 연계해서 레코드를 입출력한다.		
webhdfs 🔗 👑	TAGOMORI Satoshi	https://github.com/fluent/fluent-plugin-webhdfs
Hadoop HDFS의 파일에 WebHDFS를 사용해서 레코드를 저장한다.		
remote_syslog 🔗 👑	Rchard Lee	https://github.com/dlackty/fluent-plugin-remote_ syslog
로그수집 서비스인 Papertrail에 syslog 형식으로 로그를 보낸다.		
flume 🔗 👑	Muga Nishizawa	https://github.com/muga/fluent-plugin-flume
로그수집기반 Flume과 연계하여 레코드를 송수신한다.		
grassland 🔗	Ripplation Inc.	https://github.com/Ripplation/fluent-plugin- grassland
데이터수집기반 서비스인 GRASSLAND로 레코드를 보낸다.		
hbase 🔗	KUOKA Yusuke	https://github.com/Furyu/fluent-plugin-hbase
HBase로 레코드를 보낸다.		
vertica 🔗	Erik Selin	https://github.com/tyro89/fluent-plugin-vertica
컬럼 지향의 Vertica로 레코드를 보낸다.		

필터처리(라우팅)

태그의 변환이나 레코드의 취사 선택, 다른 Fluentd 인스턴스로 메시지전송(forward)을 하는 플러그인의 카테고리입니다. Fluentd 내장 플러그인으로 패턴의 일치나 불일치를 지정해서 레코드를 필터링하는 grep이 있으므로 일단은 그것을 사용해 봅시다.

플러그인 이름 설명	제작자	URL
secure-forward 🔗 👑	TAGOMORI Satoshi	https://github.com/tagomoris/fluent-plugin- secure-forward
별도의 Fluentd 인스턴스에 SSL암호화된 통신으로 메시지를 전송한다.		
rewrite-tag-filter 🔗 👑	Kentaro Yoshida	https://github.com/fluent/fluent-plugin-rewrite- tag-filter
정규표현에 매칭된 임의의 키의 레코드를 이용해서 태그를 변환한다.		

reemit ⤴ 👑	Naotoshi Seo	https://github.com/sonots/fluent-plugin-reemit

여러개의 Match 디렉티브를 거치지 않고 라우팅한다.

route ⤴ 👑	TAGOMORI Satoshi, FURUHASHI Sadayuki	https://github.com/tagomoris/fluent-plugin-route

임의의 태그패턴을 대상으로 태그의 부분변환을 한다.

retag ⤴ 👑	Masahiro Yamauchi	https://github.com/algas/fluent-plugin-retag

태그를 변환한다.

keep-forward ⤴ 👑	Naotoshi Seo	https://github.com/sonots/fluent-plugin-keep-forward

표준 플러그인 out_forward의 확장. 라운드로빈으로 접속하지 않고, 한 번 접속했던 서버에 계속해서 데이터를 전송한다.

hash-forward ⤴ 👑	Ryosuke IWANAGA, Naotoshi Seo	https://github.com/riywo/fluent-plugin-hash-forward

표준 플러그인 out_forward의 확장. 태그에 따라서 전송할 곳을 분리하여 부하분산을 한다.

copy_ex ⤴	Naotoshi Seo	https://github.com/sonots/fluent-plugin-copy_ex

표준의 out-copy 플러그인의 확장

redeliver ⤴	Masatoshi Kawazoe [acidlemon]	https://github.com/acidlemon/fluent-plugin-redeliver

태그를 변환해서 레코드를 연결한다.

conditional_filter ⤴	Kentaro Kuribayashi	https://github.com/kentaro/fluent-plugin-conditional_filter

특정 패턴에 해당하는 키를 추출하여, 일정한 값을 넘을 경우 보내도록 연결한다.

tagged_copy ⤴	Naotoshi Seo	https://github.com/sonots/fluent-plugin-tagged_copy

표준의 out_copy 플러그인의 확장. 메시지를 copy하기 전에 tag를 편집하여 다른 플러그인을 호출한다.

aes-forward ⤴	Keiji Matuzaki	https://github.com/aiming/fluent-plugin-aes-forward

다른 Fluentd 인스턴스에 AES 암호화통신을 사용하여 메시지를 전송한다.

delayed ⤴	Shuhei Tanuma	https://github.com/chobie/fluent-plugin-delayed

time 키의 값을 시간이 될 때까지 누적해서 시간이 되면 연결한다.

assert ⤴	Fukui Retu	https://github.com/fukuiretu/fluent-plugin-assert

레코드의 값이 임의의 조건에 매칭하는지 판정해서 연결한다.

필터처리(데이터 가공)

데이터를 출력할 곳에 맞춰서 레코드의 값을 변형하거나 계산, 가공하는 플러그인 카테고리입니다. 레코드에 키의 가공과 형변환, 추가(호스트명 등) 그리고 삭제를 하는 record_transformer가 Fluentd 내장 플러그인으로 있으므로 일단 이것을 사용하는 것도 좋습니다.

플러그인 이름 설명	제작자	URL
record-modifier 🏭 👑	Masahiro Nakagawa	https://github.com/repeatedly/fluent-plugin-record-modifier
레코드에 호스트명과 임의의 값을 추가하거나 삭제하여 연결한다.		
parser 🏭 👑	TAGOMORI Satoshi	https://github.com/tagomoris/fluent-plugin-parser
특정 키의 값을 임의의 정규표현으로 파싱해서 분해하여 연결한다.		
rewrite 🏭 👑	Kentaro Kuribayashi	https://github.com/kentaro/fluent-plugin-rewrite
정규표현에 매칭한 키의 태그나 레코드의 값을 변환하여 연결한다.		
map 🏭 👑	Kohei Tomita	https://github.com/fluent-plugins-nursery/fluent-plugin-map
특정 필드의 내용을 Ruby 언어로 가공하여 연결한다.		
geoip 🏭 👑	Kentaro Yoshida	https://github.com/y-ken/fluent-plugin-geoip
GeoIP를 이용하여, IP 주소를 가지고 위치정보를 추가하여 연결한다.		
json-nest2flat 🔄 👑	Fukui ReTu	https://github.com/fukuiretu/fluent-plugin-json-nest2flat
네스트구조의 JSON을 플랫구조의 1차원의 Hash로 변환하여 연결한다.		
flatten-hash 🏭 👑	Masahiro Sano	https://github.com/kazegusuri/fluent-plugin-flatten-hash
다차원 해시를 1차원의 플랫한 해시로 가공하여 연결한다.		
extract_query_params 🏭 👑	Kentaro Kuribayashi	https://github.com/kentaro/fluent-plugin-extract_query_params
URL의 쿼리 파라미터를 분해하여 연결한다.		
sampling-filter 🏭 👑	TAGOMORI Satoshi	https://github.com/tagomoris/fluent-plugin-sampling-filter
유입량이 많은 로그를 샘플링하여 연결한다.		
concat 🏭 👑	Kenji Okimoto	https://github.com/fluent-plugins-nursery/fluent-plugin-concat

여러 개의 레코드에서 일련의 메시지를 하나로 모으는 필터. 주요 용도로 Docker Fluentd logging driver 경유일 때 여러 행의 로그가 여러 개의 이벤트로 분할된 것을 하나의 이벤트로 모으는 기능이 있음.

| amplifier-filter 🔷 👑 | TAGOMORI Satoshi | https://github.com/tagomoris/fluent-plugin-amplifier-filter |

0~1 인지 1이상의 비율에 따라 지정한 키의 값을 증감해서 연결한다.

| anonymizer 🔷 👑 | Kentaro Yoshida | https://github.com/y-ken/fluent-plugin-anonymizer |

임의의 키값을 HMAC 방식으로 익명화하고, IP 주소의 일부분을 없애고 나서 연결한다.

| flatten 🔷 👑 | Kentaro Kuribayashi | https://github.com/kentaro/fluent-plugin-flatten |

네스트 구조의 JSON을 플랫 구조의 1차원의 Hash로 변환하여 연결한다.

| woothee 🔷 👑 | TAGOMORI Satoshi | https://github.com/woothee/fluent-plugin-woothee |

UserAgent에서 단말을 특정하여 레코드에 메타정보를 붙이는 필터

| reassemble 🔷 👑 | moaikids | https://github.com/moaikids/fluent-plugin-reassemble |

레코드의 값을 변환하여 연결한다.

| filter_typecast 🔷 | Naotoshi Seo | https://github.com/sonots/fluent-plugin-filter_typecast |

레코드의 형변환을 하는 필터

| ua-parser 🔷 | Yuri Umezaki | https://github.com/bungoume/fluent-plugin-ua-parser |

UserAgent를 파싱하여 컬럼을 추가한다.

| referer-parser 🔷 | TAGOMORI Satoshi, HARUYAMA Seigo | https://github.com/haruyama/fluent-plugin-referer-parser |

액세스 로그의 URL encoding된 referer의 검색키워드를 적절하게 디코드한 케타정보를 붙이는 필터

| uri_decoder 🔷 | Yasuharu Ozaki | https://github.com/YasuOza/fluent-plugin-uri_decoder |

임의의 키값을 URL 디코딩해서 연결한다.

| fork 🔷 | Daisuke Taniwaki | https://github.com/dtaniwaki/fluent-plugin-fork |

임의의 키값을 구분자로 분할하여 여러 개의 레코드로 만들어 연결한다.

| jsonbucket 🔷 | moaikids | https://github.com/moaikids/fluent-plugin-jsonbucket |

레코드 전체를 하나의 키로 하는 JSON 문자열을 만들어 연결한다.

filter-parse-postfix ⬡	Genki Sugawara	https://github.com/winebarrel/fluent-plugin-filter-parse-postfix

Postfix의 송신로그를 파싱한다.

qqwry ⬡	Chris Song	https://github.com/fakechris/fluent-plugin-qqwry

QQWry 데이터베이스를 사용하여 위치정보를 레코드에 추가하여 연결한다.

mobile-carrier ⬡	HARUYAMA Seigo	https://github.com/haruyama/fluent-plugin-mobile-carrier

IP 주소를 가지고 모바일 캐리어를 판정하여 연결한다.

split ⬡	Hiroshi Toyama	https://github.com/toyama0919/fluent-plugin-split

임의의 포맷으로 키를 분할한 레코드로 가공하여 연결한다.

resolv ⬡	Kohei MATSUSHITA	https://github.com/ma2shita/fluent-plugin-resolv

지정한 포맷으로 키를 분할해서 레코드를 가공하여 연결한다.

tai64n_parser ⬡	Akira Maeda, Naotochi Seo	https://github.com/glidenote/fluent-plugin-tai64n_parser

qmail, daemontools의 multilog에서 사용되는 TAI64N 포맷의 날짜를 파싱해서 연결한다.

fortigate-log-parser ⬡	Yoshinori TERAOKA	https://github.com/yteraoka/fluent-plugin-fortigate-log-parser

방화벽 제품인 ForiGate의 로그를 파싱한다.

mutate_filter ⬡	Jonathan Serafini	https://github.com/JonathanSerafini/fluent-plugin-mutate_filter

logstash-filter-mutate와 같이 레코드의 키이름을 변경하는 필터

color-stripper ⬡	Matthew O'Riordan	https://github.com/mattheworiordan/fluent-plugin-color-stripper

ANSI 컬러코드를 가지는 로그의 색정보를 제거하는 필터

filter-object-flatten ⬡	Genki Sugawara	https://github.com/winebarrel/fluent-plugin-filter-object-flatten

네스트된 메시지를 1차원의 해시로 만들고, 하나의 요소를 하나의 메시지로 변환한다.

jwt-filter ⬡	Toyokazu Akiyama	https://github.com/toyokazu/fluent-plugin-jwt-filter

JSON Web Token을 사용해서 변조가되지 않도록 서명한다.

order ⬡	Fukui ReTu	https://github.com/fukuiretu/fluent-plugin-order

레코드 키의 순서를 변경하여 연결한다.

kuromoji ⬡	Hiroshi Toyama	https://github.com/toyama0919/fluent-plugin-kuromoji

kuromoji를 사용한 형태소 결과를 레코드에 추가하여 연결한다.

| record-serializer ◻ | IKUTA Masahito | https://github.com/cooldaemon/fluent-plugin-record-serializer |

레코드의 내용을 하나의 키로 네스트시키는 필터. schemeless인 것이 오히려 단점이 될 때 tag, payload 두 필드에 집약시킨다.

| filter_linefeeder ◻ | Naotoshi Seo | https://github.com/sonots/fluent-plugin-filter_linefeeder |

Rails의 로그에서 개행코드를 ₩₩n으로 해서 한 행으로 만든 것을 원래대로 돌려놓는다.

| data-rejecter ◻ | Hirotaka Tajiri | https://github.com/hirotaka-tajiri/fluent-plugin-data-rejecter |

임의의 키를 뺀 레코드로 가공해서 연결한다.

| mecab ◻ | MATSUMOTO Katsuyoshi | https://github.com/katsyoshi/fluent-plugin-mecab |

mecab을 사용한 형태소 분석을 레코드에 추가해서 연결한다.

| unwind ◻ | Sho SAWADA | https://github.com/shao1555/fluent-plugin-unwind |

레코드의 배열값을 하나씩 다른 레코드로 나누어서 연결한다.

| split-array ◻ | SNakano | https://github.com/SNakano/fluent-plugin-split-array |

배열을 풀어서 여러 개의 메시지로 변환하는 필터

| filter-jq ◻ | Genki Sugawara | https://github.com/winebarrel/fluent-plugin-filter-jq |

JSON 레코드로 쿼리를 발행할 수 있는 jq 커맨드를 사용해서 레코드의 내용을 재구성하는 필터

▌필터처리(데이터 집계)

임의의 규칙에 의하여 단위시간(시/분/초)으로 집계를 하여 감시와 시각화 도구에서 사용할 수 있는 매트릭 데이터를 만드는 플러그인 카테고리입니다.

플러그인 이름 설명	제작자	URL
flowcounter ◻ ♛	TAGOMORI Satoshi	https://github.com/tagomoris/fluent-plugin-flowcounter

메시지의 양을 분/시/일 단위로 집계해서 출력하여 연결한다.

datacounter	TAGOMORI Satoshi	https://github.com/tagomoris/fluent-plugin-datacounter

레코드를 정규표현의 패턴별로 매칭된 수를 집계하여 출력한다.

numeric-monitor	TAGOMORI Satoshi	https://github.com/tagomoris/fluent-plugin-numeric-monitor

지정 필드의 수치를 단위시간별로 최소/최대/평균/퍼센트로 집계하여 출력한다.

grepcounter	Naotoshi Seo	https://github.com/sonots/fluent-plugin-grepcounter

grep한 결과의 레코드수가 일정수를 넘으면 결과를 출력한다.

numeric-counter	TAGOMORI Satoshi	https://github.com/tagomoris/fluent-plugin-numeric-counter

수치의 범위별로 매칭된 레코드의 수를 집계하여 연결한다.

norikra	TAGOMORI Satoshi	https://github.com/norikra/fluent-plugin-norikra

Norikra(SQL을 사용해서 스트림처리를 하여 연결하는 미들웨어)를 사용해서 단위시간 별로 온메모리 집계를 한다. 그 결과를 수집해서 연결한다.

suppress	FUJIWARA Shunichiro	https://github.com/fujiwara/fluent-plugin-suppress

연속된 같은 메시지를 솎아내는 필터

anomalydetect	Muddy Dixon	https://github.com/muddydixon/fluent-plugin-anomalydetect

간단하게 이상치를 검출하여 연결한다.

datacalculator	Muddy Dixon	https://github.com/muddydixon/fluent-plugin-datacalculator

레코드의 값을 사용해서 단위시간당 계산결과를 구하여 연결한다.

stats	Naotoshi Seo	https://github.com/sonots/fluent-plugin-stats

레코드의 합계, 최대, 최소, 평균을 구한 레코드를 생성하여 연결한다(예전이름:calc).

histogram	Yusuke SHIMIZU	https://github.com/karahiyo/fluent-plugin-histogram

지정키의 수로 히스토그램을 만들어 연결한다.

groupcounter	Ryosuke IWANAGA, Naotoshi Seo	https://github.com/riywo/fluent-plugin-groupcounter

SQL의 GROUP BY와 같은 집계를 하여 연결한다.

unique-counter	Keiji Matsuzaki, Takesato	https://github.com/aiming/fluent-plugin-unique-counter

레코드의 값으로 중복된 것을 찾아서, 유니크한 수를 구해서 연결한다.		
derive ▶	Nobuhiro Nikushi	https://github.com/nikushi/fluent-plugin-derive
RRDtool의 derive와 같이 초당 수치의 증가, 감소를 집계하여 연결한다.		
stats-notifier ▶	Naotoshi Seo	https://github.com/sonots/fluent-plugin-stats-notifier
레코드의 합계, 최대, 최소, 평균을 구한 레코드를 생성하여, 그 값이 일정값을 넘어가면 결과를 연결한다.		
redis-multi-type-counter ▶	Jungtaek Lim	https://github.com/heartsavior/fluent-plugin-redis-multi-type-counter
redis를 사용해서 특정값에 매칭되었을 때 더하거나 빼서 연결한다.		
combiner ▶	karahiyo	https://github.com/karahiyo/fluent-plugin-combiner
키의 값을 배열로 집계하여 연결한다.		
lossycount ▶	moaikids	https://github.com/moaikids/fluent-plugin-lossycount
lossy counting method(오차허용집계법/출현빈도가 적은 값을 저장하지 않고 적은 메모리로 집계하는 방법)로 집계처리하여 연결한다.		
onlineuser ▶	Yuyang Lan	https://github.com/y-lan/fluent-plugin-onlineuser
Redis의 Sorted Set을 사용해서 온라인 유저를 집계하여 연결한다.		
incremental ▶	toyama0919	https://github.com/toyama0919/fluent-plugin-incremental
레코드의 키값을 순차가산하여 연결한다.		
inline-classifier ▶	Yoshihisa Tanaka	https://github.com/yosisa/fluent-plugin-inline-classifier
레코드의 값을 가지고 분류한 이름을 임의의 키로 추가하여 연결한다.		
time-sliced-filter▶	Genki Sugawara	https://bitbucket.org/winebarrel/fluent-plugin-time-sliced-filter
레코드의 수를 임의의 단위시간으로 카운트하여 연결한다.		

메시지 통지

레코드를 가지고 송신하는 메시지를 정형하고 그룹채팅 등과 연계하는 플러그인 카테고리입니다.

플러그인 이름 설명	제작자	URL
slack 🅑 👑	Keisuke SOGAWA	https://github.com/sowawa/fluent-plugin-slack
Slack에 레코드를 보낸다.		
mail 🅑 👑	Yuichi UEMURA	https://github.com/u-ichi/fluent-plugin-mail
임의의 메시지로 송신한다.		
hipchat 🅑 👑	Yuichi Tateno	https://github.com/fluent-plugins-nursery/fluent-plugin-hipchat
메시지를 HipChat으로 송신한다.		
notifier 🅑 👑	TAGOMORI Satoshi	https://github.com/tagomoris/fluent-plugin-notifier
일정값을 넘은 수치와 문자열을 찾은 경우에 메시지를 생성한다.		
ikachan 🅑 👑	TAGOMORI Satoshi	https://github.com/tagomoris/fluent-plugin-ikachan
IRC의 HTTP 게이트웨이인 ikachan으로 메시지를 송신한다.		
irc 🅑 👑	OKUNO Akihiro	https://github.com/fluent-plugins-nursery/fluent-plugin-irc
IRC로 메시지를 보낸다.		
typetalk 🅑	tksmd, umakoz	https://github.com/nulab/fluent-plugin-typetalk
TypeTalk로 레코드를 송신한다.		
jabber 🅑	todesking	https://github.com/todesking/fluent-plugin-jabber
XMPP(Jabber) 프로토콜을 사용해서 레코드를 송신한다.		
idobata 🅑	bash0C7	https://github.com/bash0C7/fluent-plugin-idobata
Idobata로 레코드를 출력한다.		
say 🅑	Shimpei Makimoto	https://github.com/makimoto/fluent-plugin-say
OSX의 say 커맨드를 사용해서 레코드의 내용을 읽는다.		
twilio 🅑	Kentaro Yoshida	https://github.com/y-ken/fluent-plugin-twilio
클라우드 전화 API, Twilio를 사용해서 전화를 건다.		
imkayac 🅑	FUJIWARA Shunichiro	https://github.com/fujiwara/fluent-plugin-imkayac
Notification HUB API인 im.kayac.com으로 메시지를 보낸다.		
hato 🅑	Kentaro Kuribayashi	https://github.com/kentaro/fluent-plugin-hato
Hato로 레코드를 송신한다.		
terminal_notifier 🖱	Hiroshi Hatake	https://github.com/cosmo0920/fluent-plugin-terminal_notifier
OSX에서 Growl로 TerminalNotifier를 사용해서 데스크탑 통지를 한다.		

플러그인 이름	제작자	URL
yammer ⬩	Shinhara Teruki	https://github.com/ts-3156/fluent-plugin-yammer
Yammer로 레코드를 송신한다.		
sstp ⬩	bash0C7	https://github.com/bash0C7/fluent-plugin-sstp
SSTP(Sakura Script Transfer Protocol)로 레코드를 송신한다.		
line-notify ⬩	Atsushi Takayama	https://github.com/edvakf/fluent-plugin-line-notify
LINE으로 통지를 한다.		
zulip ⬩	Kenji Okimoto	https://github.com/fluent-plugins-nursery/fluent-plugin-zulip
Zulip이라는 오픈소스 그룹채팅으로 메시지를 보낸다.		

모니터링 데이터 수집

여러 가지 서비스의 리소스정보를 수집하는 플러그인 카테고리입니다.

플러그인 이름 설명	제작자	URL
dstat ⬩ ♛	Shunsuke Mikami	https://github.com/shun0102/fluent-plugin-dstat
dstat 커맨드로 장비의 리소스 정보를 수집한다.		
systemd ⬩ ♛	Ed Robinson	https://github.com/reevoo/fluent-plugin-systemd
Systemd의 서비스로 기동된 데몬의 표준출력과 에러출력을 /var/log/journal로부터 바이너리로 수집한다.		
munin ⬩ ♛	Kentaro Yoshida	https://github.com/y-ken/fluent-plugin-munin
Munin의 매트릭 정보를 수집한다.		
cloudstack ⬩ ♛	Yuichi UEMURA	https://github.com/u-ichi/fluent-plugin-cloudstack
CloudStack API로 이용 현황 데이터를 수집한다.		
snmp ⬩ ♛	hiro-su	https://github.com/iij/fluent-plugin-snmp
SNMP 프로토콜을 사용해서 네트워크 장비의 매트릭을 수집한다.		
netflow ⬩ ♛	Masahiro Nakagawa	https://github.com/repeatedly/fluent-plugin-netflow
Netflow를 사용해서 네트워크 이용 현황을 수집한다.		
df ⬩ ♛	tiwakawa	https://github.com/tiwakawa/fluent-plugin-df
df 커맨드의 실행결과를 수집한다.		
jvmwatcher ⬩	Masayuki Miyake	https://github.com/MasayukiMiyake97/fluent-plugin-jvmwatcher
JVM Watcher를 사용해서 여러 개 JavaVM의 CPU 사용률과 메모리 사용률, GC의 정보를 수집한다.		

http-status ⤶	hiro-su	https://github.com/hiro-su/fluent-plugin-http-status
설정 파일에서 지정한 URL의 상태코드를 수집한다.		
serialport ⤶	MATSUMOTO Katsuyoshi	https://github.com/katsyoshi/fluent-plugin-serialport
시리얼포트를 사용해서 센서 데이터 등을 수집한다.		
jstat ⤶	wukawa	https://github.com/wyukawa/fluent-plugin-jstat
Java 애플리케이션의 모니터링을 JMX에서 간단하게 jstat으로 수집한다.		
watch-process ⤶	Kentaro Yoshida	https://github.com/y-ken/fluent-plugin-watch-process
ps 커맨드로 호스트 OS에서 동작하고 있는 프로세스의 CPU 사용률, 메모리 사용률, 기동시간 등의 정보를 수집한다.		
munin-node ⤶	Genki Sugawara	https://github.com/winebarrel/fluent-plugin-munin-node
Munin의 매트릭 정보를 수집한다.		
sar ⤶	Hirotaka Tajiri	https://github.com/hirotaka-tajiri/fluent-plugin-sar
sar 커맨드를 사용해서 CPU 사용률과 load average, disk i/o 등의 매트릭을 수집한다.		
werkzeug-profiler ⤶	Kenta MORI	https://github.com/zoncoen/fluent-plugin-werkzeug-profiler
Werkzeug WSGI 애플리케이션의 가동정보를 수집한다.		
network-probe ⤶	Yuichi UEMURA	https://github.com/u-ichi/fluent-plugin-network-probe
네트워크의 레이턴시를 계측한 결과를 수집한다.		
beats ⤶	Masahiro Nakagawa	https://github.com/repeatedly/fluent-plugin-beats
Go로 만들어진 데이터 수집 도구 Elastic beats로부터 데이터를 수집한다.		
jmx ⤶	Hidenori Suzuki	https://github.com/niyonmaruz/fluent-plugin-jmx
Java 애플리케이션의 메모리 사용량 등의 통계정보를 얻을 수 있는 JMX를 Jolokia 경유로 REST API로 수집한다.		
statemtap ⤶	Masaki Matsushita	https://github.com/mmasaki/fluent-plugin-systemtap
systemtap을 사용해서 Linux 커널의 동향을 수집한다.		
glusterfs ⤶	Keisuke Takahashi	https://github.com/keithseahus/fluent-plugin-glusterfs
GlusterFS의 로그를 수집한다.		
newrelic_metrics ⤶	Hiroshi Toyama	https://github.com/toyama0919/fluent-plugin-newrelic_metrics
NewRelic의 매트릭 정보를 일정한 간격으로 수집한다.		
nginx-status ⤶	Robert Pitt	https://github.com/robertpitt/fluent-plugin-nginx-status
Nginx의 동시 접속수와 요청 처리 현황 등의 매트릭를 수집한다.		

apache_modstatus ⏎	Jason Westbrook	https://github.com/jwestbrook/fluent-plugin-apache_modstatus
Apache의 mod_status의 정보를 정기적으로 수집한다.		
raven-decoder ⏎	Genki Sugawara	https://github.com/winebarrel/fluent-plugin-raven-decoder
여러 가지 언어의 예외를 모아서 조회하는 OSS,Web서비스인 Sentry의 클라이언트로 수집한 Rails의 예외 에러를 디코딩한다.		
haproxy_stats ⏎	Yohei Kawahara	https://github.com/inokappa/fluent-plugin-haproxy_stats
HAProxy의 status 정보를 수집한다.		
openldap-monitor ⏎	Satoshi SUZUKI	https://github.com/studio3104/fluent-plugin-openldap-monitor
OpenLDAP 모니터의 정보를 수집한다.		
pcapng ⏎	enukane	https://github.com/atlassian/fluent-plugin-statsd_event
임의의 네트워크 인터페이스의 tshark(pcapng)를 사용한 캡처 결과를 수집한다.		

▌ 데이터분석, 시각화, 모니터링 도구

애플리케이션으로부터 수집한 정보, 모니터링 데이터수집 플러그인에서 수집한 정보 외에 웹서버의 상태코드를 수집한 결과 등의 매트릭 정보를 보내는 플러그인 카테고리입니다.

플러그인 이름 설명	제작자	URL
statsd ⏎ ♛	Chris Song	https://github.com/fakechris/fluent-plugin-statsd
Etsy StatsD의 매트릭 데이터를 보내서 그래프화한다.		
sflow ⏎	Shintaro Kojima	https://github.com/codeout/fluent-plugin-sflow
InMon의 sflowtool을 기반으로 하는 C 확장 플러그인으로 Juniper와 Alaxala, NEC 제품 등에서 지원하는 sFlow 프로토콜의 샘플을 수신한다.		
mackerel ⏎ ♛	tksmd	https://github.com/mackerelio/fluent-plugin-mackerel
서버감시 서비스 Mackerel의 매트릭으로 출력한다.		
growthforecast ⏎ ♛	TAGOMORI Satoshi	https://github.com/tagomoris/fluent-plugin-growthforecast
RRDTool 기반의 Growth Forecast의 매트릭 데이터를 보내서 그래프화한다.		

loggly ↻ ♛	Patrik Antonsson	https://github.com/patant/fluent-plugin-loggly
Loggly의 매트릭으로 출력한다.		
metricsense ↻ ♛	Sadayuki Furuhashi	https://github.com/treasure-data/fluent-plugin-metricsense
Librato Metrics로 레코드를 출력한다.		
dd ↻ ♛	Genki Sugawara	https://github.com/winebarrel/fluent-plugin-dd
Datadog의 레코드로 출력한다.		
zabbix ↻ ♛	FUJIWARA Shunichiro	https://github.com/fujiwara/fluent-plugin-zabbix
Zabbix의 매트릭 데이터로 출력한다.		
sumologic-cloud-syslog ↻ ♛	Acquia Engineering	https://github.com/acquia/fluent-plugin-sumologic-cloud-syslog
Sumologic의 로그 수집 서비스로 로그를 전송한다.		
geoblipper ↻ ♛	Sean Dick, Change.org	https://github.com/seanmdick/fluent-plugin-geoblipper
레코드의 위도 경도 정보를 pubnub로 보내서 대시보드화한다.		
splunkapi ↻ ♛	Keisuke Nishida	https://github.com/k24d/fluent-plugin-splunkapi
Splunk로 레코드를 보내서 검색, 분석, 그래프화한다.		
yohoushi ↻ ♛	Naotoshi Seo	https://github.com/yohoushi/fluent-plugin-yohoushi
GrowthForecast의 분산시스템판 Yohoushi로 매트릭 데이터를 출력한다.		
mixpanel ↻ ♛	Kazuyuki Honda	https://github.com/hakobera/fluent-plugin-mixpanel
Mixpanel로 레코드를 보낸다.		
dogstatd ↻ ♛	Ryota Arai	https://github.com/ryotarai/fluent-plugin-dogstatsd
Datadog용 statD 서버로 출력한다.		
prometheus ⇄ ⊕ ↻ ♛	Masahiro Sano	https://github.com/fluent/fluent-plugin-prometheus
Prometheus라는 모니터링 시스템과 매트릭 데이터를 조합하거나 송신한다.		
graphite ↻	Satoshi SUZUKI	https://github.com/studio3104/fluent-plugin-graphite
Graphite로 매트릭 데이터를 보내서 그래프화한다.		
sensu ↻	MIYAKAWA Taku	https://github.com/miyakawataku/fluent-plugin-sensu
감시도구인 Sensu로 임의의 서비스의 OK, WARNING, CRITICAL의 체크를 보내고, 로그 본문과 단위시간 집계에서 탐지할 수 있는 에러를 넘긴다.		
sentry ↻	Kentaro Yoshida	https://github.com/y-ken/fluent-plugin-sentry
Sentry로 레코드를 출력한다.		

splunk-ex ⮤	Trevor Gattis	https://github.com/gtrevg/fluent-plugin-splunk-ex

Splunk로 레코드를 보내서 검색, 분석, 그래프화한다.

logzio ⮤	Yury Kotov, Roi Rav-Hon	https://github.com/logzio/fluent-plugin-logzio

Logz.io라는 로그 분석 서비스로 로그를 보낸다.

splunk ⮤	Abhishek Parolkar	https://github.com/parolkar/fluent-plugin-splunk

Splunk로 레코드를 보내서 검색, 분석, 그래프화한다.

airbrake-python ⮤	Moriyoshi Koizumi	https://github.com/moriyoshi/fluent-plugin-airbrake-python

Airbrake로 레코드를 출력한다.

statsite ⮤	OKUNO Akihiro	https://github.com/choplin/fluent-plugin-statsite

StatsD를 베이스로 하는 statsite라는 프로세스를 내부에서 띄워서, 매트릭 정보를 시계열로 집계한다.

bugsnag ⮤	koshigoe	https://github.com/feedforce/fluent-plugin-bugsnag

여러 가지 크래시로그를 관리하는 서비스 Bugsnag에 레코드를 보낸다.

nsca ⮤	MIYAKAWA Taku	https://github.com/miyakawataku/fluent-plugin-nsca

감시도구인 Nagios(NSCA)에 임의의 서비스의 OK, WARNING, CRITICAL을 체크해서 보내고, 로그의 본문과 단위시간 집계로 탐지할 수 있는 에러를 넘긴다.

nata2 ⭹ ⮤	studio3104	https://github.com/studio3104/fluent-plugin-nata2

MySQL의 슬로우쿼리를 리스트화하는 Nata2라는 도구로 전송한다.

sumologic ⮤	memorycraft	https://github.com/memorycraft/fluent-plugin-sumologic

Sumologic으로 레코드를 출력한다.

amplitude ⮤	Vijay Ramesh	https://github.com/change/fluent-plugin-amplitude

Mobile Analytics의 Amplitude로 레코드를 보낸다.

logsene ⮤	Sematext	https://github.com/mbonaci/fluent-plugin-logsene

Elasticsearch + Kibana로 구성된 로그기반서비스의 logsene으로 레코드를 보낸다.

ganglia ⮤	Hiroshi Sakai	https://github.com/ziguzagu/fluent-plugin-ganglia

Ganglia로 매트릭 데이터를 출력한다.

juniper-telemetry ⮤	Damien Garros	https://github.com/JNPRAutomate/fluent-plugin-juniper-telemetry

Juniper Networks 기기에서 네트워크의 성능과 고장 관리 정보를 수집한다.

xymon ⮤	bash0C7	https://github.com/bash0C7/flucnt-plugin-xymon

Xymon으로 매트릭 데이터를 출력한다.

sixpack ⮤	Naoki AINOYA	https://github.com/ainoya/fluent-plugin-sixpack

Sixpack(테스트 프레임워크 서비스)로 레코드를 출력한다.

hrforecast ⑤	do-aki	https://github.com/do-aki/fluent-plugin-hrforecast
HRforecase로 레코드를 출력한다.		
leftronic ⑤	toyama0919	https://github.com/toyama0919/fluent-plugin-leftronic/
Leftronic으로 레코드를 출력한다.		
opentsdb ⑤	Emmet Murphy	https://github.com/emurphy/fluent-plugin-opentsdb
numeric-monitor에서 집계한 결과를 OpenTSDB로 출력한다.		
stathat ⑤	f440	https://github.com/f440/fluent-plugin-stathat/
StatHat으로 레코드를 출력한다.		
zoomdata ⑤	Jun Ohtani	https://github.com/johtani/fluent-plugin-zoomdata
Zoomdata로 레코드를 출력한다.		
dashing ⑤	bash0C7	https://github.com/bash0C7/fluent-plugin-dashing
Dashing 으로 레코드를 출력한다.		
webhook-mackerel ⑤	mackerelio	https://github.com/mackerelio/fluent-plugin-webhook-mackerel
Mackerel의 Webhook을 받기 위한 웹서버를 띄운다.		
splunkhec ⑤	Coen Meerbeek	https://github.com/cmeerbeek/fluent-plugin-splunkhec
Splunk HTTP Event Collector(HEC)로 레코드를 보내서 검색, 분석, 그래프화한다.		

리소스 감시, 그래프화 도구

수집, 집계한 리소스 정보를 시스템 리소스 모니터링 도구로 출력하는 플러그인 카테고리입니다.

| 플러그인 이름 | 제작자 | URL |
설명		
logentries ⑤ ♕	Woorank	https://github.com/Woorank/fluent-plugin-logentries
로그 감시 서비스인 Logentries로 로그를 보낸다.		
zabbix-agent ⑤	Genki Sugawara	https://github.com/winebarrel/fluent-plugin-zabbix-agent
Zabbix의 패시브 체크를 사용해서 임의의 아이템 키 매트릭 정보를 임의의 간격으로 수집한다.		
jubatus ⑤	MATUMOTO Katsuyoshi	https://github.com/katsyoshi/fluent-plugin-jubatus
대규모 분산실시간 기계학습기반인 Jubatus로 레코드를 보낸다.		

Fluentd 기능 확장

설정 파일을 동적으로 생성하여 임의의 플러그인을 호출하는 기능 확장을 제공하는 플러그인 카테고리입니다.

플러그인 이름 설명	제작자	URL
forest 🔁 👑	TAGOMORI Satoshi	https://github.com/tagomoris/fluent-plugin-forest
태그 등의 플레이스홀더를 사용해서, 임의의 플러그인의 설정을 동적으로 생성하도록 한다.		
config-expander ⬭ 👑	TAGOMORI Satoshi	https://github.com/tagomoris/fluent-plugin-config-expander
Fluentd의 설정에 루프처리 확장을 제공한다.		
multiprocess 🔁 👑	Sadayuki Furuhashi	https://github.com/fluent/fluent-plugin-multiprocess
Fluentd를 멀티프로세스화한다.		
bufferize 🔁	Masahiro Sano	https://github.com/kazegusuri/fluent-plugin-bufferize
OutputPlugin을 BufferedOutputPlugin으로 동작하게 한다.		
config_pit 🔁	Naoya Ito	https://github.com/naoya/fluent-plugin-config_pit
Fluentd의 설정 파일에서 pit을 사용할 수 있게 한다.		

Fluentd 운영지원

Fluentd의 안정적인 운영을 지원하는 플러그인 카테고리입니다.

플러그인 이름 설명	제작자	URL
ping-message 🔁 👑	TAGOMORI Satoshi	https://github.com/tagomoris/fluent-plugin-ping-message
Fluentd 클러스터의 Forwarder 노드와 Processer 노드 사이에서 메시지가 잘 전송되는지 사전 서버정보의 등록없이 확인한다.		
td-monitoring 🔁 👑	Masahiro Nakagawa	https://github.com/treasure-data/fluent-plugin-td-monitoring
플러그인의 가동정보를 수집하여 TreasureData의 대시보드로 전송한다.		

elapsed-time ☒	Naotoshi Seo	https://github.com/sonots/fluent-plugin-elapsed-time
임의의 Output 플러그인이 레코드에 처리에 걸린 시간을 측정하는 프로파일링 플러그인		
stdout-pp ☒	Masahiro Sano	https://github.com/kazegusuri/fluent-plugin-stdout-pp
Fluentd의 표준출력을 컬러화한다.		
flowcounter-simple ▣	Naotoshi Seo	https://github.com/sonots/fluent-plugin-flowcounter-simple
fluent-plugin-flowcounter의 단순 버전. 메시지의 전송량을 측정해서 표준로그로 출력한다.		
measure_time ☒	Naotoshi Seo	https://github.com/sonots/fluent-plugin-measure_time
임의의 플러그인의 어떤 메소드가 레코드를 처리하는 데 걸린 시간을 측정하는 프로파일링 플러그인		
delay-inspector ☒	TAGOMORI Satoshi	https://github.com/tagomoris/fluent-plugin-delay-inspector
노드 사이의 메시지 전송속도를 측정한다.		
debug ☒	Naotoshi Seo	https://github.com/sonots/fluent-plugin-debug
레코드의 디버그 출력을 보조한다.		
latency ☒	Naotoshi Seo	https://github.com/sonots/fluent-plugin-latency
레코드 내부의 시간과 레코드를 받은 시간을 비교해서 지연시간을 측정한다.		
gc ☒	Naotoshi Seo	https://github.com/sonots/fluent-plugin-gc
GC(Garbage Collection)을 무효화하고, 임의의 간격으로 GC를 실행한다.		

▎Web 서비스 연계

Web 서비스 API를 폴링하거나, API 요청을 보내는 플러그인 카테고리입니다.

플러그인 이름 설명	제작자	URL
twitter ☒ ♛	Kentaro Yoshida	https://github.com/y-ken/fluent-plugin-twitter
Twitter에 포스팅하거나, Twitter Streaming API를 이용해서 트윗을 수집한다.		
gree_community ☒	todesking	https://github.com/todesking/fluent-plugin-gree_community
GREE 커뮤니티로부터 데이터를 수집한다.		

heroku—syslog ⤵	Kazuyuki Honda	https://github.com/hakobera/fluent-plugin-heroku—syslog

Heroku의 syslog를 수집한다.

mixi_community ⤵	todesking	https://github.com/todesking/fluent-plugin-mixi_community

mixi 커뮤니티로부터 데이터를 수집한다.

twittersearch ⤵	Freddie Fujiwara	https://github.com/freddiefujiwara/fluent-plugin-twittersearch

Twitter의 키워드 검색 결과를 수집한다.

feedly ⤵	Kentaro Yoshida	https://github.com/y-ken/fluent-plugin-feedly

RSS 리더 feedly에 등록된 사이트의 피드 정보를 정기적으로 수집한다.

azureeventhubs ⤵	Hidemasa Togashi	https://github.com/htgc/fluent-plugin-azureeventhubs

Azure Stream Analytics를 활용하기 위해서 Microsoft Azure Event Hub에 레코드를 보낸다.

json—api ⤵	Freddie Fujiwara	https://github.com/freddiefujiwara/fluent-plugin-json—api

정기적으로 HTTP 요청을 해서 JSON 형식으로 수집한다.

deskcom ⤵	Toru Takahashi	https://github.com/toru-takahashi/fluent-plugin-deskcom

Salesforce가 제공하는지원 센터의 Web 도구인 Desk.com으로부터 데이터를 수집한다.

backlog ⤷	Hiroshi Toyama	https://github.com/toyama0919/fluent-plugin-backlog

태스크 관리 도구 Backlog로 레코드를 보낸다.

sendgrid—event ⤵	Hiroaki Sano	https://github.com/hiroakis/fluent-plugin-sendgrid—event

메일 전송 서비스 SendGrid의 메일 전송 현황을 통지하는 Event Notification에서 HTTP POST된 내용을 수집한다.

https—json ⤷	Jay OConnor	https://github.com/jdoconnor/fluentd_https_out

레코드를 JSON 문자열로 변환해서 HTTP 요청을 발행한다.

http_file_upload ⤵	TAGOMORI Satoshi	https://github.com/tagomoris/fluent-plugin-http_file_upload

레코드를 JSON 형식으로 HTTP POST해서 파일을 업로드한다.

graylog ⤷	Funding Circle	https://github.com/FundingCircle/fluent-plugin-graylog

로그 수집 OSS Web 서비스인 graylog로 출력한다.

rss ⮌	harukasan	https://github.com/harukasan/fluent-plugin-rss
임의의 RSS 피드를 수집한다.		
nicorepo ⮌	upinetree	https://github.com/upinetree/fluent-plugin-nicorepo
니코니코동화[2]로부터 니코레포를 수집한다.		
google-sheets ⮍	Fumiaki MATSUSHIMA	https://github.com/esminc/fluent-plugin-google-sheets
Google 스프레드시트에 저장한다.		

▌서비스 연계

다른 미들웨어나 하드웨어와 연계하는 플러그인 카페고리입니다.

플러그인 이름 설명	제작자	URL
websocket ⮍	IZAWA Tetsu (@moccos)	https://github.com/moccos/fluent-plugin-websocket
레코드를 JSON 문자열 또는 MessagePack으로 Websocket에 전송한다.		
everysense ⮌	Toyokazu Akiyama	https://github.com/toyokazu/fluent-plugin-everysense
IoT 플랫폼 EverySense로 데이터를 입출력한다.		
tagged_udp ⮌	Toyokazu Akiyama	https://github.com/toyokazu/fluent-plugin-tagged_udp
UDP 경유로 태그가 있는 메시지를 받는다.		
input-gelf ⮌	Daniel Malon	https://github.com/MerlinDMC/fluent-plugin-input-gelf
Graylog Extended Log Format (GELF) 메시지를 수집하는 서비스를 UDP로 띄운다.		
exec_cron ⮌	Hiroshi Toyama	https://github.com/toyama0919/fluent-plugin-exec_cron
정기적으로 임의의 커맨드를 실행하여 그 결과를 수집한다.		
arduino ⮍	futoase	https://github.com/futoase/fluent-plugin-arduino
Arduino 하드웨어를 조작한다.		

....
2 역자주 : 일본의 인기 있는 동영상 공유서비스

메시지큐, 작업큐

메시지를 효율적으로 보내기 위한 메시지큐, 부하 분산처리를 위한 작업큐와 연계하는 플러그인 카테고리입니다.

플러그인 이름 설명	제작자	URL
kafka ⑤ ♛	Hidemasa Togashi	https://github.com/fluent/fluent-plugin-kafka
kafka를 사용해서 Pub/Sub를 한다.		
amqp ⑤ ♛	Hiromi Ishii, Team Giraffi, HiganWorks LLC	https://github.com/giraffi/fluent-plugin-amqp
AMQP로 레코드를 송수신한다.		
nsp ⑤ ♛	lxfontes, dterror	https://github.com/uken/fluent-plugin-nsq
분산형 메시징 미들웨어 NSQ와 메시지를 주고 받는다.		
nats ⑤	Eduardo Aceituno	https://github.com/cloudfoundry-community/fluent-plugin-nats
Cloud Foundry 의 messaging에 이용하는 NATS의 Pubsub을 구독하여 수집한다.		
resque_stat ⑤	Spring_MT	https://github.com/SpringMT/fluent-plugin-resque_stat
Resque의 정보를 수집한다.		
mqtt-io ⑤	Toyokazu Akiyama	https://github.com/toyokazu/fluent-plugin-mqtt-io
MQTT로 입출력하는 플러그인		
resque ⑤	Yuichi Tateno	https://github.com/hotchpotch/fluent-plugin-resque
Resque로 레코드를 큐잉한다.		
zmq ⑤	OZAWA Tsuyoshi	https://github.com/oza/fluent-plugin-zmq
ZeroMQ로부터 레코드를 수집한다.		
sidekiq ⑤	Alex Scarborough	https://github.com/GoCarrot/fluent-plugin-sidekiq
Sidekiq으로 레코드를 보낸다.		
mqtt ⑤	Yuuna Kurita	https://github.com/yuuna/flucnt-plugin-mqtt
MQTT Server로부터 레코드를 수집한다.		

msgpack-rpc ↩	Nobuyuki Kubota	https://github.com/fluent/fluent-plugin-msgpack-rpc
MessagePack-RPC 를 사용해서 데이터를 수집한다.		
zmq-pub ↩	OGIBAYASHI Hironori	https://github.com/ogibayashi/fluent-plugin-zmq-pub
ZeroMQ로 레코드를 보내서 퍼블리싱한다.		
riemann ↩	Will Farrell	https://github.com/wkf/fluent-plugin-riemann
Riemann(이벤트 처리 도구)로 레코드를 보낸다.		
redis-publish ↩	Daisuke Murase	https://github.com/typester/fluent-plugin-redis-publish
Redis로 레코드를 pub/sub로 보낸다.		
redis-pubsub ↩	Freddie Fujiwara	https://github.com/freddiefujiwara/fluent-plugin-redis-pubsub
Redis로 레코드를 pub/sub로 보낸다.		
resque-ex ↩	Yuichi Tateno	https://github.com/iyagi15/fluent-plugin-resque-ex
Resque로 레코드를 큐잉한다.		

▎파일 입출력

일반적인 파일 입출력 플러그인 그리고 오브젝트 스토리지로 파일을 저장하는 플러그인들의 카테고리입니다.

플러그인 이름	제작자	URL
설명		
file-sprintf ↩	Hiroshi Toyama	https://github.com/toyama0919/fluent-plugin-file-sprintf
파일 저장 경로를 sprintf와 같이 커스터마이즈해서 저장한다.		
sndacs ↩	Sparkle	https://github.com/sparkle/fluent-plugin-sndacs
SNDA Cloud Storage로 레코드를 저장한다.		
tagfile ↩	taka84u9	https://github.com/taka84u9/fluent-plugin-tagfile
태그를 디렉토리로 이용해서 파일로 저장한다.		

axlsx ⤤	MATSUMOTO Katsuyoshi	https://github.com/katsyoshi/fluent-plugin-axlsx
레코드를 Excel 파일 형식으로 출력한다.		
swift ⤤	yuuzi41	https://github.com/yuuzi41/fluent-plugin-swift
OpenStack Storage Service(Swift)로 레코드를 저장한다.		
ftp ⤤	Kazuki Ohta	https://github.com/kzk/fluent-plugin-ftp
FTP 서버로 레코드를 입출력한다.		

▌파서 플러그인

플러그인 이름 설명	제작자	URL
grok-parser ♛	Kiyoto, Kenji Okimoto	https://github.com/fluent/fluent-plugin-grok-parser
Input 플러그인의 파서를 확장했으며, Grok 패턴을 사용해서 가시성을 높힌 정규표현식을 사용한다.		
multi-format-parser ♛	Masahiro Nakagawa	https://github.com/repeatedly/fluent-plugin-multi-format-parser
Input 플러그인의 파서를 확장했으며 tail과 udp 플러그인으로 입력된 로그에 여러 포맷이 섞여 있을 때 유용하다.		
xml-parser	Toyogazu Akiyama	https://github.com/toyokazu/fluent-plugin-xml-parser
Input 플러그인의 format을 확장했으며 XML 형식에 대응한 파서이다.		
monolog	imunew	https://github.com/imunew/fluent-plugin-monolog
PHP의 Symfony2 에도 적용된 Monolog의 로그 파일의 파서이다.		
parser_cef	Toyoyuki Sugimura	https://github.com/lunardial/fluent-plugin-parser_cef
이벤트를 수집하는 서비스에 사용되는 CEF(common event format) 형식의 로그를 파싱한다.		

포맷터 플러그인

플러그인 이름	제작자	URL
설명		
avro	Shun Takebayashi	https://github.com/takebayashi/fluent-plugin-avro
Hadoop의 직렬화 포맷 중에 하나인 직렬화된 Avro 형식의 바이너리 파일로 출력하는 포맷터		

Column **Shadow Proxy를 사용한 에러의 조기 감지**

가동중인 시스템의 HTTP 요청의 내용을 가지고, 실제 서비스 환경에 반영하기 전에 스테이징 서버에 적용하는 것을 Shadow Proxy(셰도우 프록시)라고 합니다.

자동테스트로 품질관리를 하고 있지만, 실제 환경에서는 웹 서버 뿐만 아니라, 데이터베이스와 캐시 서버 등으로 복잡하게 구성되어 있기 때문에 새로운 배포에서 예상치 못한 에러가 발생할 수도 있습니다. 반영하는 타이밍에 발생하는 장애에 대응하기 위해서 Shadow Proxy 서버가 도움이 됩니다. Ruby로 개발된 kage[3]부터 Perl 버전인 p5-Geest[4]와 Go언어 버전인 delta[5]는 응답 내용의 차이와 응답시간의 차이 등을 로그로 기록하기 위해 애플리케이션 서버 사이에 리버스 프록시를 둡니다. 2개의 서버에서 요청을 내고 비교하기 때문에 성능은 떨어지게 됩니다. 그래서 상위의 리버스프록시(로드밸런서)에서 Shadow Proxy서버로의 요청을 조금 보내도록 해서 부하의 문제가 발생하지 않게 합니다.

응답의 비교보다는 에러가 발생하는지를 지속적으로 확인하기만 하면 되는 경우라면 여기에서 소개하는 리버스프록시를 두지 말고, 간단하게 구성하는 것이 좋습니다. 로드밸런서나 웹서버의 액세스 로그를 수집해서 같은 request를 fluent-plugin-http-shadow를 사용해서 보내면 실제 환경에 릴리스하기 전에 스테이징 환경에서 장애를 미리 감지할 수 있게 됩니다. 이런 간단한 방식의 Shadow Proxy를 Fluentd에 적용할 때는 웹서버의 액세스 로그에 cookie 정보가 포함되도록 Apache나 nginx의 설정을 변경하고 Fluentd의 tail 플러그인으로 처리하도록 설정합니다. 실제 환경의 액세스 로그를 활용해서 상시 테스트 환경을 만들면 배포작업 전에 확인뿐만 아니라, Ruby의 버전업이나 데이터베이스서버의 버전없을 할 때도 장애를 미리 예견할 수 있습니다.

---

3 https://github.com/cookpad/kage
4 https://github.com/lestrrat-p5/Geest
5 https://github.com/kentaro/delta

Embulk & Digdag 입문

로그의 수집뿐 아니라 외부 자원에 속성 데이터를 부여하면 더욱
고도의 데이터 분석을 할 수 있습니다. 순차 수집을 하려는 Fluentd와
배치형의 벌크데이터로더 Embulk, 데이터처리의 워크플로우를
관리하는 Digdag에 대해서 이용 방법을 설명하겠습니다.

B-1 현대의 데이터 처리 워크플로우를 만드는 방법

일반적인 데이터 처리 워크플로우는 표 B.1과 같이 활용까지 많은 과정이 있습니다. 100단계에 가까운 처리를 하는 경우도 많고 그 일련의 처리를 cron 등의 스케줄 작업 관리도구나 셸스크립트로 제어하기는 어렵습니다. 장애대응 등으로 수정되면서 코드는 거대화되고 유지관리의 비용도 증가하는 경우가 많습니다.

표 8.1 일반적인 데이터 처리 워크플로우

처리 단계	처리의 예시
1. 수집 (Ingest/Collect)	애플리케이션 로그, 유저 속성 정보, 광고의 인상, 서드파치쿠키
2. 전처리 (Enrich)	봇의 액세스 로그 제외, IP 주소로 위치 정보 추가, user-agent의 구조화, 마스터 데이터를 사용해서 로그에 유저 속성 추가
3. 분류, 집계, 분석 (Model)	데이터베이스에 추가, 분석 처리 시스템으로 전송, 압축해서 스토리지에 저장(아카이브), 통계 데이터로 기록
4. 활용 (Utilize)	추천 엔진 API의 참조 데이터, 실시간 거래, BI 애플리케이션을 사용한 시각화

Fluentd는 준실시간의 로그 활용을 할 때 첫 장애물인 로그 수집의 과제를 해결하기 위해 개발되었습니다. 로그 로테이트가 되어 로깅이 끝난 로그 파일을 하루에 한 번씩 처리하는 것이 일반적이지만, Fluentd의 등장으로 하루를 기다리지 않고 준실시간으로 수집하는 환경을 만들고, 최신 데이터를 활용한 서비스를 이어서 만드는 시대가 되었습니다. 커뮤니티에서는 수많은 Fluentd 플러그인을 만들어서 데이터가 버려지는 일 없이 처리되어 바로 사용할 수 있는 환경이 되었습니다. 각종 데이터의 입력과 수집을 Input 플러그인으로 지원하고, 데이터 가공을 Filter 플러그인으로 처리하며, Output 플러그인으로 여러가지 미들웨어나 스토리지로 저장할 수 있습니다. 데이터 수집에 발생하는 과제의 많은 부분을 해결해주는 Fluentd는 Google Cloud Platform부터 세계 각국의 유명한 기업에서 이용되고, 로그 수집 도구의 de facto standard(사실상 표준)의 지위를 가지게 되었습니다.

그런데, 여러 가지 유스케이스가 나옴에 따라 2가지의 과제가 생겼습니다. 하나는 Fluentd의 설정 파일의 거대화입니다. 가끔 일어나는 사업적인 사양 변경에 따라 설정 파일의 라인수가 증가하여 유지보수가 힘들게 되었습니다. 두 번째는 스트리밍 처리에 특화된 Fluentd는 정기적으로 벌크로드를 하여 데이터 처리 워크플로우를 만들기에는 적합하지 않다는 점입니다. 정기적으로 제휴 매체로부터 csv 파일을 받아서 전처리를 하고 어딘가에 보관을 한다거나 상품 마스터와 회원 마스터의 속성 데이터를 정기적으로 전송하려면 배치 처리에 특화된 도구가 필요합니다. 이를 위해서 Embulk와 Digdag이 태어나게 되었습니다.

그림 B.1 데이터처리 워크플로우를 지원하는 도구

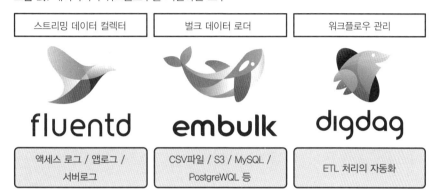

Embulk는 Fluentd와 같이 Input/Filter/Output 플러그인을 조합해서 설정 파일을 정의합니다. 병렬분산 처리에 대응한 성능과 재시도 제어 등에 안정성이 우수한 데이터 전송 파이프라인을 만들 수 있습니다. Digdag는 워크플로우의 정의를 설정 파일로 하고 있습니다. Embulk와 임의의 셸스크립트에 임의의 변수를 넣어가며, 의존 관계순으로 직렬 및 병렬 처리로 Job을 실행할 수 있습니다.

Embulk는 다량의 데이터를 효율적으로 읽어서 CPU 코어를 최대한 사용해서 배치 처리하는 데 특화되어 있습니다. BigQuery와 Redshift, PostgreSQL, Vertica, Elasticsearch는 작은 단위의 쓰기처리보다는 어느 정도 큰 단위의 쓰기처리를 한꺼번에 하는 편이 데이터베이스 내부에서 인덱스의 재계산 비용을 낮추고 좋은 성능을 냅니다. 이를 위해 Fluentd를 이용해서 순차적으로 쓰기 처리를 하는 것보다 Fluentd는 S3와 같은 스토리지에 중간 파일을 안정적으로 저장하는 용도로 사용하는 편이 좋습니다. 벌크로딩은 Embulk에게 맡기는 편이 스케일링하기 쉬운 데이터 분석 기반을 만들 수 있습니다.

B-2 Embulk와 Digdag의 셋업

Embulk, Digdag 모두 Java 1.8이 필요합니다. 그림 B.2를 참고해서 설치해주세요.

그림 B.2 Java의 설치

```
# Java의 설치
## 1) Oracle에서 다운로드한 RPM 파일을 사용하는 경우
$ sudo rpm -ivh jdk-8u121-linux-x64.rpm

## 2) updates 리포지토리에 있는 OpenJDK를 사용하는 경우
$ yum install java-1.8.0-openjdk.x86_64

# Java 버전의 확인
$ java -version
openjdkversion "1.8.0_121"
OpenJDK Runtime Environment (build 1.8.0_121-b13)
OpenJDK 64-Bit Server VM (build 25.121-b13, mixedmode)
```

다음으로 그림 B.3과 같이 Embulk와 Digdag을 설치합니다. Linux에서는 홈디렉토리 아래의 bin 디렉토리도 PATH에 등록이 되므로 설치하는 것만으로 embulk와 digdag 커맨드를 사용할 수 있습니다.

여기에서는 ec2-user 등의 유저 디렉토리에 설치하고 있는데 시스템 글로벌로 설치하려는 경우에는 ~/bin/을 /usr/local/bin/으로 바꾸어주면 됩니다.

그림 B.3 Embulk와 Digdag의 설치

```
# Embulk의 설치
$ curl --create-dirs -o ~/bin/embulk -L https://dl.embulk.org/embulk-latest.jar
$ chmod +x ~/bin/embulk

# Digdag의 설치
$ curl --create-dirs -o ~/bin/digdag -L "https://dl.digdag.io/digdag-latest"
$ chmod +x ~/bin/digdag

# OSX 의 경우는 다음과 같이 .bash_profile을 편집한다.
$ cat << 'EOF' >> ~/.bash_profile
# User specific environment and startup programs
export PATH=$PATH:$HOME/bin
EOF
$ source ~/.bash_profile
```

B-3 Embulk란

Embulk는 그림 B.4와 같이 데이터베이스와 스토리지에서 데이터를 읽어서, 임의의 처리를 한 뒤에 다른 보관 장소로 보내는 데이터의 대용량처리에 특화된 ETL 처리(Extract = 추출/Transform = 변환/Load = 쓰기) 도구입니다.

그림 B.4 Embulk의 아키텍처 예시

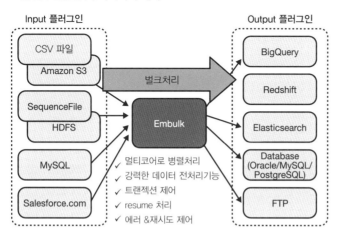

Embulk의 본체가 가지고 있는 기능은 단순하게 플러그인으로 확장할 수 있는 아키텍처만 있습니다. 플러그인으로 확장할 수 있는 부분은 입출력 뿐만 아니라 필터, 파서, 저장할 때의 데이터 구조를 제어하는 포맷터, 읽을 때의 디코더, 저장할 때 압축하는 인코더 등이 있습니다. 플러그인 이름은 embulk-[input|output|filter|parser|formatter|decoder|encoder]-XXX라는 규칙으로 만들어서 rubygems.org에서 배포됩니다. 설정 파일은 Liquid를 사용한 템플릿엔진을 사용해서 if문과 환경변수 대입 등으로 확장가능한 YAML 형식으로 작성합니다.

Fluentd 와 다른 특징으로 고속성과 트랜잭션 제어, 스키마를 사용한 데이터의 검사 기능이 있습니다. 고속성에서는 min_output_tasks 옵션을 1이상으로 하면 읽을 레코드가 많을 때 자동으로 적절하게 분할 병렬처리하여 처리량을 최대화합니다. max_threads옵션으로 병렬 실행할 스레드의 수에 최대값을 시성합니다. 또한 벨리데이션에 대해서는 파싱할 때 설정한 스키마를 사용해서 벨리데이션을 하고, 타입이 잘못된 레코드에 대한 대응도 할 수 있습니다. stop_on_invalid_record 옵션으로 제어가능하며, 잘못된 레코드를 찾으면 정지

할 것인지, 제외하고 처리를 계속할 것인지 정할 수 있습니다.

Embulk의 데이터 전송의 예시

기존에는 귀찮았던 데이터 전송 처리가 어느 정도 단순해졌는지 예시를 소개하겠습니다. 일단 S3에 저장된 이전 실행 때부터의 추가분의 json 파일을 읽습니다. 그 json 파일은 gzip으로 압축되어 있습니다. 그리고, 조건으로 필터링해서 내용을 정리하고 Elasticsearch에 재시도처리를 하면서 저장하는 설정은 그림 B.5와 같습니다. 실행 커맨드는 그림 B.6과 같습니다. 추가분의 파일이 없다면 따로 할 일이 없으므로 정상종료합니다. 이 때 path_prefix로 지정한 경로에서 발견한 파일은 Unicode로 정렬된 순서에 따라 읽기 때문에 OS에 의존적이지 않습니다. 증분실행에서 last_path의 값을 읽고, 지정된 파일에서 정렬순서 상 뒤에 있는 파일에서 데이터를 로딩합니다.

그림 B.5 S3의 증분 파일을 읽어서 Elasticsearch에 저장하는 설정 예

```
# 설정 파일
$ cat export_stacktrace.yml.liquid
{% capture today %}{{ 'now' | date:'%Y%m%d' }}{% endcapture %}
in:
  type: s3
  bucket: your-specific-bucket
  path_prefix: stacktrace
  access_key_id: xxxxx
  secret_access_key: xxxxx
  # 증분 파일의 로딩
  incremental: true
  decoders:
   {type:gzip}
  parser:
    type: json
    charset: UTF-8
    newline: LF
    columns:
     {name:"uid", type:string}
     {name:"date", type:string}
     {name:"url", type:string}
     {name:"agent", type:string}
     {name:"stacktrace", type:string}
filters:
  # 조건으로 필터링
 type: row
```

```
      where: |-
      url IS NOT NULL
      AND agent NOT LIKE '%MSIE%'
      AND stacktrace IS NOT NULL
      AND stacktrace != ''
   # URL Encoding을 해제
 type: ruby_proc
    requires:
     cgi
   # 임의의 열을 가공할 수 있는 columns를 기본적으로 이용한다.
    columns:
    name: url
        # 생략 가능한 제2인수를 지정하고 있기 때문에 record에 레코드 전체가 들어간다.
        # record['foo'] 와 같은 방법으로 참조하거나 조건 구문 등을 이용할 수 있다.
        proc: |
          ->(data, record) do
            CGI.unescape data
          end
 type: ruby_proc
    # rows를 사용하면 행 전체를 가공할 수 있다.
    rows:
     proc: |
        ->(record) do
          # String 클래스인 문자열만을 대상으로 "-"를 공백으로 치환한다.
          replace = Proc.new {|v| v.strip.gsub(/^-$/,'') if v.kind_of?(String) }
          return Hash[record.map{|k,v| [k,replace.call(v)]}]
        end
out:
  type:elasticsearch
  mode:insert
  nodes:
 {host: {{env.ES_HOST}}, port:9200}
  index: logstash-{{ today }}
  index_type: stacktrace
```

그림 B.6 Embulk로 증분 파일을 처리하는 예시

```
# Embulk로 증분 파일을 처리하기 전에 출력 결과를 미리 확인하는 방법
$ ES_HOST=localhost embulk preview export_stacktrace.yml.liquid -c state_stacktrace.yml

# Embulk로 증분 파일을 처리하는 방법
$ ES_HOST=localhost embulk run export_stacktrace.yml.liquid -c state_stacktrace.yml

# 증분 파일의 위치
$ cat state_stacktrace.yml
```

```
in: {last_path: stacktrace/2017-07-25/2017-07-25_12_1.gz}
out: {}
```

플러그인의 설치 방법

예를 들어 하나의 행에 하나의 JSON을 적는 JSONL 형식을 파싱하는 경우에는 그림 B.7
과 같이 embulk-parser-jsonl 플러그인의 설치가 필요합니다. 플러그인말고도 nokogiri
라는 gem을 설치하면 Web 크롤러에서 S3에 저장한 HTML 컨텐츠를 표 형식의 데이터로
변환하는 처리를 Embulk의 ETL 처리도 구현할 수 있습니다.

그림 B.7 Embulk에 플러그인을 설치하는 방법

```
$ embulk gem install embulk-parser-jsonl
```

Fluentd와 Embulk를 구분해서 사용하기

물론 Fluentd에서 직접 Elasticsearch로 출력하는 플러그인도 있습니다. 서버의 스펙
에 따라 다르겠지만 월 수천만 PV 정도로 요청이 증가하면 확실히 튜닝이 필요해집니다.
Kibana는 날짜별로 파티셔닝된 Elasticsearch의 인덱스[6]를 이용하는 설계입니다. Fluentd
에서 Elasticsearch로 태그 패턴별로 apache-YYYY.MM.DD나 mail-YYYY.MM.DD와
같은 인덱스명으로 저장하면, 날짜가 바뀌는 타이밍에 Elasticsearch 내부에서는 인덱스와
샤드의 생성[7]과 타입[8]의 작성과 같이 매핑 생성[9]과 그를 위한 타입유추 등의 작업이 동시에
일어나기 때문에 매우 무거워질 수 있습니다. 그에 따른 대책으로 사전에 다음날 분의 인덱
스를 생성하는 방법도 있지만 Embulk에서 인덱스별로 차례대로 저장하도록 설계하는 편
이 간단합니다.

날짜가 바뀌는 타이밍 뿐만 아니라, 레코드의 추가 처리에 시간이 걸려서 Elasticsearch로
부터 응답이 느려지는 경우도 있습니다. 예를 들어 액세스 양이 많아 로그의 양이 늘어나는
시간대에 복잡한 집계처리를 Kibana에서 하면 Fluentd의 저장 작업이 느려지는 경우입니

---

6 RDB에서 말하는 데이터베이스의 개념
7 Lucene 데이터베이스의 초기화
8 RDB에서 말하는 테이블의 개념
9 RDB에서 말하는 테이블의 스키마의 개념

다. 그 외에도 Elasticsearch의 데이터 사이즈가 그 서버의 메모리에 올라가지 못할 정도로 커지면 인덱스 갱신 처리에 시간이 걸리게 됩니다. 이와 같은 이유로 Fluentd의 처리 부하도 올라가고, 작은 튜닝으로는 감당하기 힘들 정도 성능이 떨어지게 됩니다. 저장이 끝날 때까지 걸리는 시간이 매일 늘어나는 경우와 조금씩 스트리밍으로 추가 작업하는 것보다 일괄 추가가 성능면에서 좋은 데이터베이스로 출력하는 경우는 Fluentd에서 S3 등의 파일 스토리지로 먼저 내보낸 뒤에 Embulk로 로딩하는 구성을 검토합시다. 대용량의 데이터를 마이크로 배치처리로 Redshift, BigQuery, Elasticsearch로 저장하는 경우라면 Fluentd 보다는 병렬처리, 처리량, 저장타이밍을 자유롭게 컨트롤할 수 있는 Embulk로 저장하는 편이 확실히 안정적입니다.

B-4 Digdag란

Digdag는 워크플로우관리 도구로서 ETL처리의 자동화에 도움이 됩니다. 여러 단계에서의 처리의 의존관계와 순서, 병렬실행 등을 프로그램 가능한 YAML 설정 파일을 통해서 제어할 수 있는 아키텍처입니다. 여러 개의 데이터소스로부터 병렬 또는 직렬로 데이터를 읽고, 날짜별로 테이블을 만들고 저장하며 지속적인 1차 집계를 한 뒤에 그 결과를 저장하는 처리를 직관적으로 설정 파일에 설정할 수 있습니다. 이런 데이터해석의 자동화뿐만 아니라, 지금까지 배치로 처리했던 고도의 작업의 플로우 제어도 Digdag을 사용하면 유지관리하기 편한 코드가 됩니다. Digdag의 기능은 다음과 같습니다. 현대적인 워크플로우의 자동화시스템에 필요한 기능을 모두 가지고 있습니다.

- 기본기능
  - 작업을 의존관계순으로 실행
  - 과거분의 일괄실행(backfill)
  - 정기 실행
  - 시간 등의 변수를 포함해서 실행
  - 파일이 생성되면 실행
- 에러처리
  - 실패하면 통지
  - 실패한 위치에서 재시작

- 상태 감시
  - 실행 시간이 일정 이상이면 통지
  - 작업의 실행시간의 시각화
  - 실행 로그의 수집과 저장
- 고속화
  - 작업을 병렬로 실행
  - 동시 실행 작업 개수의 제어
- 개발지원
- 워크플로우의 버전 관리
  - GUI로 워크플로우 개발
  - 정기처리를 간단하게 실행할 수 있는 라이브러리
  - Docker 이미지를 사용해서 작업 실행

Digdag의 설정의 작성법

다음으로 Digdag의 설정 파일의 작성 방법에 대해서 그림 B.8을 가지고 설명하겠습니다. example.dig이라는 YAML 설정 파일로 워크플로우의 이름이 example이 됩니다. 최상위의 태스크에는 step1과 step2가 있고, 그 밑에 오퍼레이터 또는 서브태스크를 정의할 수 있습니다. step1에서는 바로 밑에 셀스트립트를 실행하는 sh〉: 오퍼레이터를 호출할 수 있습니다.

step2의 바로 아래에 있는 태스크는 _parallel 옵션을 켜두었기 때문에 병렬실행하게 됩니다. 바로 아래의 태스크만 영향을 받기 때문에 손자 태스크가 있더라도 병렬화되지는 않습니다. subtask2에서는 _export 옵션을 사용해서 변수의 정의를 subtask_id로 하고, ${subtask_id}로 오퍼레이터 안에서 참조하게 됩니다. 이것은 환경변수로 전달되기 때문에 만약 sh〉: 오퍼레이터에서 embulk 커맨드를 liquid 템플릿 지정으로 실행하면, Embulk 안에서 {{env.subtask_id}}로 참조할 수 있습니다. Digdag의 API를 사용해서 변수의 정의와 서브태스크의 생성도 가능합니다. rb〉:와 py〉: 오퍼레이터를 사용해서 Ruby와 Python 코드로 루프를 돌려서 서브태스크를 만드는 등의 작업도 자유롭게 할 수 있습니다.

step3 태스크에서는 for_each〉: 오퍼레이터를 사용해서 루프처리를 합니다. 같은 처리를 여러 테이블과 여러 데이터 소스에 대해서 실행하려고 할 때 효과적입니다. 예시에서는

_parallels 옵션을 사용해서 병렬화하고 있지만 병렬수가 많으면 다시 처리성능이 떨어지게 되므로 신중하게 사용할 필요가 있습니다.

그림 B.8을 실제로 실행한 결과는 그림 B.9와 같습니다.

그림 B.8 Digdag의 설정 파일 예제

```
$ cat example.dig
+step1:
  sh >: echo ${session_date}
+step2:
  # 바로 아래의 서브태스크를 병렬로 실행
  _parallel: true
  +subtask1:
    sh>: echo "subtask1"
  +subtask2:
    _export:
      subtask_id: 2
    sh>: echo "subtask ${subtask_id}"
+step3:
  # 2x2=4개의 서브태스크를 생성하여 병렬로 실행한다.
  _parallel: true
  for_each>:
    fruit: [apple, orange]
    verb: [eat, throw]
  _do:
    echo>: ${verb} ${fruit}
```

그림 B.9 설정 예제의 실행결과

```
# 로그 레벨을 낮춰서 실행했다.
$ digdag run example --log-level warn
2017-07-30 22:10:59 +0900: Digdag v0.9.5
2017-07-30
subtask 1
subtask 2
eat apple
throw apple
eat orange
throw orange
Success. Task state is saved at /home/y-ken/workspace/.digdag/status/20170730T000000+0000
directory.
  * Use --session <daily | hourly | "yyyy-MM-dd[HH:mm:ss]"> to not reuse the last session
time.
  * Use --rerun, --start +NAME, or --goal +NAME argument to rerun skipped tasks.
```

Digdag과 연계해서 Embulk 사용하기

기밀 정보를 Embulk의 설정 파일에 그대로 넣어두는 것은 보안상 위험합니다. 따라서 이런 정보들을 Secrets 파일에 넣어두고 변수로 대입해서 사용하면 기밀 정보를 설정 파일에 넣지 않고 안전하게 관리할 수 있습니다. Digdag에는 스케줄러를 내장하고 있어서 데몬으로 동작하는 서버 모드와 커맨드라인에서 임의로 실행하는 로컬 모드의 2가지가 있습니다. 서버 모드에서는 기밀 정보와 폴리시 파일을 커맨드라인으로 등록하지만, 여기에서는 간단하게 Crontab 등의 작업 스케줄러에서 호출되는 경우를 가정한 로컬 모드에서 이용할 때의 방법을 설명하겠습니다. 로컬 모드에서는 Digdag에서 호출하는 Embulk와 sh 오퍼레이터 경유의 스크립트에 환경변수로 전달하고자 하는 API 키와 데이터베이스 접속 정보를 ~/.config/digdag/config에 secrets.으로 시작하며 점을 구분자로 사용하는 키와 그 값을 그림 B.10과 같이 설정합니다.

그림 B.10 Digdag에서 기밀정보를 처리하는 방법

```
# API 키 등은 config 파일에 모아둡니다.
$ cat ~/.config/digdag/config
# Google Cloud Platform 정보를 정의한다.
secrets.gcp.email = hogehoge@example.com
secrets.gcp.json_file = /opt/gcp/gcp_secrets

# PostgreSQL의 접속 정보를 정의한다.
secrets.gihyo.prod.pg_user = your_postgresql_username
secrets.gihyo.prod.pg_password = your_postgresql_password
secrets.gihyo.prod.pg_host = ec2-***.**.amazonaws.com
secrets.gihyo.prod.pg_database = your_postgresql_database
```

Digdag의 설정 파일에서 기밀 정보를 읽어서 외부 스크립트에 환경변수를 전달하는 것은 그림 B.11과 같이 _env: 밑에 기술합니다. 호출된 내용은 환경변수로 전달되어 sh 오퍼레이터에서 기동되는 Embulk 안에서는 {{env.GCP_SERVICE_ACCOUNT_EMAIL}}과 같이 참조합니다. 이 예제에서는 authors와 books 테이블을 병렬로 Embulk를 사용해서 기밀정보인 접속 정보를 읽고, Google BigQuery에 저장합니다. 어떤 환경변수가 전달되었는지는 sh 오퍼레이터의 내용을 env라는 커맨드로 확인할 수 있습니다. Digdag에서 호출된 Embulk의 설정 파일은 환경변수의 동적인 설정이 가능하도록 Liquid 템플릿으로 되어 있습니다. 환경변수가 전달되지 않았을 때의 디폴트값도 설정할 수 있습니다. 환경변수를 사

용한 분기도 가능합니다. 이런 기능들을 조합한 예제가 그림 B.12입니다.

그림 B.11 안전한 설정 파일을 사용해서 데이터베이스를 BigQuery에 동기시키는 설정 예제

```
# Embulk를 호출하면서 여러 개의 테이블을 BigQuery로 동기하기위한 설정 예제
# 개발시에는 env 커맨드로 의도한 내용이 환경변수로 전달되었는 지를 확인하면 편함.
$ cat stage1_load_assets.dig
timezone:"Asia/Tokyo"

# 앞에 _export로 정의된 변수는 어떤 태스크에서도 읽을 수 있다.
# 네스트된 경우에는 점을 구분자로 하는 키로 접근할 수 있다.
_export:
  gcp:
    project: gihyo-project-000
    dataset: gihyo_store

# pg에서 td로 보낸다.
+load_gihyo_datasets:
  _parallel: true
  for_each>:
    TABLE:[authors,books]
  _do:
    _env:
      # 여기에서 정의한 환경변수는 바로 뒤에 오퍼레이터만 사용할 수 있다.
      PG_HOST: ${secret:gihyo.prod.pg_host}
      PG_USER: ${secret:gihyo.prod.pg_user}
      PG_PASSWORD: ${secret:gihyo.prod.pg_password}
      PG_DATABASE: ${secret:gihyo.prod.pg_database}
      GCP_SERVICE_ACCOUNT_EMAIL: ${secret:gcp.email}
      GCP_JSON_KEY_PATH: ${secret:gcp.json_file}
      # secrets 이외에도 _export로 정의한 키도 지정할 수 있다.
      GCP_PROJECT: ${gcp.project}
      GCP_DATASET: ${gcp.dataset}
    # embulk에서는 .liquid 확장자를 사용해서 환경변수를 사용할 수 있다.
    sh>: embulk run embulk/export_gihyo_assets.yml.liquid
```

그림 B.12 환경변수와 분기를 사용한 embulk의 설정 파일

```
$ cat embulk/export_gihyo_assets.yml.liquid
in:
  type: postgresql
  host: {{ env.PG_HOST | default:"localhost"}}
  user: {{ env.PG_USER | default:"test"}}
  password: {{ env.PG_PASSWORD | default:"test"}}
  database: {{ env.PG_DATABASE | default:"gihyo_dev"}}
```

```
ssl: true
query: |
  {% case env.TABLE %}
  {% when'authors' %}
    SELECT
      id as author_id,
      name as author_name
    FROM
      authors
  {% when'books' %}
    SELECT
      id as book_id,
      name as book_name
    FROM
      books
  {% endcase %}
out:
  type: bigquery
  mode: replace
  auth_method: json_key   # default: private_key
  service_account_email: {{ env.GCP_SERVICE_ACCOUNT_EMAIL }}
  json_keyfile: {{ env.GCP_JSON_KEY_PATH }}
  project: {{ env.GCP_PROJECT }}
  dataset: {{ env.GCP_DATASET }}
  table: gihyo_store_{{ env.TABLE }}
  compression: GZIP
  source_format: NEWLINE_DELIMITED_JSON
```

개발할 때는 그림 B.13과 같이 환경변수를 .env 파일에서 일시적으로 할당해서 개별 실행하면 나중에 Digdag 경유로 결합 테스트를 할 때도 자연스럽게 진행할 수 있습니다. 그리고, Digdag에서 일련의 태스크를 실행하려면 그림 B.14와 같이 실행합니다.

그림 B.13 embulk의 설정의 동작 검증 예제

```
$ export $(cat .env | xargs) && embulk preview
embulk/export_gihyo_assets.yml.liquid
```

그림 B.14 Digdag을 실행하는 커맨드

```
$ digdag run stage1_load_assets.dig
```

처리시간을 단축하기 위해 직렬 처리가 아니라 병렬 처리로 할 경우 for_each〉:의 요소 수가 CPU의 코어 수보다 많은 경우 병렬 실행수의 최대치를 지정해야 합니다. 이를 위해서 앞의 설정 파일에서 한 대로 _parallel: true와 digdag run 커맨드로 --max_task-threads 옵션을 지정합니다. 예를 들어 병렬 수를 최대 4로 하고 싶을 때는 그림 B.15와 같이 digdag run 커맨드의 뒤에 --max-task-threas 4라고 지정합니다.

그림 B.15 병렬 실행 수의 상한을 설정하여 Digdag의 워크플로우를 실행

```
$ digdag run example.dig --max-task-threads 4
```

편리한 오퍼레이터

지금까지의 설명에서 다루지 않은 오퍼레이터도 여러 가지가 있습니다. 그 중에 특별히 편리한 오퍼레이터에 대해서 설명하도록 하겠습니다. 그것은 파일이 나타날 때까지 계속하는 s3_wait〉:와 gcs_wait〉:라는 오퍼레이터입니다. AWS S3에 파일이 생성될 때까지 기다렸다가 생기면 다음 태스크로 가서 Redshift에서 가져오는 Digdag의 설정은 그림 B.16과 같이 간단하게 만들 수 있습니다. 같은 방법으로 BigQuery에서 가져오는 것도 bq_load〉: 오퍼레이터를 사용하여 만들 수 있습니다.

그림 B.16 S3의 파일이 나타나면 Redshift에서 읽는 예제

```
$ cat load_s3_to_redshift.dig
+wait_for_arrival:
  s3_wait>: |
    bucket/www_${session_date}.json
+load_table:
  # 데이터로드는 sh>: 에서 embulk를 사용하는 것이 범용적이다.
  redshift_load>:
    schema: myschema
    table: transactions
    json: s3://bucket/www_${session_date}.json
    readratio: 123
```

그 외에도 rb〉: 오퍼레이터와 py〉: 오퍼레이터를 사용하면 데이터를 읽는 것외에도 데이터의 가공도 할 수 있습니다. 예를 들어 CSV 파일의 가공처리에 유용한 Pandas[10]를 사용하기 위해 Python을 이용하면, 강력한 전처리를 할 수 있습니다. 열방향으로 고도의 집계를 하거나 손실된 식을 복구하거나 여러 표의 결합을 SQL의 LEFT JOIN과 INNER JOIN으로 할 수 있습니다. Pandas를 사용해서 csv 파일의 LEFT JOIN으로 표결합을 하는 코드는 그림 B.17과 같습니다. 저자의 Macbook Air 환경에서 300만행 정도의 2개의 csv를 LEFT JOIN하는 처리게 약 20초 정도 걸렸습니다.

그림 B.17 Python 스크립트 예제

```
$ cat tasks/__init__.py
# coding:utf-8
import digdag
import pandas as pd

class Convert(object):
  def __init__(self):
    pass

  def transform(self, session_time = None, query_result=' 0'):
    input = pd.read_csv(digdag.env.params['input_csv'])
    user_info = pd.read_csv(digdag.env.params['user_info'])
    combined = pd.merge(input, user_info, how='left', on=['id'])
    combined.to_csv(digdag.env.params['output_csv'], index=False, encoding="utf-8")
```

Digdag에서 Python 오퍼레이터를 이용해서 데이터추출, 가공, 전송처리(ETL)를 하는 예제는 그림 B.18과 같습니다. 또한, Python으로 Pandas를 시용할 때는 시스템에 설치된 Python과는 별도로 원스톱으로 관련 라이브러리와 같이 설치할 수 있는 Anaconda나 Miniconda를 사용해서 NumPy와 Pandas를 사용할 수 있는 환경을 셋업하는 것이 좋습니다.

그림 B.18 Python으로 데이터 가공 처리를 하는 예제

```
$ cat convert_csv.dig
_export:
  input_csv: path/to/input.csv
  output_csv: path/to/output.csv
```

---

10 Python의 데이터분석 라이브러리의 하나로 큰 표 데이터나 시계열 데이터 행렬의 해석이나 집계, 가공을 빠르게 처리한다.

```
  user_info: path/to/users.csv
  td:
    database: www_access

+extract:
  td>: queries/sample_query.sql
  download_file: ${input_csv}

+transform:
  py>: Convert.transform

+load:
  # 남은 CSV 파일을 전송합니다(Embulk의 설정은 생략합니다).
  sh>: embulk run embulk_load_csv_bigquery.yml.liquid
```

여기에서는 Fluentd 이외에 Digdag과 Embulk를 사용해서 현대적인 데이터처리 워크플로우를 가독성 높은 설정 파일로 구축하는 방법에 대해서 설명했습니다. 그리고 간단하게 작업의 순서를 제어하고 병렬 실행 호출에도 대응하는 Digdag과 기존 데이터를 하나 이상의 임의의 수로 수평 분할하여 병렬화하여 CPU의 성능을 효율적으로 활용할 수 있는 Embulk를 조합하는 방법도 설명하였습니다.

Embulk 플러그인 사전

Embulk에는 데이터의 로딩, 출력, 가공 뿐만 아니라 여러 가지 기능이 있는 플러그인이 있습니다. 부록C에서는 카테고리별로 그 플러그인을 소개하겠습니다.

C-1 Embulk 플러그인 사전

Fluentd와 같이 높은 확장성을 가지는 Embulk에는 메모리와 CPU를 사용하는 배치처리에 잘 어울리는 플러그인이 많이 제공됩니다. 집필 시점(2017년 8월)에 202개의 플러그인이 공개되어 있고, 이것들을 기능, 카테고리별로 다운로드수가 많은 순으로 소개하겠습니다.

- Input 플러그인
  - 클라우드 서비스
  - RDBMS
  - NoSQL
  - 커맨드 연계
  - 더미데이터 만들기
  - 그 외
- Output 플러그인
  - 클라우드 서비스
  - RDBMS
  - NoSQL
  - 커맨드 연계
  - Elasticsearch
- Filter 플러그인
- Parser 플러그인
- Decoder 플러그인
- Encoder 플러그인
- Formatter 플러그인
- Executor 플러그인

표에서 아이콘은 다음 의미를 가집니다.

- TOP100 ♛

다운로드 수 랭킹 상위 100위 안에 들어가는 이용자 수가 많은 플러그인

Input 플러그인

Embulk로 데이터를 입력할 때 이용하는 플러그인입니다. 하나의 설정 파일에 하나의 Input 플러그인이 사용됩니다.

클라우드 서비스

플러그인 이름 설명	제작자	URL
embulk-input-s3 ♛	Sadayuki Furuhashi	https://github.com/embulk/embulk-input-s3
Amazon S3에서 데이터를 얻는다.		
embulk-input-gcs ♛	Satoshi Akama	https://github.com/embulk/embulk-input-gcs
Google 클라우드 스토리지로부터 데이터를 읽는다.		
embulk-input-redshift ♛	Sadayuki Furuhashi	https://github.com/embulk/embulk-input-jdbc/tree/master/embulk-input-redshift
JDBC 드라이버를 사용해서 Amazon이 제공하는 데이터웨어하우스 Redshift에서 임의의 테이블 내용이나 쿼리의 결과를 가져온다.		
embulk-input-marketo ♛	uu59, yoshihara	https://github.com/treasure-data/embulk-input-marketo
마케팅 오토메이션 서비스 marketo에서 데이터를 읽는다.		
embulk-input-zendesk ♛	uu59, muga, sakama	https://github.com/treasure-data/embulk-input-zendesk
고객 서비스를 위한 클라우드 서비스 Zendesk로부터 정보를 얻는다.		
embulk-input-google_analytics ♛	uu59	https://github.com/treasure-data/embulk-input-google_analytics
웹 분석시스템 Google Analytics에서 데이터를 읽는다.		
embulk-input-azure_blob_storage ♛	Satoshi Akama	https://github.com/embulk/embulk-input-azure_blob_storage
Microsoft Azure의 BLOB 스토리지로부터 데이터를 읽는다.		
embulk-input-dynamodb ♛	Daisuke Higashi	https://github.com/lulichn/embulk-input-dynamodb
Amazon에서 제공하는 NoSQL DynamoDB로부터 데이터를 읽는다.		
embulk-input-td	Muga Nishizawa	https://github.com/muga/embulk-input-td
트레저 데이터에서 SQL의 실행결과를 얻는다.		

embulk-input-healthplanet	Masahiro Yoshizawa	https://github.com/muziyoshiz/embulk-input-healthplanet
타니타의 체중계의 데이터를 모아둔 사이트 Health Planet에서 데이터를 가져온다.		
embulk-input-yelp	Dai MIKURUBE	https://github.com/dmikurube/embulk-input-yelp
로컬 비즈니스 리뷰사이트 Yelp의 데이터를 얻는다.		
embulk-input-google_spreadsheets	Civitaspo, yang-xu	https://github.com/medjed/embulk-input-google_spreadsheets
Google Spreadsheet의 데이터를 읽는다.		
embulk-input-bigquery	Takeru Narita	https://github.com/dnond/embulk-input-bigquery
Google bzigquery로부터 데이터를 읽는다.		
embulk-input-teradata	ebyhr	https://github.com/ebyhr/embulk-input-teradata
Google Bigquery로부터 데이터를 읽는다.		
embulk-input-soracom_harvest	Satoshi Akama	https://github.com/sakama/embulk-input-soracom_harvest
SORACOM Harvest에서 데이터를 얻는다.		

RDBMS

플러그인 이름 설명	제작자	URL
embulk-input-mysql ♛	Sadayuki Furuhashi	https://github.com/embulk/embulk-input-jdbc/tree/master/embulk-input-mysql
JDBC 드라이버를 사용해서 MySQL의 임의의 테이블 내용이나 쿼리결과를 얻는다.		
embulk-input-postgresql ♛	Sadayuki Furuhashi	https://github.com/embulk/embulk-input-jdbc/tree/master/embulk-input-postgresql
JDBC 드라이버를 사용해서 PostgreSQL의 임의의 테이블 내용이나 쿼리 결과를 얻는다.		
embulk-input-jdbc ♛	Sadayuki Furuhashi	https://github.com/embulk/embulk-input-jdbc
JDBC 드라이버의 경로를 지정해서 데이터베이스 서버에 접속하여 임의의 테이블 내용이나 쿼리 결과를 얻는다.		
embulk-input-oracle ♛	Sadayuki Furuhashi	https://github.com/embulk/embulk-input-jdbc/tree/master/embulk-input-oracle

JDBC 드라이버를 사용해서 Oracle의 임의의 테이블 내용이나 쿼리 결과를 얻는다.		
embulk-input-sqlserver ♛	Sadayuki Furuhashi	https://github.com/embulk/embulk-input-jdbc/tree/master/embulk-input-sqlserver
JDBC 드라이버를 사용해서 Microsoft SQL Server의 임의의 테이블 내용이나 쿼리 결과를 얻는다.		
embulk-input-presto ♛	toyama0919	https://github.com/toyama0919/embulk-input-presto
인메모리형 분산 SQL엔진 Presto로부터 데이터를 읽는다.		
embulk-input-vertica ♛	Naotoshi Seo	https://github.com/sonots/embulk-input-vertica
컬럼형 데이터베이스 Vertica로부터 데이터를 읽는다.		
embulk-input-db2	Sadayuki Furuhashi	https://github.com/embulk/embulk-input-jdbc/tree/master/embulk-input-db2
JDBC 드라이버를 사용해서 IBM DB2의 임의의 테이블 내용이나 쿼리 결과를 얻는다.		
embulk-input-sql	kakusuke	https://github.com/kakusuke/embulk-input-sql
임의의 SQL문을 사용해서 데이터를 얻는다. embulk-input-jdbc v0.4.0과 같은 기능을 구현하였다.		

NoSQL

플러그인 이름	제작자	URL
설명		
embulk-input-mongodb ♛	Kazuyuki Honda	https://github.com/hakobera/embulk-input-mongodb
MongoDB로부터 데이터를 얻는다.		
embulk-input-rediskeys	dokuma	https://github.com/dokuma/embulk-input-rediskeys
지정한 키로 Redis의 데이터를 얻는다.		
embulk-input-redis	Mitsunori Komatsu	https://github.com/komamitsu/embulk-input-redis
redis로부터 데이터를 얻는다.		
embulk-output-trafodion	Alex Peng	https://github.com/AlexPeng19/embulk-output-trafodion
SQL on Hadoop용 소프트웨어 Apache trafodion으로 데이터를 출력한다.		

커맨드 연계

플러그인 이름	제작자	URL
설명		
embulk-input-command ♛	Sadayuki Furuhashi	https://github.com/embulk/embulk-input-command
커맨드의 실행 결과를 입력한다. 예를 들어 Python의 pandas와 연계할 수 있다.		

데이터 만들기

플러그인 이름	제작자	URL
설명		
embulk-input-random	KUMAZAKI Hiroki	https://github.com/kumagi/embulk-input-random
테스트와 벤치마크를 위해서 더미데이터를 생성하다.		

그 외

플러그인 이름	제작자	URL
설명		
embulk-input-apache-dummy-log	Hiroyuki Sato	https://github.com/hiroyuki-sato/embulk-input-apache-dummy-log
apache의 combined 형식의 로그 데이터를 생성한다.		
embulk-input-hdfs ♛	Civitaspo	https://github.com/civitaspo/embulk-input-hdfs
HDFS(Hadoop Distributed File System)으로부터 데이터를 읽는다.		
embulk-input-http ♛	Takuma kanari	https://github.com/takumakanari/embulk-input-http
HTTP 경유로 컨텐츠를 얻는다.		
embulk-input-jira ♛	uu59, yoshihara	https://github.com/treasure-data/embulk-input-jira
프로젝트 관리도구 JIRA의 데이터를 취득하기 위한 플러그인		
embulk-input-remote ♛	Shinichi Ishimura	https://github.com/kamatama41/embulk-input-remote
scp로 여러 개의 호스트로부터 지정된 경로에 있는 파일을 읽는다.		

embulk-input-riak_cs ♛	Sadayuki Furuhashi	https://github.com/embulk/embulk-input-s3/tree/master/embulk-input-riak_cs
오픈소스 스토리지 Riak CS로부터 데이터를 읽는다.		
embulk-input-pcapng-files ♛	enukane	https://github.com/enukane/embulk-input-pcapng-files
WireShark 등으로 패킷 캡처한 PcapNg 형식의 파일을 읽는다.		
embulk-input-elasticsearch ♛	toyama0919	https://github.com/toyama0919/embulk-input-elasticsearch
elasticsearch로부터 데이터를 읽는다.		
embulk-input-sftp ♛	Satoshi Akama	https://github.com/embulk/embulk-input-sftp
SFTP로 데이터를 얻는다.		
embulk-input-ftp ♛	Sadayuki Furuhashi	https://github.com/embulk/embulk-input-ftp
FTP 서버에 있는 임의의 경로의 파일을 읽는다.		
embulk-input-filesplit ♛	Hitoshi Tanaka	https://github.com/hito4t/embulk-input-filesplit
하나의 파일을 복수의 태스크로 분할하는 플러그인. 파일의 데이터를 병렬로 DB에 추가할 때 이용한다.		
embulk-input-slack-history	Akihiro YAGASAKI	https://github.com/yaggytter/embulk-input-slack-history
Chat 시스템 Slack으로 부터 데이터를 얻는다.		
embulk-input-twitterarchive	takuya sato	https://github.com/nazo/embulk-input-twitterarchive
Twitter의 Archive를 읽는다.		
embulk-input-swift	yuuzi41	https://github.com/yuuzi41/embulk-input-swift
OpenStack의 오브젝트 스토리지 Swift에서 데이터를 읽는다.		
embulk-input-slack_message	yuemori	https://github.com/yuemori/embulk-input-slack_message
Chat 시스템 Slack으로부터 데이터를 얻는다(embulk-input-slack_history로부터 파생되었다).		
embulk-input-inline	toyama0919	https://github.com/toyama0919/embulk-input-inline
embulk의 yml 설정 파일에 입력하고자 하는 데이터를 정의해서 읽는다.		
embulk-input-sequence	tomykaira	https://github.com/tomykaira/embulk-input-sequence
시퀀스 번호를 생성한다.		
embulk-input-redash	ariarijp	https://github.com/ariarijp/embulk-input-redash
OSS 대시보드 툴 Redash로부터 결과 JSON을 읽는다.		

embulk-input-parquet_hadoop	Koji AGAWA	https://github.com/CyberAgent/embulk-input-parquet_hadoop
Hadoop 파일시스템으로부터 Parquet 형식의 데이터를 읽는다.		

Output 플러그인

Embulk에서 데이터를 처리한 결과를 출력할 때 사용하는 플러그인입니다. 하나의 설정 파일에 하나의 Output 플러그인을 사용할 수 있습니다.

클라우드 서비스

플러그인 이름 설명	제작자	URL
embulk-output-bigquery ♛	Satoshi Akama, Naotochi Seo	https://github.com/embulk/embulk-output-bigquery
Google BigQuery로 데이터를 출력한다.		
embulk-output-redshift ♛	Sadayuki Furuhashi	https://github.com/embulk/embulk-output-jdbc/tree/master/embulk-output-redshift
Amazon에서 제공하는 데이터웨어하우스 Redshift로 데이터를 출력한다.		
embulk-output-td ♛	Muga Nishizawa	https://github.com/treasure-data/embulk-output-td
TreasureData의 데이터웨어 서비스로 데이터를 출력한다.		
embulk-output-s3 ♛	Manabu Takayama	https://github.com/llibra/embulk-output-s3
Amazon S3로 데이터를 출력한다.		
embulk-output-s3_per_record ♛	tomykaira	https://github.com/tomykaira/embulk-output-s3_per_record
Amazon S3에 하나의 레코드당 하나의 S3오브젝트로 데이터를 출력한다.		
embulk-output-mailchimp ♛	Thang Nguyen	https://github.com/treasure-data/embulk-output-mailchimp
메일발송 서비스 mailchimp로 데이터를 보낸다.		
embulk-output-gcs ♛	Kazuyuki Honda	https://github.com/embulk/embulk-output-gcs
Google Cloud Storage로 데이터를 출력한다.		

embulk—output—azure_blob_storage ♛	Satoshi Akama	https://github.com/embulk/embulk—output—azure_blob_storage
Microsoft Azure의 BLOB 스토리지에 데이터를 출력한다.		
embulk—output—dynamodb ♛	Satoshi Akama	https://github.com/sakama/embulk—output—dynamodb
Amazon DynamoDB로 데이터를 출력한다.		
embulk—output—salesforce ♛	Makoto Tajitsu	https://github.com/tzmfreedom/embulk—output—salesforce
Sales Force로 데이터를 출력한다.		
embulk—output—google_spreadsheet ♛	Noriaki Katayama	https://github.com/kataring/embulk—output—google_spreadsheets
Google Spreadsheets로 데이터를 출력한다.		
embulk—output—analytics_cloud	Makoto Tajitsu	https://github.com/tzmfreedom/embulk—output—analytics_cloud
Sales Force에서 제공하는 클라우드서비스 Analytics Cloud에 데이터를 출력한다.		
embulk—output—documentdb	Yoichi Kawasaki	https://github.com/yokawasa/embulk—output—documentdb
Azure DocumentDB(NoSQL)에 데이터를 출력한다.		
embulk—output—azuresearch	Yoichi Kawasaki	https://github.com/yokawasa/embulk—output—azuresearch
Azure Search에 데이터를 출력한다.		
embulk—output—teradata	ebyhr	https://github.com/ebyhr/embulk—output—teradata
테라 데이터에 데이터를 출력한다.		
embulk—output—slack_file_upload	takumakanari	https://github.com/takumakanari/embulk—output—slack_file_upload
output file에서 slack으로 업로드한다.		

RDBMS

플러그인 이름 설명	제작자	URL
embulk—output—mysql ♛	Sadayuki Furuhashi	https://github.com/embulk/embulk—output—jdbc/tree/master/embulk—output—mysql
JDBC드라이버를 사용해서 MySQL의 테이블에 데이터를 저장한다.		

embulk–output–postgresql 👑	Sadayuki Furuhashi	https://github.com/embulk/embulk–output–jdbc/tree/master/embulk–output–postgresql

JDBC 드라이버를 사용해서 PostgreSQL의 테이블에 데이터를 저장한다.

embulk–output–vertica 👑	Naotoshi Seo, Eiji Sekiya	https://github.com/sonots/embulk–output–vertica

컬럼형 데이터베이스 vertica에 데이터를 출력한다.

embulk–output–jdbc 👑	Sadayuki Furuhashi	https://github.com/embulk/embulk–output–jdbc

JDBC 드라이버의 경로를 지정해서 임의의 데이터베이스에 접속하여 데이터를 저장한다.

embulk–output–oracle 👑	Sadayuki Furuhashi	https://github.com/embulk/embulk–output–jdbc/tree/master/embulk–output–oracle

JDBC 드라이버를 사용해서 Oracle의 테이블에 데이터를 저장한다.

embulk–output–postgres–udf 👑	kakusuke	https://github.com/kakusuke/embulk–output–postgres–udf

PostgreSQL의 유저 정의 함수를 실행한다.

embulk–output–sqlserver 👑	Sadayuki Furuhashi	https://github.com/embulk/embulk–output–jdbc/tree/master/embulk–output–sqlserver

JDBC 드라이버를 사용해서 Microsoft SQL Server의 테이블에 데이터를 저장한다.

embulk–output–db2 👑	Sadayuki Furuhashi	https://github.com/embulk/embulk–output–jdbc/tree/master/embulk–output–db2

JDBC 드라이버를 사용해서 IBM DB2의 테이블에 데이터를 저장한다.

embulk–output–sqlite3	Yuichi Takada	https://github.com/takady/embulk–output–sqlite3

SQLite3에 데이터를 등록하는 플러그인. 다른 RDB 플러그인과는 다른 방식으로 동작한다.

embulk–output–postgres–json	Sadayuki Furuhashi	https://github.com/frsyuki/embulk–output–postgres–json

PostgreSQL의 JSON 컬럼에 데이터를 출력한다.

embulk–output–groonga	Hiroyuki Sato	https://github.com/hiroyuki–sato/embulk–output–groonga

전문 텍스트 검색 시스템 Groonga에 데이터를 출력한다.

NoSQL

플러그인 이름	제작자	URL
설명		
embulk-output-aerospike 👑	Takeru Sato	https://github.com/tkrs/embulk-output-aerospike
NoSQL 데이터베이스 Aerospike에 데이터를 출력한다.		
embulk-output-redis	Mitsunori Komatsu	https://github.com/komamitsu/embulk-output-redis
Redis로 데이터를 출력한다.		
embulk-output-rediskeys	dokuma	https://github.com/dokuma/embulk-output-rediskeys
지정한 키를 사용해서 Redis의 데이터로 출력한다.		
embulk-output-mongodb	Hiroki Mizumoto	https://github.com/hakobera/embulk-input-mongodb
MongoDB로 데이터를 출력한다.		

커맨드 연계

플러그인 이름	제작자	URL
설명		
embulk-output-command 👑	Sadayuki Furuhashi	https://github.com/embulk/embulk-output-command
외부커맨드를 실행해서, 표준입력에 출력 데이터를 넣는다. 기존의 커맨드라인 툴과의 연계와 Java/Ruby 이외의 언어로 플러그인을 만들 때 사용할 수 있다.		

Elasticsearch

플러그인 이름	제작자	URL
설명		
embulk-output-elasticsearch 👑	Muga Nishizawa	https://github.com/embulk/embulk-output-elasticsearch
elasticsearch Transport Client를 사용해서 elasticsearch 1.x, 2.x, 5.x로 데이터를 보낸다.		
embulk-output-elasticsearch_using_url	Yuma Murata	https://github.com/ymurata/embulk-output-elasticsearch_using_url
Amazon Elasticsearch Service로 데이터를 보낸다.		

그 외

플러그인 이름 설명	제작자	URL
embulk-output-bigobject ♛	Cheng-Ching Huang	https://github.com/bigobject-inc/embulk-output-bigobject
BigObject라는 클라우드서비스의 데이터웨어하우스로 데이터를 보낸다.		
embulk-output-hdfs ♛	Civitaspo	https://github.com/civitaspo/embulk-output-hdfs
HDFS(Hadoop Distributed File System)에 데이터를 출력한다.		
embulk-output-ftp ♛	Satoshi Akama	https://github.com/embulk/embulk-output-ftp
FTP(FTPS)로 데이터를 출력한다.		
embulk-output-parquet ♛	OKUNO Akihiro	https://github.com/choplin/embulk-output-parquet
Hadoop용 컬럼 스토리지 Parquet으로 데이터를 출력한다. S3로 출력할 수도 있음.		
embulk-output-influxdb	joker1007	https://github.com/joker1007/embulk-output-influxdb
시계열 데이터베이스 InfluxDB로 데이터를 출력한다.		
embulk-output-swift	yuuzi41	https://github.com/yuuzi41/embulk-output-swift
OpenStack의 오브젝트 스토리지 Swift로 데이터를 출력한다.		
embulk-output-solr	yoshi0309	https://github.com/yahoojapan/embulk-output-solr
전문검색시스템 Solr로 데이터를 출력한다.		
embulk-output-fluentd	smdmts	https://github.com/smdmts/embulk-output-fluentd
Fluentd로 데이터를 출력하는 플러그인(Java 8이 필요하다.)		

▌Filter 플러그인

데이터를 가공하는 플러그인입니다. 하나의 설정 파일에 여러 개의 필터처리를 적용할 수 있습니다.

플러그인 이름 설명	제작자	URL
embulk-filter-column ♛	Naotoshi Seo	https://github.com/sonots/embulk-filter-column
컬럼의 필터링과 추가, 삭제를 한다.		

embulk—filter—ruby_proc ♛	joker1007	https://github.com/joker1007/embulk—filter—ruby_proc
Ruby코드를 embulk에 내장된 JRuby로 실행해서 레코드를 가공한다.		
embulk—filter—row ♛	Naotoshi Seo	https://github.com/sonots/embulk—filter—row
SQL과 비슷한 문법으로 조건으로 일치하는 레코드만 추출한다.		
embulk—filter—add_time ♛	Muga Nishizawa	https://github.com/treasure—data/embulk—filter—add_time
시간 컬럼을 추가한다.		
embulk—filter—to_json ♛	Civitaspo	https://github.com/civitaspo/embulk—filter—to_json
레코드 전체를 하나의 JSON 형식의 데이터(문자열형, JSON형)로 변환한다.		
embulk—filter—timestamp_format ♛	Naotoshi Seo	https://github.com/sonots/embulk—filter—timestamp_format
문자열로 작성된 날짜의 포맷을 다른 포맷으로 변경한다.		
embulk—filter—expand_json ♛	Civitaspo	https://github.com/civitaspo/embulk—filter—expand_json
JsonPath를 사용해서 데이터를 추출한다.		
embulk—filter—hash ♛	Shinichi Ishimura	https://github.com/kamatama41/embulk—filter—hash
임의의 열을 MD5나 SHA—256 등으로 해시값을 얻는다.		
embulk—filter—insert ♛	Masahiro Yoshizawa	https://github.com/muziyoshiz/embulk—filter—insert
지정한 장소에 호스트명 등의 컬럼을 추가한다.		
embulk—filter—speedometer ♛	hata	https://github.com/hata/embulk—filter—speedometer
처리속도를 측정한다.		
embulk—filter—kuromoji ♛	toyama0919	https://github.com/toyama0919/embulk—filter—kuromoji
Java로 만든 형태소 분석기 kuromoji를 사용한 필터		
embulk—filter—typecast ♛	Naotoshi Seo	https://github.com/sonots/embulk—filter—typecast
다른 타입으로 변환한다.		
embulk—filter—to_csv ♛	Civitaspo	https://github.com/civitaspo/embulk—filter—to_csv
CSV 형식으로 변환한다.		
embulk—filter—query_string ♛	Minnano Wedding Co., Ltd.	https://github.com/mwed/embulk—filter—query_string
http://.../?query_key=query_val과 같은 쿼리 문자열을 컬럼으로 분해한다.		

embulk-filter-distinct ♛	Civitaspo	https://github.com/civitaspo/embulk-filter-distinct
컬럼을 지정해서 같은 엔트리를 뺀다(Java).		
embulk-filter-icu4j ♛	toyama0919	https://github.com/toyama0919/embulk-filter-icu4j
히라가나, 카타카나 변환과 반각, 전각 변환 등 문자열을 변환한다.		
embulk-filter-split	toyama0919	https://github.com/toyama0919/embulk-filter-split
컬럼 내의 데이터를 지정한 구분자를 사용해서, 하나의 레코드를 여러 레코드로 나눈다.		
embulk-filter-mask ♛	Tetsuo Yamabe	https://github.com/beniyama/embulk-filter-mask
값을 *로 마스킹한다. JSON Path도 대응한다.		
embulk-filter-crawler ♛	toyama0919	https://github.com/toyama0919/embulk-filter-crawler
전달된 URL을 크롤링한다.		
embulk-filter-base58	Kevin Fitzgerald	https://github.com/kfitzgerald/embulk-filter-base58
base58 엔코딩, 디코딩을 한다.		
embulk-filter-flatten_json	Civitaspo	https://github.com/civitaspo/embulk-filter-flatten_json
Json 데이터를 flatten한다. 예를 들어 {"address":{"zip_code":"123-4567"}}를 {"address.zip_code":"123-4567"}로 바꾼다.		
embulk-filter-mysql	toyama0919	https://github.com/toyama0919/embulk-filter-mysql
MySQL을 사용한 필터 플러그인(컬럼의 값을 사용해서 JOIN한다.)		
embulk-filter-json_key	Civitaspo	https://github.com/civitaspo/embulk-filter-json_key
JSON의 컬럼에 어떤 값을 추가하거나 삭제한다.		
embulk-filter-split_column	yskn67	https://github.com/yskn67/embulk-filter-split_column
하나의 컬럼을 여러 개의 컬럼으로 재구성한다.		
embulk-filter-join_file	Civitaspo	https://github.com/civitaspo/embulk-filter-join_file
json으로 된 마스터데이터를 참조해서 대응하는 값을 생성한다. 예를 들어 지역코드에서 지역 이름을 생성한다.		
embulk-filter-timestamp_hs	Matsuoka Takashi	https://github.com/arenahito/embulk-filter-timestamp_hs
Java의 SimpleDateFormat을 사용해서 고속으로 시간을 파싱한다.		
embulk-filter-stdout	sonots	https://github.com/sonots/embulk-filter-stdout
표준출력으로 데이터를 출력한다.		
embulk-filter-rearrange	Tooru Okano	https://github.com/okanotor/embulk-filter-rearrange
하나의 행의 데이터를 여러 행으로 재구성한다.		

embulk—filter—google_vision_api	toyama0919	https://github.com/toyama0919/embulk—filter—google_vision_api
Google Cloud Vision API를 사용한 필터		
embulk—filter—encrypt	Sadayuki Furuhashi	https://github.com/embulk/embulk—filter—encrypt
컬럼을 AES로 암호화한다.		
embulk—filter—unique	Naohiro Aota	https://github.com/naota/embulk—filter—unique
컬럼을 지정해서 같은 엔트리를 빼는 플러그인(Ruby)		
embulk—filter—calcite	Muga Nishizawa	https://github.com/muga/embulk—filter—calcite
Apache Calcite를 사용해서 SQL로 필터를 만든다.		
embulk—filter—google_translate_api	toyama0919	https://github.com/toyama0919/embulk—filter—google_translate_api
Google 번역 API를 사용해서 텍스트를 번역한다.		
embulk—filter—azure_computer_vision_api	toyama0919	https://github.com/toyama0919/embulk—filter—azure_computer_vision_api
Microsoft Azure Computer Vision API를 사용해서 필터하는 플러그인		
embulk—filter—rename_with_gsub	sesame	https://github.com/sesame/embulk—filter—rename_with_gsub
정규표현으로 컬럼 이름을 일괄적으로 변경한다.		
embulk—filter—base64	Yusuke NISHIOKA	https://github.com/ysk24ok/embulk—filter—base64
Base64 인코딩, 디코딩을 한다.		
embulk—filter—script	SNakano	https://github.com/SNakano/embulk—filter—script
Ruby 스크립트를 사용해서 데이터를 가공한다.		
embulk—filter—amazon_rekognition	toyama0919	https://github.com/toyama0919/embulk—filter—amazon_rekognition
딥러닝을 사용한 화상인식 서비스 Amazon Rekognition을 사용한다.		
embulk—filter—calc	Hiroyuki Sato	https://github.com/hiroyuki—sato/embulk—filter—calc
기본적인 사칙연산과 sin/cos/tan 등의 삼각함수로 계산하여 데이터를 가공한다.		
embulk—filter—url_encode	Minnano Wedding Co., Ltd.	https://github.com/mwed/embulk—filter—url_encode
URL 인코딩한다.		
embulk—filter—pherialize	cynipe	https://github.com/cynipe/embulk—filter—pherialize
PHP로 직렬화한 문자열을 역직렬화하는 플러그인		

embulk–filter–null_string	Hiroyuki Sato	https://github.com/hiroyuki-sato/embulk–filter–null_string
""와 "₩n"을 NULL로 변환한다.		
embulk–filter–azure_text_analytics	toyama0919	https://github.com/toyama0919/embulk–filter–azure_text_analytics
Microsoft Azure의 Text Analytics를 사용한다.		
embulk–filter–forcepoint_converter	sesame	https://github.com/sesame/embulk–filter–forcepoint_converter
forcepoint를 위한 필터 플러그인		
embulk–filter–copy	Civitaspo	https://github.com/civitaspo/embulk–filter–copy
필터 플러그인 안에서 다시 filter와 output을 정의해서 데이터의 여러 곳으로 출력한다.		
embulk–filter–google_natural_language_api	toyama0919	https://github.com/toyama0919/embulk–filter–google_natural_language_api
Google Natural Language Api를 사용한 필터 플러그인		
embulk–filter–reverse_geocoding	oqrusk	https://github.com/oqrusk/embulk–filter–reverse_geocoding
위도와 경도로부터 주소와 우편번호를 구하는 필터		
embulk–filter–azure_translator_api	toyama0919	https://github.com/toyama0919/embulk–filter–azure_translator_api
클라우드 기반의 번역 서비스 Microsoft Translator 텍스트 API를 이용한 필터 플러그인		
embulk–filter–protobuf	Yusuke NISHIOKA	https://github.com/ysk24ok/embulk–filter–protobuf
protobuf message와 JSON을 상호변환할 수 있는 필터 플러그인		
embulk–filter–affix	imura81gt	https://github.com/imura81gt/embulk–filter–affix
데이터의 타입을 보고 컬럼명에 접두어나 접미어로 문자를 추가한다.		
embulk–filter–unpivot	takemi.ohama	https://github.com/ietty/embulk–filter–unpivot
횡 데이터로 되어 있는 테이블을 종 데이터로 변환한다.		

▌Parser 플러그인

Input 플러그인에서 호출할 수 있는 파서는 표준으로 csv와 json이 있지만, 플러그인으로 확장가능합니다. 여기 없는 포맷이라도 Parser 플러그인을 만드는 방법은 간단합니다. 하지만, 범용화되지 않은 비즈니스 로직을 처리하는 경우라면 Input 플러그인에서는

embulk-parser-none으로 해서 파싱하지 않고 처리한 뒤에 Filter 블럭에서 embulk-filter-column에서 스키마를 정의하고 embulk-filter-ruby_proc 또는 embulk-filter-script를 사용해서 파싱처리를 Ruby 코드로 작성해서 각 컬럼에 적용하는 방법이 좋습니다.

플러그인 이름 설명	제작자	URL
embulk-parser-jsonl ♛	Shunsuke Mikami	https://github.com/shun0102/embulk-parser-jsonl
하나의 행에 하나의 JSON이 있는 JSONL 포맷을 읽는다.		
embulk-parser-none ♛	Naotoshi Seo	https://github.com/sonots/embulk-parser-none
파싱처리를 하지 않고 payload의 값을 행에 그대로 넣는다.		
embulk-parser-query_string ♛	yoshihara, uu59	https://github.com/treasure-data/embulk-parser-query_string
쿼리문자열(key1=val1&key2=val2)의 형식의 데이터를 파싱한다.		
embulk-parser-avro ♛	joker1007	https://github.com/joker1007/embulk-parser-avro
Apache Avro 형식으로 저장된 데이터를 파싱한다.		
embulk-parser-poi_excel ♛	hishidama	https://github.com/hishidama/embulk-parser-poi_excel
Excel(xlsx 형식뿐 아니라, xls도 포함) 데이터의 파서 플러그인		
embulk-parser-json ♛	Takuma kanari	https://github.com/takumakanari/embulk-parser-json
JSON 데이터를 파싱한다.		
embulk-parser-xml ♛	Takuma kanari	https://github.com/takumakanari/embulk-parser-xml
XML 데이터를 파싱한다.		
embulk-parser-msgpack ♛	Sadayuki Furuhashi	https://github.com/frsyuki/embulk-parser-msgpack
messagepack의 데이터를 파싱한다.		
embulk-parser-regex ♛	Ken Morishita	https://github.com/mokemokechicken/embulk-parser-regex
정규표현으로 행을 파싱한다.		
embulk-parser-grok ♛	Ikezoe Akihiro, Rishi Kathera	https://github.com/arielnetworks/embulk-parser-grok
정규표현을 읽기 쉬운 형식으로 표현할 수 있는 grok을 이용한 범용 파서		

embulk-parser-apache-custom-log ♛	Hiroyuki Sato, Osamu Ishikawa	https://github.com/jami-i/embulk-parser-apache-custom-log
apache(NCSA)의 로그를 파싱하는 플러그인. 커스텀 포맷도 대응한다.		
embulk-parser-ltsv ♛	toyama0919	https://github.com/toyama0919/embulk-parser-ltsv
ltsv를 파싱한다.		
jsonpath ♛	Hiroyuki Sato, Takuma Kanari	https://github.com/hiroyuki-sato/embulk-parser-jsonpath
JSONPath를 사용해서 JSON 형식의 데이터를 파싱한다.		
embulk-parser-apache-log	Hiroyuki Sato	https://github.com/hiroyuki-sato/embulk-parser-apache-log
apache(NCSA)의 common과 combined 로그를 파싱한다(embulk-parser-apache-custom-log가 더 기능이 많다).		
embulk-parser-fluent-s3-log	y-matsuwitter	https://github.com/y-matsuwitter/embulk-parser-fluent-s3-log
fluent-plugin-s3의 출력로그를 파싱한다.		
embulk-parser-jdbc-schema-csv	Hitoshi Tanaka	https://github.com/hito4t/embulk-parser-jdbc-schema-csv
CSV 파서의 확장 플러그인		
embulk-parser-pcapng	enukane	https://github.com/enukane/embulk-parser-pcapng
WireShark 등으로 패킷캡처한 PcapNg 형식으로 저장된 파일을 읽는 파서 플러그인		
embulk-parser-roo-excel	Hiroyuki Sato	https://github.com/hiroyuki-sato/embulk-parser-roo-excel
Microsoft Excel의 xlsx 형식의 파일을 읽는다.		
embulk-parser-apache_error_log	Tomohiro Mitsumune	https://github.com/tmitz/embulk-parser-apache_error_log
Apache 에러 로그를 파싱한다.		
embulk-parser-csv_guessable	koooge	https://github.com/koooge/embulk-parser-csv_guessable
실행시에 guess하여 동적으로 columns를 만드는 플러그인. 컬럼이 빈번하게 변할 때 유용하다.		
embulk-parser-xml2	yoshi0309	https://github.com/yahoojapan/embulk-parser-xml2
거대한 XML 파일을 처음부터 순차적으로 해석해서 메모리를 효과적으로 사용하여 파싱한다.		

embulk-parser-expand_ json_array	Naoki AINOYA	https://github.com/ainoya/embulk-filter-expand_ json_array
JSON의 [1,2,3]과 같은 컬럼을 여러개로 분리한다.		
embulk-parser-xpath	Tatsunori Matoba	https://github.com/matobat/embulk-parser-xpath
XML/XHTML을 xpath로 파싱한다.		
embulk-parser-sisimai	Hiroyuki Sato	https://github.com/hiroyuki-sato/embulk-parser- sisimai
Sisimai를 사용해서 메일송신에 실패한 경우에 반환되는 바운스메일을 해석한다.		
embulk-parser-fluentd_ out_file	Muga Nishizawa	https://github.com/muga/embulk-parser-fluentd_ out_file
fluentd의 파일 저장에 표준으로 사용되는 out_file 형식의 데이터를 파싱한다.		
embulk-parser-unpack	Karri Niemela	https://github.com/kakoni/embulk-parser-unpack
바이너리로 패킹된 문자열을 Ruby의 String#unpack을 사용해서 파싱한다.		
embulk-parser-firebase_ avro	smdmts	https://github.com/smdmts/embulk-parser- firebase_avro
Google Bigquery에서 AVRO 형식으로 출력된 Firebase의 데이터를 파싱한다.		
embulk-parser-csv_ with_default_value	Kazuhiro Sasaki	https://github.com/kazup0n/embulk-parser-csv_ with_default_value
파싱에 실패한 경우에 디폴트값을 지정하여 CSV를 파싱한다.		
embulk-parser-fixed	Karri Niemela	https://github.com/kakoni/embulk-parser-fixed
문자수를 지정해서 고정길이 데이터를 파싱한다.		

▌Decoder 플러그인

Input 플러그인에서는 표준으로 gzip과 bzip2 형식의 압축 파일 풀기를 지원하고 있습니다. 그 이외의 압축형식을 처리해야할 때에 이용하는 플러그인입니다.

플러그인 이름 설명	제작자	URL
embulk-decoder- commons-compress ♛	hata	https://github.com/hata/embulk-decoder-commons- compress
Apache Common Compress Decoder를 사용해서 bz2, xz, zip, tar 등의 압축을 푼다.		

emulk—decoder—lz4	yuuzi41	https://github.com/yuuzi41/embulk—decoder—lz4
LZ4 압축을 확장하는 디코더		
embulk—decoder—remove_ nonstandard_utf8_bytes	smdmts	https://github.com/smdmts/embulk—decoder—remove_ nonstandard_utf8_bytes
깨진 UTF—8 인코딩을 포함하는 문자열을 제거하는 디코더		

Encoder 플러그인

Output 플러그인에서는 표준으로 gzip와 bzip2 형식의 압축파일로 저장하는 것을 지원합니다. 그 이외의 압축 형식에 대해서 이용하는 플러그인입니다.

플러그인 이름 설명	제작자	URL
embulk—encoder— commons—compress 👑	hata	https://github.com/hata/embulk—encoder— commons—compress
bzip2 등으로 파일을 압축하기 위한 플러그인		
embulk—encoder— encrypted_zip	Ken Morishita	https://github.com/mokemokechicken/embulk— encoder—encrypted_zip
암호화 zip 파일을 만드는 플러그인		
embulk—encoder—xz	Sadayuki Furuhashi	https://github.com/frsyuki/embulk—encoder—xz
XZ 형식으로 파일을 압축하기위한 플러그인		
embulk—encoder—pgp_ encryption	Ken Morishita	https://github.com/mokemokechicken/embulk— encoder—pgp_encryption
PGPG(GPG)의 공개키를 사용해서 암호화 파일을 만든다.		
embulk—encoder—lz4	yuuzi41	https://github.com/yuuzi41/embulk—encoder— lz4
LZ4 형식으로 데이터를 압축하는 플러그인		

Formatter 플러그인

Output 플러그인에서 스토리지에 저장할 때 표준으로 csv로 데이터구조를 변환해서 저장합니다. 그 이외의 데이터구조로 저장할 때 이용하는 플러그인입니다.

플러그인 이름 설명	제작자	URL
embulk-formatter-jsonl ♛	TAKEI Yuya	https://github.com/takei-yuya/embulk-formatter-jsonl
레코드의 내용을 jsonl 형식으로 변환한다.		
embulk-formatter-avro ♛	joker1007	https://github.com/joker1007/embulk-formatter-avro
데이터 직렬화 도구 AVRO 형식으로 데이터를 출력한다.		
embulk-formatter-single_value ♛	Naotoshi Seo	https://github.com/sonots/embulk-formatter-single_value
포맷없이 하나의 컬럼으로 출력하는 플러그인. embulk-parser-none과 비슷한 동작		
embulk-formatter-poi_excel ♛	hishidama	https://github.com/hishidama/embulk-formatter-poi_excel
Excel(xls, xlsx) 형식으로 데이터를 변환한다.		
embulk-formatter-markdown_table	yuemori	https://github.com/yuemori/embulk-formatter-markdown_table
Markdown 테이블 포맷으로 변환한다.		
embulk-formatter-html_table	yuemori	https://github.com/yuemori/embulk-formatter-html_table
HTML의 table 형식으로 변환한다.		
embulk-formatter-geojson	lewuathe	https://github.com/lewuathe/embulk-formatter-geojson
위도 경도의 범용 형식인 geojson 형식으로 변환한다.		
embulk-formatter-sprintf	toyama0919	https://github.com/toyama0919/embulk-formatter-sprintf
sprintf(Java String#format)을 사용해서 데이터 포맷을 변환한다.		

Executor 플러그인

Embulk를 실행하는 환경을 로컬이 아닌 곳에 띄울 때 이용하는 플러그인입니다.

플러그인 이름 설명	제작자	URL
embulk-executer-mapreduce ♛	Sadayuki Furuhashi	https://github.com/embulk/embulk-executor-mapreduce
Embulk의 태스크를 Hadoop에서 실행하기 위한 플러그인		

Kibana의 편리한 기능과
그 외의 Elastic Stack의 소개

여기에서는 Kibana의 로그 해석 이외에도 이용할 만한 편리한 기능을
소개합니다.

D-1 Console

Elasticsearch를 이용할 때 Console이라는 편리한 기능이 있습니다. Kibana 4.x까지는 Sense라는 플러그인으로 개발되었는데 모든 유저가 손쉽게 이용할 수 있도록 5.0부터 Kibana에 표준으로 들어갔습니다.

Console이란

Kibana의 왼쪽 메뉴의 [Dev Tools]를 선택하면 Console이 표시됩니다. Console에는 다음과 같은 기능이 있습니다.

- Elasticsearch에 요청을 보내서 결과를 표시
- 요청, QueryDSL의 자동교정, 포맷팅 기능
- 송신된 요청의 이력관리
- cURL 형식으로 복사

간단히 각각의 기능에 대해서 설명하겠습니다.

요청 송신/결과 표시

요청의 송신화면은 좌우 2개의 pane으로 나누어져 있습니다(그림 D.1). 왼쪽의 pane은 요청을 표시하는 편집기, 오른쪽의 pane은 송신한 요청의 결과를 표시합니다.

그림 D.1 Console 화면

Console에서는 cURL과 비슷한 그림 D.2와 같은 형식으로 요청을 합니다.

그림 D.2 Console에서 요청하기

```
GET /_search
{
  "query": {
    "match_ all": {}
  }
}
```

그림 D.2는 Elasticsearch의 전체 검색을 하는 요청입니다. GET은 HTTP의 Verb에 해당하고, 스페이스의 뒤에 있는 /_search는 Elasticsearch의 API입니다. 줄을 바꾼 뒤에 요청의 본문을 적습니다.

요청의 송신은 오른쪽에 있는 재생 버튼을 클릭합니다(그림 D.3).

그림 D.3 요청 송신 버튼

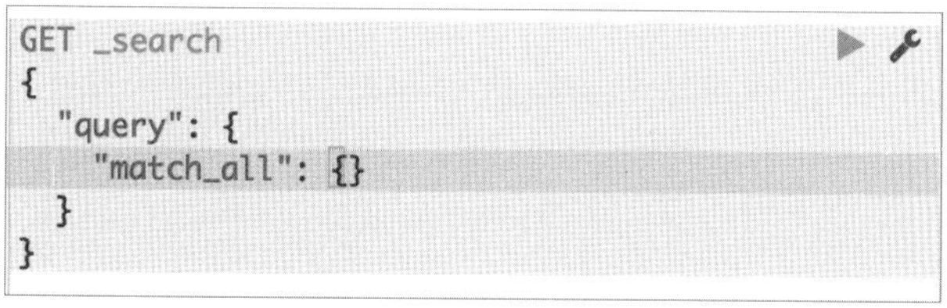

```
GET _search
{
  "query": {
    "match_all": {}
  }
}
```

요청을 송신하면 오른쪽에 결과가 표시됩니다.

Console의 편집기에는 편리한 기능이 3개 있습니다.

- 리퀘스트, QueryDSL의 자동교정
- JSON의 포맷을 표시
- 복수의 요청을 보내기

실제로 요청을 작성해보면 알 수 있는데 Console의 편집기는 Endpoint와 그 Endpoint가 지원하는 파라미터 등을 자동으로 보완해주는 기능이 있습니다(그림 D.4).

그림 D.4 자동교정

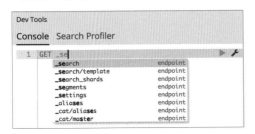

Console 편집기는 JSON 포맷으로 표시를 합니다. 계층구조로 되어 있는 JSON은 접는 기능도 있습니다(편집기의 라인수 표시 옆에 있는 삼각형의 버튼). 따라서 필요한 부분만 표시하거나 계층구조에 문제가 없는 지 확인할 수 있습니다.

또한, Console 편집기는 여러 개의 요청을 드래그앤드롭으로 선택하여 송신버튼을 누르면 한꺼번에 요청을 보내는 것이 가능합니다. 요청의 결과도 응답결과화면에 각각의 요청별로 표시됩니다. 한꺼번에 데이터를 등록한 뒤에 검색결과의 동작 등을 확인하는 경우에 편리한 기능입니다.

이력기능과 cURL 복사

Console은 송신한 이력을 저장합니다. 최근 사용했던 성공한 요청 500개를 저장하고 있습니다(그림 D.5).

그림 D.5 이력

이력에서 선택한 요청은 편집기 화면의 현재 커서 부분에 추가됩니다. 이력에서 비슷한 요청을 선택한 뒤에 편집해서 보내는 것도 가능합니다. 또한, 편리한 기능으로 cURL 형식으로 요청을 복사하는 기능이 있습니다. 그림 D.6의 스패너마크를 클릭하면 나오는 기능입니다.

그림 D.6 cURL 형식으로 복사

이 기능을 사용하면 Kibana가 없는 환경에서 요청을 보낼 수 있습니다. 또한 Console의 편집기에 cURL 형식의 요청을 붙여넣으면 Console 형식으로 변환되는 기능도 있습니다. 서비스 환경의 Elasticsearch의 점검 작업에서 이용해보도록 합시다.

D-2 X-Pack

이번에는 Elasticsearch와 Kibana를 더욱 편리하게 사용하기 위한 X-Pack에 대해서 설명하겠습니다.

X-Pack은 Elastic사가 제공하는 Elastic Stack(Elasticsearch, Kibana, Logstash 등)을 위한 확장 플러그인입니다. 오픈소스는 아니지만 등록만 하면 누구나 이용할 수 있는 기본 라이센스로 제공되는 몇 가지 기능이 있습니다. 또한 서브스크립션을 구입하면 사용할 수 있는 기능도 있습니다. 여기에서는 X-Pack의 기능을 간단하게 소개하도록 하겠습니다.

X-Pack에는 2017년 4월 현재, 다음의 기능이 있습니다.

- Monitoring(구 Marvel)
  - Elasticsearch, Kibana, Logstash의 서버를 Kibana에서 모니터링할 수 있다. 자세한 내용은 X-Pack Monitoring에서 설명

- Security(구 Shield)
  - Elasticssearch 또는 Kibana에서 유저인증과 롤 기반의 접근제어를 할 수 있다. LDAP과 Active Directory의 인증도 대응한다. 또한 통신경로의 암호화와 감사로그의 출력도 가능하다.

- Alerting(구 Watcher)
  - Elasticsearch에 통지기능을 추가할 수 있다. Elasticsearch의 쿼리를 활용해서 저장되어 있는 데이터를 가지고 통지나 데이터의 등록을 할 수 있다.

- Reporting
  - Kibana의 그래프를 PDF로 출력할 수 있다.

- Graph
  - 데이터의 관련성을 분석하기 위해 그래프(그래프이론의 그래프를 뜻한다)의 시각화와 쿼리를 제공하는 기능. 기존의 Elasticsearch의 인덱스의 데이터도 검색할 수 있다.

- Machine Learning
  - 시계열 데이터의 이상을 감지하는 기능을 제공한다. 기계학습의 기술을 사용해서 데이터의 통계 모델을 구축하고 활용할 수 있다(5.4에서 베타버전을 제공. 5.5에서 GA 릴리스).

자세한 내용은 X-Pack의 홈페이지[11]를 참고해 주세요. X-Pack은 설치한 뒤에 30일간의 트라이얼기간이 있습니다. 이 시간에 기능을 확인할 수 있습니다.

베이직라이센스라고 하는 등록만으로 이용할 수 있는 라이센스가 있습니다. 라이센스 간의 비교는 Elastic사의 서브스크립션 페이지[12]에서 확인할 수 있습니다. 베이직라이센스로 이용할 수 있는 것은 다음과 같습니다(2017년 4월 현재).

- Monitoring 기능(다만, 하나의 클러스터만 대상으로 함)
- Dev Tools의 Search Profiler

---

11 https://www.elastic.co/jp/products/x-pack
12 https://www.elastic.co/subscriptions

- 지도 타일 서비스의 고배율 확대 레벨(OSS 버전은 10인 것을 18 줌레벨까지 이용가능)

특히 Monitoring은 5부터 Elasticsearch 뿐만 아니라, Kibana와 Logstash도 모니터링할 수 있게 되었습니다. Monitoring에 관해서 설치부터 간단하게 설명하겠습니다.

X-Pack monitoring

X-Pack[13]은 Elastic이 제공하는 Elastic Stack의 확장용 플러그인입니다. 그 안에 Monitoring 기능은 개발 환경은 무료로, 서비스 환경에도 감시대상이 되는 Elasticsearch 클러스터 1개까지는 무료로 제공되고 있습니다(라이선스 발행을 위해서 유저 등록은 필요합니다). 여러 개의 Elasticsearch 클러스터를 감시하려는 경우에는 Elastic사의 서브스크립션을 구입해야합니다. 예전에는 Marvel이라고 하는 플러그인이였다가, 5.0부터는 X-Pack이라는 형태로 여러 개의 플러그인을 통합해서 제공하고 있습니다.

플러그인이란

Elasticsearch는 커맨드로 간단하게 기능을 추가할 수 있는 플러그인 구조를 가지고 있습니다.

Column 5.0부터는 Site 플러그인이 사라짐

head와 kopf라고 하는 플러그인이 Elasticsearch 2.x까지 있었습니다. 이것들을 이용해서 Elasticsearch의 클러스터의 상태를 확인하거나 쿼리의 발행을 하는 사람도 많았습니다. 이것은 Site 플러그인이라고 하는 종류의 플러그인으로 5.0부터는 없어지게 되었습니다. Elasticsearch 자체에 웹서버 기능이 불필요하게 되었고, Kibana가 플러그인을 만들 수 있게 되었기 때문입니다.

플러그인을 설치하기 위해서는 그림 D.7과 같이 커맨드를 실행합니다.

그림 D.7 플러그인의 설치

```
$ bin/elasticsearch-plugin install <플러그인 이름>
```

....
13 https://www.elastic.co/jp/products/x-pack/monitoring

플러그인 커맨드의 옵션은 표 D.1과 같습니다.

표 D.1 플러그인 커맨드의 옵션

옵션	설명
–h	도움말을 표시
install 〈플러그인 이름〉	플러그인의 설치
list	설치된 플러그인의 리스트를 표시
remove 〈플러그인 이름〉	플러그인의 삭제

Column **프록시의 지정**

환경에 따라서는 프록시를 경유해서 외부와 통신할 필요가 있습니다. 프록시 환경에서는 환경변수 ES_JAVA_OPTS에 –Dhttp.proxyHost=〈호스트명〉 –Dhttp.proxyPort=〈포트〉를 설정하고, 플러그인의 커맨드를 실행합니다. Windows의 경우는 –DproxyHost=〈호스트명〉 –DproxyPort=〈포트〉 입니다. https를 이용하는 경우에는 http를 https로 바꾸면 됩니다.

플러그인을 설치하면 ES_HOME/plugins 디렉토리에 플러그인별로 디렉토리가 만들어집니다. 또한 플러그인 커맨드는 각 노드에서 실행해야하므로 주의해 주세요.

Elasticsearch에는 여러가지 플러그인이 있습니다. 플러그인의 리스트와 커맨드의 레퍼런스는 Elasticsearch의 홈페이지[14]를 참고해 주세요.

▌X-Pack Monitoring의 도입

X-Pack의 Monitoring은 Elasticsrach의 클러스터와 Kibana의 서버의 매트릭을 확인하기 위해서 Elasticsearch + Kibana를 이용하는 플러그인입니다.

그림 D.8의 커맨드를 실행하면 설치할 수 있습니다.

그림 D.8 X-Pack의 설치

```
$ bin/elasticsearch-plugin install x-pack
```

---
14 https://www.elastic.co/guide/en/elasticsearch/plugins/current/index.html

Monitoring에는 주로 다음 두 가지 기능이 있습니다.

- Elasticsearch 클러스터의 감시
- Kibana 서버의 감시

클러스터 감시기능

클러스터의 감시에는 다음 3가지의 기능이 있습니다. ( ) 안은 설치되는 곳을 뜻합니다.

1. 매트릭을 수집, 송신하는 에이전트 기능(Elasticsearch)
2. 송신된 매트릭을 저장하는 클러스터(Elasticsearch)
3. 매트릭을 표시하는 기능(Kibana)

그림 D.9와 같이 1과 2는 각각 다른 Elasticsearch 클러스터로 되어 있습니다.

그림 D.9 Monitoring 의 분산 구성

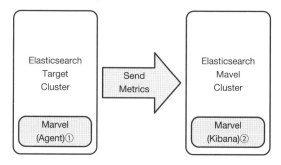

먼저 1의 설정을 감시대상 클러스터의 config/elasticsearch.yml에 그림 D.10과 같이 추가합니다.

그림 D.10 에이전트의 송신할 호스트 지정

```
xpack.monitoring.exporters:
  id1:
    type: http
    host: ["http://es-mon-1:9200", "http://es-mon2:9200"]
```

http://es-mon-1:9200은 접속할 대상입니다. 에이전트가 수집한 데이터를 보낼 Elasticsearch의 호스트와 포트를 지정합니다.

2의 매트릭 저장용의 클러스터에는 특별히 설정할 것이 없습니다.

3의 기능을 Kibana에 설치합니다(그림 D.11).

그림 D.11 X-Pack의 설치(Kibana)

```
$ bin/kibana-plugin install x-pack
```

플러그인을 설치하면 접속 대상의 설정을 config/kibana.yml에 추가합니다(그림 D.12)

그림 D.12 Monitoring의 접속 대상을 config/kibana.yml에 추가

```
xpack.monitoring.elasticsearch.url: "http://es-mon-1:9200"
```

이 설정에서 지정한 Elasticsearch를 재실행하면 X-Pack Monitoring이 동작할 것입니다(그림 D.13). 또한 1과 2를 같은 Elasticsearch 클러스터로 할 경우에는 에이전트의 송신할 호스트를 따로 지정(그림 D.10)할 필요가 없습니다.

그림 D.13 Monitoring의 감시화면

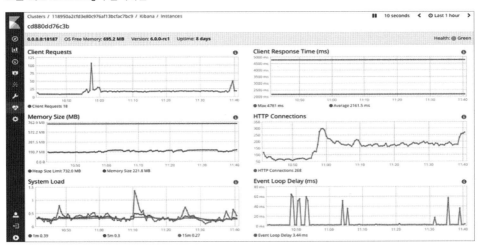

- 〈https://www.elastic.co/assets/blt9342c9b87a685152/monitoring-kibana-dashboard.jpg〉

이 책에서는 로그의 저장을 목적으로 Elasticsearch를 설명하였으므로 Monitoring을 본격적으로 이용하는 것을 가정하고 있지는 않습니다.

지금까지 설명한 Monitoring이외의 X-Pack의 기능에 대해서는 X-Pack의 제품 사이트[15]를 참고해 주세요.

D-3 Beats

Elastic 사에서 Go 언어로 개발한 경량의 data shipper인 Beats 시리즈를 간단하게 소개하겠습니다.

Beats[16]는 Elastic사에서 Go 언어로 개발한 OSS의 경량 data shipper를 통칭하는 단어입니다. data shipper란 데이터가 존재하는 머신에 설치해서 데이터를 전송하기 위한 에이전트 도구를 뜻합니다. Beats는 각각의 목적에 맞는 data shipper가 존재합니다. 데이터를 보낼 곳으로는 Elasticsearch, Logstash, Kafka, Redis를 공식적으로 지원하고 있습니다. 2017년 4월 현재 공식 Beats 패밀리는 다음과 같습니다.

- Packetbeat
  - HTTP와 MySQL 등의 네트워크 패킷을 캡처해서 각각의 프로토콜별로 데이터를 취득해서 보낸다.
- Filebeat
  - 지정된 로그 파일을 읽어서 각 로그를 하나의 데이터로서 송신한다. 또한 5.3부터 도입된 Filebeat Module로 더욱 간단하게 로그의 수집 시각화를 할 수 있다.
- Metricbeat
  - 각종 시스템과 서비스의 매트릭을 수집하여 보낸다. 대응하고 있는 서비스로는 Apache, NGINX, MySQL, PostgreSQL, Redis 등이 있다.
- Winlogbeat
  - Windows의 이벤트 로그를 전송
- Heartbeat
  - 서비스 등의 가동 상태 감시 데이터를 송신. ICMP와 TCP, HTTP 등에 대응

Beats 시리즈는 가볍다는 것 외에도 하나의 이점이 더 있습니다. 각각의 Beats에 Kibana의 샘플 대시보드가 포함되어 있어, 간단하게 사용할 수 있다는 점입니다. 각각의 Beats

---

15 https://www.elastic.co/kr/products/stack
16 https://www.elastic.co/kr/products/beats

의 배포판 안에는 scripts/import_dashboard라는 스크립트 파일이 있습니다. 이 스크립트를 실행하면 Kibana의 대시보드의 설정(Index Pattern, Visualization, Dashboard)을 Elasticsearch에 로드할 수 있습니다. 그 후에는 데이터를 읽기만 하면 Kibana에서 시각화할 수 있습니다. 물론 직접 Visualization을 만들 수도 있고, 기존의 샘플을 가지고 수정해서 사용하는 것도 가능합니다.

또한 커뮤니티에서 만든 Beats와 개발 방법에 관해서도 Beats의 레퍼런스사이트[17]에 있습니다.

Beats는 경량의 data shipper입니다. Filebeat이나 Winlogbeat 등으로 읽은 로그데이터는 Logstash 등의 고도의 로그수집, 변경도구나 Elasticsearch의 Ingest Node에서 데이터를 파싱, 추가변경해서 Elasticsearch에 등록할 필요가 있습니다. 그 대신에 설치되는 장비의 리소스를 적게 사용하는 구조로 되어 있습니다. 수집대상이 되는 장비의 부하를 고려해야하는 상황이라면 사용해 보도록 합시다.

D-4 Logstash

Elastic사에서 Ruby(실제 엔진은 JRuby)로 개발한 OSS 서버사이드 데이터처리 파이프라인입니다. input, filter, output이라는 플러그인으로 여러가지 데이터 소스(예: DB, 파일서버, TCP/UDP, syslog)로부터 데이터를 수집, 가공/변환, 출력할 수 있습니다. 200개 이상의 플러그인이 있습니다. 앞에서 설명한 Beats로부터 입력받는 것도 가능합니다.

- input
  - Beats 시리즈, DB, Elasticsearch, Apache Kafka, http 등 여러가지 데이터를 지원
- filter
  - 정의된 정규표현을 이용해서 비구조화된 데이터로부터 구조화된 데이터를 추출하는 grok라는 플러그인, IP주소로부터 지리 정보를 얻는 플러그인과 Ruby를 이용해서 독자처리를 하는 플러그인 등, 여러가지 처리가 가능하다.
- output
  - Elasticsearch는 물론이며 S3, file, Google BigQuery, Hipchat 등으로 출력할 수 있다.

---

17 https://www.elastic.co/guide/en/beats/devguide/current/index.html

Logstash는 또한 설정 파일에 조건식을 넣을 수 있습니다. 하나의 파일에 여러 개의 데이터를 포함하려는 경우에도 설정 파일 안에 조건분기를 해서 데이터를 적절하게 처리하여 출력할 수 있습니다. 또한, 플러그인의 제너레이터도 있기 때문에 자신만의 플러그인을 간단하게 개발할 수도 있습니다. 그리고, Logstash와 Beats는 Elasticsearch, Kibana와 Elastic Stack으로서 통합테스트를 하고 있습니다. 향후에는 Kibana상에서 파이프라인의 설정을 표시하거나 설정하는 기능, Elastic Stack으로 통합된 편리한 기능 등이 릴리스될 예정입니다.

찾아보기